Kunst und Kriminalität – eine strafrechtliche, kriminologische und phänomenologische Betrachtung der Kunstkriminalität

Europäische Hochschulschriften Recht

European University Studies in Law

Publications Universitaires Européennes de Droit

Band/Volume **6255**

Julian Friedrich Günthner

Kunst und Kriminalität – eine strafrechtliche, kriminologische und phänomenologische Betrachtung der Kunstkriminalität

PETER LANG

Bibliografische Information der Deutschen Nationalbibliothek
Die Deutsche Nationalbibliothek verzeichnet diese Publikation in der Deutschen Nationalbibliografie; detaillierte bibliografische Daten sind im Internet über http://dnb.d-nb.de abrufbar.

Zugl.: Tübingen, Univ., Diss. 2021

D21
ISSN 0531-7312
ISBN 978-3-631-85353-5 (Print)
E-ISBN 978-3-631-85791-5 (E-PDF)
E-ISBN 978-3-631-85792-2 (EPUB)
E-ISBN 978-3-631-85793-9 (MOBI)
DOI 10.3726/b18555

Diese Publikation wurde begutachtet.

www.peterlang.com

Vorwort

Die vorliegende Dissertation entstand während meines Bachelor- und Masterstudiums der Kunstgeschichte sowie meiner gleichzeitigen Tätigkeiten als Akademischen Mitarbeit an der Juristischen Fakultät der Eberhard Karls Universität Tübingen. Rechtsprechung und Literatur konnten bis Mitte März 2021 berücksichtigt werden.

Zunächst habe ich meinem Doktorvater Herrn Professor Dr. *Jörg Kinzig* zu danken. Herzlich danke ich Herrn Professor Dr. *Bernd Heinrich* für die Übernahme der Zweitkorrektur.

Im Nachfolgenden möchte ich all jenen herzlich danken, die am Gelingen dieser Arbeit wesentlichen Anteil hatten.

Gedankt sei hier an erster Stelle den Damen und Herren der auf Kunstkriminalität spezialisierten Dienststellen der Landeskriminalämter in Berlin, München und Stuttgart, welche mir mit großem Interesse für mein Forschungsvorhaben im Rahmen von Interviews einen tiefen Einblick in die Polizeiliche Verfolgungspraxis der Kunstkriminalität boten. Durch ihr Engagement und die zahlreichen Informationen trugen sie maßgeblich zum Gelingen der Arbeit bei. In gleicher Weise danke ich den Beamtinnen und Beamten aus Hamburg, die mir mittels Fragebögen einen ebenso aufschlussreichen Einblick boten. Weiter sei herzlich den Beamtinnen und Beamten des Bundeskriminalamtes gedankt, welche durch die Beantwortung eines Fragenbogens ebenso zum Gelingen des Vorhabens beitrugen. Besonders sei auch den Betreibern der Datenbank Kritischer Werke gedankt, in welche mir seitens des Auktionshauses *Van Ham* ein Einblick gewährt werden konnte.

Schließlich danke ich herzlich meinen zahlreichen Freunden und meiner Familie, welche mich in allen Stufen des Entstehungsprozesses dieser Arbeit unermüdlich unterstützten.

So danke ich für die sorgsame und verständige Durchsicht meiner Entwürfe herzlichst, meinem Freund Herrn cand. iur. *Dorian Hollweg.*

Ebenso sei auch meinen Freunden und ehemaligen Lehrstuhlkollegen gedankt. Herrn Dr. iur. *Maximilian Haffner* sowie Herrn cand. iur. *Alexander Merkle* gilt mein tiefer Dank für ihre breite Unterstützung bei allen Phasen dieser Arbeit. Herrn Rechtsanwalt *Sven Bornefeld* danke ich für die unterhaltsame Zeit im gemeinsamen Büro und die Hilfe bei der Finalisierung meiner Arbeit.

Weiterhin möchte ich auch meinem Freund Herrn Regierungsdirektor *Christian Bartelt*, Mag. rer. publ. danken, der mir während meiner gesamten akademischen Laufbahn stets ein guter Freund und Mentor gewesen ist. Ebenso danke ich meinem Freund Herrn Dipl.-Phys. *Martin Hackel* für die zahlreichen gemeinsamen zerstreuenden Unternehmungen während der Doktorandenzeit. Schließlich möchte ich auch meinem Freund Herrn Dr. med. *Helmut Kolthoff*, M.A. für unseren regen kunsthistorischen Austausch danken.

Ganz besonderes herzlich danke ich natürlich meiner Familie.

Herzlich danke ich meiner Cousine Frau Prof. Dr. phil. *Susanne Günthner* die sich stets hilfsbereit meiner Sorgen annahm.

Meiner Verlobten *Carina Fries* danke ich für ihre unerschütterliche Bereitschaft mich bei schlicht allem zu unterstützen. Insbesondere auch für ihre große Geduld bei der Durchsicht der Entwürfe.

Meinen Eltern *Helmut* und *Sabine Günthner* danke ich von Herzen für ihre so vielfältige und immerwährende Unterstützung in allen Bereichen meines Lebens.

Das vorliegende Werk sei daher meinen Eltern *Helmut* und *Sabine Günthner* sowie meiner Verlobten *Carina Fries* in Liebe und Dankbarkeit gewidmet.

Julian Friedrich Günthner
Tübingen, im Frühjahr 2021

Inhaltsübersicht

Inhaltsverzeichnis

Übersicht Tabellen

Übersicht Schaubilder

Abkürzungsverzeichnis

aA	anderer Ansicht
ABl.	Amtsblatt der Europäischen Union
a.E.	am Ende
Abs.	Absatz
a.F.	alter Fassung
AG	Amtsgericht
Alt.	Alternative
Anm.	Anmerkung
AQ	Aufklärungsquote
Art.	Artikel
ArchKrim	Archiv für Kriminologie
ASOG	Allgemeines Gesetz zum Schutz der öffentlichen Sicherheit und Ordnung in Berlin
Aufl.	Auflage
Az.	Aktenzeichen
B.	Beschluss
Bd.	Band
Beck-OK	Beck´scher Online-Kommentar
Begr.	Begründung
BGB	Bürgerliches Gesetzbuch
BGBl.	Bundesgesetzblatt
BGH	Bundesgerichtshof
BGHSt	Entscheidungen des Bundesgerichtshofes in Strafsachen
BKA	Bundeskriminalamt
BKM	Beauftragter der Bundesregierung für Kultur und Medien
BT-Drs.	Bundestagsdrucksachen
BVerfG	Bundesverfassungsgericht
BVerfGE	Entscheidungen des Bundesverfassungsgerichts
BVerwG	Bundesverwaltungsgericht
bzw.	beziehungsweise
ca.	circa
Crime Law Soc. Change	Crime, Law and Social Change
dass.	dasselbe

ders.	derselbe
DesignG	Designgesetz
d.h.	das heißt
dies.	dieselbe
D. o. e. U.	Diebstahl ohne erschwerende Umstände
D. u. e. U.	Diebstahl unter erschwerenden Umständen
DVD	Digital Versatile Disc
Ed.	Edition
EG	Europäische Gemeinschaft
EJ	Erfassungsjahr
EL	Ergänzungslieferung
EU	Europäische Union
EuGH	Europäischer Gerichtshof
EUR	Euro
erf.	erfasste
et al.	et alii
etc.	et cetera
e.V.	eingetragener Verein
f.	folgend
FAZ	Frankfurter Allgemeine Zeitung
FBI	Federal Bureau of Investigation
ff.	folgende
Fn.	Fußnote
FS	Festschrift
GA	Goltdammer´s Archiv für Strafrecht
GG	Grundgesetz für die Bundesrepublik Deutschland
ggf.	gegebenenfalls
GRUR	Gewerblicher Rechtsschutz und Urheberrecht
GwG	Geldwäschegesetz
hA	herrschende Ansicht
HK	Handkommentar
hM	herrschende Meinung
Hrsg.	Herausgeber
Hs.	Halbsatz
i.e.S.	im engeren Sinne
IFAR	International Foundation for Art Research
IMK	Innenministerkonferenz
i.S.d.	im Sinne des
i.V.m.	in Verbindung mit

i.w.S.	im weiteren Sinne
JA	Juristische Arbeitsblätter
jM	juris – Die Monatszeitschrift
JR	Juristische Rundschau
JSt	Journal für Strafrecht (Österreich)
JURA	Juristische Ausbildung
JuS	Juristische Schulung
JZ	Juristenzeitung
KFN	Kriminologisches Forschungsinstitut Niedersachsen
KGSG	Kulturgutschutzgesetz
KultgSchG	Gesetz zum Schutz deutschen Kulturgutes gegen Abwanderung
KUR	Kunst und Recht
LG	Landgericht
lit.	littera
LK	Leipziger Kommentar
LKA	Landeskriminalamt
LKÄ	Landeskriminalämter
MarkenG	Markengesetz
MK	Münchener Kommentar
n.F.	neue Fassung
NJW	Neue Juristische Wochenschrift
Nomos Kommentar	NK
Nr.	Nummer
NStZ	Neue Zeitschrift für Strafrecht
NStZ-RR	Neue Zeitschrift für Strafrecht-Rechtsprechungsreport
OLG	Oberlandesgericht
ÖUrhG	österreichisches Urheberrechtsgesetz
PKS	Polizeiliche Kriminalstatistik
ProdSG	Produktsicherheitsgesetz
RG	Reichsgericht
RGSt	Entscheidungen des Reichsgerichts in Strafsachen
Rn.	Randnummer
S.	Seite/Satz
SK	Systematischer Kommentar
sog.	sogenannte/-er
SR	Steigerungsrate
StA	Staatsanwaltschaft
StGB	Strafgesetzbuch

StPO	Strafprozessordnung
SZ	Süddeutsche Zeitung
TV	Tatverdächtige(r)
U.	Urteil
u.	und
u.a.	unter anderem
UNESCO	United Nations Educational, Scientific and Cultural Organization
UrhG	Urheberrechtsgesetz
US	United States
USD	United States Dollar
UWG	Gesetz gegen den unlauteren Wettbewerb
v.	vom
Var.	Variante
vgl.	vergleiche
Vol.	Volume
WD	Wissenschaftliche Dienste des Deutschen Bundestages
z.B.	zum Beispiel
zit.	zitiert
ZRP	Zeitschrift für Rechtspolitik
ZSR	Zeitschrift für Schweizerisches Recht
ZStW	Zeitschrift für die gesamte Strafrechtswissenschaft

Kunst und Kriminalität – eine strafrechtliche, kriminologische und phänomenologische Betrachtung der Kunstkriminalität

A. Einleitung

Kunst und Kriminalität sind seit jeher Bestandteile des menschlichen Zusammenlebens. Wenngleich sie zunächst gegensätzlich erscheinen, haben diese grundständigen Bereiche der menschlichen Gemeinschaft in Form der Kunstkriminalität zusammengefunden. In diesem Zusammenschluss treten Kunst und Kriminalität in vielfältigen Erscheinungsformen auf – als berühmteste Ausprägungen sind hierbei die Kunstfälschung und der Kunstdiebstahl zu nennen.

Bereits im Jahre 1506 soll *Albrecht Dürer* nach Italien gereist sein, um gegen *Marcantonio Raimondi* vorzugehen. Dieser hatte Nachstiche von seinen Werken angefertigt und sie mit *Dürers* bekanntem Monogramm versehen.[1] Auch in der jüngeren Vergangenheit kam es zu spektakulären Fällen der Kunstfälschung. Am 11. August 2009 wurde in einem Hotel in Frankfurt am Main ein selbsternannter „Reichsgraf" festgenommen, der im Begriff war, eine angeblich vom Schweizer Künstler *Alberto Giacometti* stammende Plastik abzusetzen. Im Rahmen der weiteren Ermittlungen wurde neben der Verhaftung des „Reichsgrafen" und zweier Komplizen deren Lager in Mainz entdeckt. Dort konnten mehr als tausend gefälschte *Giacometti*-Plastiken sichergestellt werden.[2] Auch der Fall *Beltracchi* um die Ereignisse der erfundenen „Sammlung *Werner Jägers*"[3] zeigt eindrucksvoll unterschiedliche Facetten der Kunstfälschung auf. Als prominentes Beispiel des Kunstdiebstahls aus der jüngeren Geschichte kann der spektakuläre Diebstahl aus der Frankfurter *Schirn* angeführt werden. Hier hatten sich drei Täter nach den Öffnungszeiten einschließen lassen, um dann nachts nach der Überwältigung des Wachpersonals ein Gemälde *Caspar David Friedrichs* sowie zwei Gemälde von *William Turner* zu entwenden. Die genauen Umstände der anschließend geglückten Rückführung der Gemälde sind nach wie vor nebulös.[4]

Die vorliegende Arbeit soll einen Beitrag zur Erschließung der Kunstkriminalität leisten.

1 *Burg* 2003, S. 466 f.

2 *Maak*, Die Gangster von Mainz, FAZ vom 21.08.2009 (Stand: 15.03.2021); vgl. auch Wirtschaftskriminalität BW 2011, S. 9.

3 *Keazor* 2015, S. 233 ff.; *Allonge*, Der Kriminalist 2019, S. 6 ff.

4 Siehe die ausführliche Darstellung dieses Falls bei *Nairne*, Die leere Wand. Museumsdiebstahl. Der Fall der zwei Turner Bilder, 2012.

I. Problemstellung und Ziel der Untersuchung

Das Phänomen der Kunstkriminalität bleibt trotz seines regelmäßigen Auftretens und seiner medialen Aufarbeitungen letztlich schwer eingrenzbar. Hieran ändern die wenigen bisherigen wissenschaftlichen Veröffentlichungen zur Thematik kaum etwas. Das Ziel der vorliegenden Arbeit besteht somit darin, durch die Auseinandersetzung mit den folgenden vier Aspekten die Kunstkriminalität strafrechtlich, kriminologisch und phänomenologisch zu erschließen:

- Begriffsbestimmung und definitorische Betrachtung der Kunstkriminalität
- Strafrechtliche Untersuchung der Kunstkriminalität in ihren Erscheinungsformen
- Darstellung der empirischen Erkenntnisse zur Kunstkriminalität
- Empirische Betrachtung der polizeilichen Verfolgungspraxis von Kunstkriminalität

Die anfängliche Auseinandersetzung mit den definitorischen Aspekten verfolgt den Zweck, die bislang unklare Begrifflichkeit zu konkretisieren und den Gegenstandsbereich der Untersuchung festzulegen. Die anschließende strafrechtliche Betrachtung der einzelnen Erscheinungsformen der Kunstkriminalität versucht, die gesamte Kunstkriminalität strafrechtlich zu fassen, um hierdurch Besonderheiten und mögliche strafrechtliche Lücken aufzuzeigen. Weiterhin wird die Untersuchung vorhandene empirische Erkenntnisse zur Kunstkriminalität auswerten und darstellen. Schließlich wird sich die Untersuchung mittels Befragungen und Experteninterviews mit den auf Kunstkriminalität spezialisierten Dienststellen in Deutschland befassen, um auf diese Weise die polizeiliche Verfolgungspraxis von Kunstkriminalität zu beleuchten.

Im Weiteren soll einleitend der Gang der Darstellung beschrieben werden, woran sich eine kurze Vertiefung der Frage nach der Bedeutung der Kunst und der daraus resultierenden allgemeinen Relevanz der Kunstkriminalität anschließen wird.

II. Gang der Darstellung

Die oben genannten Aspekte werden mittels des folgenden Vorgehens einer detaillierten Untersuchung unterworfen:

- Nach einer kurzen Einführung wird sich einer definitorischen Betrachtung des Phänomens der Kunstkriminalität gewidmet. Hierbei werden zunächst bisherige Definitionsansätze dargestellt. Anschließend wird eine eigene Definition der Kunstkriminalität entwickelt.

- Die darauffolgende strafrechtliche Untersuchung wird die einzelnen Erscheinungsformen der Kunstkriminalität analysieren. Neben der Herausarbeitung der strafrechtlichen Besonderheiten wird untersucht, inwieweit die Kunstkriminalität von den existierenden Strafnormen erfasst wird. Außerdem sollen auch sanktionenrechtliche Erwägungen dargestellt werden. So wird auf Aspekte der Strafzumessung im Kontext der Kunst- und Kulturgüter als Tatobjekte eingegangen und das Rechtsinstitut der Einziehung bei Kunstfälschungen diskutiert.
- Im Anschluss wendet sich die Arbeit den empirischen Erkenntnissen zur Kunstkriminalität zu. Dabei sollen sowohl das Hell- wie auch das Dunkelfeld untersucht werden. Hierzu wird eine Auswertung der internationalen und nationalen Literatur vorgenommen. Schwerpunktmäßig werden die in den Polizeilichen Kriminalstatistiken des Bundes und der Länder verfügbaren Daten untersucht.
- Daran anschließend wird die polizeiliche Praxis der Verfolgung von Kunstkriminalität detailliert betrachtet. Die Untersuchung wurde mittels der Befragung von Experten der jeweiligen Dienststellen und Fachabteilungen durchgeführt, die sich schwerpunktmäßig mit Kunstkriminalität beschäftigen. Auf diese Weise werden die Besonderheiten der polizeilichen Arbeit wie auch mögliche Friktionen mit den gesetzlichen Regelungen aufgezeigt. So können außerdem weitere Erkenntnisse zur Kunstkriminalität sowohl in kriminologischer als auch in phänomenologischer Hinsicht gewonnen werden.

III. Die (kulturelle) Bedeutung von Kunstkriminalität

Zu Beginn stellt sich die Frage, warum eine Auseinandersetzung mit der Kunstkriminalität lohnenswert erscheint: Welcher Umstand rechtfertigt eine solche Untersuchung? Welche besondere Rolle kommt der Kunst zu, die eine Beschäftigung mit ihr sinnvoll macht? Die abstraktere, aber inhaltlich fast identische Frage „*Wozu Kulturgutschutz?*" wird auch für die Einleitung der Novelle des Kulturgutschutzgesetzes formuliert.[5] Der folgende programmatische Einleitungssatz betont dabei die besondere Schutzwürdigkeit der Kunst:

> *„Kunst ist keine Ware wie jede andere. Anders als Güter des täglichen Gebrauchs, anders als Autoreifen, Matratzen oder Zahnbürsten, haben Kunstwerke und Kulturgüter nicht nur einen Preis, sondern auch und vor allem einen ideellen Wert. Die Überzeugung, dass Kulturgüter existenziell sind als Spiegel unserer Geschichte und unserer Identität, ist*

5 Handreichung KGSG BKM 2017, S. 12.

> *Teil unseres Selbstverständnisses als Kulturnation. Kultur ist, was uns definiert. Kultur ist, was uns ausmacht – als Menschen, als Europäer, als Deutsche, als Rheinländer oder Thüringer, als Bayern oder Mecklenburger, als Hamburger oder Berliner. Unsere Kultureinrichtungen – allen voran unsere Museen – geben Auskunft über unser kulturelles Selbstbild und über unseren Blick auf die Welt.“*[6]

Obwohl es sich hier um eine sehr pathetische Interpretation von Kunst handelt, trifft diese im Kern zu und rechtfertigt die Beschäftigung mit der Rolle der Kunst innerhalb des Strafrechts und der Kriminalität.

Die Kunst nimmt in der Rechtswissenschaft bereits durch ihre schwierige begriffliche Fassbarkeit eine gewisse Sonderrolle ein. Das Kernstrafrecht kennt zwar den Terminus „Kunst“[7], er bleibt aber vage: Kunst kann demnach Wesensmerkmale einer Urkunde aufweisen, gleichzeitig aber auch durch Kulturrichtlinien und das Urheberrecht geschützt sein. Das hat zur Folge, dass unterschiedliche Regelungen greifen, wenn Kunstobjekte zum Gegenstand deliktischen Handelns werden. Die Kunst kann jedoch nicht nur wegen ihrer bloßen schwierigen juristischen Greifbarkeit eine besondere Rolle einnehmen. Es bleibt die Frage, welcher kulturelle Aspekt, welcher „Nutzen“ der Kunst eine besondere strafrechtliche oder strafprozessuale Sonderstellung überhaupt rechtfertigen könnte. Anders als bei verbreiteten Kriminalitätsfeldern, z.B. im Zusammenhang mit Waffen oder Betäubungsmitteln, ist sie keine Kriminalitätsform, bei der die Gefahr vom Tatobjekt selbst ausgehen kann. Dieser Umstand führt zu einigen kriminologischen und strafrechtlichen Besonderheiten.

Auch *Bazley* beschäftigt sich in seiner Monographie „Crimes of the Art World“[8] einleitend mit den Fragen, warum Kunst wichtig und insbesondere warum sie wertvoll ist.[9] Dabei setzt sich für *Bazley* die Bedeutung der Kunst – gerade auch im Hinblick auf die Bedeutung für die Kriminalität – aus zwei Komponenten zusammen: zum einen aus ihrem kulturellen und zum anderen aus ihrem rein finanziellen Wert.[10] Der kulturelle Wert wird von *Bazley* darin gesehen, dass die Kunst als Portrait der Kultur, der Zivilisation und der Geschichte fungiert.[11] Die profanere, aber nicht unbedeutendere Seite der Kunst – ihr wirtschaftlicher Wert – ist im kunstkriminellen Kontext ebenfalls bedeutsam.[12]

---

6 Handreichung KGSG BKM 2017, S. 12.
7 Der Begriff „Kunst“ taucht beispielsweise in den §§ 243 I 2 Nr. 5 und 304 I StGB auf.
8 *Bazley*, Crimes of the Art World, 2010.
9 *Bazley* 2010, S. 7 ff.
10 *Bazley* 2010, S. 8 ff.
11 Vgl. Handreichung KGSG BKM 2017, 12; *Bazley* 2010, S. 7 ff.
12 *Bazley* 2010, S. 8 ff.

Die rechtliche und somit auch strafrechtliche Bedeutsamkeit ergibt sich aus dem kulturellen Aspekt aber auch aus dem daraus resultierenden finanziellen Wert. Denn bereits unabhängig von der kulturellen Berücksichtigung dürfte sich aus dem wirtschaftlichen Wert der Kunst ein Bedürfnis nach strafrechtlicher Verfolgung von Kunstkriminalität ergeben. Ziel kann etwa die Zurückerlangung des Werkes sowie der Schutz vor betrügerischem Vermögensschaden oder sonstiger rechtswidriger Verbreitung der geistigen Schöpfung sein. Die Bedeutsamkeit der Kunstkriminalität zeigt sich schon dadurch, dass spezialisierte Fachdienststellen der Landeskriminalämter in Baden-Württemberg, Bayern, Berlin und Hamburg sowie ein gesonderter Fachbereich für Kunst- und Kulturdelikte des BKA in Wiesbaden existieren.[13]

13 Siehe in Handreichung KGSG BKM 2017, S. 384 ff.; vgl. auch *Grüning*, Kriminalistik 2013, S. 281 ff.

B. Begriffsbestimmungen und Definition der Kunstkriminalität

Eine Auseinandersetzung mit der Kunstkriminalität setzt eine definitorische Annäherung an den Begriff selbst voraus. Um Aussagen über das Phänomen treffen zu können, ist es erforderlich, die Grenzen der Kunstkriminalität hinsichtlich der erfassten Erscheinungsformen und Tat- oder Bezugsobjekte zu bestimmen.

Dazu werden zunächst die Erscheinungsformen der Kunstkriminalität anhand realer Fälle dargestellt. Dann werden die Definitionsansätze in den vorhandenen Publikationen zur Erschließung des Phänomens untersucht, um diese für eine präzisere Bestimmung der Kunstkriminalität fruchtbar zu machen.

Auf Grundlage der herausgearbeiteten Ansätze werden die unterschiedlichen begrifflichen Bestandteile diskutiert. Das Ziel ist es, einen möglichst pragmatischen Ansatz zur Bestimmung von Kunstkriminalität zu finden und grundsätzliche strukturelle Schwierigkeiten aufzudecken. Einen Schwerpunkt wird dabei die Auseinandersetzung mit dem zugrundeliegenden Kunstbegriff bilden.

I. Phänomenologie der Kunstkriminalität

Die normative Auseinandersetzung mit der Kunstkriminalität kann nur dann erfolgen, wenn sich klare Erscheinungsformen der Kunstkriminalität bestimmen lassen. Eine exemplarische Darstellung von realen Fällen der Kunstkriminalität soll ihre Phänomenologie aufzeigen:

Im Jahr 1947 wurde dem niederländischen Staat ein Bild übergeben, das nach Ende des Zweiten Weltkrieges in einem Salzbergwerk in der Nähe der Stadt Salzburg gefunden worden war. Dieses Gemälde, welches das Motiv „Christus und die Ehebrecherin" zeigt, war im Besitz *Hermann Görings*. Allerdings stammte es nicht wie angenommen aus der Hand des *Jan Vermeer van Delft*, sondern vielmehr aus dem Atelier des 1889 in Deventer geborenen *Han van Meegeren*. Dieser war, wie sich aus späterer Untersuchung ergab, Urheber diverser weiterer vermeintlicher Werke *Vermeers*.[14]

Der in der Einleitung erwähnte Fall um die Fälschungen der *Giacometti*-Plastiken lieferte bereits ein eindrucksvolles Beispiel neuzeitlicher

14 *Keazor* 2015, S. 199 ff.

Kunstfälschungen.[15] Der ebenfalls erwähnte Fall um *Wolfgang Beltracchi* und die eigens von ihm fingierte „Sammlung *Werner Jägers*"[16] stellt ein weiteres Beispiel der Kunstfälschung dar. *Beltracchi* fertigte über Jahre hinweg Werke an, die sich nicht an bereits existierende Bilder als bloße Kopien anlehnten. Vielmehr schuf er Gemälde, die in der Kunstgeschichte als verschollen galten oder er fertigte sie lediglich im Stil der Künstler an und gab sie als neu entdeckte Werke bedeutender Künstler aus. Um die Werke in Umlauf bringen zu können, entwickelten *Beltracchi* und seine Komplizen aufwändig fingierte Provenienzen. Neben erfundenen Galerieaufklebern fertigten sie vermeintlich historische Fotographien an, um die behauptete Zugehörigkeit zur nichtexistenten „Sammlung *Werner Jägers*" vorzutäuschen.[17] Die wahren Umstände kamen schließlich 2010 ans Licht, indem in einem der Gemälde ein zur vermeintlichen Entstehungszeit des Werkes noch nicht verwendetes Farbpigment nachgewiesen werden konnte.[18]

Auch der Diebstahl von Kunstwerken ist ein stets wiederkehrendes Phänomen der Kunstkriminalität. Der erwähnte Diebstahl 1994 in der Frankfurter *Schirn* Kunsthalle bietet nur ein Beispiel für dieses Deliktsfeld.[19] Ein spektakulärer Fall des Diebstahls eines sakralen Kunstwerkes trug sich im Oktober 2013 in der Nikomedeskirche im nordrhein-westfälischen Borghorst zu.[20] Drei Personen hatten die Vitrine eingeschlagen, in der sich das überaus wertvolle Borghorster Stiftskreuz befand, und dieses entwendet. Die Reliquie stammt aus dem 11. Jahrhundert und gilt als einer der bedeutendsten Kulturschätze Europas. Während die Täter bereits im Folgemonat ergriffen wurden, blieb das Kreuz zunächst verschollen. Die Täter konnten bereits im Oktober 2015 zu mehrjährigen Haftstrafen verurteilt werden, ein Hintermann wurde im September 2016 verhaftet. Schließlich wurde der Kirchenschatz Anfang des Jahres 2017 wiedererlangt. Wie sich später zeigte, hatte die Versicherungsgesellschaft *Provinzial*

---

15 *Maak*, Die Gangster von Mainz, FAZ vom 21.08.2009 (Stand: 15.03.2021); vgl. auch Wirtschaftskriminalität Jahresbericht 2011 des Landes Baden-Württemberg, S. 9.

16 *Keazor* 2015, S. 233 ff., 237 ff.; *Allonge*, Der Kriminalist 2019, S. 6 ff.

17 *Keazor* 2015, S. 233 ff., 237 ff.

18 *Keazor* 2015, S. 233 ff., 237 ff.

19 *Koldenhoff/Koldenhoff* 2005, S. 101.

20 Vgl. zum gesamten Fall: *Kanies*, Borghorster Stiftskreuz aus Kirche gestohlen, Neue Osnabrücker Zeitung vom 29.10.2013 (Stand: 15.03.2021); *Roll*, Das Borghorster Stiftskreuz ist wieder da, Westfälische Nachrichten vom 16.02.2017 (Stand: 15.03.2021); *Roll*, Borghorster Stiftskreuz-Deal „Von Zahlung nichts gewusst", Westfälische Nachrichten vom 23.03.2017 (Stand: 15.03.2021).

Rheinland 100.000 Euro aufgewendet, um das Kreuz über einen Mittelsmann zurückzuerhalten.[21]

Auch neuartigere Formen der Kunstkriminalität, wie etwa das sog. Artnapping, stellen einen interessanten Aspekt dar. Als Beispiel hierfür kann die „Entführung" der Saliera *Benvenuto Cellinis* aus dem Kunsthistorischen Museum in Wien dienen. Dieses mit mehreren Millionen versicherte Salzbehältnis *Cellinis* wurde in der Nacht vom 10. auf den 11. Mai 2003 entwendet. Da das Werk – wahrscheinlich aufgrund seiner großen Bekanntheit – nicht abgesetzt werden konnte, forderte der Täter 5 Millionen Euro von der Versicherungsgesellschaft.[22] Dem Erpresserschreiben lag ein weißes Pulver bei, von dem behauptet wurde, dass es sich um Email der Saliera handele. Der Täter konnte schließlich überführt werden und zeigte den Ermittlungsbehörden den Ort, an dem er die Saliera versteckt hatte.[23]

Eine nicht auf finanzielle Interessen abzielende Erscheinung sind Taten, die auf Beschädigung oder Zerstörung von Kunstwerken gerichtet sind. So wurde etwa das Werk „Die Nachtwache" des *Rembrandt van Rijn* im 20. Jahrhundert gleich dreimal Gegenstand von Kunstvandalismus: Zweimal wurde auf das Werk eingestochen, ein weiteres Mal wurde es mit Säure bespritzt.[24] Ein ebenso prominentes Beispiel für die glücklicherweise „bloße" Beschädigung eines Kunstwerkes war der Säureangriff auf das Werk „Der Höllensturz der Verdammten" von *Peter Paul Rubens* im Jahre 1959.[25] Der Täter war von dem Wunsch angetrieben, auf seine Philosophie und die daraus vermeintlich resultierende Rettung der Menschheit aufmerksam zu machen.[26]

Neben diesen Fällen existieren Taten, in denen der illegale Handel mit Kulturgütern im Zentrum steht. Eine solche Tat konnte im März 2018 zu einem guten Ausgang gebracht werden.[27] Zwei wertvolle, ca. 3.000 Jahre alte Figuren des *„Schatz[es] der Olmeken"* konnten an die mexikanische Regierung zurückgegeben werden. Die *Süddeutsche Zeitung* schrieb im März 2018:

---

21 *Roll*, Borghorster Stiftskreuz-Deal „Von Zahlung nichts gewusst", Westfälische Nachrichten vom 23.03.2017 (Stand: 15.03.2021).

22 *Koldenhoff/Koldenhoff* 2005, S. 157 ff.; *Unbekannt*, Die Nacht der langen Finger, FAZ vom 12.05.2003 (Stand: 15.03.2021).

23 *Koldenhoff/Koldenhoff* 2005, S. 157 ff.

24 *Picker* 1994, S. 32; *Conklin* 1994, S. 250.

25 *Tegel*, Kriminalistik 1968, S. 104.

26 *Tegel*, Kriminalistik 1968, S. 104.

27 Vgl. *Schoepp*, Der Schatz der Olmeken kehrt endlich heim nach Mexiko, SZ vom 22.03.2018 (Stand: 15.03.2021).

> *„Man sieht es ihnen nicht gleich an, aber auf dem Schwarzmarkt würden sie mindestens 100.000 Euro bringen. Für Archäologen und Anthropologen hingegen ist ihr Wert unschätzbar: Zwei Figuren aus dem Holz von Kapokbaum und Goldpflaume, gefertigt als Opfergabe für den Gott des Wassers vor 3000 Jahren von Schnitzern der olmekischen Kultur, die auf dem Gebiet des heutigen Mexiko lebte. Die Zeit hat an den Figuren genagt; dass sie in ihrer jetzigen Form erhalten blieben, liegt daran, dass sie die Jahrtausende in einem Sumpf bei Veracruz überdauert haben – bis Grabräuber sie ausgruben und auf eine Odyssee schickten. Diese ist nun in München zu Ende gegangen."*[28]

Die beiden Objekte waren Teil eines größeren „*Schatzes*" und konnten schließlich einem bekannten Händler zugeordnet werden, der mit vermutlich illegal eingeführten Kulturgütern handelte. Strafrechtlich wurde lediglich eine Bewährungsstrafe wegen Betrugs ausgesprochen. Gegenstand dieser Verurteilung war allerdings der Verkauf eines gefälschten Olmekenkopfs.[29]

Die aufgezeigten Erscheinungsformen werden nun auf ihre Gemeinsamkeiten untersucht, um hieraus eine Definition der Kunstkriminalität abzuleiten. Zunächst sind die bisherigen Definitions- und Beschreibungsansätze in der Literatur kritisch zu betrachten.

II. Bisherige Definitionsversuche

Der Definition der Kunst ist stets eine gewisse Unschärfe immanent, was die Eingrenzung des Deliktsfelds erschwert. Es ist fraglich, ob diese Unbestimmtheit einen Grund dafür liefert, dass bisher kaum bzw. nur unklare Definitionsansätze zur Kunstkriminalität existieren.[30] Die bisherigen Definitionsversuche, insbesondere in der angloamerikanischen Literatur, bleiben häufig konturlos oder erschöpfen sich darin, mögliche Tat- oder Bezugsobjekte bzw. Erscheinungsformen aufzuzählen.[31] Im Nachfolgenden wird zunächst ein kurzer Überblick über bisherige Definitionsansätze gegeben.

---

28 *Schoepp*, Der Schatz der Olmeken kehrt endlich heim nach Mexiko, SZ vom 22.03.2018 (Stand: 15.03.2021).

29 Vgl. *Schoepp*, Der Schatz der Olmeken kehrt endlich heim nach Mexiko, SZ vom 22.03.2018 (Stand: 15.03.2021).

30 So auch *Kinzig*, Heinz-FS 2012, S. 129 f.; *Knickmeier* 2014, S. 361; *Geerds*, Göppinger-FS 1990, S. 313 f.

31 So etwa *Charney* 2009, S. 2 f.; *Bazley* 2010, S. 3 ff.; vgl. auch *Kinzig*, Heinz-FS 2012, S. 129 f.

1. Die Kunstkriminalität in deutschsprachigen Publikationen

Die geringe Anzahl an Publikationen zur Kunstkriminalität im Gesamten schlägt sich ebenfalls in der geringen Quantität der deutschsprachigen Publikationen nieder. Die wesentlichen Veröffentlichungen sollen im Nachfolgenden aufgezeigt werden.

a) Geerds: *Kunst und Kriminalität (1990)*

Geerds widmete seinen Beitrag zur Festschrift für *Göppinger* im Jahr 1990 dem Thema „*Kunst und Kriminalität. Über kriminelle Machenschaften in Bezug auf Kunstwerke und Antiquitäten*".[32] *Geerds* geht zu Beginn darauf ein, dass lediglich einzelne Aspekte der Kunstkriminalität untersucht würden und keine „*zusammenfassende*" Behandlung des Gebietes stattfinde.[33] Weiterhin geht *Geerds* davon aus, dass der Kunstbegriff im Zusammenhang mit dem Deliktsfeld der Kunstkriminalität weit zu verstehen sei.[34] Eingeschlossen werden sollten demnach sämtliche Werke des Kunsthandwerks sowie Antiquitäten. Als Kunstwerke definiert *Geerds* dabei

> *„alle Produkte individueller künstlerischer Tätigkeit; sie müssen – in geformter Materie erkennbar – zwar im Vergleich mit anderen etwas Neues darstellen, was aber – man denke an Graphiken – nicht Einmaligkeit bedeutet."*[35]

Geerds' Betrachtung orientiert sich an den einzelnen Teilbereichen der Kunstkriminalität, auf welche er in seiner weiteren Darstellung eingeht. Die Kunstkriminalität setzt sich laut ihm aus Kunstdiebstahl[36], Kunstfälschung[37], dem Handel mit illegalen Kunstwerken[38] sowie Kunstvandalismus[39] zusammen.

Letztlich stellt der knappe Definitionsansatz *Geerds'* eine Zusammenfassung von Erscheinungsformen dar. Die Problematik der Bestimmbarkeit des Kunstbegriffs wird von *Geerds* bewusst ausgeklammert. Vielmehr versucht er durch eine möglichst weite Auffassung viele Objekte in das Deliktsfeld einzubeziehen.

---

32 *Geerds*, Göppinger-FS 1990, S. 313-332.
33 *Geerds*, Göppinger-FS 1990, S. 313 f.
34 *Geerds*, Göppinger-FS 1990, S. 313.
35 *Geerds*, Göppinger-FS 1990, S. 313.
36 *Geerds*, Göppinger-FS 1990, S. 314 f.
37 *Geerds*, Göppinger-FS 1990, S. 318 f.
38 Hierunter versteht *Geerds* illegal erworbene und produzierte Objekte. *Geerds*, Göppinger-FS 1990, S. 324 f.
39 *Geerds*, Göppinger-FS 1990, S. 317 f.

Die Erwägungen *Geerds'* fassen die wesentlichen Teile der Kunstkriminalität zusammen und gelangen so zu einem zwar unpräzisen, aber pragmatischen Verständnis der Kunstkriminalität.

b) Kinzig: *Kunstfälschung – eine Skizze anhand des Falles „Sammlung* Werner Jägers*" (2012)*

In seinem Beitrag *„Kunstfälschung – eine Skizze anhand des Falles ‚Sammlung Werner Jägers'"* zur Festschrift für *Heinz* stellt *Kinzig* rund um den häufig als „Kunstfälscherskandal" bezeichneten Fall *Beltracchi*[40] das Phänomen der Kunstfälschung dar und geht auf deren Oberbegriff Kunstkriminalität ein.[41] *Kinzig* stellt fest, dass der Kunstkriminalität in der deutschsprachigen Literatur bislang wenig Beachtung zukomme und der angloamerikanische Begriff des „Art Crime" entsprechend verbreiteter sei.[42] Hieran knüpft *Kinzig* die Darstellung des Definitionsversuchs von *Conklin,* der den Begriff der Kunst innerhalb der Kunstkriminalität über die Auflistung der Kunstgegenstände der *International Foundation of Art Research* (IFAR) bestimmt.[43] Überdies geht *Kinzig* auf die Einteilung *Charneys* in deliktsspezifische Kategorien ein.[44] *Kinzig* führt die kaum vorhandenen empirischen Erkenntnisse auf die unklare Begriffsbestimmung von „Art Crime" und „Kunstkriminalität" zurück.[45] Diese litten an der nur unzureichenden Bestimmbarkeit der „Kunst" als Bezugsobjekt der Kunstkriminalität.[46]

c) Grüning: *Kunstfälschung – mit modernen Ermittlungsverfahren gegen ein altes Phänomen (2013)*

In seinem Beitrag aus dem Jahr 2013 in der Zeitschrift *Kriminalistik* befasst sich *Grüning* mit den polizeilich-kriminalistischen Aspekten der Kunstfälschung.[47] Er schildert die Kunstkriminalität als heterogenes Kriminalitätsphänomen, welches als Sammelbegriff diene.[48] Einziges verbindendes Element innerhalb dieses

---

40 Siehe zum gesamten Fall ausführlich auch dessen autobiographisches Werk *Beltracchi /Beltracchi*, Selbstporträt, 2014.

41 *Kinzig*, Heinz-FS 2012, S. 124 ff., 129 ff.

42 *Kinzig*, Heinz-FS 2012, S. 129.

43 *Kinzig*, Heinz-FS 2012, S. 129 f.

44 *Kinzig*, Heinz-FS 2012, S. 130.

45 *Kinzig*, Heinz-FS 2012, S. 130.

46 *Kinzig*, Heinz-FS 2012, S. 130.

47 *Grüning*, Kriminalistik 2013, S. 281.

48 *Grüning*, Kriminalistik 2013, S. 282.

Sammelbegriffs sei die Kunst.[49] Die Zielrichtung innerhalb der verschiedenen Delikte divergiere zwischen der Kunst als Tatmittel (Kunstfälschung, Kunstbetrug) und der Kunst als Beute (Kunstdiebstahl).[50] Dies führe dazu, dass unter dem Sammelbegriff der Kunstkriminalität diverse Einzelphänomene verbunden würden, die teils erheblich voneinander abwichen.[51]

Die Beschreibung *Grünings* enthält die Kernaspekte der Kunstkriminalität aus Sicht der kriminalpolizeilichen Praxis. Obwohl die Deliktsbereiche etwas knapp ausformuliert werden und sich über den Begriff der Kunst keine Aussagen finden, wird die Kunstkriminalität mit ihren zentralen Eigenschaften charakterisiert. Im Vorgriff auf die Expertenbefragungen soll hier bereits angemerkt werden, dass diese Definition *Grünings* im Wesentlichen auch derjenigen der Dienststelle für Kunstkriminalität des Berliner LKA entspricht.

d) Knickmeier: *Der unerlaubte Kunsthandel in der EU – Strukturen, Umfang, Maßnahmen (2014)*

Knickmeier betrachtet in ihrem Beitrag die Strukturen des unerlaubten Kunsthandels. Dabei widmet sie sich den unerlaubten Märkten sowie dem Kunstmarkt im Speziellen.[52] Im Rahmen dieser Betrachtung wendet sie sich in einer kurzen Ausführung dem Begriff der Kunst und der Kunstkriminalität zu.[53] Innerhalb des Beitrages wird die Untersuchung auf den Begriff der bildenden Kunst beschränkt, der als Abgrenzung zur darstellenden Kunst verwendet wird.[54] Dabei geht *Knickmeier* auf den Begriff der Kunstkriminalität ein, wobei sie zunächst lapidar festhält, dass der Begriff an sich nicht definiert sei.[55] Dennoch wird festgestellt, dass der Begriff jedenfalls Diebstahl, Sachbeschädigung, Betrug sowie die Fälschung von Kunst beinhalte.[56] Überdies zählt *Knickmeier* weitere Deliktsfelder auf, die sie unter den Begriff der Kunstkriminalität fasst. So wird die Erpressung von Lösegeldern durch gestohlene Kunstwerke (Artnapping) ebenso wie sonstige „*kriminelle Aktivitäten*“, etwa Geldwäsche mittels

49 *Grüning*, Kriminalistik 2013, S. 282.
50 *Grüning*, Kriminalistik 2013, S. 282.
51 *Grüning*, Kriminalistik 2013, S. 282.
52 *Knickmeier* 2014, S. 360 f.
53 *Knickmeier* 2014, S. 360 f.
54 *Knickmeier* 2014, S. 360.
55 *Knickmeier* 2014, S. 361.
56 *Knickmeier* 2014, S. 361.

Auktionshäusern oder Absicherung anderweitiger krimineller Geschäfte durch Kunstwerke, mitumfasst.[57]

Auch *Knickmeier* nähert sich der Kunstkriminalität durch die Zusammenfassung „klassischer" Bereiche, in welchen Kunst und Kriminalität aufeinandertreffen. Im Beitrag stellt sie deutlich auf die Problematik der Unbestimmbarkeit der Kunst ab, ohne dies jedoch zu vertiefen.

2. Die Kunstkriminalität in internationalen Publikationen

Die wenigen existierenden Monographien zur Kunstkriminalität stammen aus dem US-amerikanischen Raum und behandeln die Kunstkriminalität unter dem Begriff „Art Crime".

a) Conklin*: Art Crime (1994)*

Conklin widmet sich in seiner kriminologischen Monographie „*Art Crime*"[58] unter dem Punkt „*What is art crime*"[59] einer definitorischen Betrachtung der Kunstkriminalität und nähert sich dieser über den Terminus der Kunst. Nach einem kurzen Problemaufriss kommt er zu dem Ergebnis, dass für die Beschreibung der Kunstkriminalität die „Kunst" auf jene Objekte zu reduzieren sei, die üblicherweise in Museen für bildende Künste ausgestellt würden.[60] Zur Spezifizierung verweist *Conklin* auf die Auflistung der Kunstgegenstände, die von der IFAR[61] zur Klassifizierung gestohlener Kunstgegenstände verwendet wird.[62] Hierzu gehören:

1. Bildende Kunst: Gemälde, Photographien, Drucke, Zeichnungen und Plastiken[63]
2. Kunstgewerbe
3. Antiquitäten
4. Ethnologische Objekte
5. Orientalische und islamische Kunst

57 *Knickmeier* 2014, S. 361.
58 *Conklin*, Art Crime, 1994.
59 *Conklin* 1994, S. 2 f.
60 *Conklin* 1994, S. 2.
61 Vgl. zu dieser Institution http://www.ifar.org/ (Stand: 15.03.2021).
62 *Conklin* 1994, S. 2.
63 Der Originaltext verwendet hier den Terminus „sculpture", kunsthistorisch präziser ist hier der Begriff der Plastik, da dieser hinsichtlich der Bearbeitungsmethode weitreichender ist.

6. Sonstige Gegenstände wie etwa Rüstungen, Bücher, Münzen und Medaillen.

Auch *Conklin* stellt abschließend fest, dass diese vorgeschlagene Definition konturlos erscheine und wiederum zu Problemen bei der Definition und Bestimmung der gelisteten Begriffe führe. Als Beispiel führt er an, dass unklar sei, wann ein Buch als Kunst i.S.d. Kunstkriminalität zu sehen sei.[64] Die Verknüpfung von Kunst und Kriminalität stellt *Conklin* schließlich her, indem er festhält: „*Art Crimes are criminally punishable acts that involve works of art*".[65] Dieser Ansatz wird auch von *Durney/Proulx* aufgegriffen.[66]

b) Bazley: *Crimes of the Art World (2010)*

Eine weitere kriminologische Monographie zur Kunstkriminalität mit dem Titel „*Crimes of the Art World*" liegt von *Bazley* vor.[67] Dieser widmet sich nicht ausdrücklich dem Versuch einer Definition der Kunstkriminalität. Vielmehr befasst sich *Bazley* im Rahmen der Einleitung mit einzelnen sie betreffenden Begriffen, indem er verschiedene Assoziationen zwischen Kunst, Kriminalität und Kriminologie herstellt.[68] Hierbei zeigt er insbesondere Bezüge zur White-Collar Crime auf.[69] *Bazley* beschreibt die Verknüpfung von Kunst und Kriminalität, indem er zunächst eine Definition der Kriminologie gibt, welcher ein Definitionsversuch der Kunst folgt.[70] Zur Beschreibung der Kriminologie nutzt *Bazley* hauptsächlich bereits vorhandene Definitionen.[71] Für die Definition der Kunst verwendet er zunächst eine Wörterbuchdefinition und stellt dann die generelle Problematik des Kunstbegriffs dar. *Bazley* verweist auf verschiedene Werke, welche den Kunstbegriff anhand von Auflistungen verschiedener Institutionen bestimmen: *Bazley* stellt u.a. den Ansatz vor, den Kunstbegriff in jene Bereiche, und somit Objekte, zu unterteilen, die auch kuratorische Einheiten des *Metropolitan Museum of Art* in New York bilden.[72] Er geht überdies auf *Conklins* Kunstbegriff ein, der die bereits aufgeführte Liste der IFAR zugrunde legt.[73]

---

64 *Conklin* 1994, S. 2 f.
65 *Conklin* 1994, S. 3.
66 *Durney/Proulx*, Crime Law Soc. Change 2011, S. 116.
67 *Bazley*, *Crimes of the Art World*, 2010.
68 *Bazley* 2010, S. 1 ff.
69 *Bazley* 2010, S. 2.
70 *Bazley* 2010, S. 4 f.
71 *Bazley* 2010, S. 4 f.
72 *Bazley* 2010, S. 5 f.
73 *Bazley* 2010, S. 6.

Tabelle 1: „Art typologies" – Auflistung und Gegenüberstellung von Kunstobjekten verschiedener Einrichtungen[a]

Metropolitan Museum of Art	IFAR	FBI
American decorative arts	Fine arts (including paintings, photographs, prints, drawings and sculptures)	Fine arts
American painting and sculpture	Decorative arts	Decorative arts
Ancient Near Eastern Art	Antiquities	Antiquities
Arms and armor	Ethnographic objects	Asian art
Arts of Africa, Oceania and the Americas	Oriental and Islamic art	Islamic art
Asian art	Miscellaneous items (including armor, books, coins, and medals	Native American art
Costumes		Ethnographic objetcs
Drawings and prints		Archeological material
Egyptian art		Textiles
European paintings		Books and manuscripts
European sculpture and decorative arts		Clocks and watches
Greek and Roman arts		Coins
Islamic art		Stamps
Medieval art		Musical instruments
Modern art		Scientific instruments
Musical art		
Photographs		
Textiles		

[a] Siehe zu Tabelle 1 wie dargestellt *Bazley* 2010, S. 6, sowie weitere Erläuterungen im Anhang, mit entsprechenden Nachweisen, S. 189, 197 ff.

Bazley selbst führt außerdem die Auflistung der Kunst und Kulturgüter des *Federal Bureau of Investigation* (FBI) an. Diese Liste diene dem FBI dazu, festzulegen, welche Gegenstände innerhalb von Ermittlungen als Kunstgegenstände zu behandeln seien.[74] *Bazley* gibt in tabellarischer Form eine Gegenüberstellung der Listen wieder.[75]

74 *Bazley* 2010, S. 6.
75 *Bazley* 2010, S. 6.

Bazley untersucht die folgenden Deliktsgruppen, die von ihm als „*misconduct*" bezeichnet werden: Diebstahl, Einbruch, Raub, Fälschung sowie Diebstahl oder Beschädigung im Rahmen von Krieg oder zivilen bzw. religiösen Unruhen, den illegalen Handel mit Kunst und Kulturgütern, White-Collar Crime im Bereich der Kunstwelt sowie Vandalismus an Kunst.[76] Die Beschreibung der Deliktsgruppen entspricht im Wesentlichen den bereits angeführten, allerdings greift er zusätzlich noch den Deliktsbereich der White-Collar Crime auf.

Bazleys Vorgehen verfolgt allein den Zweck einer abgrenzenden Bestandsaufnahme von Gegenständen, die für die Kunstkriminalität einschlägig sein könnten. Allerdings wirft dieses Vorgehen die Folgefrage auf, wie eine Definition durch Begriffe erfolgen soll, die den gesuchten Begriff selbst enthalten. Dies verlagert die Schwierigkeiten um die Begriffsbestimmung nur.

c) Durney/Proulx*: Art crime: a brief introduction (2011)*

In ihrem Beitrag „*Art crime: a brief introduction*" stellen *Durney/Proulx* in einer kurzen Untersuchung einige Aspekte der Kunstkriminalität vor.[77] Zunächst definieren sie Kunstkriminalität (art crime) als strafbare Handlungen, die Kunstwerke beinhalten.[78] Diese „allgemeine" Definition der Kunstkriminalität verweist ebenfalls auf den Ansatz *Conklins.*[79] Daran schließt sich eine Zusammenfassung der Teilbereiche an, zu welchen beispielhaft Fälle aufgezählt sowie Aussagen zu Art und Umfang gemacht werden.[80] *Durney/Proulx* nennen hier Kunstdiebstahl sowie Beschlagnahme, Kunstbetrug, der gefälschte Kunst enthält, Ikonoklasmus und Vandalismus sowie Raubgrabungen und den illegalen Handel mit Antiquitäten oder anderen archäologischen Gegenständen.[81]

3. Zusammenfassung der Definitionsansätze in der Literatur

In den bisherigen Publikationen wird die Problematik einer Begriffsbestimmung zumeist nur angerissen. Dabei sind in den deutschsprachigen und den angloamerikanischen Publikationen ähnliche Herangehensweisen auszumachen.

---

76 *Bazley* 2010, S. 11 f.
77 *Durney/Proulx*, Crime Law Soc. Change 2011, S. 115-132.
78 *Durney/Proulx*, Crime Law Soc. Change 2011, S. 116.
79 Vgl. *Conklin* 1994, S. 2 f.
80 *Durney/Proulx*, Crime Law Soc. Change 2011, S. 115 ff.
81 *Durney/Proulx*, Crime Law Soc. Change 2011, S. 116.

Der verbreitetste Ansatz ist eine Definition über einzelne Erscheinungsformen der Kunstkriminalität.[82] Dabei werden die Deliktsfelder zum Überbegriff der Kunstkriminalität zusammengefasst. Diese finden sich in den Veröffentlichungen weitgehend deckungsgleich wieder: Stets werden Kunstfälschung, Kunstbetrug, Diebstahl von Kunstwerken sowie der illegale Handel mit Kulturgütern als Bereiche der Kunstkriminalität angegeben. Insgesamt lassen sich folgende Erscheinungsformen festhalten:

- Kunstfälschung
- Kunstbetrug
- Kunstdiebstahl und Anschlussdelikte
- Erpressung im Umfeld der Kunst (Artnapping)
- Kunstvandalismus
- Illegaler Handel mit Kulturgütern

Außerdem wird überwiegend festgestellt, dass die Taten sich auf ein Kunstobjekt beziehen müssen. Dabei werden als Referenz zumeist Listen mit Objekten herangezogen, die von einschlägigen Institutionen als möglichst abschließende Auflistung verschiedener Rubriken von Kunstgegenständen genutzt werden.

Die Kunstkriminalität anhand ihrer Erscheinungsformen zu bestimmen, erscheint im Grundsatz praktikabel. Eine präzise Definition der Kunstkriminalität kann allerdings nicht ohne eine genaue Bestimmung der Kunst selbst erfolgen.

III. Eigener Definitionsansatz

Wie sich bei Betrachtung der aufgeführten Definitionsversuche zeigt, liefern diese keine vollständige Beschreibung der Kunstkriminalität. Daher wird im Folgenden versucht, den Begriff der Kunstkriminalität weiter zu präzisieren. Zunächst wird sich dem Sinn und Zweck einer Definition der Kunstkriminalität gewidmet.

1. Sinn und Zweck einer Definition

Eine Definition der Kunstkriminalität bildet zum einen die Grundlage für den späteren strafrechtlichen Umgang mit diesem Phänomen. Nur durch eine Definition kann die Kunstkriminalität einer strafrechtlichen Bewertung zugeführt werden. Außerdem ist eine Definition auch für die Auswertung vorhandener

82 Exemplarisch etwa bei *Geerds*, Göppinger-FS 1990, S. 313; *Knickmeier* 2014, S. 361.

empirischer Erkenntnisse notwendig, um eine Zuordnung einzelner Daten zur Kunstkriminalität zu ermöglichen. Ferner wird ein besseres Verständnis der polizeilichen Praxis möglich. So können die unterschiedlichen Auffassungen der Polizeibehörden verglichen und das polizeiliche Verständnis der Kunstkriminalität besser erfasst werden.

Eine Definition der Kunstkriminalität ist weiterhin deshalb sinnvoll, da sie auch zur weiteren wissenschaftlichen Auseinandersetzung mit der Kunstkriminalität dienen kann. *Kinzig* äußert in diesem Zusammenhang den Verdacht, dass sich die fehlende Definition negativ auf die Auseinandersetzung mit der Kunstkriminalität auswirkt: „*Die bisher unklare Begriffsbestimmung ‚Art Crime' oder ‚Kunstkriminalität' ist sicher mit dafür verantwortlich, dass empirisch gesicherte Erkenntnisse über den Umfang dieses Kriminalitätsfeldes fast völlig fehlen.*"[83] Aus diesem Grund erfüllt eine Definition der Kunstkriminalität bereits ein rein wissenschaftliches Erkenntnisinteresse.

In der vorliegenden Untersuchung erfüllt die Definition überdies den Zweck, das Forschungsfeld abzustecken. Die Definition wird als Grundlage für die normative und empirische Auseinandersetzung mit der Kunstkriminalität dienen und damit die Frage beantworten, was in der vorliegenden Arbeit unter dem Oberbegriff „Kunstkriminalität" verstanden wird.

2. Definitionsversuch der Kunstkriminalität

Im nachfolgenden Abschnitt wird ein eigener Definitionsversuch der Kunstkriminalität unternommen. Für diesen wird unter Berücksichtigung der geschilderten Fälle erörtert, ob eine täter- oder eine objektbezogene Beschreibung der Kunstkriminalität möglich ist. Eine zentrale Rolle nimmt dabei die Kunst als Tatobjekt ein. Ebenso werden die Erscheinungsformen der Kunstkriminalität zusammengefasst.

a) Täterbezogene Beschreibung

Nach *Bazley* kann eine täterbezogene Beschreibung als Definitionsansatz für Kunstkriminalität dienen.[84] Dafür müssten zunächst die hypothetischen verbindenden Merkmale eines Täters gefunden werden.

---

83 *Kinzig*, Heinz-FS 2012, S. 130.

84 *Bazley* 2010, S. 123 ff.

aa) Denkbare Anknüpfungspunkte an eine täterbezogene Betrachtung

Die Identifikation von täterbezogenen Merkmalen der Kunstkriminalität gestaltet sich kompliziert. Hierfür könnte als gemeinsames Element an eine Tätigkeit innerhalb des Kunstmarktes gedacht werden. Dies würde z.B. den fälschenden Künstler, den Galeristen, welcher gefälschte Kunstwerke absetzt, oder auch den Kunstwissenschaftler, der bewusst unrichtige Expertisen ausstellt, erfassen. Die Definition würde sich dann in der Bestimmung dieser Personenkreise erschöpfen. Die Frage nach dem Tatobjekt Kunst bliebe jedoch unbeantwortet.

Weiterhin lassen sich leicht Deliktsvarianten ausfindig machen, in denen eine täterorientierte Betrachtung an ihre Grenzen stieße. Zu denken wäre etwa an eine Fallkonstellation, in der die Täter Kunstobjekte lediglich mit der Intention stehlen, diese möglichst gewinnbringend zu veräußern. Dementsprechend lässt sich bereits nach kurzer Betrachtung festhalten, dass eine rein täterorientierte Klassifizierung der Kunstkriminalität nicht zielführend sein kann. Allenfalls einzelne Elemente des Bereichs können hierdurch erfasst werden. Dieser Umstand wird auch an den eingangs aufgeführten Fällen der Kunstkriminalität ersichtlich. Sie unterscheiden sich oft deutlich und lassen keine klaren Gemeinsamkeiten der Täter erkennen.

bb) Kunstkriminalität als White-Collar Crime

Eine jedenfalls teilweise täterbezogene Beschreibung könnte anhand des Ansatzes der White-Collar Crime erfolgen, welcher von *Sutherland* im Rahmen der Bestimmung der Wirtschaftskriminalität geprägt wurde.[85]

Auch *Bazley* setzt sich, mit der White-Collar Crime in der Kunstwelt auseinander.[86] So führt er Fallbeispiele an, die sich im *Getty Museum* und bei den großen Kunstauktionshäusern *Sotheby's* und *Christie's* zugetragen haben.[87] Die Problematik der Betrachtung von Kunstkriminalität mittels der White-Collar Crime sieht *Bazley* insbesondere in der fehlenden Vergleichbarkeit der einzelnen Fälle.[88] Laut *Bazley* kommt der White-Collar Crime neben den „klassischen" Kunstdelikten eine untergeordnete Rolle zu.[89] Dies zeige sich in der Wertigkeit

---

85 *Sutherland*, American Sociological Review 1940, S. 1 ff.; zur White-Collar Crime im Rahmen der Definitionsversuche zur Wirtschaftskriminalität *Göppinger* 2008, S. 421; *Schwind* 2016, S. 475 f.; *Meier* 2021, S. 327 ff.

86 *Bazley* 2010, S. 123 ff.

87 *Bazley* 2010, S. 128 ff., 136 ff.

88 *Bazley* 2010, S. 133.

89 *Bazley* 2010, S. 133.

der Delikte: durch Eigentumsdelikte werde die Substanz der Kunstgüter stärker gefährdet, als dies im Rahmen von White-Collar-Crime-Delikten der Fall sei.[90] Bei solchen Delikten sei es gelegentlich sogar schwierig, überhaupt einen Schaden zu ermitteln.[91]

Ebenso geht auch *Almeroth* in seinen Ausführungen zur Kunst- und Antiquitätenfälschung auf die Ähnlichkeiten zur White-Collar Crime ein.[92] *Almeroth* führt in diesem Kontext an, dass die vermutete geringe Aufklärung und das seltene Bekanntwerden von Straftaten auch darauf zurückzuführen sei, dass im Hintergrund „*Gentlemen's Agreements*" zwischen den Beteiligten geschlossen würden.[93] In solchen Übereinkommen werde durch Umtausch oder durch Zurückkauf der gefälschten Gegenstände ein Verzicht auf eine Strafanzeige seitens der Opfer erreicht.[94]

Wie auch *Bazley* und *Almeroth* anmerken, kann der Ansatz der White-Collar Crime lediglich einzelne Taten der Kunstkriminalität erfassen. Es zeigt sich auch hier, dass eine täterbezogene Beschreibung der Kunstkriminalität für eine Gesamtbetrachtung deutlich zu kurz greift. Ein Vergleich mit den eingangs dargestellten Fällen unterstreicht dieses Ergebnis.

b) Objektbezogene Beschreibung

Wie sich aus der bisherigen Darstellung ergibt, ist eine Beschreibung der Kunstkriminalität nur über eine objektbezogene Herangehensweise möglich.[95] Dieser Umstand wird auch durch die angeführten Fallbeispiele deutlich. Als einziges verbindendes Merkmal lässt sich das Kunstobjekt ausmachen.

Dieser Anknüpfungspunkt stellt gleichzeitig eine zentrale Schwierigkeit der Bestimmung von Kunstkriminalität dar. So merkt Kinzig zutreffend an: „*‚Art Crime' oder Kunstkriminalität zu definieren, fällt schwer. Dies liegt zunächst an der Weite des Bezugsobjekts ‚Kunst', das sich ‚jeder normativ abschließenden oder absolutierenden Begriffsbestimmung' entzieht.*"[96] Im Nachfolgenden werden daher die Charakteristika verschiedener rechtlicher Kunstbegriffe untersucht, um eine Definition der Kunstkriminalität herauszuarbeiten.

---

90 *Bazley* 2010, S. 133 f.

91 *Bazley* 2010, S. 134.

92 *Almeroth* 1986, S. 18 f.

93 *Almeroth* 1986, S. 18 f.

94 *Almeroth* 1986, S. 18 f.

95 Vgl. hier auch erneut *Grüning*, Kriminalistik 2013, S. 282.

96 *Kinzig*, Heinz-FS 2012, S. 130.

aa) Der Begriff der Kunst

Eine allgemein bekannte Problematik bei der juristischen Einordnung von Kunst beschreibt *Jarass* zutreffend im einleitenden Satz zum Schutzbereich der Kunst des Art. 5 III GG:

> *„Die Bestimmung des Kunstbegriffs hat mit der Schwierigkeit zu kämpfen, dass eine Definition der Kunst ihrem Wesen widerspricht, eine Abgrenzung in der Rechtsanwendung aber unausweichlich ist."*[97]

Auch *Würtenberger* benennt die Problematik in seinem Beitrag zum Begriff des Kunstwerkes im Urheberrecht:

> *„Das Wesen des Kunstwerkes zu bestimmen ist zunächst die Aufgabe der Ästhetik und Kunstwissenschaft. Gilt es jedoch, den Begriff des Kunstwerkes im Sinne des Rechts zu umschreiben, so muß die Deutung in erster Linie auf der Grundlage der Jurisprudenz erfolgen, ohne dabei allerdings die Bemühung der Kunstwissenschaft und Ästhetik ganz zu übersehen."*[98]

Diese Schwierigkeit äußert sich in der Anzahl und teilweise mangelnder Präzision der Ansichten zur Begriffsbestimmung der Kunst innerhalb der Rechtswissenschaft. Um die möglichen Tatobjekte der Kunstkriminalität bestimmen zu können, muss nach einer möglichst tauglichen Definition der Kunst gesucht werden.[99]

(1) Die bildende Kunst als Gegenstand der Kunstkriminalität

Für das hier zugrunde gelegte Verständnis der Kunstkriminalität soll das Zusammentreffen von Straftatbeständen mit Gegenständen der bildenden Kunst untersucht werden. Die meisten der gezeigten Erscheinungsformen von Kunstkriminalität scheinen nur schwer mit nicht gegenständlicher Kunst, etwa der darstellenden Kunst, vereinbar zu sein. Bereiche der Kriminalität, die sich auf Musik und Literatur beziehen, können deshalb nicht zur Kunstkriminalität im hier verstandenen Sinne gerechnet werden.[100]

---

97 Jarass/Pieroth/*Jarass* 2020, Art. 5, Rn. 118; siehe zur gleichen Problematik aus österreichischer Sicht *Härth* 2010, S. 13 ff.

98 *Würtenberger*, JuS 1968, S. 320.

99 *Schack* schreibt in diesem Zusammenhang: „*Der Kunstbegriff darf also nicht traditionell fixiert, sondern muss neuen Kunstformen offen sein, darf aber andererseits nicht völlig konturenlos sein, da man mit inhaltsleeren Begriffen nicht arbeiten, kein Gesetz formulieren, kein Urteil begründen kann.*" *Schack* 2017, Rn. 2.

100 Vgl. hierzu auch *Grüning*, Kriminalistik 2013, S. 282.

Nun ergibt sich die Frage, wie die bildende Kunst definiert werden kann. In der folgenden Auseinandersetzung sollen potentiell einschlägige gesetzliche Regelungen ebenso wie weitere denkbare Kunstbegriffe betrachtet werden.

Die der Thematik immanente Friktion zwischen juristischer Definition und dem Wesen der Kunst zeigt sich darin, dass sich die Komplexität der Kunst kaum in eine einzige definitorische Beschreibung fassen lässt.[101] Bei der Begrifflichkeit der Kunst in rechtlichen Bestimmungen ist von entscheidender Bedeutung, in welchen Regelungszusammenhang diese eingeordnet wird.[102] Diese Abhängigkeit der Bedeutung vom jeweiligen Kontext macht die Kunst zu einem *„relativen Rechtsbegriff“*.[103] *Schack* stellt die deutlichen Unterschiede zwischen einzelnen gesetzlichen Kunstbegriffen anhand ihrer Zielsetzung heraus.[104] Dabei merkt er an, dass der Kunstbegriff des Art. 5 III GG allein aufgrund von dessen Wesen und des besagten Regelungszusammenhangs deutlich weiter sein muss als der Kunstbegriff der §§ 1, 2 UrhG.[105] Im nachfolgenden Abschnitt werden die einzelnen normativen Kunstbegriffe untersucht.

(2) Der Begriff der bildenden Kunst in Art. 5 III GG

Bei einer Beschreibung des Kunstbegriffs wird im rechtswissenschaftlichen Diskurs stets auf die Kunstfreiheit des Art. 5 III GG verwiesen. Den Definitionsbemühungen zu Art. 5 III GG ist jedoch eine gewisse Unschärfe immanent, da die Intention des Art. 5 III GG nicht nur auf die gegenständliche Kunst gerichtet ist. Der grundrechtliche Kunstbegriff liegt zwischen einem teilweise geforderten Definitionsverbot und einem zwingenden Definitionsgebot der Kunst.[106] Die Idee der Forderung nach einem Definitionsverbot speist sich aus der Vorstellung, der Staat dürfe durch eine Definition der Kunst nicht vorschreiben, was unter „richtiger“ Kunst zu verstehen sei.[107] Das Definitionsgebot ergibt sich aus dem umgekehrten Gedanken, dass eine Subsumtion unter den Schutz des Art. 5 III GG ohne Definition gar nicht möglich sei.[108]

---

101 Vgl. hierzu *Schack* 2017, Rn. 2.

102 Vgl. hierzu *Schack* 2017, Rn. 2, unter Verweis auf die einschlägige Rechtsprechung zur Kunstfreiheit in der Entscheidung des BVerfG zum sog. anachronistischen Zug, BVerfGE 67, 213 ff., NJW 1985, S. 261 ff.

103 *Schack* 2017, Rn. 2.

104 *Schack* 2017, Rn. 2.

105 *Schack* 2017, Rn. 2.

106 Beck-OK GG/*Kempen* 2021, Art. 5, Rn. 157; vgl. *Hoffmann*, NJW 1985, S. 237.

107 Beck-OK GG/*Kempen* 2021, Art. 5, Rn. 157.

108 Beck-OK GG/*Kempen* 2021, Art. 5, Rn. 157.

Die verfassungsrechtlichen Definitionsversuche von Kunst gliedern sich in den materialen, den formalen und den offenen Kunstbegriff.[109] Der materiale Kunstbegriff bezieht sich auf künstlerische Verarbeitung emotionaler Komponenten wie Eindrücke, Erfahrungen oder sonstiger Erlebnisse, die mittels Medium zu einer unmittelbaren Anschauung gebracht werden.[110] Dem formalen Kunstbegriff nach sortieren sich Kunstwerke gattungsmäßig in verschiedene, „klassische" Werktypen; hierunter fallen z.B. die Malerei oder die Bildhauerei.[111] Der offene Kunstbegriff verlagert die Qualifizierung des Kunstobjekts in den Bereich des Betrachters. Dabei wird auf die Möglichkeit der fortgesetzten Interpretation eingegangen, die als Indiz für das Vorliegen eines Kunstwerkes herangezogen wird.[112] Die fortgesetzte Interpretation soll den mannigfachen Aussagegehalt des Werkes hin zu einer *„praktisch unerschöpfliche[n], vielstufige[n] Informationsvermittlung"*[113] ermöglichen.[114]

Die Problematik der verfassungsrechtlichen Kunstdefinitionen besteht darin, dass ihnen eine Schutz- und Wirkrichtung zu eigen ist, die für eine Definition der Kunstkriminalität kaum praktikabel ist. Wenngleich dem formalen und dem offenen Kunstbegriff eine grenzziehende Wirkung zugesprochen werden kann, so sind diese doch für eine Definition zu schemenhaft. Dies hat zur Folge, dass ein möglicher Verweis auf den Kunstbegriff des Art. 5 III GG keine hinreichende Konkretisierung mit sich brächte.

(3) Der „Kunstbegriff" des Strafgesetzbuches

Eine konkretere Begriffsbestimmung erscheint auch über den „Kunstbegriff" des Strafgesetzbuches denkbar. Hier statuieren beispielsweise die §§ 243 I 2 Nr. 5 und 304 I StGB einen besonderen strafrechtlichen Schutz von Kunst. Beiden Normen liegt ein weitgehend einheitlicher Kunstbegriff zugrunde.[115]

---

109 Beck-OK GG/*Kempen* 2021, Art. 5, Rn. 158 ff.

110 Beck-OK GG/*Kempen* 2021, Art. 5, Rn. 158; Jarass/Pieroth/*Jarass* 2020, Art. 5, Rn. 118; Schmidt-Bleibtreu/Hofmann/Henneke/*Odenthal* 2017, Art. 5, Rn. 41.

111 Jarass/Pieroth/*Jarass* 2020, Art. 5, Rn. 118; Beck-OK GG/*Kempen* 2021, Art. 5, Rn. 159; Schmidt-Bleibtreu/Hofmann/Henneke/*Odenthal* 2017, Art. 5, Rn. 41.

112 Jarass/Pieroth/*Jarass* 2020, Art. 5, Rn. 118; Beck-OK GG/*Kempen* 2021, Art. 5, Rn. 160; Schmidt-Bleibtreu/Hofmann/Henneke/*Odenthal* 2017, Art. 5, Rn. 41.

113 BVerfG, NJW 1985, S. 262.

114 Jarass/Pieroth/*Jarass* 2020, Art. 5, Rn. 118; Beck-OK GG/*Kempen* 2021, Art. 5, Rn. 160.

115 MK-StGB/*Wieck-Noodt* 2019, § 304, Rn. 16; NK-StGB/*Zaczyk* 2017, § 304, Rn. 9, auf den Begriff „Kunst" im StGB wird ausführlicher noch im Rahmen der Strafbarkeit der Kunstkriminalität eingegangen.

§ 243 I 2 Nr. 5 StGB erfasst „*Sache[n] von Bedeutung für Wissenschaft, Kunst oder Geschichte oder für die technische Entwicklung*". In § 304 I StGB werden unter anderem „*Gegenstände der Kunst, der Wissenschaft oder des Gewerbes*" aufgezählt. Aufgrund dieser vergleichsweise breiten Auflistung von Sachen bzw. Gegenständen ist eine allzu detaillierte Beschreibung der einzelnen Objekte nicht erforderlich, da Grenzfälle zumeist jedenfalls von einem der umliegenden Begriffe erfasst werden.[116] Weiterhin enthalten die von den §§ 243 I 2 Nr. 5 und 304 I StGB bezeichneten Gegenstände der Kunst bzw. Sachen von Bedeutung für die Kunst weitere tatbestandliche Einschränkungen, die nicht in ihren Eigenschaften als Kunst- oder sonstigen Kulturgütern begründet sind. Beide Normen enthalten als zusätzliche Voraussetzungen, dass sich die Tatobjekte in „*allgemein zugänglichen Sammlung[en]*" befinden bzw. „*in öffentlichen Sammlungen aufbewahrt werden*" oder „*öffentlich ausgestellt*" bzw. „*öffentlich aufgestellt*" sein müssen.[117]

Die zusätzlichen tatbestandlichen Voraussetzungen sind die Ursache dafür, dass in der Literatur zumeist keine ausdifferenzierten Definitionen existieren. In der Literatur wird oft nur an die Bedeutung der Sache sowie an das Merkmal der allgemein zugänglichen Sammlung bzw. öffentlichen Ausstellung angeknüpft.[118] Dies erfolgt zweifellos aufgrund des intendierten Schutzzweckes, der sich aus der Öffentlichkeitskomponente und der daraus resultierenden besonderen Gefährdung von bedeutenden kulturellen Gütern ergibt. Aus den dargestellten Gründen eignet sich der „Kunstbegriff" des Strafgesetzbuches nicht, um die Kunstkriminalität weiter zu präzisieren. Letztlich kann nicht von einem – einheitlichen – Kunstbegriff des StGB gesprochen werden, da ein solcher allenfalls fragmentarisch zu finden ist. Den §§ 243 I 2 Nr. 5 und 304 I StGB wird sich bei der strafrechtlichen Auseinandersetzung tiefergehend gewidmet.

(4) Kunst im Kulturgutschutzgesetz

Ein weiterer Anhaltspunkt zur rechtlichen Bestimmung des Kunstbegriffs könnte sich aus dem Gesetz zum Schutz von Kulturgut (KGSG) ergeben.[119] Das

---

116 Vgl. kritisch zur Problematik der unbestimmten Begriffe Sch/Sch/*Bosch* 2019, § 243, Rn. 35 ff.

117 Siehe zu diesen weiteren Voraussetzungen ausführlich Sch/Sch/*Bosch* 2019, § 243, Rn. 35 ff.; MK-StGB/*Schmitz* 2017, § 243, Rn. 46 ff.

118 Siehe hierzu etwa Sch/Sch/*Bosch* 2019, § 243, Rn. 35 ff.; Lackner/Kühl/*Kühl* 2018, § 243, Rn. 20; MK-StGB/*Schmitz* 2017, § 243, Rn. 45 ff.; *Schack* 2017, Rn. 2.

119 Das Kulturgutschutzgesetz wurde im Jahr 2016 reformiert (BGBl. I 2016, S. 1914). Die Neuregelungen führten zu teils scharfer Kritik seitens der Kunstwelt, vgl. *Elmenhorst/*

Kulturgutschutzgesetz regelt gem. § 1 Nr. 1-6 KGSG den Schutz nationalen Kulturgutes gegen Abwanderung, die Ein- und Ausfuhr von Kulturgut, das Inverkehrbringen von Kulturgut, die Rückgabe unrechtmäßig eingeführten Kulturgutes, die Rückgabe unrechtmäßig ausgeführten Kulturgutes und die Rückgabezusage im internationalen Leihverkehr.

Eine Regelung zur Begriffsbestimmung von Kulturgütern findet sich in § 2 KGSG. In den § 2 I Nr. 1 und 10 KGSG werden die beiden Begriffe *„archäologisches Kulturgut“* und *„Kulturgut“* bestimmt. Gem. § 2 I Nr. 1 KGSG handelt es sich bei archäologischem Kulturgut um bewegliche Sachen oder Sachgesamtheiten, die von Menschen geschaffen oder bearbeitet wurden oder Aufschluss über menschliches Leben in vergangener Zeit geben, sich im Boden oder in einem Gewässer befinden oder befunden haben oder bei denen dies aufgrund der Gesamtumstände zu vermuten ist. Bei Kulturgut nach § 2 I Nr. 10 KGSG handelt es sich um jede bewegliche Sache oder Sachgesamtheit von künstlerischem, geschichtlichem oder archäologischem Wert oder aus anderen Bereichen des kulturellen Erbes, insbesondere von paläontologischem, ethnographischem, numismatischem oder wissenschaftlichem Wert.[120]

Der hier verwendete weit gefasste Begriff des Kulturgutes dient dazu, verschiedene bisherige Begriffe des Kulturgutschutzes zu verbinden.[121] Die Begriffsbestimmungen des dem KGSG vorausgegangenen KultgSchG aus dem Jahr 1955[122] ebenso wie jene der UNESCO- und EU-Regelwerke wurden dabei zusammengeführt.[123] Der spezifische Wert der Objekte bemisst sich lediglich nach dem kulturellen Wert. Das Alter und der wirtschaftliche Wert sind nicht entscheidend.[124] Wesentlich für die Bestimmungen des Kulturgutes i.S.d. Kulturgutschutzgesetzes ist überdies die Charakterisierung als nationales Kulturgut i.S.d. § 6 KGSG.[125]

Heimann, NJW 2016, S. 3398 ff.; zur medialen Beachtung siehe beispielsweise *Unbekannt*, Gerhard Richter zum Kulturgutschutzgesetz „Ich würde die Bilder schnellstens verkloppen“, Der Spiegel vom 14.05.2017 (Stand: 15.03.2021); *Gropp*, Die Stunde der Spediteure, FAZ vom 08.07.2016 (Stand: 15.03.2021).

120 Zusammenfassend auch Erbs/Kohlhaas/*Häberle* 2020, § 2 KGSG, Rn. 2; *Schack* sieht in der Verwendung des Terminus des Kulturgutes den Versuch mancher Gesetze, gegenüber dem Begriff der Kunst *„das Definitionsmonopol dadurch zu entschärfen, dass sie […] den Ausdruck ‚Kulturgut‘ verwenden.“* *Schack* 2017, Rn. 2.

121 Vgl. *Elmenhorst/Heimann*, NJW 2016, S. 3398.

122 KultgSchG v. 6.8.1955 i.d.F. v. 8.7.1999, BGBl. I 1999, S. 1754.

123 *Elmenhorst/Heimann*, NJW 2016, S. 3398.

124 *Elmenhorst/Heimann*, NJW 2016, S. 3398.

125 *Elmenhorst/Heimann*, NJW 2016, S. 3399.

Die Bestimmung des Kulturgutes erinnert dabei an den bereits dargestellten Kunstbegriff innerhalb der §§ 243 I 2 Nr. 5, 304 I StGB, der ebenfalls an die Bedeutung des Gegenstandes für die wissenschaftliche oder kulturelle Disziplin anknüpft.[126]

In der Folge zeigt sich, dass der in § 2 I Nr. 10 KGSG bestimmte Begriff des Kulturgutes ebenfalls nur schemenhaft bleibt. Die Qualifizierung als nationales Kulturgut hängt von engen Voraussetzungen ab, die § 6 I KGSG näher bestimmt. Gem. § 6 I Nr. 1 KGSG ist beispielsweise die Eintragung in ein Verzeichnis national wertvollen Kulturgutes, deren Voraussetzungen in den §§ 7 ff. KGSG aufgeführt sind, erforderlich. Bereits aufgrund dieser Art der Qualifizierung ist eine Beschreibung der Kunstkriminalität mit dem im Kulturgutschutzgesetz verwendeten Begriff des Kulturgutes nicht möglich. Weder die allgemeinformulierten Begriffe noch die in den jeweiligen Verzeichnissen erfassten Objekte eignen sich für den vorliegenden Zweck. Auch die in § 6 I Nr. 2-4 KGSG enthaltenen Bestimmungen, die die Qualifikation von nationalem Kulturgut an dessen Zugehörigkeit zu bestimmten öffentlich-rechtlichen Einrichtungen festmachen, eignen sich hierfür nicht.

Tiefer auf die Regelungen des Kulturgutschutzgesetzes wird bei der Berücksichtigung der darin enthaltenen Strafvorschriften einzugehen sein.

(5) Der Kunstbegriff im Urheberrecht

Schließlich erscheint es denkbar, sich der Kunst als Rechtsbegriff über das Urheberrecht zu nähern.[127] Im Folgenden soll daher der Werkbegriff des

---

126 Vgl. hier MK-StGB/*Schmitz* 2017, § 243, Rn. 46 f.; NK-StGB/*Kindhäuser* 2017, § 243, Rn. 32; Lackner/Kühl/*Kühl* 2018, § 243, Rn. 20.

127 Vgl. hierzu auch *Sandmann* 2004, S. 55 ff.; *Ebling/Bullinger* 2019, S. 42 ff.; ebenso auch *Werr* 1978, S. 19 f. Diese kommt in ihrer Monographie zur kriminologisch-kriminalistischen Betrachtung des Kunstdiebstahls innerhalb der Begriffsbestimmung des Kunstdiebstahls zu dem Ergebnis, dass sich lediglich das Urheberrecht näher mit dem Begriff des Kunstwerkes beschäftigt. *Werr* behilft sich dabei schließlich mit der „*umfassendsten Formulierung*“ des Reichsgerichts aus dem Jahr 1929 (RGZ 124, 68 ff.): „*Zu den Werken der bildenden Künste gehört jede in nicht organischem Stoff sichtbar gewordene Gestaltung, in der ein eigenes künstlerisches Schaffen zutage tritt, jede eigenpersönliche geistige Schöpfung, die mit den Darstellungsmitteln der Kunst durch formgebende Tätigkeit hervorgebracht und vorzugsweise für die Anregung des ästhetischen Gefühls durch Anschauung bestimmt ist, ohne Rücksicht auf den höheren oder geringeren Kunstwert und ohne Rücksicht darauf, ob das Werk neben dem ästhetischen Zweck noch einem praktischen Gebrauchszweck dient.*“ Vgl. auch zum

Urheberrechts untersucht werden. Dieser schließt gem. § 2 I Nr. 4 UrhG Werke der bildenden Künste, Werke der Baukunst und der angewandten Kunst und Entwürfe solcher Werke ein. Aufschlussreich ist, dass der urheberrechtliche Werkbegriff eine vergleichsweise detaillierte Unterscheidung einzelner Bereiche der Kunst vornimmt. Im Kontext der Begriffsbestimmung der Kunstkriminalität muss auch hier auf die spezifischen Schutzrichtungen bzw. Normzwecke eingegangen werden. Die in § 2 I UrhG nicht abschließend aufgeführten geschützten Werke sollen die in § 1 UrhG weit gehaltene Aussage konkretisieren, dass die Urheber von Werken der Literatur, Wissenschaft und Kunst für ihre Werke Schutz nach Maßgabe des UrhG genießen.[128] Überdies soll eine Zuordnung zu diesen Disziplinen ermöglicht werden.[129] Die urheberrechtliche Bestimmung des Kunstbegriffs verfolgt nicht das Ziel einer allumfassenden kunsthistorischen Definition, sondern soll umfassend regeln, für welche Erzeugnisse deren Schöpfer ein Urheberrecht erhalten soll.[130] Obwohl offensichtlich ist, dass die wirtschaftlichen Interessen hier im Vordergrund stehen, scheint eine Eignung für die hiesige Definition nicht per se ausgeschlossen. Naturgemäß zeigt auch die urheberrechtliche Interpretation des Kunstbegriffs die Problematik der eigentlichen Undefinierbarkeit von Kunst, wie sie sich auch in den Wertungen des Art. 5 III GG ergab.[131] In § 2 I Nr. 4 UrhG wird der Begriff der bildenden Künste als Oberbegriff für die „reine" bildende Kunst, die Baukunst und die angewandte Kunst verwendet.[132] Unter diesen lassen sich abstrakt die Gegenstände fassen, die mit *„zwei- oder dreidimensionalen Gestaltungen, […] ihren ästhetischen Gehalt durch Ausdrucksmittel wie Farbe, Linie, Fläche, Raumkörper und Oberfläche zum Ausdruck bringen"*.[133] Es muss also zwischen den im Gesetz zusammengefassten Begriffen differenziert werden, die sich in die „reine" bildende Kunst, die Werke der Baukunst und die der angewandten Kunst gliedern.

österreichischen Kunstbegriff des Urheberrechts im Kontext der Bestimmung einer Fälschung *Härth* 2010, S. 50 ff.

128 Siehe hierzu Dreier/Schulze/*Schulze* 2018, § 2 UrhG, Rn. 1 f.

129 Dreier/Schulze/*Schulze* 2018, § 2 UrhG, Rn. 1 f.

130 *Schack* UrhG 2019, Rn. 225.

131 Vgl. auch die Ausführungen in *Schack* UrhG 2019, Rn. 225; Büscher/Dittmer/Schiwy/*Obergfell* 2015, § 2 UrhG, Rn. 43.

132 Wandtke/Bullinger/*Bullinger* 2019, § 2, Rn. 81.

133 Wandtke/Bullinger/*Bullinger* 2019, § 2, Rn. 81.

(a) Werke der (reinen) bildenden Kunst

Die „reine" bildende Kunst als Unterbegriff der bildenden Künste i.S.d. § 2 I Nr. 4 UrhG umfasst sämtliche klassischen Gattungen an Kunstwerken, wie etwa alle Arten der Plastik, der Malerei sowie der Graphik und verwandter Bereiche.[134] Eine Aufzählung findet sich auch in Art. 2 I der Richtlinie 2001/84/EG des Europäischen Parlaments und des Rates vom 27. September 2001 über das Folgerecht des Urhebers des Originals eines Kunstwerks.[135] Dort ist auch eine kurze definitorische Bestimmung der hiervon erfassten Kunstwerke enthalten. Dabei handelt es sich allerdings lediglich um eine nicht abschließende Aufzählung von Werktypen der bildenden Künste: Bilder, Collagen, Gemälde, Zeichnungen, Stiche, Bilddrucke, Lithographien, Plastiken, Tapisserien, Keramiken, Glasobjekte und Lichtbildwerke.[136]

Keine Bedeutung kommt der Materialität des Werkes zu, da sowohl organische und anorganische Stoffe als auch vergängliche Stoffe erfasst sind.[137] Insbesondere im Rahmen der Abgrenzung zur angewandten Kunst kommt der eigentlich fehlende funktionelle Gebrauchszweck hinzu.[138] Nach einer vielzitierten Definition ist unter dem Kunstwerk

> *„eine eigenpersönliche, geistige Schöpfung zu verstehen, die mit Darlegungsmitteln der Kunst durch formgebende Tätigkeit hervorgebracht ist und deren ästhetischer Gehalt einen solchen Grad erreicht, daß nach den im Leben herrschenden Anschauungen noch von Kunst gesprochen werden kann, und zwar ohne Rücksicht auf den höheren oder geringeren Kunstwert und ohne Rücksicht darauf, ob das Werk neben dem ästhetischen Zweck noch einem praktischen dient.*"[139]

---

134 *Schack* UrhG 2019, Rn. 225; *Engels* 2018, Rn. 1180; zur detailierteren Auflistung vgl. Büscher/Dittmer/Schiwy/*Obergfell* 2015, § 2 UrhG, Rn. 43 ff.

135 Richtlinie 2001/84/EG des Europäischen Parlaments und des Rates vom 27. September 2001 über das Folgerecht des Urhebers des Originals eines Kunstwerks, ABl. (EG) L 272/35 v. 13.10.2001.

136 Richtlinie 2001/84/EG des Europäischen Parlaments und des Rates vom 27. September 2001 über das Folgerecht des Urhebers des Originals eines Kunstwerks, ABl. (EG) L 272/35.

137 *Schack* UrhG 2019, Rn. 227; Büscher/Dittmer/Schiwy/*Obergfell* 2015, § 2 UrhG, Rn. 44 f.

138 Wandtke/Bullinger/*Bullinger* 2019, § 2, Rn. 86; ebenso mit diversen Beispielen zur angewandten Kunst Büscher/Dittmer/Schiwy/*Obergfell* 2015, § 2 UrhG, Rn. 43 ff.

139 BGH, NJW 1957, S. 1109; vgl. hierzu auch *Schack* UrhG 2019, Rn. 225, welcher diese Definition als „*formelhaft wiederkehrend und tautologisch*" bezeichnet.

Naturgemäß wird die Definition des Urheberrechts an den Grenzen der Kunst unschärfer, was sich an der Frage festmachen lässt, inwieweit sich der Schutz des § 2 I Nr. 4 UrhG auch auf modernere bzw. experimentellere Kunstinterpretationen erstreckt. Eine besondere Beschränkung erfahren die erfassten Objekte durch § 2 II UrhG, der an die Werke das Erfordernis einer persönlichen geistigen Schöpfung stellt.[140] Während § 2 I UrhG lediglich die einzelnen Werkarten aufzählt, schafft § 2 II UrhG eine materiell-rechtliche Schutzvoraussetzung.[141] An dieser Hürde scheitert nach der verbreiteten Ansicht beispielsweise die bloße „Präsentation“ von konventionellen, meist alltäglichen Gegenständen, auch wenn sie in künstlerischer Absicht geschieht.[142] Betroffen hiervon sind die sog. Readymades, namhafte Beispiele sind etwa die Werke *Marcel Duchamps*.[143] Eines seiner bekannten Readymades ist sein als Kunst ausgestellter Flaschentrockner, bei dem es sich um ein unverändertes und industriell hergestelltes Massenprodukt handelt.[144] Diese Werke lassen nach einer verbreiteten Auffassung keine ausreichende persönliche geistige Schöpfung erkennen, da sie unverändert und unbearbeitet als Kunst ausgestellt und präsentiert werden.[145] Die Voraussetzung der persönlichen geistigen Schöpfung gem. § 2 II UrhG spielt für den urheberrechtlichen Schutz grundsätzlich eine wichtige beschränkende Rolle. Für den vorliegenden Definitionsversuch würden die in § 2 I UrhG aufgezählten Gegenstände jedoch zu sehr eingeengt. Daher werden die Kunstobjekte der Kunstkriminalität vorliegend nur über die einschlägigen Werkgruppen des § 2 I UrhG bestimmt. Vertieft wird auf die Voraussetzungen des § 2 II UrhG im Rahmen der urheberrechtlichen Strafbarkeit der Kunstfälschung einzugehen sein.

Insgesamt ist der Kunstbegriff der reinen bildenden Kunst in § 2 I Nr. 4 UrhG taugliche Grundlage für die Bestimmung der Objekte der Kunstkriminalität. Durch ihn werden die Werke der bildenden Kunst – auch durch die Konkretisierung der Literatur und Rechtsprechung – präzise und hinreichend bestimmt.

---

140 Beck-OK UrhG/*Ahlberg* 2021, § 2, Rn. 50.

141 Beck-OK UrhG/*Ahlberg* 2021, § 2, Rn. 50.

142 Rehbinder/Peukert/*Peukert* 2018, Rn. 242.

143 Wandtke/Bullinger/*Bullinger* 2019, § 2, Rn. 91; Dreier/Schulze/*Schulze* 2018, § 2 UrhG, Rn. 154; weiterführend zu den Werken *Duchamps* siehe *Michalski* 2015, S. 139.

144 Dreier/Schulze/*Schulze* 2018, § 2 UrhG, Rn. 154, siehe dort auch weitere Beispiele.

145 Wandtke/Bullinger/*Bullinger* 2019, § 2, Rn. 91. Zu weiteren Beispielen wie etwa Comics oder Trivialkunst siehe auch Wandtke/Bullinger/*Bullinger* 2019, § 2, Rn. 94 f.; *Raue*, Pfennig-FS 2012, S. 199 ff.; ausführlich zur urheberrechtlichen Problematik von Appropriation und Fan Art *Peifer*, Wandtke-FS 2013, S. 99 ff.

Insgesamt fügen sich die dort erfassten Gegenstände in die dargestellten Erscheinungsformen der Kunstkriminalität ein.

(b) Werke der angewandten Kunst

Unterscheidungsmerkmal der angewandten Kunst zur reinen bildenden Kunst ist, dass durch die angewandte Kunst ein über den künstlerischen Aspekt hinausgehender Gebrauchszweck verfolgt wird.[146] Zentral ist außerdem die Art der Herstellung.[147] Eine trennscharfe Abgrenzung zu den Werken der reinen bildenden Kunst, wie auch zu rein handwerklichen Gegenständen, ist jedoch nicht immer möglich.[148] Die Objekte der angewandten Kunst sind meist industriell und serienmäßig hergestellte Gebrauchsgegenstände, wie z.B. Möbel, Lampen oder Textilien.[149] Für handwerklich oder industriell angefertigte Gegenstände besteht zunächst kein grundsätzlicher Werkschutz über § 2 I Nr. 4 UrhG.[150]

Innerhalb des Begriffs der angewandten Kunst existieren weitere Abgrenzungsschwierigkeiten. Neben den rein handwerklichen Gegenständen ist auch eine Abgrenzung zu Designobjekten notwendig, da hieran gemessen wird, ob diese unter § 2 I Nr. 4 UrhG fallen können. Innerhalb der früheren Rechtsprechung wurden gewisse Anforderungen an deren urheberrechtliche Schutzfähigkeit gestellt. Hierbei fand insbesondere eine Abgrenzung über eine stufenweise Qualifikation gegenüber dem Geschmacksmusterschutz statt.[151]

Im Gegensatz zur reinen bildenden Kunst wurde bei der angewandten Kunst angeführt, dass eine gewisse Anforderung der hinreichenden Individualität vorliegen müsse, um dem Geschmacksmusterschutz unterliegen zu können.[152] Hierdurch sollte gleichzeitig die Grenze zwischen nicht geschützter, reiner handwerklicher Durchschnittsgestaltung und jenen Werken gezogen werden, die

146 Wandtke/Bullinger/*Bullinger* 2019, § 2, Rn. 96.

147 Dreier/Schulze/*Schulze* 2018, § 2 UrhG, Rn. 158.

148 Vgl. zu den handwerklichen Gegenständen *Schack* UrhG 2019, Rn. 232; zu den Abgrenzungsfragen Wandtke/Bullinger/*Bullinger* 2019, § 2, Rn. 96; Dreier/Schulze/*Schulze* 2018, § 2 UrhG, Rn. 153.

149 Dreier/Schulze/*Schulze* 2018, § 2 UrhG, Rn. 158 ff. mit umfangreicher Auflistung verschiedenster Gegenstände mit der entsprechenden urheberrechtlichen Einordnung; ebenso bei Wandtke/Bullinger/*Bullinger* 2019, § 2, Rn. 99 ff.

150 Rehbinder/Peukert/*Peukert* 2018, Rn. 243; *Engels* 2018, Rn. 1182a.

151 Büscher/Dittmer/Schiwy/*Obergfell* 2015, § 2 UrhG, Rn. 46 f.; Wandtke/Bullinger/*Bullinger* 2019, § 2, Rn. 97; *Schack* UrhG 2019, Rn. 233.

152 Büscher/Dittmer/Schiwy/*Obergfell* 2015, § 2 UrhG, Rn. 46 f.; Wandtke/Bullinger/*Bullinger* 2019, § 2, Rn. 97; *Schack* UrhG 2019, Rn. 233.

durch das Geschmacksmusterschutzgesetz geschützt werden sollen.[153] Für einen zusätzlichen urheberrechtlichen Schutz wurde vorausgesetzt, dass den Werken ein deutliches Überragen gegenüber der Durchschnittsgestaltung zukam.[154] Dies wurde damit begründet, dass sonst bereits ein ausreichender Schutz durch die Regelungen des Geschmacksmustergesetzes gegeben sei.[155]

Im Jahr 2004 wurde das Geschmacksmustergesetz reformiert und 2014 durch das Gesetz über den rechtlichen Schutz von Design ersetzt.[156] Die eingeführten Änderungen waren hauptsächlich terminologischer Natur.[157] Sie führten unter anderem zu der Annahme des Bundesgerichtshofs, dass das Stufenverhältnis zwischen beiden Schutzarten entfallen sei. Nach der Rechtsprechung des Bundesgerichtshofs zur neuen Gesetzeslage sind die Werke der bildenden Künste urheberrechtlich geschützt, wenn diesen eine Schöpfung individueller Prägung zukommt:

> *„[E]s genügt daher, dass sie eine Gestaltungshöhe erreichen, die es nach Auffassung der für Kunst empfänglichen und mit Kunstanschauungen einigermaßen vertrauten Kreise rechtfertigt, von einer ‚künstlerischen' Leistung zu sprechen.“*[158]

Auch nach der Reform des Geschmacksmusterrechts wird zwischen Urheberrecht und Designrecht letztlich graduell unterschieden.[159] Als Voraussetzung für einen designrechtlichen Schutz ist gem. § 2 I DesignG erforderlich, dass das Design neu ist und Eigenart hat. Die Begriffe werden in § 2 II u. III DesignG erläutert.

Im Hinblick auf eine Erfassung der Kunstkriminalität scheinen die hier dargestellten Werke der angewandten Kunst des § 2 I Nr. 4 UrhG als Ergänzung zur reinen bildenden Kunst sinnvoll. Sie ergänzen den Begriff der Kunstwerke um Objekte, die künstlerische Elemente enthalten, jedoch nicht Teil der klassischen Kunstgattungen sind.

153 Büscher/Dittmer/Schiwy/*Obergfell* 2015, § 2 UrhG, Rn. 46 f.; Wandtke/Bullinger/*Bullinger* 2019, § 2, Rn. 97; *Schack* UrhG 2019, Rn. 233.
154 Dreier/Schulze/*Schulze* 2018, § 2 UrhG, Rn. 160.
155 Dreier/Schulze/*Schulze* 2018, § 2 UrhG, Rn. 159, 174.
156 Dreier/Schulze/*Schulze* 2018, § 2 UrhG, Rn. 174.
157 Dreier/Schulze/*Schulze* 2018, § 2 UrhG, Rn. 174.
158 BGH, GRUR 2014, S. 175 Rn. 26; vgl. auch Beck-OK UrhG/*Ahlberg* 2021, § 2, Rn. 108.
159 Dreier/Schulze/*Schulze* 2018, § 2 UrhG, Rn. 174.

(c) Werke der Baukunst

Weiterhin werden Werke der Baukunst in § 2 I Nr. 4 UrhG als Teil der bildenden Künste genannt. Darunter fallen grundsätzlich sämtliche Gebäudetypen; dass es sich hierbei um Gebäude mit repräsentativer oder sonstiger hervorgehobener Funktion handelt, ist nicht erforderlich.[160] Entscheidend ist, analog zur angewandten Kunst, dass ein vom Zweck vorgegebener Gestaltungsspielraum eigenschöpferisch genutzt wird.[161] Grundsätzlich kommen Werke der Baukunst als Objekte der Kunstkriminalität in Betracht. So kann etwa Vandalismus an diesen Bauten, beispielsweise in Form von Graffitis, relevant werden.

(d) Lichtbildwerke

Eine weitere Werkgruppe, die für die Kunstkriminalität relevant werden kann, sind die in § 2 I Nr. 5 UrhG aufgeführten Lichtbildwerke. Hierbei handelt es sich technisch um alle Verfahren der Bildaufzeichnung in Form von Aufzeichnung und Wiedergabe von Motiven, Bildgegenständen etc., welche mittels strahlender Energie erzeugt werden und mittels eines chemisch-physikalischen, elektronischen oder sonstigen technischen Verfahrens hergestellt werden.[162] Die erfassten Objekte zählen, sobald ihnen eine ausreichende künstlerische Intention zukommt, unproblematisch zu den relevanten Objektgruppen der Kunstkriminalität.

(6) Ergebnisse zum zugrunde gelegten Kunstbegriff

Bei der Betrachtung der unterschiedlichen Kunstbegriffe ist der des Urheberrechts – hinreichend präzisiert durch Rechtsprechung und Auseinandersetzung in der Literatur – als Grundlage für die Bestimmung der Objekte der Kunstkriminalität am besten geeignet. Die in § 2 I Nr. 4 u. 5 UrhG aufgeführten Werke der bildenden Künste bzw. Lichtbildwerke kommen als taugliche Objekte der Kunstkriminalität in Betracht, da sie die wesentlichen Merkmale der Kunstwerke enthalten, die auch in anderen Definitionsansätzen und rechtlichen Normen zu finden sind. Der urheberrechtliche Kunstbegriff enthält die auch in Literatur und Rechtsprechung diskutierten Grenzfälle, die der begrifflichen

---

160 Büscher/Dittmer/Schiwy/*Obergfell* 2015, § 2 UrhG, Rn. 48 ff.; Dreier/Schulze/*Schulze* 2018, § 2, Rn. 181; Wandtke/Bullinger/*Bullinger* 2019, § 2, Rn. 108.

161 Büscher/Dittmer/Schiwy/*Obergfell* 2015, § 2 UrhG, Rn. 48; Wandtke/Bullinger/*Bullinger* 2019, § 2, Rn. 108; Dreier/Schulze/*Schulze* 2018, § 2, Rn. 181 ff.

162 Dreier/Schulze/*Schulze* 2018, § 2, Rn. 189 ff.; Wandtke/Bullinger/*Bullinger* 2019, § 2, Rn. 113.

Annäherung an Kunst immanent sind. Der Kunstbegriff zeigt sich auch im Vergleich mit den dargestellten Fällen der Kunstkriminalität als geeignet, diese präzise zu beschreiben.

bb) Weitere Objektgruppen der Kunstkriminalität

Neben den Gegenständen, die sich aus den urheberrechtlichen Bestimmungen deutlich ergeben, kommen auch weitere Objekte für eine Zurechnung zur Kunstkriminalität in Betracht. Im Nachfolgenden sollen weitere relevante Objektgruppen beschrieben werden. Diese werden dann auf ihre Zugehörigkeit zur Kunstkriminalität untersucht.

(1) Kulturgüter und die Delikte des KGSG als Teil der Kunstkriminalität

Als ein weiterer Bestandteil der Kunstkriminalität kommt der illegale Umgang mit Kulturgütern nach den Regelungen des Kulturgutschutzgesetzes in Betracht. Innerhalb des § 2 KGSG findet sich eine Reihe von Begriffsbestimmungen zu den wesentlichen Regelungen: Er enthält Beschreibungen von Gegenständen, die auf die spezielle Schutzrichtung des Kulturgüterschutzes zugeschnitten sind.

Grundsätzlich muss in diesem Zusammenhang bedacht werden, dass die Begriffe von Kunst und Kulturgut nicht deckungsgleich sind, was sich bereits durch das Fehlen einer gesetzlichen Definition der Kunst zeigt. Somit sind nicht nur die innerhalb des KGSG definierten Gegenstände der Kunstkriminalität zuzuordnen. Vielmehr muss der gesamte Bereich des illegalen Umgangs mit Kulturgütern, welcher von den nebenstrafrechtlichen Regelungen des KGSG und hier im Besonderen von § 83 KGSG vorgegeben wird, dem Bereich der Kunstkriminalität zugeordnet werden.

(2) Antiquitäten als Teil der Kunstkriminalität

Eine weitere Objektgruppe, die der Kunstkriminalität zugeordnet werden kann, sind Antiquitäten. Die Frage nach deren Zugehörigkeit zur Kunstkriminalität stellt sich bereits deshalb, weil Antiquitäten stets einen Bezug zur bildenden Kunst bzw. zur angewandten Kunst haben. Bei Antiquitäten ist, ähnlich wie bei Kunstwerken, von entscheidender Bedeutung, dass es sich um Originale oder Unikate handelt. Oft sind die Antiquitäten auch selbst als Werke der bildenden oder der angewandten Kunst anzusehen. Die Zuordnung von Antiquitäten zur Kunstkriminalität drängt sich ebenso aufgrund der Erfassungsweise innerhalb der Polizeilichen Kriminalstatistik auf. Dort wird für den Kunstdiebstahl eine

Sammelvariable verwendet, die *„Antiquitäten, Kunst- und sakrale Gegenstände“* zusammenfasst.[163]

Eine Definition der Antiquität könnte sich aus dem Produktsicherheitsgesetz ergeben. In § 1 III 1 Nr. 1 ProdSG wird für den Anwendungsbereich des Produktsicherheitsgesetzes eine Ausnahme für Antiquitäten geschaffen.[164] Nach der in der Literatur vertretenen Auffassung richtet sich der Antiquitätenbegriff primär nach dem Alter der Gegenstände.[165] Die Altersgrenze wird von spezifischen Gesichtspunkten des konkreten Produktes abhängig gemacht, allerdings wird meist auf eine Altersuntergrenze von 70 Jahren abgestellt.[166] Dabei lässt sich keine konkrete Definition ausmachen, da es sich um Gegenstände handelt, die den bereits beschriebenen Kunstbegriffen zuzuordnen sind. Demzufolge sind Antiquitäten aufgrund ihrer ganz überwiegenden Zuordnung zu den oben dargestellten Kunstbegriffen unter Berücksichtigung der jeweiligen Altersgrenze unproblematisch dem Bereich der Kunstkriminalität zuzuordnen.

(3) Sakrale Gegenstände als Teil der Kunstkriminalität

Ferner kommen sakrale Gegenstände als Objektgruppe der Kunstkriminalität in Betracht, wie sich ebenfalls anhand der angeführten PKS-Erfassung zeigt. Im Unterschied zum Begriff der Antiquität finden die sakralen Gegenstände außerdem im StGB indirekte Erwähnung. Obwohl sich in der einschlägigen Literatur der Begriff des „sakralen Gegenstandes“ nicht finden lässt, bleibt bei den Voraussetzungen der §§ 243 I 2 Nr. 4 und 304 I StGB kein Zweifel, dass die dort umschriebenen Gegenstände sakrale Gegenstände betreffen.

In § 243 I 2 Nr. 4 StGB heißt es:

> *„Ein besonders schwerer Fall liegt in der Regel vor, wenn der Täter […] aus einer Kirche oder einem anderen der Religionsausübung dienenden Gebäude oder Raum eine Sache stiehlt, die dem Gottesdienst gewidmet ist oder der religiösen Verehrung dient.“*

In § 304 I StGB ist dies ähnlich formuliert: *„Gegenstände der Verehrung einer im Staat bestehenden Religionsgesellschaft oder Sachen, die dem Gottesdienst gewidmet sind“.*

---

163 Vgl. hierzu PKS 2019 – Straftatenkatalog aktuell, S. 11.

164 Siehe hierzu ausführlich Klindt/*Schucht* 2015, § 1 ProdSG, Rn. 44 ff.

165 Vgl. Klindt/*Schucht* 2015, § 1 ProdSG, Rn. 46.

166 Vgl. Klindt/*Schucht* 2015, § 1 ProdSG, Rn. 46.

Die Verknüpfung einer Sache mit religiöser Verehrung oder der Widmung für Gottesdienste hebt den sakralen Charakter der Sache hervor.[167] I.S.d. § 243 I 2 Nr. 4 StGB sind Sachen für den Gottesdienst gewidmet, wenn mit ihnen gottesdienstliche Handlungen vorgenommen werden.[168] Dazu zählen beispielsweise Altäre, Kelche, Monstranzen, Weihwasserkessel und Altarkerzen.[169] Gegenstände der (religiösen) Verehrung sind Objekte, denen von den Angehörigen der jeweiligen Glaubensgemeinschaft eine besondere Ehrfurcht entgegengebracht wird; hier können z.B. Madonnen- bzw. Heiligenstatuen, Ikonen, Votivtafeln, Reliquien oder Kruzifixe genannt werden.[170] Nicht erfasst werden alle weiteren Gegenstände, die sich in sakralen Gebäuden befinden, wie Sitzbänke oder Opferstöcke.[171] Ebenso wenig sind Kunstgegenstände erfasst, die nur zur Dekoration des Gebäudes dienen, beispielsweise Kirchenstühle oder Kunstwerke wie Figuren an Kanzeln oder Ähnliches.[172]

Für die Zuordnung der sakralen Gegenstände zur Kunstkriminalität spricht zunächst die in der PKS verwendete Sammelvariable.[173] Ebenfalls dürften die meisten dieser Gegenstände bereits als Werke der bildenden oder angewandten Kunst zu verstehen sein. Wie auch bei Kunstwerken im Allgemeinen ist bei den sakralen Gegenständen die Bedeutung des einzelnen Gegenstandes wichtig. Häufig wird es sich hier auch um Unikate handeln oder jedenfalls um Objekte die für die einzelne religiöse Vereinigung nicht ohne Weiteres ersetzt werden können. Mithin ist eine Zuordnung von sakralen Gegenständen und den damit verbundenen Delikten innerhalb des StGB zur Kunstkriminalität erforderlich.

cc) Die Objekte der Kunstkriminalität

Anhand der beschriebenen rechtlichen Kunst- und Objektbegriffe sowie der weiteren Gegenstandsbereiche kann eine präzisere Eingrenzung der Objekte erfolgen, die der Kunstkriminalität zugerechnet werden. So lassen sich nach

---

167 Siehe umfassend zu den Voraussetzungen MK-StGB/*Schmitz* 2017, § 243, Rn. 42 ff.; Beck-OK StGB/*Wittig* 2021, § 243, Rn. 21; Sch/Sch/*Bosch* 2019, § 243, Rn. 32.

168 LK/*Vogel* 2010, § 243, Rn. 45.

169 LK/*Vogel* 2010, § 243, Rn. 45; MK-StGB/*Schmitz* 2017, § 243, Rn. 43; *Fischer* 2021, § 243, Rn. 19; BGH, U. v. 3.5.1966 – 1 StR 506/65, NJW 1966, S. 1419 f.

170 MK-StGB/*Schmitz* 2017, § 243, Rn. 43; LK/*Wolff* 2008, § 304, Rn. 3; *Fischer* 2021, § 243, Rn. 19.

171 LK/*Vogel* 2010, § 243, Rn. 40.

172 LK/*Vogel* 2010, § 243, Rn. 40.

173 Vgl. PKS 2019 – Straftatenkatalog aktuell, S. 11.

der hier vertretenen Auffassung folgende Objektgruppen der Kunstkriminalität zuordnen:

- Werke der reinen bildenden Kunst
- Werke der angewandten Kunst, der Baukunst und Lichtbildwerke
- Kulturgüter i.S.d. KGSG
- Antiquitäten
- Sakrale Gegenstände i.S.d. §§ 243 I 2 Nr. 4, 304 I StGB

c) Die Verknüpfung von Kunst und Kriminalität

Schließlich stellt sich die Frage nach der Verknüpfung von Kunst und Kriminalität. Hierzu soll sich dem Begriff der Kriminalität ebenso wie der notwendigen Verknüpfung zwischen Kunst und Kriminalität zugewandt werden.

aa) Der Verbrechensbegriff der Kunstkriminalität

Um einen Bezug der Kunstobjekte zu den jeweiligen deliktischen Handlungen herstellen zu können, ist zunächst auf den zugrunde gelegten kriminologischen Verbrechensbegriff einzugehen.

Die Erscheinungen der Kunstkriminalität lassen sich zielführend nur über den juristischen Verbrechensbegriff fassen.[174] Nach hiesigem Verständnis sollen also der Kunstkriminalität nur Verbrechen im kriminologischen Sinne zugeordnet werden, die den Tatbestand einer strafbewehrten Norm erfüllen. Allein dieser Verbrechensbegriff erlaubt eine spätere strafrechtlich-kriminologische Erschließung der Kunstkriminalität.

bb) Das Wesensmerkmal der „Zielrichtung Kunst"

In diesem Zusammenhang muss erörtert werden, welche Konnexität zwischen dem Kunstobjekt und dem zugrunde gelegten Verbrechensbegriff vorliegen muss, damit ein Delikt als Teil der Kunstkriminalität angesehen werden kann.

Im Rahmen dieser Überlegung sei zunächst erneut auf die Ausführungen *Grünings* verwiesen, der konstatiert, dass es sich bei dem Kriminalitätsphänomen um einen Sammelbegriff handle.[175] Dieser Sammelbegriff fasse Vermögensstraftaten durch das Gemeinsame der Kunst zusammen; den Vermögensdelikten

---

174 Vgl. zu diesem *Kunz/Singelnstein* 2016, Rn. 28 f.; *Bock* 2019, S. 21 f.; *Göppinger* 2008, S. 347 Rn. 1; *Schwind* 2016, S. 3 f.; *Meier* 2021, S. 6 ff.

175 *Grüning*, Kriminalistik 2013, S. 282.

müsse dabei die „*Zielrichtung Kunst*" zukommen.[176] Die Zielrichtung Kunst wird von *Grüning* in zwei Erscheinungsformen untergliedert. Zum einen könne sich die Zielrichtung auf die Kunst als Tatmittel beziehen, wie etwa bei der Kunstfälschung oder dem Kunstbetrug. Zum anderen könne sie sich auf die Kunst als Beute, so etwa beim Kunstdiebstahl, beziehen.[177] Eine klarstellende Beschreibung dieser Zielrichtung unterbleibt indessen.

Dementsprechend kommt der Zielrichtung Kunst die Funktion eines einschränkenden Merkmals zu. Neben dieser Beschränkung soll das Kunstobjekt mit dem einzelnen Straftatbestand verklammert werden, sodass sich die Tat der Kunstkriminalität zuordnen lässt. Dabei erinnert die geschaffene Verknüpfung strukturell entfernt an den Finalzusammenhang, welcher als Zweck-Mittel-Relation das Erfordernis einer Finalität im Rahmen des Raubes zwischen Nötigungshandlung und Wegnahme konstituiert.[178]

Es bleibt allerdings ungewiss, inwieweit das zusätzliche Erfordernis einer Zielrichtung Kunst eine Konkretisierung der Beziehung zwischen der Straftat und dem Objekt schaffen kann. Dabei ist zudem fraglich, ob dieses Merkmal dazu dienen soll, die einzelne Straftat der Kunstkriminalität zuzuordnen, oder ob hierdurch vielmehr die einzelnen Erscheinungsformen der Kunstkriminalität bestimmt werden können.

Für die Bestimmung der Zugehörigkeit einzelner Straftaten bleibt schwer vorstellbar, wie eine solche Zielrichtung eine Begrenzung in definitorischer Sicht schaffen soll. So bleibt der Fall fraglich, in welchem ein Diebstahl von Kunstwerken ohne das gleichzeitige Vorliegen einer Zielrichtung in Betracht kommen soll. Zu denken könnte hieran nur dann sein, wenn Kunstobjekte lediglich als nicht beabsichtigte Beute, quasi beiläufig, entwendet werden. Allerdings erscheint dabei unklar, warum ein derartiger Fall, der schließlich zu einem gleich hohen Schaden wie auch der gezielte Diebstahl eines Kunstobjektes führt, sich von diesem unterscheiden sollte.

Ferner erscheint auch die Zielrichtung Kunst als Merkmal wenig aussagekräftig, wenn das zugrunde liegende Objekt ein Tatmittel in den Fällen einer Kunstfälschung oder eines Kunstbetrugs darstellt. In diesen Konstellationen ist die Voraussetzung, dass es sich bei dem Tatmittel um ein Kunstobjekt handeln

---

176 *Grüning*, Kriminalistik 2013, S. 282.

177 *Grüning*, Kriminalistik 2013, S. 282.

178 Vgl. hierzu Sch/Sch/*Bosch* 2019, § 249, Rn. 6 ff.; NK-StGB/*Kindhäuser* 2017, § 249, Rn. 20 f.; Beck-OK StGB/*Wittig* 2021, § 249, Rn. 14 ff.

muss, derart offensichtlich, dass eine zusätzliche Zielrichtung keine begrenzende oder präzisierende Wirkung haben kann.

Diese Überlegungen veranlassen zu der Annahme, dass sich eine Voraussetzung der Zielrichtung Kunst weniger auf das Delikt im Einzelnen beziehen kann, da hier entweder eine sehr evidente Zuordnung entstünde oder aber im Einzelfall eine sehr unpraktikable Abwägung anhand der Zielrichtung subjektiver Komponenten erfolgen müsste.

Die Voraussetzung einer Zielrichtung Kunst ist jedoch dazu geeignet, einen definitorischen Rahmen um die einzelnen Erscheinungsformen der Kunstkriminalität zu legen. So kann eine Körperverletzung, die mit einem Kunstobjekt durchgeführt wird, in keiner Weise der Kunstkriminalität zugerechnet werden. Es fehlt hier eindeutig die Zielrichtung Kunst, da es unerheblich ist, dass es sich bei dem Tatmittel gerade um ein Kunstobjekt handelt.

Allerdings können Grenzfälle auftreten, bei denen die Zielrichtung Kunst als Abgrenzungskriterium erforderlich ist. Angeführt werden kann beispielsweise folgende Konstellation, die sich zwar im Kunstbereich abspielt, jedoch durch das Fehlen der Zielrichtung Kunst nicht der Kunstkriminalität zuordnen lässt: Vor dem OLG Düsseldorf fanden sich zwei Fälle wieder, bei denen jeweils die Frage nach einer Untreue gem. § 266 StGB im Raum stand.[179] In beiden Sachverhalten wurden Kunstobjekte an Kunstgalerien weitergegeben mit dem Auftrag diese weiterzuverkaufen. Die durch die Galerien erhaltenen Verkaufserlöse wurden jedoch nicht oder nicht im vereinbarten Umfang an den Eigentümer der Objekte abgeführt.[180] In derartigen Konstellationen ist das Vorliegen bzw. Fehlen einer Zielrichtung Kunst weniger evident als in den zuvor geschilderten Bereichen, da in diesen Fällen die Kunstobjekte weder als unmittelbare Tatbeute noch unmittelbar als Täuschungsmittel eingesetzt wurden. Vielmehr ist nämlich die vorwerfbare Handlung hier im Verhältnis zwischen dem Eigentümer und dem Beauftragten zu sehen, ohne dass ein unmittelbarer Bezug zu den Kunstobjekten bestand.

---

179 OLG Düsseldorf, B. v. 24.11.97 - 5Ss342/97 - 96/97I, NJW 1998, S. 690 ff.; OLG Düsseldorf, B. v. 19.7.1999 - 2b Ss 182/99 - 66/99 I, NJW 2000, S. 529 f.; in beiden Konstellationen war schließlich im Rahmen des § 266 StGB die Vermögensbetreuungspflicht streitgegenständlich und deren Vorliegen wurde letztlich in beiden Sachverhalten seitens des OLG Düsseldorf verneint.

180 OLG Düsseldorf, B. v. 24.11.97 - 5Ss342/97 - 96/97I, NJW 1998, S. 690 ff.; OLG Düsseldorf, B. v. 19.7.99 - 2b Ss 182/99 - 66/99 I, NJW 2000, S. 529 f.

Mithin sind grundsätzlich Konstellationen denkbar, in denen zwar Kunstobjekte vorhanden sind, diese allerdings keine gesteigerten kunstobjektsspezifischen Besonderheiten enthalten, so dass in derartigen Erscheinungsformen eine Zurechnung zur Kunstkriminalität ausscheiden muss. Folglich kann eine subjektive Zielrichtung Kunst zur präziseren Beschreibung der Kunstkriminalität im Gesamten beitragen, insbesondere bei der Zuordnung einzelner Erscheinungsformen, die sich lediglich mittelbar auf Kunstobjekte beziehen.

d) Die „strafbare Kunst" sowie Beute- und Raubkunst als Bestandteil der Kunstkriminalität?

Neben einer objektsbezogenen Betrachtung von Kunstkriminalität stellt sich die Frage, ob auch die Bereiche der „strafbaren Kunst" sowie der Beute- und Raubkunst zur Kunstkriminalität zu zählen sind. Dazu werden beide Aspekte strafrechtlich untersucht, um so deren Relevanz für die Kunstkriminalität bestimmen zu können.

(1) „Strafbare Kunst" als Gegenstand und Teil der Kunstkriminalität?

Neben Erscheinungsformen wie Diebstahl, Fälschung oder Betrug an und mit Kunstwerken ist fraglich, ob solche Delikte als Teil der Kunstkriminalität verstanden werden können, in denen die strafrechtlich relevante Handlung vom künstlerischen Akt selbst ausgeht. Diese „strafbare Kunst" wird insbesondere im Zusammenhang mit dem Grenzbereich der Kunstfreiheit bzw. innerhalb der Schnittstelle zwischen Kunstfreiheit und strafrechtlich relevantem Verhalten diskutiert.[181]

Ein bekanntes Beispiel für „strafbare Kunst" ist das Graffiti-Sprühen auf fremdes Eigentum; als namhaftes Beispiel kann *Harald Naegeli*, der sog. „Sprayer von Zürich", angeführt werden.[182] Die Subsumtion dieses Verhaltens unter den Tatbestand der Sachbeschädigung stellt sich durch die Einführung des § 303

---

181 Dreier/*Wittreck* 2013, Art. 5, Rn. 49, 54; *Schack* 2017, Rn. 595 ff.; *Fischer* 2021, § 303, Rn. 20. Zur gesamten Problematik der Friktion von Strafrecht und bildender Kunst *Kulczak*, Strafrechtliche Einbruchstellen in den Lebensbereich „bildende Kunst", Aachen 1993.

182 *Schack* 2017, Rn. 597; Dreier/*Wittreck* 2013, Art. 5, Rn. 49; vgl. hierzu auch den Beschluss des Vorprüfungsausschusses des BVerfG v. 19.3.1984, NJW 1984, S. 1293 ff. zur Verfassungsmäßigkeit der Auslieferung eines wegen Sachbeschädigung verurteilten Schweizer Staatsbürgers an die Schweiz; ausführlich hierzu auch *Kulczak* 1993, S. 247 ff.

II StGB nur noch teilweise.[183] Nach § 303 II StGB wird bestraft, wer unbefugt das Erscheinungsbild einer fremden Sache nicht nur unerheblich und nicht nur vorübergehend verändert. Das Beispiel illustriert das Spannungsverhältnis zwischen der ausgeübten Kunst und dem Strafrecht.

Neben fremdem Eigentum können auch abstraktere Rechtsgüter in Konflikt mit künstlerischen Aktionen treten. Einschlägige Tatbestände sind jene, die aus der Aussage des Kunstwerkes heraus verwirklichbar sind. So kommen Delikte in Betracht, die dem Schutz von Staatssymbolen, des religiösen Friedens[184] oder der persönlichen Ehre zuwiderlaufen.[185] Überdies sind durch den Inhalt des Kunstwerkes auch Konflikte mit Vorschriften denkbar, die das Verbreiten pornographischer Schriften unter Strafe stellen, so etwa §§ 184 ff. StGB und innerhalb des Ordnungswidrigkeitenrechts § 119 III OWiG.[186] Auch Tatbestände des Jugendschutzgesetzes sowie des Tierschutzes gehören zu den Delikten, mit denen Kunstwerke in Konflikt geraten können.[187]

Die rechtlichen Probleme dieser Bereiche sollen vorliegend bewusst ausgeklammert werden, da vielmehr der Frage nachgegangen werden soll, inwieweit diese Art der „strafbaren" Kunst unter die Kunstkriminalität subsumiert werden kann und soll. Die strafbare Kunst erhält ihre strafrechtliche Relevanz durch ihren künstlerischen Inhalt bzw. ihre Aussagen oder durch das wie auch immer dargestellte Thema. Darüber hinaus knüpft die „strafbare" Kunst zumeist an eine Komponente der Öffentlichkeit bzw. Verbreitung an. Zutreffend schreibt *Schack*: „*Ein Anliegen der Kunst ist es, Grenzen zu überschreiten, Tabus zu brechen. Dem haben Gesellschaften schon immer Grenzen zu setzen gesucht.*"[188] Folgerichtig lässt sich die Grenze zwischen strafbarer Kunst und der eigentlichen Kunstkriminalität dort ziehen, wo bei den hier als strafbare Kunst bezeichneten Werken die künstlerische Darstellung überwiegt. Die „strafbare Kunst" unterscheidet sich dadurch, dass bei ihr durch die strafbare Handlung das Kunstwerk erst selbst geschaffen wird. Der künstlerische Akt dominiert hier die Bewertung. Insofern unterscheidet sie sich deutlich etwa vom Kunstdiebstahl oder der Kunstfälschung. Wenngleich wie beim angeführten Beispiel des „Sprayers von

183 MK-StGB/*Wieck-Noodt* 2019, § 303, Rn. 47 ff.; *Fischer* 2021, § 303, Rn. 20, § 303 II StGB wurde durch das 39. StÄG v. 1.9.2005 (BGBl. I 2005, S. 2674) eingeführt.

184 Vgl. zur Problematik *Schick*, Kunstwerkgarantie und Strafrecht dargestellt am Beispiel der Gotteslästerung und Religionsbeschimpfung, 1968.

185 *Schack* 2017, Rn. 595 ff., 606; *Locher* 1970, S. 40 ff.

186 *Schack* 2017, Rn. 611 ff.; *Locher* 1970, S. 46 ff.

187 *Schack* 2017, Rn. 622 ff.

188 *Schack* 2017, Rn. 596.

Zürich" auch Eigentumsdelikte oder sonstige Tatbestände durch eine derartige performative Kunst verletzt werden können, steht der künstlerische Aspekt im Vordergrund, nicht die Zerstörung von fremdem Eigentum. Der künstlerisch handelnde „Täter" verfolgt im Gegensatz zum Täter im Bereich der eigentlichen Kunstkriminalität zumeist keine wirtschaftlichen Interessen. Ebenso werden die meisten dieser hier erwähnten Werke bzw. sonstigen Aktionen unproblematisch als Kunst wahrgenommen. Lediglich die Reichweite der verfassungsrechtlichen Garantie in der strafrechtlichen Beurteilung wird diskutiert. Eine Ausnahme bildet hier jene Kunst, welche sich gegen Bestimmungen des Tierschutzes richtet.

Letztlich ist die „strafbare Kunst" aufgrund der angeführten Aspekte als Teil der Kunstkriminalität auszuschließen, was mit der künstlerischen Aussage und der Art der Umsetzung begründet werden kann. Bei der „strafbaren Kunst" soll durch die Handlung erst ein Kunstwerk geschaffen werden. Die Kunstkriminalität als solche bezieht sich auf ein bereits bestehendes oder versucht ein solches mit Täuschungsabsicht nachzuahmen.

(2) Die Relevanz von Beute- und Raubkunst im Gefüge der Kunstkriminalität

Die Problematik der Beute- und Raubkunst im Allgemeinen umfasst ein weit verzweigtes und komplexes Feld.[189] Bereits unter begrifflichen Gesichtspunkten herrscht häufig wenig Klarheit. Insbesondere werden die Bereiche oftmals im Hinblick auf zivilrechtliche Restitutionsfragen beleuchtet. Im nachfolgenden Abschnitt soll zur Beurteilung der Relevanz für die Kunstkriminalität zunächst eine kurze terminologische Abgrenzung gegeben werden. Hierbei soll zugleich die strafrechtliche Dimension der jeweiligen Bereiche in der gebotenen Kürze aufgegriffen werden. Die folgenden Ausführungen beschränken sich auf eine überblicksartige Darstellung.

(a) Begrifflichkeiten

Wie bereits erörtert, dürfen die nachfolgend thematisierten Begriffe nicht mit dem „gewöhnlichen" Diebstahl von Kunstwerken verwechselt oder gleichgesetzt werden, obwohl dies in der Literatur bisweilen geschieht.[190] Ein zentraler Unterschied ist darin zu sehen, dass hier nicht nur die kriminellen Handlungen

---

189 Siehe zum Überblick des gesamten Bereiches *Anton* 2010, S. 273 ff.; *Ebling/Bullinger* 2019, S. 257 ff.

190 Vgl. hierzu etwa *Vogel*, JZ 2010, S. 1143 ff.

„privater" Personen erfasst werden, sondern vielmehr von staatlichen und kriegsbedingten Handlungen auszugehen ist.[191]

Der Begriff der Beutekunst beschreibt die Kunstobjekte und Kulturgüter, die während kriegerischer Auseinandersetzungen dem jeweils anderen Staat oder dessen Bürgern abgenommen werden.[192] Dabei wird zusammenfassend auch von kriegsbedingt verlagerten Kulturgütern gesprochen.[193] Ein häufig aufgegriffenes, plakatives Beispiel ist etwa die Quadriga des Brandenburger Tors, die von napoleonischen Truppen nach Paris gebracht wurde und schließlich durch *Gebhard von Blücher* wieder nach Berlin gelangte.[194]

Kritisch zu betrachten sind dabei zu enge, aber auch zu weite Verwendungen des Begriffs der Beutekunst.[195] Der Terminus der Beutekunst wird hauptsächlich auf die sowjetischen Plünderungen im Zuge des Zweiten Weltkrieges angewendet, wobei diese enge Betrachtung zur begrifflichen Verwirrung beiträgt.[196] Beschränkt werden sollte die Beutekunst indessen auf jene Gegenstände, die aufgrund kriegerischer Auseinandersetzungen widerrechtlich, sprich unter Verstoß gegen Art. 56 der Haager Landkriegsordnung, erlangt wurden.[197]

Raubkunst beschreibt im Gegensatz hierzu die Kunst- und Kulturgüter, die verfolgungsbedingt entzogen wurden.[198] Grundsätzlich sind die Güter erfasst, die verfolgten Minderheiten aus religiösen, rassistischen oder sonstigen politischen Gründen abgenommen wurden.[199] Im Besonderen bezieht sich die Verwendung des Begriffs auf die Taten während der nationalsozialistischen Gewaltherrschaft

191 Vergleichend hierzu auch die Unterscheidungskriterien von *Vogel*, JZ 2010, S. 1144 f., welcher zwischen makrokriminellem Kunstraub, typischerweise in Krieg, Bürgerkrieg oder bei Verfolgung von Minderheiten, und dem „Kunstraub" als Alltagskriminalität differenziert.

192 *Sprenger/Gerhardt*, ZRP 2014, S. 185; *Hartung* 2005, S. 53; *Schack* 2017, Rn. 480 ff., 488 ff., wobei *Schack* hier den Begriff des Kunstraubes als Überbegriff für die gesamte Problematik verwendet.

193 Wissenschaftlicher Dienst, Raubkunst und Restitution WD 10-3000-084/13, S. 25.

194 *Sprenger/Gerhardt*, ZRP 2014, S. 185.

195 Vgl. zutreffend *Hartung* 2005, S. 53 f.

196 *Hartung* 2005, S. 53 f.; hierzu auch bei *Schack* 2017, Rn. 488 ff., der den Begriff der Beutekunst lediglich innerhalb der „russischen Beutekunst" verwendet und sonst allgemeiner von „Kunstraub" spricht.

197 *Hartung* 2005, S. 53; ausführlich zum Begriff der Beutekunst siehe auch Wissenschaftlicher Dienst, Raubkunst und Restitution WD 10-3000-084/13, S. 25.

198 *Hartung* 2005, S. 54; *Sprenger/Gerhardt*, ZRP 2014, S. 185; vgl. auch *Schack* 2017, Rn. 495 ff.; *Vogel*, JZ 2010, S. 1143 ff.

199 *Hartung* 2005, S. 54; *Sprenger/Gerhardt*, ZRP 2014, S. 185.

von 1933 bis 1945.[200] Dieser Begriff umfasst entgegen dem strafrechtlichen Terminus des Raubes nicht notwendigerweise eine gewaltsame Komponente. Für das Vorliegen von Raubkunst genügt etwa der Ankauf der Werke von sog. ausreisewilligen Personen, die mangels Barmitteln ihre Kunstgüter verkauften oder eintauschten.[201]

(b) *Die strafrechtliche Dimension im Zusammenhang mit Beute- und Raubkunst*

Die zentralen juristischen Probleme, die sich im Zusammenhang mit Beute- und Raubkunst ergeben, sind zumeist im Zivilrecht innerhalb von Restitutionsprozessen aber auch im Völkerrecht verortet.[202] Dies zeigt sich auch in der thematischen Auseinandersetzung innerhalb der Literatur.[203] Eine strafrechtliche Diskussion findet nur selten statt.[204] Meist wird unterschieden zwischen Straftaten, die im Zuge der Erlangung der Beute- und Raubkunst vorliegen können, und denen, die bei dem anschließenden Umgang mit dieser denkbar sind.

(aa) *Die strafrechtliche Beurteilung von Beute- und Raubkunst nach deutschem Recht*

Bei den Begriffen Raubkunst bzw. Kunstraub handelt es sich um keine eindeutigen Rechtsbegriffe.[205] Beute- und Raubkunst können als das Ergebnis verschiedener Ereignisse betrachtet werden, die zur Verschiebung vom Besitz an Kunst- und Kulturgütern unter Rahmenbedingungen wie Krieg oder anderen Krisen führen. Somit kommen grundsätzlich die allgemeinen strafrechtlichen Tatbestände in Betracht.

Vogel fasst den Begriff des Kunstraubes weit und versteht hierunter diverse strafrechtliche Konstellationen.[206] Er führt an, dass sich die strafrechtlich

---

200 *Hartung* 2005, S. 54; *Sprenger/Gerhardt*, ZRP 2014, S. 185.

201 *Sprenger/Gerhardt*, ZRP 2014, S. 185 f.

202 Zur genauen Terminologie von Reparation, Repatriation, Return und Restitution siehe *Hartung* 2005, S. 57 ff.

203 Siehe hierzu *Hartung*, Kunstraub in Krieg und Verfolgung. Die Restitution der Beute- und Raubkunst im Kollisions- und Völkerrecht, 2005; *Müller-Katzenburg*, Besitz- und Eigentumssituation bei gestohlenen und sonst abhandengekommenen Kunstwerken, NJW 1999, S. 2551 ff.; *Heuer*, Die Kunstraubzüge der Nationalsozialisten und ihre Rückabwicklung, NJW 1999, S. 2558 ff.; *Finkenauer*, Die Verjährung bei Kulturgütern – zur geplanten „lex Gurlitt", JZ 2014, S. 479-488.

204 So etwa *Vogel*, JZ 2010, S. 1143 ff.

205 *Vogel*, JZ 2010, S. 1143 f.

206 *Vogel*, JZ 2010, S. 1143 f.

relevante Wegnahme auf Fälle des Raubes (§ 249 StGB) und des Diebstahls (§§ 242, 243, 244(a), 246 StGB) erstrecken könne. Unterschlagung könne angenommen werden, wenn beispielsweise in besetzten Gebieten Plünderungen in verlassenen Museen vorgenommen würden.[207] An Betrug (§ 263 StGB) ist laut *Vogel* zu denken, wenn über die eigentliche Verschleppungs- oder Verwertungsabsicht getäuscht werde.[208] Phänomenologisch nimmt *Vogel* auch Anschlussdelikte wie Hehlerei (§§ 259, 260 StGB) und Geldwäsche (§ 261 StGB) in die Betrachtung auf.[209]

Bei einer „mikrokriminellen" Betrachtung kann daher die Vermutung angestellt werden, dass die strafrechtlichen Erscheinungsformen der Beute- und Raubkunst und der Kunstkriminalität deckungsgleich sein dürften. Charakteristisch und zur Unterscheidung dienlich sind jedoch die entsprechenden Begleitumstände, wie etwa Krieg oder sonstige Krisen.

(bb) Relevanz der Beute- und Raubkunst in der Kunstkriminalität

Die Beute- und Raubkunst ist aus strafrechtlicher Sicht kaum mehr relevant. Aktuell stellten sich in diesem Bereich vielmehr zivilrechtliche Restitutionsfragen.[210]

Zu einem Synonym für Restitutionsfälle ist der Fall *Gurlitt*, der sog. Schwabinger Kunstfund, geworden.[211] Bei *Gurlitt* wurde im Rahmen einer Durchsuchung eine große Kunstsammlung gefunden, bei der fraglich war, ob darunter auch Werke waren, die Opfern des Nationalsozialismus weggenommen wurden.[212] Dieser Fall verdeutlicht, dass die strafrechtliche Seite derart gelagerter Fälle zumeist keine oder eine nur untergeordnete Rolle spielt. Dies wird insbesondere daran ersichtlich, dass der zur Beschlagnahme führende Durchsuchungsbeschluss gem. § 102 StPO nicht auf den Verdacht von Straftaten im Zusammenhang mit Kunstwerken gerichtet war, sondern vielmehr aus steuerstrafrechtlichen Erwägungen resultierte. *Gurlitt* war lediglich mit einem hohen, wenngleich nicht unzulässig hohen Geldbetrag an der deutsch-schweizer Grenze in eine Kontrolle geraten.[213]

---

207 *Vogel*, JZ 2010, S. 1144.

208 *Vogel*, JZ 2010, S. 1144.

209 *Vogel*, JZ 2010, S. 1144.

210 Siehe hierzu insgesamt das journalistische Werk *Remy*, Der Fall Gurlitt. Die wahre Geschichte über Deutschlands größten Kunstskandal, 2017.

211 Vgl. hierzu *Jayme* 2014, S. 127 ff.

212 Vgl. hierzu auch zur diesbezüglichen Provenienzforschung http://www.lostart.de/Webs/DE/Datenbank/Gurlitt/KunstfundMuenchen.html (Stand: 15.03.2021).

213 Siehe hierzu ausführlich *Remy* 2017, S. 436 ff.

Die anschließende Durchsuchung der Privatwohnung sowie die Beschlagnahme sämtlicher Kunstwerke wurden sowohl in der Literatur als auch in der Presse stark kritisiert.[214] Der Umgang der Staatsanwaltschaft mit den Werken, welche für ein mögliches Strafverfahren in Frage kamen, habe nicht dem Verhältnismäßigkeitsgrundsatz entsprochen, da lediglich zivilrechtliche Fragestellungen im Raum standen.[215]

Insgesamt lässt sich festhalten, dass der Beute- und Raubkunst keine strafrechtliche Bedeutung (mehr) zukommt. Lediglich die Restitutionsfragen dürften auch in Zukunft noch problematisch sein. Auf strafrechtliche relevante Handlungen in diesem Deliktsbereich wird im Kapitel zu den strafrechtlichen Erscheinungsformen von Kunstkriminalität näher eingegangen. Dazu gehört vor allem der illegale Handel mit Kulturgütern. Da die Thematik der Beute- und Raubkunst sich also zumeist in zivilrechtlichen und völkerrechtlichen Bereichen auswirkt, wird sie nicht Gegenstand der vorliegenden Untersuchung sein.

e) Definition der Kunstkriminalität

Im Ergebnis ist festzuhalten, dass sich die Kunstkriminalität einerseits über unterschiedliche Tat- bzw. Kunstobjekte definieren lässt. Nach der hier vertretenen Auffassung können die folgenden Objektgruppen Gegenstände von Kunstkriminalität (unter Heranziehungen der zugehörigen Normen) sein:

- Werke der reinen bildenden Kunst (vgl. § 2 I Nr. 4 UrhG)
- Werke der angewandten Kunst, der Baukunst und Lichtbildwerke (vgl. § 2 I Nr. 4 u. 5 UrhG)
- Kulturgüter (vgl. § 2 I Nr. 1 u. 10 KGSG)
- Antiquitäten (vgl. § 1 III 1 Nr. 1 ProdSG und § 2 I Nr. 4 UrhG)
- Sakrale Gegenstände (vgl. §§ 243 I 2 Nr. 4 und 304 I StGB)

Andererseits lassen sich die Erscheinungsformen der Kunstkriminalität, in denen diese Kunstobjekte als Tatobjekte oder Tatmittel dienen, wie folgt ausmachen:

- Kunstfälschung
- Kunstbetrug

214 *Rieble*, Politische Strafjustiz, FAZ vom 25.11.2013 (Stand: 15.03.2021); *Prantl*, Wenn Bilder reden, SZ vom 27.03.14 (Stand: 15.03.2021). Zur Problematik der unzulässigen pauschalen Beschlagnahme sowie zur Problematik der Verhältnismäßigkeit der Durchsuchung und Beschlagnahme vgl. *Park* 2018, Rn. 481, 486 f., 488.

215 *Rieble*, Politische Strafjustiz, FAZ vom 25.11.2013 (Stand: 15.03.2021).

- Kunstdiebstahl und Anschlussdelikte
- Erpressung im Umfeld der Kunst (Artnapping)
- Kunstvandalismus
- Illegaler Handel mit Kulturgütern

Als verbindendes subjektives Element zur Definition der Kunstkriminalität dient die „Zielrichtung Kunst". Danach müssen sich Tatmittel, Tatbeute oder Tatobjekte auf Kunstobjekte beziehen. Diese Zielrichtung schafft somit den notwendigen Konnex zwischen Objekt und deliktischer Handlung.

Die Kunstkriminalität lässt sich zusammenfassend wie folgt definieren:

Die Kunstkriminalität ist ein Deliktsfeld, das Straftaten zusammenfasst, die sich auf eines der ausgeführten (Kunst-)Objekte oder gefälschten oder verfälschten Objekte, die vorgeben, solche Objekte zu sein, beziehen. Dabei kann das Objekt als Tatobjekt, als Tatmittel oder als Tatbeute fungieren. Den Delikten muss eine Zielrichtung Kunst zukommen. Die Kunstkriminalität tritt in Form der Kunstfälschung, des Kunstbetrugs, des Kunstdiebstahls und dessen Anschlussdelikten, der Erpressung im Umfeld der Kunst (Artnapping), des Kunstvandalismus und des illegalen Handels mit Kulturgütern auf.

C. Die Strafbarkeit der Kunstkriminalität: ein Überblick

Im nachfolgenden Abschnitt werden die strafrechtlichen Besonderheiten der Kunstkriminalität untersucht. Die rechtsdogmatische Analyse wird auf die folgenden Bereiche eingehen:

- Zunächst widmet sich die Untersuchung der Rolle von Kunst- und Kulturobjekten im Kern- und Nebenstrafrecht. Dort wird der Frage nach dem Vorkommen kunstspezifischer Delikte und deren Stellung nachgegangen.
- Ein zentraler Aspekt wird die Auseinandersetzung mit der strafrechtlichen Bewertung der einzelnen Erscheinungsformen der Kunstkriminalität sein. Der Schwerpunkt dieser strafrechtlichen Untersuchung liegt jeweils auf den Besonderheiten der für die Kunstkriminalität relevanten Konstellationen. Insbesondere wird auch analysiert werden, ob bei der Kunstkriminalität Strafbarkeitslücken erkennbar sind und ob ein eigenes „Kunststrafrecht“ erforderlich ist.
- Der strafrechtlichen Betrachtung der Erscheinungsformen schließt sich eine Beschäftigung mit der Kunstkriminalität im Hinblick auf das Rechtsinstitut der Einziehung wie auch der Strafzumessung an.

I. Kunst im Kern- und Nebenstrafrecht

Da für die Kunstkriminalität keine gesonderten Gesetze existieren, stellt sich die Frage nach der strafrechtlichen Fassbarkeit der Kunstkriminalität innerhalb des Kern- und Nebenstrafrechts.[216] Hierfür sollen im Folgenden die Normen des Strafgesetzbuches, des Urheberrechtsgesetzes und des Kulturgutschutzgesetzes hinsichtlich ihrer Bedeutung für die Kunstkriminalität untersucht werden.

1. Kunst im Strafgesetzbuch

Der Terminus der Kunst wird im gesamten Strafgesetzbuch in fünf Normen aufgegriffen, nämlich in den §§ 86, 91, 201a, 243 und 304 StGB. Er findet sich zweimal im ersten Abschnitt des besonderen Teils – Friedensverrat, Hochverrat und

---

216 Vgl. zur Definition des Nebenstrafrechts Buddendiek/Rutkowski/*Rutkowski* 2019, Einführung, Rn. 1.

Gefährdung des demokratischen Rechtsstaates, dort im dritten Titel – Gefährdung des demokratischen Rechtsstaates. Jeweils einmal im 15. Abschnitt – Verletzung des persönlichen Lebens- und Geheimnisbereichs, im 19. Abschnitt – Diebstahl und Unterschlagung, sowie schließlich im 27. Abschnitt – Sachbeschädigung. Diese Verteilung des Begriffs „Kunst“ in den unterschiedlichen Abschnitten lässt bereits vermuten, dass keine klaren und systematischen Regelungen zu Kunstdelikten im StGB existieren. Auch wird deutlich, dass die Nennung der Kunst verschiedene Schutzzwecke verfolgt. Dies ergibt sich aus der Verteilung des Begriffs auf die politisch geprägten Staatsschutzdelikte wie auf die Delikte des persönlichen Geheimbereichs und des Eigentums- und Vermögensschutzes.

a) Kunst als Tatbestandsausschluss im Rahmen der Sozialadäquanzklausel

Zweimal findet sich der Begriff der Kunst in Normen im dritten Titel des ersten Abschnitts des besonderen Teils – Gefährdung des demokratischen Rechtsstaates. § 86 StGB stellt das Verbreiten von Propagandamitteln verfassungswidriger Organisationen unter Strafe, während § 91 StGB die Anleitung zur Begehung einer schweren staatsgefährdenden Gewalttat bestraft.

Ein weiteres Mal findet der Begriff im fünfzehnten Abschnitt des besonderen Teils – Verletzung des persönlichen Lebens- und Geheimbereichs in § 201a StGB Verwendung.

In § 86 III StGB wird im Rahmen einer Sozialadäquanzklausel die Strafbarkeit des Verbreitens von Propagandamitteln verfassungswidriger Organisationen ausgeschlossen, wenn dies, neben anderen dort genannten von der Allgemeinheit gebilligten Handlungen, der Kunst dient.[217] Bei der jeweiligen Einzelfallbetrachtung findet eine Gesamtabwägung zur Frage statt, ob der werbende Zweck für verfassungsfeindliche Bestrebungen oder der künstlerische Aspekt überwiegt.[218] Auch in den §§ 86a III, 130 VII StGB wird auf die Sozialadäquanzklausel des § 86 III StGB verwiesen. Eine ähnliche Regelung enthält § 91 II Nr. 1 StGB – Anleitung zur Begehung einer schweren staatsgefährdenden Gewalttat – in Form eines Tatbestandsausschlusses, der ebenfalls bei sozialadäquatem Handeln die Strafbarkeit entfallen lässt.[219] Die Formulierung und die

---

217 SK-StGB/*Rudolphi* 2018, § 86, Rn. 16; SSW/*Güntge* 2020, § 86, Rn. 17, 20.
218 SSW/*Güntge* 2020, § 86, Rn. 20.
219 SK-StGB/*Zöller* 2018, § 91, Rn. 11.

inhaltliche Bedeutung des § 91 II Nr. 1 StGB ist der Regelung des § 86 III StGB nachempfunden.[220]

Ebenso findet sich der Begriff der Kunst in § 201a IV StGB. § 201a StGB stellt die Verletzung des höchstpersönlichen Lebensbereichs durch Bildaufnahmen unter Strafe. Dabei wurde die „Kunst" hier erst durch eine Gesetzesänderung im Jahr 2015 eingefügt.[221] Die Absicht des Gesetzgebers bestand darin, den bis dahin lediglich aus § 33 KunstUrhG gewährleisteten strafrechtlichen Schutz vor unbefugten Bildaufnahmen zu verbessern.[222] Dabei soll die Kunstfreiheit des Art. 5 III GG auch im Rahmen der Sozialadäquanz berücksichtigt werden und entsprechend Geltung erhalten, ohne dass dies in der Gesetzesbegründung explizit betont wird.[223] Es handelt sich hierbei ebenfalls um eine an § 86 III StGB angelehnte Tatbestandausnahme.[224]

Im Rahmen der Sozialadäquanzklausel bezieht sich der Begriff der Kunst nicht ausschließlich auf körperliche Gegenstände, sondern auch auf die übrigen Darstellungsweisen künstlerischen Handelns. Im Vergleich zu den dargestellten Kunstbegriffen findet sich in der Sozialadäquanzklausel eine Ausformung des sehr weiten Kunstbegriffs des Art. 5 III GG wieder. Wie bereits von der Schutzrichtung vorgegeben wird, stellen diese Straftatbestände keinen Teil der Kunstkriminalität dar.

b) Kunst als Tat- und Schutzobjekt

In den §§ 243, 304 StGB wird jeweils an die Kunst als Tatobjekt angeknüpft. Die Kunst wird sowohl in den Regelbeispielen des besonders schweren Falls des Diebstahls wie auch in der gemeinschädlichen Sachbeschädigung erwähnt. Beide Normen sind hinsichtlich des Schutzgutes und des Normzwecks sehr ähnlich, da die Regelung des § 243 I 2 Nr. 5 StGB der des § 304 I StGB nachgebildet ist.[225] Die „Kunstbegriffe" dieser Normen stellen keine Begriffe dar, die Kunst- und Kulturgüter weitreichend erfassen. Vielmehr handelt es sich durch die restriktive Ausformung nur um Ausschnitte einer strafrechtlichen Erfassung

---

220 SK-StGB/*Zöller* 2018, § 91, Rn. 11.

221 Neunundvierzigstes Gesetz zur Änderung des Strafgesetzbuches – Umsetzung europäischer Vorgaben zum Sexualstrafrecht v. 21.01.2015 BGBl. 2015 I, S. 10.

222 Vgl. hierzu die Gesetzesbegründung BT-Drs. 18/2601, S. 36 f.

223 MK-StGB/*Graf* 2017, § 201a, Rn. 91 ff.

224 MK-StGB/*Graf* 2017, § 201a, Rn. 91 ff.

225 So auch Sch/Sch/*Bosch* 2019, § 243, Rn. 35; NK-StGB/*Kindhäuser* 2017, § 243, Rn. 31.

der Kunstkriminalität.[226] In der Literatur findet zu beiden Normen keine ausdifferenzierte Auseinandersetzung mit dem Kunstbegriff statt, da dieser durch die weitreichende Nennung einzelner erfasster Objekte keine genaue Beschreibung verlangt. Folglich kann in diesen beiden Normen, die zwar der Kunstkriminalität zuzurechnen sind, dennoch keine abschließende Erfassung der Kunstkriminalität gesehen werden. Die genauen strafrechtlichen Besonderheiten werden bei der Betrachtung des Kunstdiebstahls und des Kunstvandalismus näher beleuchtet.

c) Zwischenergebnis zu Kunstdelikten im Kernstrafrecht

Es existieren im StGB keine Delikte, die ausschließlich dem Schutz von Kunst oder Kulturgütern gewidmet sind. Kunst wird im Strafgesetzbuch nur in zwei verschiedenen Funktionen erfasst. Der Kunstbegriff dient zum einen der verfassungsrechtlichen Verankerung der Kunst in den einschlägigen Strafnormen. Zum anderen stellt die Kunst ein Schutzobjekt der §§ 243 I 2 Nr. 5 und 304 I StGB dar.

2. Kunst im Nebenstrafrecht

Weitere einschlägige Normen für die Kunstkriminalität könnten im Nebenstrafrecht zu finden sein. Zunächst kommt das im Jahr 2016 stark novellierte Kulturgutschutzgesetz in Betracht, das in § 83 KGSG verschiedene Straftatbestände zum Schutz vor illegalem Handel mit Kunst- und Kulturgut enthält.[227] Bereits aufgrund dieser Funktion zeigt sich, dass durch diese Bestimmungen lediglich Teile der Kunstkriminalität erfasst werden.

Eine weitere ausdrückliche Erwähnung findet die Kunst in den Regelungen des Urheberrechts in § 2 I Nr. 4 UrhG. Dort wird die Kunst in die Reihe der vom urheberrechtlichen Schutz umfassten Werke aufgenommen. Entsprechend sind die Kunstobjekte auch von den Strafnormen der §§ 106, 107 UrhG erfasst. Diese Normen schützen das geistige Eigentum und die Verwertungsrechte.[228] Sie dienen außerdem dem wirtschaftlichen Interessenschutz des Urhebers. Zwar

---

226 Vgl. zu den Anforderungen an die Verwirklichung der § 243 I 2 Nr. 5 StGB sowie § 304 StGB: MK-StGB/*Schmitz* 2017, § 243, Rn. 46 ff.; Sch/Sch/*Bosch* 2019, § 243, Rn. 35 ff.; MK-StGB/*Wieck-Noodt* 2019, § 304, Rn. 16; Sch/Sch/*Hecker* 2019, § 304, Rn. 7.

227 Vgl. Erbs/Kohlhaas/*Häberle* 2020, § 83 KGSG.

228 Beck-OK UrhG/*Sternberg-Lieben* 2021, § 106, Rn. 1, zu den Tathandlungen Rn. 23 ff.

erfassen die urheberrechtlichen Normen Bereiche der Kunstkriminalität, doch handelt es sich auch hier nur um eine fragmentarische Erfassung.

3. Ergebnis

Prima facie dürfte ein nicht unerheblicher Teil der Erscheinungsformen der Kunstkriminalität durch die allgemeinen Normen des Strafgesetzbuches erfasst sein. Von einer ausdrücklichen Berücksichtigung der Kunstkriminalität in Kern- und Nebenstrafrecht kann aufgrund der wenigen Strafnormen keine Rede sein.

II. Die Strafbarkeiten der Erscheinungsformen von Kunstkriminalität

Im folgenden Abschnitt werden die Erscheinungsformen der Kunstkriminalität strafrechtlich untersucht.

1. Zur Darstellung der Strafbarkeiten der Kunstkriminalität

Die Struktur der nachfolgenden strafrechtlichen Untersuchung der Kunstkriminalität orientiert sich an den bereits erörterten Erscheinungsformen. Dabei werden die strafrechtlichen Charakteristika beleuchtet, die sich im Zusammenhang mit den einzelnen Normen ergeben können. Nachfolgend können nicht alle strafrechtlichen Ausprägungen betrachtet werden. Vielmehr soll ein ausführlicher Überblick über die wesentlichen strafrechtlichen Problematiken der Erscheinungsformen von Kunstkriminalität gegeben werden. Bei den einzelnen Delikten sollen Qualifikationen oder sonstige Erschwerungsgründe nur angesprochen werden, wenn sich hieraus Besonderheiten ergeben können.

2. Die Kunstfälschung

Der Kunstfälschung wird innerhalb der Literatur die mit Abstand größte Aufmerksamkeit zuteil. Dies zeigt sich an der verhältnismäßig großen Anzahl an deutschsprachigen juristischen und kriminologischen Monographien und sonstigen Veröffentlichungen.[229]

---

229 Exemplarisch seien angeführt: *Würtenberger*: Das Kunstfälschertum. Entstehung und Bekämpfung eines Verbrechens vom Anfang des 15. bis zum Ende des 18. Jahrhunderts, 1940; *ders.*: Der Kampf gegen das Kunstfälschertum in der deutschen und schweizerischen Strafrechtspflege, 1951; *Sandmann*: Die Strafbarkeit der Kunstfälschung, 2004; *Almeroth*: Kunst- und Antiquitätenfälschung. Eine strafrechtliche, kriminologische und kriminalistische Studie über Techniken der Kunstfälscher und ihrer

Die Kunstfälschung soll im folgenden Abschnitt zunächst hinsichtlich ihrer Begrifflichkeiten dargestellt und im Anschluss einer strafrechtlichen Untersuchung unterzogen werden. Einleitend werden zur Veranschaulichung des Phänomens der Kunstfälschung einige reale Fälle vorangestellt.

a) *Fälle zur Kunstfälschung*

Das Phänomen der Kunstfälschung zeigt sich, wie einleitend dargestellt, in unterschiedlichen und oft spektakulären Fällen. Der vorgestellte Fall um die Fälschungen von Stichen *Albrecht Dürers* aus dem Jahr 1506 verdeutlicht bereits die historische Bedeutung der Kunstfälschung. Die ebenfalls aufgezeigten Fälle um *Han van Meegeren* und *Wolfgang Beltracchi* liefern eindrucksvolle Beispiele für das Vorgehen von Kunstfälschern. Daneben stellen auch die nachfolgenden Fälle Beispiele für das Phänomen der Kunstfälschung dar.

Edgar Mrugalla, der nach eigenen Aussagen über 3.000 Fälschungen von Bildern, Grafiken und Radierungen anfertigte, wurde Anfang der Neunzigerjahre zu zwei Jahren Freiheitsstrafe auf Bewährung verurteilt.[230] *Mrugalla* fertigte zahlreiche Fälschungen von Werken bedeutender Künstlern an, darunter Werke von *Rembrandt*, *Nolde*, *Liebermann* und *Picasso*.[231] Nach eigenen Angaben fand *Mrugalla* während einer Hausentrümpelung Mitte der 1970er Jahre ein Gemälde, das sich im Nachgang als ein Werk *Caspar David Friedrichs* entpuppte. Er selbst habe dieses Werk allerdings für 150 Mark verkauft.[232] Im Anschluss fasste er den Entschluss Fälschungen anzufertigen. Die Fähigkeit hierzu eignete er sich autodidaktisch an. Mit raffinierten Techniken ließ *Mrugalla* seine

---

Absatzpraxis, 1986; *Löffler*: Künstlersignatur und Kunstfälschung. Zugleich ein Beitrag zur Funktion des § 107 UrhG, NJW 1993, S. 1421 ff.; *Bullinger*: Kunstwerkfälschung und Urheberpersönlichkeitsrecht. Der Schutz des bildenden Künstlers gegenüber der Fälschung seiner Werke, 1997; *Grüning*: Kunstfälschung – mit modernen Ermittlungsmethoden gegen ein altes Phänomen, Kriminalistik 2013, S. 281-287; *Härth*: Original und Fälschung. Rechtsprobleme für bildende Künstler, 2010; *Anton*: „Echte Kunstfälschung", jM 2014, S. 178 ff.; *Butin*: Kunstfälschung. Das betrügliche Objekt der Begierde, 2020; *Fried*: Die Mechanismen der Kunstfälschung, 2020.

230 *Partsch* 2010, S. 160 ff.; *Unbekannt*, Der König der Fälscher ist tot, Der Spiegel vom 18.10.2016 (Stand: 15.03.2021); *Hansen*, Was macht eigentlich Edgar Mrugalla, Stern vom 21.12.2008 (Stand: 15.03.2021).

231 *Unbekannt*, Der König der Fälscher ist tot, Der Spiegel vom 18.10.2016 (Stand: 15.03.2021).

232 Hansen, Was macht eigentlich Edgar Mrugalla, Stern vom 21.12.2008 (Stand: 15.03.2021).

Fälschungen künstlich altern. Die von ihm verwendeten Techniken führte er nach seiner Enttarnung aus:

> *„Mrugalla strich Hühnereiweiß und Leinöl auf ein frisches Gemälde und steckte es in den Backofen. Jeden Tag erhöhte er die Temperatur um fünf bis zehn Grad, ‚schön langsam, sonst kriegste Blasen in der Farbe', sagte Mrugalla. Wenn das Bild auf 150 Grad gekocht hatte, steckte er es über Nacht ins Eisfach. So zogen sich feinste Risse über die Leinwand, die so das Aussehen eines Ölgemäldes bekam, das schon viele Hundert Jahre alt war."*[233]

Absatz fanden seine Fälschungen bei Händlern, die seine Werke in Umlauf brachten.[234]

Besonders im süddeutschen Raum erlangte der gelernte Buchdrucker *Wolfgang Lämmle* als Kunstfälscher Bekanntheit.[235] Der 1941 geborene *Lämmle* konzentrierte sich ab den 1970er Jahren auf die Malerei. Er stellte eigene Bilder aus und veröffentlichte Bücher über seine Werke.[236]

> *„In der Stuttgarter Staatsgalerie begann der Schwabe seine besondere Laufbahn. Hier kopierte er seine ersten Bilder. Nach und nach legte er sich so das Handwerkszeug des Kunstmalers zu, sog begierig Tipps über Technik und Stil in sich auf. Als 22-Jähriger stellte er seine erste Fälschung her; keine Kopie, sondern eine dem Stil des Künstlers nachempfundene Darstellung. Statt Lämmle schrieb er die Initialen des berühmten ‚Kollegen' unter ein Werk und fand prompt einen Abnehmer."*[237]

Lämmle verkaufte neben seinen eigenen Bildern Fälschungen von *„Malern aus dem süddeutschen Raum"*.[238] Schließlich wurde er 1992 vom Landgericht Stuttgart zu einer zweijährigen Bewährungsstrafe verurteilt. Das Landgericht sah es als erwiesen an, dass *Lämmle* zwischen 1985 und 1987 mindestens 118 Gemälde, Zeichnungen und Grafiken gefälscht hatte.[239] 35 seiner Fälschungen konnte er über Galerien und Auktionshäuser absetzen.[240]

---

233 *Unbekannt*, Der König der Fälscher ist tot, Der Spiegel vom 18.10.2016 (Stand: 15.03.2021).

234 *Schröder*, "Man nennt mich den jungen Pablo", ARD vom 16.11.2010 (Stand: 15.03.2021).

235 *Partsch* 2010, S. 164 f.

236 *Partsch* 2010, S. 164 f.

237 *Unbekannt*, Kunstmaler und Meisterfälscher gestorben, Stuttgarter Zeitung vom 01.03.2019 (Stand: 15.03.2021).

238 *Partsch* 2010, S. 165.

239 *Unbekannt*, Kunstmaler und Meisterfälscher gestorben, Stuttgarter Zeitung vom 01.03.2019 (Stand: 15.03.2021).

240 *Unbekannt*, Kunstmaler und Meisterfälscher gestorben, Stuttgarter Zeitung vom 01.03.2019 (Stand: 15.03.2021).

Zwischen den Jahren 2005 und 2009 fertigte der Kunsthändler *Thomas „Tom" Sack* diverse Fälschungen im Stil von *Liebermann*, *Kirchner* und *Klimt* an, die er bevorzugt über das Internet verkaufte.[241] Dem damals 27-jährigen wurden im Prozess im Jahr 2009 ca. 200 Einzeltaten des Betrugs und der Urkundenfälschung vorgeworfen.[242] Die Anklage richtete sich indes nicht auf die Fälschungen von bekannten Meistern.

> *„Die jetzige Anklage zielt allerdings auf einen ganz anderen Aspekt. Danach soll Sack mehrere Künstler samt Biografie ‚frei erfunden haben' und dabei sogar Auktionsergebnisse und Verkäufe fingiert haben, um so den Marktwert dieser Exponate zu steigern – wobei diese Arbeiten durchweg von ihm selbst gefertigt worden seien. In fünf Fällen soll es sich um klassische Kunstfälschungen real existierender Künstler handeln, wobei diese Falsifikate ihm wohl nicht als ‚persönliche Produktion' zugeordnet werden."*[243]

Das Strafverfahren gegen *Sack* wurde schließlich, auch mangels konkreter Beweise, eingestellt. Beinahe zeitgleich wurde *Sack* allerdings in Berlin wegen gewerbsmäßigen Betrugs und Urkundenfälschung verurteilt, da er gefälschte Bilder echter Künstler wie *Cézanne* verkauft hatte.[244]

Die angeführten Fälle zeigen eindrucksvolle Facetten des Phänomens der Kunstfälschung, dem sich nun begrifflich und strafrechtlich genähert wird.

b) Definitionen und Begriffe der Kunstfälschung

Die Kunstfälschung gliedert sich in zwei verschiedene Ausformungen: zum einen in die Kunstfälschung als solche, von *Sandmann* auch als *„Kunstfälschung im engeren Sinne"* bezeichnet, und zum anderen in die Kunstverfälschung.[245] Diese Zweiteilung findet sich bereits bei *Würtenberger*, der diese beiden Varianten sowie den Kunstbetrug unter dem Übergriff des *„Kunstfälschertums"* zusammenfasst.[246] Im

---

241 *Partsch* 2010, S. 166 f.; *Unbekannt*, Tom Sack: Kunstbetrug in 200 Fällen?, Schaumburger Nachrichten vom 29.05.2009 (Stand: 15.03.2021).

242 *Unbekannt*, Tom Sack: Kunstbetrug in 200 Fällen?, Schaumburger Nachrichten vom 29.05.2009 (Stand: 15.03.2021).

243 *Unbekannt*, Tom Sack: Kunstbetrug in 200 Fällen?, Schaumburger Nachrichten vom 29.05.2009 (Stand: 15.03.2021).

244 *Unbekannt*, Tom Sack: Kunstbetrug in 200 Fällen?, Schaumburger Nachrichten vom 29.05.2009 (Stand: 15.03.2021).

245 Vgl. hierzu insbesondere *Sandmann* 2004, S. 21 ff.; zur umfassenden Beschreibung der Kunstfälschung wie auch zu den Begrifflichkeiten *Bullinger* 1997, S. 7 ff.

246 *Würtenberger* 1940, S. 35 ff.; vgl. auch *Sandmann* 2004, S. 21 ff.; hierauf bezieht sich auch *Kinzig*, Heinz-FS 2012, S. 132 f.

Nachfolgenden soll sich an der von *Sandmann* zugrunde gelegten Einteilung orientiert werden, insbesondere, da sich dem Betrug im Zusammenhang mit Kunstdelikten separat gewidmet wird.[247]

aa) Die Kunstfälschung

Die in der Literatur vorherrschenden Definitionsansätze beschreiben die Kunstfälschung weitgehend einheitlich. Bereits *Würtenberger* versteht darunter die *„fälschliche Anfertigung eines Kunstwerkes in Täuschungsabsicht"*.[248] Auch *Sandmann* definiert *„Kunstfälschung im engeren Sinn"* als *„jede in Täuschungsabsicht vorgenommene Anfertigung eines Kunstwerkes."*[249]

Döpfner behilft sich bei der Definition der Kunstfälschung mit einem Verweis auf das Wörterbuch der Kunst. Demnach liege eine Kunstfälschung vor, wenn ein Kunstwerk als etwas ausgegeben wird, was es in Wirklichkeit nicht ist.[250] Ähnlich nähert sich *Bullinger* dem Phänomen an: *„Bei der Kunstfälschung wird ein Werk einem Künstler als das Seine zugeschrieben, obwohl das Werk in Wirklichkeit nicht von ihm stammt."*[251]

Letztlich bleibt die Täuschungsabsicht eines der wesentlichen Merkmale der Kunstfälschung. Sie stellt in der Grundkonstellation einen Fall dar, in dem ein geschaffenes (oder verändertes) Werk einem Künstler in Täuschungsabsicht fälschlich zugeschrieben wird.[252] Trotz der in weiten Teilen übereinstimmenden Beschreibungen des Phänomens muss beachtet werden, dass kunsthistorische Schwierigkeiten zu Problemen bei der strafrechtlichen Beurteilung von Kunstfälschungen führen können. Einige dieser Schwierigkeiten werden im Nachfolgenden skizziert.

---

247 Vgl. *Sandmann* 2004, S. 21 ff.

248 *Würtenberger* 1940, S. 35.

249 *Sandmann* 2004, S. 23.

250 *Döpfner* 1989, S. 59.

251 *Bullinger* 1997, S. 8.

252 *Bullinger* 1997, S. 8; vgl. auch *Almeroth* 1986, S. 2. *Almeroth* äußert sich in seiner Arbeit zur Kunst- und Antiquitätenfälschung nur beiläufig zur Definition von Kunstfälschung und stellt dabei die Vorzüge einer möglichst weiten Auffassung des Begriffs dar. Letztlich fasst *Almeroth* hierunter die vollständige Nachahmung, das Verfälschen ebenso wie den Betrug oder den Handel mit in guter oder böser Absicht hergestellten Falsifikaten.

(1) Der Begriff des Originals

Ein Problem, das im Rahmen der Fälschung diskutiert werden muss, ist das der Originalität des Kunstwerkes. Denn ohne Original ist schließlich auch keine Fälschung denkbar.[253] So eindeutig der Begriff des Originals zu sein scheint, so unpräzise und unklar ist dieser doch in einigen Fällen. Überdies habe das Original, so *Michalski*, nach wie vor einen besonderen Stellenwert: Für die mit Zuschreibungen und Werkkatalogen befassten Kunsthistoriker sowie den Kunstmarkt und das Kunstpublikum sei die Begegnung mit dem Original eine entscheidende Voraussetzung für die „*wahrhaftige Rezeption des Kunstwerkes*".[254] Als einen der Gründe für diese besondere Affinität zu Originalen führt *Michalski* an: „*Im Kult des Originals offenbaren sich entfernte Residuen früherer, sakral geprägter Einstellungen zu Kultbildern und Reliquien.*"[255] Die Problematik der Originalität soll im Folgenden kurz beleuchtet werden, um hierdurch entstehende Schwierigkeiten bei einer strafrechtlichen Bewertung von Fälschungen zu verdeutlichen.

Ein häufig herangezogenes Beispiel hierfür, ist die „Originalität" der Bilder *Peter Paul Rubens'*, der seine Werke in der damals üblichen Werkstattpraxis schuf.[256] Ein „Rubens" bestimmte und bestimmt sich darüber, dass die seine Werkstatt verlassenden Werke einem gewissen Qualitätsstandard genügen mussten. *Rubens* verlieh den Werken häufig den letzten Schliff, was dazu führte, dass die Fähigkeiten des anfertigenden Schülers das Maß an Eigenhändigkeit *Rubens'* bestimmten.[257] Diese Art der Herstellung in der Werkstatt *Rubens'* war derart üblich, dass dies mit dem Auftraggeber auch vertraglich vereinbart wurde – teils wurden Werke gänzlich ohne Beteiligung des Meisters angefertigt.[258] Das Reichsgericht nimmt zu dieser Praxis in einem Urteil zur Urkundeneigenschaft der Künstlersignatur Bezug:

> *„Es fehlt folgerichtig dem Namenszuge weder an dem Merkmale der Beweisfähigkeit, noch an dem Merkmale einer allgemein faßlichen Gedankenerklärung, und hieran ändert der Umstand nichts, daß vereinzelt, zumal der Vorzeit angehörende Künstler sowohl die eigenen als die bloß unter ihrer Aufsicht oder von ihren Schülern hergestellten Gemälde mit ihrem Namenszug versehen haben. Denn abgesehen davon, daß die Beifügung des Namenszuges auch hier die Bedeutung der Übernahme einer Gewähr wenigstens für Miturheberschaft und Reife besitzt, ist eine solche Behandlungsweise seit jeher von der*

253 Siehe hierzu auch ausführlich aus kunsthistorischer Sicht *Härth* 2010, S. 12 ff., 35 ff.

254 *Michalski* 2015, S. 134.

255 *Michalski* 2015, S. 134.

256 *Büttner* 2006, S. 114; *Michalski* 2015, S. 136; das Beispiel *Rubens* wird auch bereits von *Würtenberger* aufgegriffen, vgl. *Würtenberger* 1951, S. 107.

257 *Büttner* 2006, S. 120.

258 *Michalski* 2015, S. 135.

Mehrzahl der Künstler wie von den sonst beteiligten Kreisen als ein unstatthafter, zu Täuschung des Publikums führender Mißbrauch gebrandmarkt worden."[259]

Allerdings stellt sich bei der Originalität nicht nur die Frage nach dem Maß der Eigenhändigkeit des Künstlers. Für die Originalität ist außerdem die Auseinandersetzung mit der Zuschreibung von Relevanz.[260] Ein populäres Beispiel hierfür ist das Werk „Der Mann mit dem Goldhelm", das über lange Zeit *Rembrandt* zugeschrieben wurde.[261] Die kunsthistorische Einschätzung der Urheberschaft dieses Werkes wandelte sich jedoch. Das Werk gilt nun als von einem unbekannten Künstler angefertigt und soll lediglich aus dem Umkreis *Rembrandts* stammen.[262] Es wird ersichtlich, dass sich der Begriff der Originalität nicht ausschließlich in der Frage nach Eigenhändigkeit erschöpft, sondern auch ein reiner Definitionsprozess sein kann.

Aus kunsthistorischer Sicht wird als Original das ursprüngliche und erste Kunstwerk bezeichnet, das von Repliken, Werkstattwiederholungen, Kopien, Nachahmungen und Reproduktionen und insbesondere auch von Fälschungen abgegrenzt wird.[263] „*Nur im Original ist die Verbindung der geistigen Idee mit ihrer materiellen Gestaltung vollständig gegeben.*"[264]

Die Problematik wird rechtlich durch den Begriff des Werkoriginals beschrieben. Hierbei handelt es sich um einen urheberrechtlich nicht definierten, jedoch in den §§ 10 I, 26 I, IV, 107 I UrhG als „*Original eines Werkes*" vorausgesetzten Begriff.[265] Nach *Bullinger* liegt ein Werkoriginal vor, „*wenn ein Werk unter Aufsicht und Billigung des Künstlers nach seinen Plänen geschaffen wurde.*"[266] In Abgrenzung hierzu gebe es Werkexemplare ohne Originalcharakter, die die erforderlichen Voraussetzungen des Werkoriginals nicht erfüllten.[267] Hierunter fielen Repliken, Photographien oder sonstige technische Vervielfältigungen.[268]

---

259 RG, U. v. 17./29.12.1900, St. 34, S. 54.
260 *Schack* 2017, Rn. 39.
261 *Schack* 2017, Rn. 39.
262 *Schack* 2017, Rn. 39.
263 *Michalski* 2015, S. 135.
264 *Michalski* 2015, S. 135. Interessant auch zum deklaratorischen Charakter der Originalitätsbegriff mit dem Beispiel *Marcel Duchamps* Readymade „L'air de paris" (1919), vgl. *Michalski* 2015, S. 139.
265 *Bullinger* 1997, S. 26.
266 *Bullinger* 1997, S. 26.
267 *Bullinger* 1997, S. 27.
268 *Bullinger* 1997, S. 27.

Art. 2 I der Richtlinie 2001/84/EG des Europäischen Parlaments und des Rates vom 27. September 2001 über das Folgerecht des Urhebers des Originals eines Kunstwerks[269] enthält eine Definition von Werkoriginalen. So lautet Art. 2 I der Richtlinie 2001/84/EG: „*Als ‚Originale von Kunstwerken' im Sinne dieser Richtlinie gelten Werke der bildenden Künste wie Bilder, Collagen, Gemälde, Zeichnungen, Stiche, Bilddrucke, Lithographien, Plastiken, Tapisserien, Keramiken, Glasobjekte und Lichtbildwerke, soweit sie vom Künstler selbst geschaffen worden sind oder es sich um Exemplare handelt, die als Originale von Kunstwerken angesehen werden.*" Wie am Ende des Absatzes deutlich wird, wird auch einem deklaratorischen Originalitätsbegriff und den hiermit verbundenen künstlerischen Praktiken Rechnung getragen. Niederschlag finden die Richtlinie und ihre Bestimmung des Originals auch in § 16b III Nr. 1 u. Nr. 2 des österreichischen Urheberrechtsgesetzes. Dort werden die europarechtlichen Vorgaben an die Originalität von Kunstwerken übernommen. Darüber hinaus wird auch in § 16b III Nr. 3 ÖUrhG eine Auffangregelung normiert, die auch jene Werke erfasst, die sonst als Originale angesehen werden. Hierdurch wird ebenso dem deklarativen Originalitätsbegriff Rechnung getragen.[270]

Letztlich sind Definitionsversuche der Originalität von Kunstwerken schwierig. Eine abstrakte Bestimmung der Originalität ohne die Berücksichtigung der Besonderheiten des einzelnen Kunstwerkes ist kaum möglich. Allerdings können die ausgeführten Ansätze, insbesondere auch die, die sich aus dem Begriff des Werkoriginals und jenem der europäischen Richtlinie ergeben, als Grundlage für die Bestimmung eines Originals dienen. Insgesamt zeigt sich, dass auch für eine strafrechtliche oder zivilrechtliche Auseinandersetzung mit der Originalität eine kunsthistorische Wertung des spezifischen Werktypus erforderlich ist.

(2) Täuschungsabsicht und die Erforderlichkeit der Nachahmung

Als notwendige Komponente für das Vorliegen einer Kunstfälschung wird die Täuschungsabsicht angesehen.[271] *Sandmann* führt die Täuschungsabsicht als

---

269 Richtlinie 2001/84/EG des Europäischen Parlaments und des Rates vom 27. September 2001 über das Folgerecht des Urhebers des Originals eines Kunstwerks ABl. (EG) L 272/32 v. 13.10.2001.

270 *Härth* 2010, S. 50 ff. So lautet der Wortlaut des § 16b III ÖUrhG: „*Als Originale im Sinn des Abs. 1 gelten Werkstücke, 1. die vom Urheber selbst geschaffen worden sind, 2. die vom Urheber selbst oder unter seiner Leitung in begrenzter Auflage hergestellt und in der Regel nummeriert sowie vom Urheber signiert oder auf andere geeignete Weise autorisiert worden sind, 3. die sonst als Originale angesehen werden.*"

271 So etwa *Sandmann* 2004, S. 19; wie auch *Löffler*, NJW 1993, S. 1425.

Merkmal der Kunstfälschung an: Ein Kunstwerk spiegle über dem rein Gegenständlichen auch die geistige Beziehung des Künstlers zu dessen Werk wider.[272] Entsprechend teile das Kunstwerk die Persönlichkeit des Autors sowie den Stil der entsprechenden Epoche mit.[273] Die Täuschungsabsicht richte sich auf diese Aspekte, könne sich aber auch auf das Alter, die Epoche oder die Provenienz erstrecken.[274]

Als Beispiel für fehlende Täuschungsabsicht bei der Kopie von Werken kann die sog. Appropriation Art angeführt werden.[275] Diese Kunstform stellt den Versuch dar, die Kopie fremder Werke als eigenständige Kunst zu etablieren.[276] Als bekannte Vertreterin gilt *Elaine Sturtevant*, die ab 1965 Kopien bekannter Kunstwerke anfertigte und diese mit ihrer eigenen Signatur versah. Die vergebenen Werktitel enthielten unmissverständliche Hinweise auf die eigentliche Urheberschaft.[277] Bekannte Werke von ihr heißen beispielsweise „Warhol Flowers" oder „Johns Flag", die die Werke *Andy Warhols* und *Jasper Johns* rezipieren.[278] An diesem Beispiel wird die Notwendigkeit der Täuschungsabsicht für Kunstfälschungen deutlich.

Eine besondere Art der künstlerischen Rezeption, die ebenfalls fremde Werke aufgreift, ist das sog. Pasticcio.[279] Bei einem Pasticcio handelt es sich um das Werk eines Künstlers, das eine offensichtliche Imitation der Werke anderer Künstler darstellt.[280] Auch hier kommt mangels Täuschungsabsicht eine Fälschung nicht in Betracht, obwohl Teile und Stile fremder Werke aufgegriffen werden.

Weiterhin wird diskutiert, inwieweit eine Nachahmung bei einer Fälschung erforderlich ist.[281] Nach einigen Definitionsansätzen ist sie erforderlich,[282] während *Sandmann* zutreffend zu dem Ergebnis gelangt, dass eine Fälschung weder zwingend eine falsche Signatur noch allzu große stilistische Ähnlichkeit verlangt.[283]

---

272 *Sandmann* 2004, S. 20.
273 *Sandmann* 2004, S. 20.
274 *Sandmann* 2004, S. 20; *Löffler*, NJW 1993, S. 1425; *Diggelmann* 1916, S. 58 f.
275 Zur Appropriation Art im Graubereich der Fälschung siehe *Härth* 2010, S. 52 ff.
276 *Schack* 2017, Rn. 352 f.
277 *Schack* 2017, Rn. 353; *Löffler*, NJW 1993, S. 1422; *Härth* 2010, S. 52 ff.
278 *Schack* 2017, Rn. 353; *Löffler*, NJW 1993, S. 1422; *Härth* 2010, S. 52 ff.
279 *Schack* 2017, Rn. 40; *Löffler*, NJW 1993, S. 1422.
280 *Schack* 2017, Rn. 40; *Löffler*, NJW 1993, S. 1422.
281 Vgl. *Sandmann* 2004, S. 21 f.
282 *Sandmann* 2004, S. 21 f.; *Löffler*, NJW 1993, S. 1422.
283 *Sandmann* 2004, S. 21 f.

Die vermutlich berühmtesten Fälschungsgeschichten, bei denen keine bloße Kopien, also Nachahmung im engeren Sinne, angefertigt wurden, sondern das Œuvre um „fehlende“ oder „verschollene“ Werke „ergänzt“ worden war, sind die des *Han van Meegeren* und aus der neueren Zeit jene um *Wolfgang Beltracchi*.[284] Fraglich bleibt dabei, ob eine wie auch immer geartete Form der Nachahmung, eine Anlehnung an das Œuvre des Künstlers, notwendige Bedingung für das Vorliegen einer Kunstfälschung ist. *Sandmann* und *Bullinger* gehen zutreffend davon aus, dass dies grundsätzlich nicht der Fall ist.[285]

Ein gewisser Nachahmungsaspekt gefälschter Kunstwerke dürfte jedoch aus rein logischen Gründen erforderlich sein. Eine Fälschung, die eine Täuschung hervorrufen soll, muss gerade Assoziationen zum gefälschten Künstler wecken. Demnach sind der stilistischen Vielfalt des Fälschers rein praktische Grenzen gesetzt.

bb) Die Kunstverfälschung

Neben der eigentlichen Kunstfälschung existiert als spezielle Variante die sog. Kunstverfälschung. Die Kunstverfälschung greift auf ein Werk zurück, das als echtes Werk von demjenigen Künstler, dem es zugeschrieben wird, auch tatsächlich existiert.[286]

Würtenberger beschreibt die Kunstverfälschung wie folgt:

> *„Bei diesem Vorgehen des Fälschers wird zu Täuschungszwecken die gegenständliche Struktur eines bereits vorhandenen Kunstwerkes bestimmten Veränderungen unterworfen. Im Aufbau des Werkes werden einzelne Zustände und Beschaffenheiten aufgehoben und durch andere ersetzt, während aber die ästhetische Einheit des Werkes im ganzen zu erhalten erstrebt wird.“*[287]

---

284 Zu der Geschichte *Han van Meegerens*, der in den 1930er und 1940er Jahren bis dato „fehlende“ Werke *Jan Vermeers* anfertigte, siehe *Keazor* 2015, S. 199 ff.; zu *Beltracchi* siehe *Keazor* 2015, S. 233 ff.

285 *Sandmann* 2004, S. 23; *Bullinger* 1997, S. 9.

286 *Bullinger* 1997, S. 14; *Diggelmann* 1916, S. 58; in diesem Zusammenhang sei insbesondere auch auf *Döpfner*: Der Restaurierungsbetrug, 1989, verwiesen, welcher sich in seiner Untersuchung dem Restaurierungsbetrug zuwendet. Dabei schildert dieser die unterschiedlichen Möglichkeiten der Verfälschung von Kunstwerken im Kontext der Restaurierung. Im Weiteren soll jedoch der Restaurierungsbetrug nicht gesondert hervorgehoben werden, da sich die wesentlichen Strukturen auch innerhalb der allgemeinen Erwägungen eingliedern lassen.

287 *Würtenberger* 1940, S. 36.

Sandmann stellt darüber hinaus fest, dass sich die Kunstverfälschung und die Kunstfälschung nicht im Wesen, sondern nur in der Tathandlung unterscheiden würden.[288] Als Tathandlungen nennt *Sandmann* das Fertigstellen eines unvollendeten Werkes, das „*Veredeln*", etwa in Form des künstlichen Alterns, sowie das Übermalen oder das Verändern der Signatur.[289] Probleme der Zuordnung zur Kunstverfälschung können auch bei der Restauration am Werk entstehen, wobei hier das ausschlaggebende Merkmal der Täuschungs- bzw. Fälschungsabsicht nicht gegeben ist.[290]

cc) Die Fälschung und das Plagiat

Eine weitere in der Literatur vorgenommene Unterscheidung ist die zwischen der Kunst(werk)fälschung und dem Plagiat.[291] Eine genaue Abgrenzung fällt schwer, da beide Begriffe weder gesetzlich noch auf sonstige Art präzise erfasst sind.[292] Der wesentliche Unterschied zwischen Plagiat und Kunstfälschung wird im Umgang mit der Urheberschaft gesehen.[293] Ein Plagiat beschreibt den Fall, in dem sich ein fremdes Werk ohne Angabe der eigentlichen Urheberschaft zu eigen gemacht wird.[294] *Schack* nennt das Plagiat eine „*gängige Bezeichnung für geistigen Diebstahl*".[295] Dabei sind die Übergänge zur Kunstfälschung fließend. *Bullinger* beschreibt die Vermengung von fremdem mit eigenem Geistesgut als Prozess des Fälschens, da hierbei gerade ein Werk geschaffen werde, das sich an den Stil des ursprünglichen Künstlers anpasse.[296]

dd) Zwischenergebnis zur Definition der Kunstfälschung

Kunstfälschungen sind Kunstwerke, die in Täuschungsabsicht angefertigt oder verändert werden und über eine nicht vorhandene Eigenschaft täuschen sollen. Bei einer strafrechtlichen Beurteilung von Kunstfälschungen sind stets die kunsthistorischen Besonderheiten zu berücksichtigen. Hiervon hängt

---

288 *Sandmann* 2004, S. 23.
289 *Sandmann* 2004, S. 23; vgl. hierzu auch mit einigen Beispielen *Bullinger* 1997, S. 13 ff.
290 *Sandmann* 2004, S. 23; vgl. hierzu auch insgesamt *Döpfner* 1989, S. 59 ff.
291 *Bullinger* 1997, S. 12; *Sandmann* 2004, S. 23 f.
292 *Sandmann* 2004, S. 23; *Schack* UrhG 2019, Rn. 283.
293 *Bullinger* 1997, S. 12; vgl. auch *Sandmann* 2004, S. 23.
294 *Bullinger* 1997, S. 12 f.; vgl. auch *Sandmann* 2004, S. 23 f.
295 *Schack* UrhG 2019, Rn. 283.
296 *Bullinger* 1997, S. 13.

nämlich maßgeblich auch die Beurteilung der Originalität und damit der Fälschungseigenschaft ab.

c) Die strafrechtliche Würdigung der Kunstfälschung

Die strafrechtliche Betrachtung der Kunstfälschung konzentriert sich auf Urkunden- und Betrugsdelikte des StGB sowie auf die einschlägigen Strafnormen des Urheberrechts. Eventuell denkbare Verstöße im Rahmen des UWG bleiben unberücksichtigt.[297] Zunächst widmet sich die strafrechtliche Betrachtung der Kunstfälschung den Straftatbeständen des 23. Abschnitts des StGB.

aa) Kunstfälschung als Urkundenfälschung gem. § 267 StGB

Eine der zentralen strafrechtlichen Normen der Kunstfälschung stellt die Urkundenfälschung in ihren verschiedenen Tatvarianten dar.[298] Die Urkundenfälschung ist im Rahmen von Kunstfälschungsdelikten auch insofern relevant, da sie rein chronologisch in diesem Deliktsbereich zu Beginn der rechtswidrigen Handlung steht.[299] Für eine Urkundenfälschung gem. § 267 StGB ist die Urkundeneigenschaft des entsprechenden Werkes konstitutiv. In Literatur und Rechtsprechung wird dabei zwischen der Urkundeneigenschaft des Kunstwerkes als solchem sowie der Signatur bzw. dem Künstlerzeichen differenziert.[300]

(1) Urkundeneigenschaft des Kunstwerkes

Die wesentliche Problematik der Urkundeneigenschaft von Kunstwerken wurde bereits durch die Rechtsprechung des Reichsgerichts einem Ergebnis zugeführt, das bis heute vertreten wird.[301] Das Reichsgericht führte aus, dass das Kunstwerk als solches nur dazu diene *„ein sinnlich-geistiges Wohlgefallen und geistige Befriedigung in dem Beschauer zu erwecken.“*[302]

Dieses Ergebnis muss sich an der Definition der Urkunde i.S.d. § 267 StGB messen lassen. Eine Urkunde liegt vor, wenn es sich um eine verkörperte menschliche Gedankenerklärung handelt, die zum Beweis im Rechtsverkehr

---

297 Siehe hierzu ausführlich *Sandmann* 2004, S. 161 ff.

298 Vgl. hierzu *Sandmann* 2004, S. 23.

299 *Schack* 2017, Rn. 53 f.

300 Zur Thematik ausführlich *Sandmann* 2004, S. 27 ff.; *Almeroth* 1986, S. 35 ff.; *Schack* 2017, Rn. 54 ff.; RG, U. v. 17./29.12.1900, St. 34 S. 53 ff.; RG, U. v. 17.1.1922, St. 56 S. 357 ff.

301 RG, U. v. 17./29.12.1900, St. 34 S. 54.

302 RG, U. v. 17./29.12.1900, St. 34 S. 53.

geeignet und bestimmt ist und dabei jedenfalls durch Auslegung einen Aussteller erkennen lässt.[303]

Die Qualifikation des Kunstwerkes als Urkunde i.S.d. § 267 StGB ist nicht unproblematisch. In Teilen der Literatur wird durch den tautologischen Verweis auf den Wortlaut darauf abgestellt, dass ein Kunstwerk ein Kunstwerk und gerade keine Urkunde sei.[304] Unabhängig von dieser Argumentation wird die Urkundeneigenschaft des bloßen Kunstwerkes von Literatur und Rechtsprechung zumeist abgelehnt.[305] Teilweise wird bereits eine Gedankenerklärung, die das Kunstwerk beinhalten müsse, als nicht gegeben angesehen.[306]

Ein Teil der Literatur nimmt jedoch eine Gedankenerklärung bei Kunstwerken an. Dabei wird die dem Kunstwerk innewohnende „*künstlerische Aussage*“ als Gedankenerklärung verstanden.[307] Obwohl die Annahme, dass eine solche Gedankenerklärung, die „*in der Auffassung des Künstlers von einem bestimmten Sujet*“[308] zu finden sein soll, eine gewisse Eleganz enthält, bleibt sie im Hinblick auf den Sinn und Zweck des Urkundenbegriffs des § 267 StGB durchaus zweifelhaft. So ist *Erb* zuzustimmen, der restriktive Anforderungen an die Erklärung stellt.

> „*Die Erklärung kann nicht in jeder beliebigen Gedankenäußerung bestehen, sondern nur [in] einer solchen, die unmittelbare Rechtswirkungen entfaltet. Ist dies nicht der Fall, kann sie nämlich für sich genommen kein Gegenstand des eigentlichen Beweisinteresses sein.*“[309]

---

303 Lackner/Kühl/*Heger* 2018, § 267, Rn. 2; MK-StGB/*Erb* 2019, § 267, Rn. 16 ff., 25; Beck-OK StGB/*Weidemann* 2021, § 267, Rn. 3.

304 *Sandmann* 2004, S. 27. Dies wird insbesondere in früheren Auseinandersetzungen mit der Thematik vertreten, vgl. *Diggelmann* 1916, S. 120; *Gross* 1901, S. 273.

305 Etwa in *Almeroth* 1986, S. 36; *Sandmann* 2004, S. 29; *Döpfner* 1989, S. 101 f.; *Schack* 2017, Rn. 54 f.; *Löffler*, NJW 1993, S. 1423; im Beschluss v. 10.5.2010 – 1 Qs 70/09 des LG Düsseldorf wird eine Urkundeneigenschaft i.S.d. § 267 StGB bejaht, wobei die „Aufbringung des Namenszuges des Künstlers“ separat genannt wird.

306 Etwa bei *Almeroth* 1986, S. 36.

307 Vgl. hierzu *Sandmann* 2004, S. 28; *Würtenberger* 1951, S. 106; *Almeroth* 1986, S. 36; *Löffler*, NJW 1993, S. 1423.

308 So *Würtenberger* 1951, S. 106, nach einem Urteil der Strafkammer St. Gallen v. 10.9.1947. Aufgegriffen wurde dies auch von *Sandmann* 2004, S. 27.

309 MK-StGB/*Erb* 2019, § 267, Rn. 18; vgl. auch Sch/Sch/*Heine*/*Schuster* 2019, § 267, Rn. 26.

Mithin ist das Kunstwerk als bloßes Augenscheinobjekt zu bewerten. Dass das Kunstwerk selbst einen gedanklichen Inhalt enthält, der über dessen bloßes Vorhandensein hinausgeht, kann somit nicht angenommen werden.[310]

Auch die Vertreter der Ansicht, dass eine Gedankenerklärung im Kunstwerk enthalten sei, lehnen die Urkundeneigenschaft des Kunstwerkes im Ergebnis überwiegend ab. So bezweifeln sie die Eignung und Bestimmung des Kunstwerkes, im Rechtsverkehr Beweis erbringen zu können.[311] Sämtliche Ansätze, die in der künstlerischen Aussage eine Rechtserheblichkeit der Gedankenerklärung unterstellen oder eine Eignung und Bestimmung zum Beweis im Rechtsverkehr annehmen, sind abzulehnen. Dieser Annahme fehlt schlicht jede Rechtserheblichkeit. Derartige Ansätze werden von *Sandmann* völlig zutreffend als *„lebensfremd"* eingestuft.[312] In der Konsequenz ergibt sich, dass die reine Anfertigung eines Werkes im Stile oder nach der Art oder Technik eines Künstlers nicht von § 267 StGB erfasst wird. Folglich kommen in solchen Konstellationen lediglich Betrugsdelikte oder Straftaten des Urheberrechts in Betracht.[313]

(2) Urkundeneigenschaft der Signatur und des Künstlerzeichens

Die Signatur des Künstlers auf dem Kunstwerk wird in Literatur und ständiger Rechtsprechung weit überwiegend als Urkunde angesehen.[314] Die Entwicklung dieser Ansicht wird nachfolgend dargestellt.

---

310 MK-StGB/*Erb* 2019, § 267, Rn. 18; vgl. auch *Jakobs* 2000, S. 34; vgl. zur Gedankenerklärung *Fischer* 2021, § 267, Rn. 3.

311 *Sandmann* 2004, S. 28; *Almeroth* 1986, S. 36; *Löffler*, NJW 1993, S. 1423; *Würtenberger* 1951, S. 106.

312 *Sandmann* 2004, S. 30; so auch *Schack* 2017, Rn. 54.

313 Vgl. *Löffler*, NJW 1993, S. 1423.

314 So etwa LK/*Zieschang* 2009, § 267, Rn. 89; Sch/Sch/*Heine*/*Schuster* 2019, § 267, Rn. 27; *Fischer* 2021, § 267, Rn. 6; *Schack* 2017, Rn. 54 f.; *Wessels*/*Hettinger*/*Engländer* 2020, Rn. 791; auch mit Vergleichen zur schweizerischen Rechtslage *Würtenberger* 1951, S. 109; *Almeroth* 1986, S. 36 f.; *Döpfner* 1989, S. 102 f.; in der Rspr. bereits RG, U. v. 17./29.12.1900, St. 34 S. 53 ff.; RG, U. v. 17.1.1922, St. 56 S. 357 ff.; RG, U. v. 8.1.1942 St. 76 S. 28; OLG Frankfurt, U. v. 22.10.1969 - 1 Ss 409/69; ablehnend etwa *Sandmann* 2004, S. 32 ff.; sehr kritisch *Kienapfel*, Würtenberger-FS 1977, S. 189, 191, welcher von weitgehend willkürlicher Unterscheidung ausgeht und dabei für das Künstlerzeichen auf kriminalpolitische Erwägungen eingeht.

(a) Die Entwicklung seit der Rechtsprechung durch das Reichsgericht

In der Diskussion zur Urkundeneigenschaft der Signatur und des Künstlerzeichens ergibt sich die Grundlage des bis heute vertretenen Ansatzes aus der Rechtsprechung des Reichsgerichts.[315] Dieses vertieft in seinem Urteil aus dem Jahr 1900, dass das Kunstwerk selbst keine Urkunde darstelle, die Signatur indessen die Voraussetzungen enthalte, die für eine (zusammengesetzte) Urkunde erforderlich seien.

> *„Denn vernünftigerweise kann zunächst der Künstler mit dieser Maßregel, wenn er sie überhaupt vornimmt, einzig und allein bezwecken, ein sichtbares Zeichen dafür zu geben, daß das Gemälde von seiner, des Künstlers, Hand herrühre, daß er es als seine Schöpfung gegenüber der Öffentlichkeit anerkennen und vertreten werde. Ebenso erblickt aber weiterhin die allgemeine Anschauung in dem Namenszuge des Künstlers die Gewähr für seine Urheberschaft und für die Reife seines Werkes. Es fehlt folgerichtig dem Namenszuge weder an dem Merkmale der Beweisfähigkeit, noch an dem Merkmale einer allgemein faßlichen Gedankenerklärung.“*[316]

Das Reichsgericht bestätigte diese Auffassung in zwei weiteren Entscheidungen in den Jahren 1922 und 1942.[317] Seitens der gefestigten Ansicht, dass es sich dabei um eine (zusammengesetzte) Urkunde handelt, werden an die Signatur als solche nur geringe Anforderungen gestellt. Ein vollständiger Namenszug des Künstlers sei nicht erforderlich, ausreichend seien auch dessen Initialen oder ein sonstiges Künstlerzeichen, das Rückschlüsse auf die Herkunft des Kunstwerkes zulasse.[318] Auch Pseudonyme und Ähnliches sind laut *Sandmann* grundsätzlich ausreichend, um die Beweisfunktion über die Urheberschaft zu erbringen.[319] Sie sieht hierin eine Anlehnung an § 10 I 2. Hs. UrhG gegeben, der Künstlerzeichen und Decknamen dem richtigen Namen des Urhebers gleichstellt.[320] Eine Anlehnung an § 10 I 2. Hs. UrhG ist jedoch nicht zwingend erforderlich, da sich auch unter Betrachtung der herrschenden sog. Geistigkeitstheorie oder materiellen Urheberlehre das gleiche Ergebnis erzielen ließe.[321]

---

315 RG, U. v. 17./29.12.1900, St. 34 S. 53 ff.; RG, U. v. 17.1.1922, St. 56 S. 357 ff.; RG, U. v. 8.1.1942 St. 76 S. 28.

316 RG, U. v. 17./29.12.1900, St. 34 S. 54.

317 RG, U. v. 17.1.1922, St. 56 S. 357; RG, U. v. 8.1.1942 St. 76 S. 29.

318 *Schack* 2017, Rn. 54 f.; *Würtenberger* 1951, S. 109; *Almeroth* 1986, S. 36 f.; *Sandmann* 2004, S. 39; vgl. hierzu auch OLG Frankfurt, NJW 1970, S. 674.

319 *Sandmann* 2004, S. 39 ff.

320 *Sandmann* 2004, S. 39.

321 Lackner/Kühl/*Heger* 2018, § 267, Rn. 14.

Würtenberger stellt unter Bezugnahme auf das Reichsgericht fest, dass es auch genüge, wenn abstraktere Formen der Künstlersignatur nur für einen bestimmten Kreis einen Schluss auf den Künstler zuließen.[322] Der angesprochene Personenkreis könne aus wenigen kundigen Personen bestehen.[323] Ebenso denkbar sind Fälle, in denen ein erfundenes Künstlerzeichen oder eine erfundene Signatur auf einen wiederum erfundenen Künstler hinweisen.[324]

(b) Kritik an der bisherigen Auffassung

Obwohl die Begründung des Reichsgerichts zur Urkundeneigenschaft des Künstlerzeichens schlüssig erscheint, ist sie – teilweise berechtigter – Kritik ausgesetzt.

Sandmann kritisiert in mehreren Punkten die Annahme, dass es sich bei einem Künstlerzeichen um eine Urkunde handle.[325] Sie greift zunächst den Ansatz auf, dass als Urkunden hauptsächlich Schriftstücke zu verstehen seien.[326] Diese Sichtweise wird allerdings durch ihren anschließenden Verweis auf den weiten Urkundenbegriff relativiert.[327] Die weitere Kritik zur Rechtsprechung des Reichsgerichts greift die Annahme auf, dass der Künstler durch die Signatur die „*Vollendung*" oder „*Reife*" des Werkes zum Ausdruck bringen wolle.[328] Auch diese Kritik geht weitgehend ins Leere, da nicht ersichtlich wird, warum der Künstler durch seine Signatur nicht dennoch Beweis über seine (Mit-)Urheberschaft zu erbringen versucht. Eine andere Betrachtung der Künstlersignatur erscheint nur schwerlich denkbar, da diese regelmäßig Beweis über die Urheberschaft oder eine andere Art der Zurechnung erbringen soll.

Den relevantesten Kritikpunkt führt *Sandmann* hingegen im Rahmen der Beweiseignung und Bestimmung an.[329] Sie vergleicht das Künstlerzeichen mit dem bloßen Kennzeichen, das nach dem herrschenden Standpunkt keinen Schutz als Urkunde genießt.[330] Die Rechtsprechung des Reichsgerichts wird

---

322 *Würtenberger* 1951, S. 109.

323 *Würtenberger* 1951, S. 109.

324 *Sandmann* 2004, S. 39; MK-StGB/*Erb* 2019, § 267, Rn. 152; Lackner/Kühl/*Heger* 2018, § 267, Rn. 14.

325 *Sandmann* 2004, S. 30 ff.

326 *Sandmann* 2004, S. 31.

327 *Sandmann* 2004, S. 31 ff.

328 RG, U. v. 17./29.12.1900, St. 34 S. 54; *Sandmann* 2004, S. 33 ff.

329 *Sandmann* 2004, S. 34 ff.

330 *Sandmann* 2004, S. 34 ff. mit weiteren Fundstellen; zur Problematik der Urkundeneigenschaft von Beweiszeichen im Allgemeinen siehe auch *Kienapfel*, Würtenberger-FS

dahingehend kritisiert, dass das Künstlerzeichen allein noch keine Erklärung enthalte, was von der Rechtsprechung etwa beim Herkunftszeichen angenommen werde.[331] Da Künstlerzeichen mit anderen Herkunfts- und Herstellungszeichen gleichzusetzen seien, lehnt *Sandmann* einen besonderen Urkundencharakter von Künstlerzeichen ab. Sie begründet dies mit der sonst entstehenden Ausuferung der Urkundsdelikte. Insbesondere solle sich eine Andersbehandlung der Künstlersignatur nicht allein aus einer anders gearteten Interessenlage ergeben können.[332]

Kienapfel kritisiert die Einstufung der Künstlersignatur als Urkunde i.S.d. §§ 267 ff. StGB ebenso.[333] Generell äußert sich *Kienapfel* kritisch zum Verhältnis von Beweiszeichen und Urkunden.[334] Er erkennt allerdings einen Unterschied zwischen den Beweis- und Kennzeichen im Allgemeinen und dem Künstlerzeichen im Speziellen an. Dabei stellt er fest, dass lediglich kriminalpolitische Beweggründe die Ursache für eine Einstufung des Künstlerzeichens als Urkunde darstellten; insbesondere gelte dies im Unterschied zu sonstigen Beweis- und Kennzeichen, in denen er keinen klaren qualitativen Unterschied erkennt.[335] *Kienapfel* hält diese Unterscheidung für willkürlich und rechtsstaatlich bedenklich.[336]

Die rechtspolitischen Interessen seien aufgrund eines fehlenden Kunstfälschungsstraftatbestands als berechtigtes Motiv für die Gleichsetzung der Beweis- und Kennzeichen mit Urkunden anzusehen. Allerdings dürfe dies nicht mit einer präzisen dogmatischen Begründung gleichgesetzt werden.[337] *Kienapfel* führt dies darauf zurück, dass die Imitation bzw. Fälschung eines Kunstwerkes nicht von dem Künstlerzeichen als solchem, sondern bereits von der Nachahmung des Stils verursacht werde. Somit komme schon die Nachahmung eines Kunstwerkes – ggf. mit einer falschen Signatur versehenen – dem Unwert der Fälschung gleich. Daher sei eine besondere Qualifizierung des Künstlerzeichens als Urkunde nicht zu rechtfertigen, auch nicht aufgrund von rechtspolitischen Erwägungen.[338]

1977, S. 187 ff.; vgl. insgesamt zur Problematik auch Sch/Sch/*Heine*/*Schuster* 2019, § 267, Rn. 22 ff.

331 *Sandmann* 2004, S. 35.

332 *Sandmann* 2004, S. 37 f.

333 *Kienapfel*, Würtenberger-FS 1977, S. 187 ff.

334 *Kienapfel*, Würtenberger-FS 1977, S. 211 ff.

335 *Kienapfel*, Würtenberger-FS 1977, S. 212.

336 *Kienapfel*, Würtenberger-FS 1977, S. 212.

337 *Kienapfel*, Würtenberger-FS 1977, S. 212 f.

338 *Kienapfel*, Würtenberger-FS 1977, S. 212.

Zwar ist die Kritik von *Kienapfel* und *Sandmann* zu gewissen Teilen berechtigt, allerdings erscheint der allzu pauschale Verweis auf Beweis- und Kennzeichen problematisch. Die Kritik enthält keine Begründung, warum Künstlerzeichen oder anderen Kenn- und Beweiszeichen keine Urkundeneigenschaft zukommen soll. Aus dogmatischer Sicht ist allein die von *Heine/Schuster* vertretene Ansicht[339] schlüssig. Sie gehen davon aus, dass das jeweilige Beweis- oder Kennzeichen in seiner Funktion als wortvertretendes Symbol jeweils die an eine Urkunde zu stellenden Voraussetzungen zu erfüllen habe.[340] Auch hierbei ist oftmals die Eignung und Bestimmung zum Beweis problematisch. Dabei sehen *Heine/Schuster* bei Kennzeichen, wie Herkunfts-, Waren- und Qualitätszeichen, einen Unterschied zwischen denen, die als Vertrauensgrundlage rechtserheblichen Verhaltens betrachtet werden, und denen, die lediglich dem Schutz der Interessensphäre des Verwenders dienen.[341] Demnach lasse sich das Künstlerzeichen gerade deshalb als Urkunde verstehen, da von diesem Beweis über die Urheberschaft auch im weiteren Rechtsverkehr erbracht werden solle, obwohl es sich dem Grund nach um ein Herkunftszeichen handle.[342] Dagegen weise der Name des Eigentümers beispielsweise in einem Buch oder auf einem Tier keinen Urkundencharakter auf, da von diesem lediglich eine Abschreckungswirkung ausgehen solle.[343]

Insgesamt ist anhand der vorangegangenen Argumentation der Auffassung zuzustimmen, dass dem Künstlerzeichen eine Urkundeneigenschaft zukommt.[344]

Im Zuge dieser Diskussion stellt sich zusätzlich die Frage, wie die Anbringung eines Etiketts oder eines (gefälschten) Galerie- oder Sammlungsaufklebers zu beurteilen wäre. Zu denken ist an den in der Causa *Beltracchi* verwendeten „Flechtheim-Aufkleber“. Mit diesem gefälschten Aufkleber wurden wiederum gefälschte Werke versehen, um eine namhafte Provenienz zu suggerieren.[345] *Kinzig* misst derartigen Aufklebern eine rein deklaratorische Aussagekraft bei.[346]

---

339 Sch/Sch/*Heine/Schuster* 2019, § 267, Rn. 25 ff.

340 Sch/Sch/*Heine/Schuster* 2019, § 267, Rn. 25.

341 Sch/Sch/*Heine/Schuster* 2019, § 267, Rn. 27.

342 Sch/Sch/*Heine/Schuster* 2019, § 267, Rn. 27.

343 Sch/Sch/*Heine/Schuster* 2019, § 267, Rn. 27.

344 Hier auch zustimmend MK-StGB/*Erb* 2019, § 267, Rn. 41; Sch/Sch/*Heine/Schuster* 2019, § 267, Rn. 27; Lackner/Kühl/*Heger* 2018, § 267, Rn. 9; *Fischer* 2021, § 267, Rn. 5 f.; sowie zusammenfassend *Löffler*, NJW 1993, S. 1423 f. Zur Rechtsprechung siehe auch OLG Frankfurt, U. v. 22.10.69 – 1 Ss 409/69, NJW 1970, S. 673 ff.

345 Vgl. *Kinzig*, Heinz-FS 2012, S. 136 f.

346 *Kinzig*, Heinz-FS 2012, S. 136 f.

Entsprechend ergebe sich eine Gleichsetzung mit einem Eigentümerzeichen, das nach zutreffender herrschender Ansicht ebenfalls nicht als Urkunde qualifiziert wird.[347] Diese Einschätzung wird dem Wesen eines solchen Galerie- oder Sammlungsaufklebers gerecht, da hiermit allein die gegenwärtige Zugehörigkeit zu einer Sammlung oder die Eigentumslage festgehalten werden soll. Dies gilt insbesondere auch unter der Berücksichtigung, dass durch eine solche Markierung auch über einen möglichen Eigentümerwechsel hinaus die Provenienz dokumentiert wird, ohne dass der rechtliche Erklärungswert einer Urkunde gegeben ist.

(3) Tathandlungen der Urkundenfälschung im Rahmen der Kunstfälschung

Wird die Künstlersignatur in Verbindung mit dem Kunstwerk zutreffend als Urkunde betrachtet, so kommen gem. § 267 I StGB drei Tatbestandsalternativen in Betracht: das Herstellen einer unechten Urkunde, das Verfälschen einer echten Urkunde und das Gebrauchen einer unechten oder verfälschten Urkunde. Nachfolgend wird aufgezeigt, wie die Tathandlungen im Rahmen der Kunstfälschung verwirklicht werden können.[348]

(a) Herstellen einer unechten Urkunde

Die Herstellung einer unechten Urkunde gem. § 267 I Var. 1 StGB setzt zunächst eine Auseinandersetzung mit den Anforderungen an deren Echtheit bzw. Unechtheit voraus. Eine Urkunde ist unecht, wenn mit ihrer Hilfe eine scheinbar echte Urkunde vorgetäuscht werden soll und dabei über die Identität des Ausstellers getäuscht wird.[349]

(b) Das Kunstwerk als (un)echte Urkunde

Fraglich ist, was innerhalb der Kunstfälschung als unechte Urkunde zu verstehen ist. Wird das Kunstwerk als Urkunde im Sinne des § 267 I StGB aufgefasst, ergeben sich dieselben Voraussetzungen, die auch an die Echtheit von schriftlichen

347 Vgl. hierzu zum konkreten Fall *Kinzig*, Heinz-FS 2012, S. 136 f.; vgl. insgesamt zur Qualifizierung des Eigentümerzeichens MK-StGB/*Erb* 2019, § 267, Rn. 81; Sch/Sch/*Heine*/*Schuster* 2019, § 267, Rn. 27.

348 Siehe hierzu insgesamt *Sandmann* 2004, S. 40 ff.; *Löffler*, NJW 1993, S. 1421 ff.; *Almeroth* 1986, S. 38 ff.; *Döpfner* 1989, S. 104 ff.

349 Sch/Sch/*Heine*/*Schuster* 2019, § 267, Rn. 48; Beck-OK StGB/*Weidemann* 2021, § 267, Rn. 21; *Sandmann* 2004, S. 40 ff.

Erklärungen zu stellen sind. Neben dem Ziel, das Vorhandensein einer echten Urkunde vorzuspiegeln, müssen vor allem der scheinbare und der tatsächliche Aussteller auseinanderfallen.[350] Entscheidend ist die Verwendung eines falschen Namens. Im Konkreten kann das durch eine falsche Signatur oder durch ein auf eine falsche Identität des Ausstellers hindeutendes Kürzel oder Zeichen geschehen.[351]

Im Rahmen der Künstlersignatur zusammen mit dem Kunstwerk ist außerdem fraglich, ob der Akt der Herstellung der Urkunde oder der eigentliche Wille mit einer Urkunde Beweis zu erbringen wesentlich für die Bestimmung der Urheberschaft ist.[352] Diskutiert wird diese Problematik im Bereich der Körperlichkeits- und Geistigkeitstheorie,[353] deren Anwendung bei Kunstwerken nachfolgend betrachtet werden soll.[354]

Die heute nicht mehr vertretene Körperlichkeitstheorie beschreibt die körperliche Herstellung der Urkunde als den wesentlichen Akt zur Klärung der Urheberschaft und der Frage nach dem Aussteller der Urkunde.[355] Demgegenüber steht die ganz herrschende sog. Geistigkeitstheorie, welche die Person als den Aussteller einer Urkunde ansieht, die sich als „geistiger“ Urheber zu der Urkunde bekennt und sie im Rechtsverkehr als gegen sich Beweis erbringend gelten lassen will.[356] Die Geistigkeitstheorie ist hier der Körperlichkeitstheorie überlegen. In vielen Konstellationen hat es entschiedene Vorteile, dass Aussteller und Hersteller der Urkunde auseinanderfallen können. Zu denken ist an die berechtigte Stellvertretung, in deren Rahmen mit dem Namen des Vertretenen gezeichnet wird, oder an maschinell erstellte Schreiben, die durch Angestellte in Umlauf gebracht werden.[357]

---

350 Sch/Sch/*Heine/Schuster* 2019, § 267, Rn. 48; *Wessels/Hettinger/Engländer* 2020, Rn. 808 ff.

351 Sch/Sch/*Heine/Schuster* 2019, § 267, Rn. 49; *Fischer* 2021, § 267, Rn. 30 ff.; *Almeroth* 1986, S. 38 f.; vgl. auch *Döpfner* 1989, S. 104 ff. im Hinblick auf die Restaurierung.

352 Vgl. MK-StGB/*Erb* 2019, § 267, Rn. 123 ff.

353 Vgl. MK-StGB/*Erb* 2019, § 267, Rn. 124 ff.; zur Problematik auch *Wessels/Hettinger/Engländer* 2020, Rn. 818; *Fischer* 2021, § 267, Rn. 27 ff.

354 Vgl. ausführlich hierzu *Sandmann* 2004, S. 41 ff.

355 MK-StGB/*Erb* 2019, § 267, Rn. 123 f.; Sch/Sch/*Heine/Schuster* 2019, § 267, Rn. 55; Lackner/Kühl/*Heger* 2018, § 267, Rn. 14.

356 MK-StGB/*Erb* 2019, § 267, Rn. 123 f.; Sch/Sch/*Heine/Schuster* 2019, § 267, Rn. 55; Lackner/Kühl/*Heger* 2018, § 267, Rn. 14; Beck-OK StGB/*Weidemann* 2021, § 267, Rn. 21 ff.

357 MK-StGB/*Erb* 2019, § 267, Rn. 124; *Wessels/Hettinger/Engländer* 2020, Rn. 816.

Fraglich ist allerdings, ob die Geistigkeitstheorie auch bei der Künstlersignatur Anwendung finden kann.[358] *Sandmann* sieht hier eine Gleichsetzung des Kunstwerkes mit der „klassischen" Urkunde kritisch.[359] Problematisch ist beispielsweise der Fall, in dem der Künstler seinem Schüler ausdrücklich gestattet, ein Werk mit dem Künstlerzeichen des Meisters zu versehen. Bei einer einverständlichen Stellvertretung könnte der Schüler beispielsweise ein Werk komplett eigenhändig anfertigen und mit der Signatur des Meisters versehen. Mangels gesetzlicher Regelungen handelt es sich dabei nicht um eine unzulässige Vertretung.[360] In diesem Fall kommt nach *Sandmann* die Erwartung des Rechtsverkehrs als Maßstab für die Zulässigkeit der Anbringung der Signatur durch den Hersteller in Betracht.[361] Sie gelangt zu dem Ergebnis, dass es dem Rechtsverkehr im Bereich der Kunst auf die Originalität des Werkes ankomme. Relevant seien sowohl die Herstellung des Kunstwerkes als solches wie auch die Eigenhändigkeit der Signatur.[362] *Sandmann* geht zutreffend davon aus, dass die „Originalität", also die Eigenhändigkeit der Signatur und des Werkes, im Rechtsverkehr bei Kunstwerken erwartet werde.[363] Eine von *Würtenberger* angeführte Sonderstellung für sog. Werkstatt- oder Schülerbilder nimmt *Sandmann* von der erwarteten Eigenhändigkeit der Signatur nicht aus.[364] Auch *Löffler* sieht in der Signatur des Künstlers die *„Billigung und Verkehrsfähigkeit"*, die eine Eigenhändigkeit des Namensinhabers voraussetzt.[365]

Letztlich handelt es sich bei dieser Problematik um die bereits dargestellte Frage nach der Definition der „Originalität". Allerdings wird, wie *Sandmann* und *Löffler* festhalten, im Falle der Anbringung einer Signatur – auch mit Zustimmung des Vertretenen – aufgrund der Erwartung des Rechtsverkehrs von einer Urkundenfälschung auszugehen sein.[366]

---

358 Siehe hierzu *Sandmann* 2004, S. 41 ff. auch mit weiteren Nachweisen.

359 *Sandmann* 2004, S. 42.

360 *Sandmann* 2004, S. 42; zu den klassischen Fällen der unzulässigen Vertretung siehe Sch/Sch/*Heine*/*Schuster* 2019, § 267, Rn. 56 ff.

361 *Sandmann* 2004, S. 42; *Jakobs* 2000, S. 81; NK-StGB/*Puppe* 2017, § 267, Rn. 66; Lackner/Kühl/*Heger* 2018, § 267, Rn. 18; zu weiteren Beispielen siehe auch Sch/Sch/*Heine*/*Schuster* 2019, § 267, Rn. 56 ff.

362 *Sandmann* 2004, S. 43; *Löffler*, NJW 1993, S. 1424.

363 *Sandmann* 2004, S. 43.

364 *Sandmann* 2004, S. 43; *Würtenberger* 1951, S. 112 f.; *Löffler*, NJW 1993, S. 1424.

365 *Löffler*, NJW 1993, S. 1424.

366 *Sandmann* 2004, S. 42 mit diversen Literaturhinweisen; Lackner/Kühl/*Heger* 2018, § 267, Rn. 18; *Jakobs* 2000, S. 81.

Insgesamt ist festzuhalten, dass eine Anwendung der Geistigkeitstheorie für Kunstwerke und deren Signatur ausscheidet. Grundsätzlich darf bei einem Kunstwerk im Rechtsverkehr die Eigenhändigkeit des Werkes und der Signatur erwartet werden. Insofern ist eine Stellvertretung oder die Signierung eines nicht vom Künstler hergestellten Werkes durch andere nicht zulässig. Allerdings können kunsthistorische Besonderheiten zu einer anderen strafrechtlichen Beurteilung führen, wie am Beispiel *Rubens'* und seiner Werkstattpraxis deutlich wurde.

(c) Die schriftliche Lüge innerhalb der Kunstfälschung

Auch die sog. schriftliche Lüge kann bei der Kunstfälschung relevant sein.[367] Anders als in der obigen Konstellation ist bei der sog. schriftlichen Lüge grundsätzlich nicht von einer Urkundenfälschung i.S.d. § 267 StGB auszugehen.[368] Nach ganz herrschender Ansicht ist der Wahrheitsgehalt der Urkunde nicht vom Schutz des § 267 StGB umfasst, was die sog. schriftliche Lüge vom Schutzbereich der Urkundenfälschung ausnimmt.[369] Bei der schriftlichen Lüge wird der Rechtsverkehr nämlich nicht über die Identität des Ausstellers getäuscht, sondern es wird vom tatsächlichen Aussteller lediglich eine unwahre Erklärung abgegeben.[370] Per Definition beinhaltet die falsche Urkunde jedoch eine Erklärung, die nicht vom erkennbaren Aussteller der Urkunde stammt. Nach dieser Definition tritt das Problem der Täuschung des Rechtsverkehrs in dieser Situation nicht auf, was zu einer entsprechenden Straflosigkeit führt.[371] Folglich stellt die Signierung eines fremden Werkes mit dem eigenen Namen keine Urkundenfälschung dar, denkbar bleibt allenfalls eine Strafbarkeit wegen Urkundenunterdrückung nach § 274 I Nr. 1 StGB. Ein vielzitiertes Beispiel für eine solche schriftliche Lüge in der Kunst stellt das Vorgehen des Malers *Camille Corot* dar, der Bilder von erfolglosen Malerkollegen mit seiner Signatur versah, um dadurch den Wert der Bilder zu erhöhen.[372]

---

367 Vgl. zur Problematik insgesamt Sch/Sch/*Heine*/*Schuster* 2019, § 267, Rn. 54; BeckOK StGB/*Weidemann* 2021, § 267, Rn. 21a; zur Problematik im Rahmen der Kunstfälschung siehe *Sandmann* 2004, S. 41 ff.

368 Sch/Sch/*Heine*/*Schuster* 2019, § 267, Rn. 54; *Sandmann* 2004, S. 41 ff.; *Schack* 2017, Rn. 54 f.; BGH, B. v. 23.3.2010 NStZ 2011, 91; U. v. 13.5.1954 NJW, S. 1375.

369 *Fischer* 2021, § 267, Rn. 29; *Sandmann* 2004, S. 41 f.

370 *Sandmann* 2004, S. 41 f.

371 *Fischer* 2021, § 267, Rn. 29; *Sandmann* 2004, S. 41 f.

372 *Sandmann* 2004, S. 42 ff.; *Schack* 2017, Rn. 55; *Löffler*, NJW 1993, S. 1424.

(d) Veränderungen am Kunstwerk durch den Künstler

Eine thematisch ähnliche Problematik ist die Veränderung eines Werkes durch den Künstler selbst. Dabei sind lediglich die Fälle strafrechtlich relevant, in denen der Künstler Manipulationen an beweiserheblichen Informationen um die Signatur vornimmt. Eingriffe in das Werk selbst oder die Signatur sind, so lange er selbst noch Eigentümer ist und ihm das Beweisführungsrecht an dem Gemälde zusteht, grundsätzlich nicht strafbar.

In diesem Zusammenhang sind Fälle problematisch, in denen der Künstler beispielsweise die Jahreszahl neben seiner Signatur verändert und diese rückdatiert. *Kasimir Malewitsch* und *Giorgio De Chirico* sollen dies getan haben, um eigene Innovation vorzutäuschen und etwa die Schöpfung verschiedener Kunstzweige für sich zu proklamieren.[373]

Bei diesem Vorgehen liegt im Unterschied zu den aufgezeigten Konstellationen kein Fall vor, in dem eine gedankliche Erklärung einem vermeintlichen Aussteller zugeordnet wird. Eine Täuschung über die Identität des Ausstellers findet nicht statt.[374] Mithin ist der Schutzzweck der Urkundenfälschung nicht berührt. In der Veränderung der Jahreszahl durch den Künstler liegt gerade keine Identitätstäuschung. Unabhängig davon kann in dieser Konstellation jedoch eine Betrugsstrafbarkeit in Betracht kommen.[375] Denn auch die weiteren Informationen und Angaben neben der Künstlersignatur gehören zu den beweiserheblichen Teilen der Urkunde.[376]

Fraglich bleibt, ob die genannte Handlung nach dem Verlust des Beweisführungsrechts eine Urkundenfälschung darstellen würde. Solange der Hersteller und Künstler Eigentümer ist und das Werk noch nicht in den Rechtsverkehr gelangt ist, liegt eine nicht zu widerlegende Vermutung für das Beweisführungsrecht des Künstlers vor. Nach Veräußerung durch den Künstler geht das Beweisführungsrecht jedoch verloren.[377] Die Rückdatierung eigener Bilder fällt somit erst nach Verlust des Beweisführungsrechts unter den Tatbestand der Urkundenfälschung.[378]

---

373 *Schack* 2017, Rn. 41, 55, mit weiteren Nachweisen.

374 Vgl. zur unechten Urkunde MK-StGB/*Erb* 2019, § 267, Rn. 25 ff.; Sch/Sch/*Heine/Schuster* 2019, § 267, Rn. 48.

375 *Schack* 2017, Rn. 41.

376 So auch *Sandmann* 2004, S. 44; *Würtenberger* 1951, S. 110; *Löffler*, NJW 1993, S. 1425.

377 *Löffler*, NJW 1993, S. 1425; etwas unpräzise zur Problematik *Schack* 2017, Rn. 41, 55.

378 *Löffler*, NJW 1993, S. 1425.

(e) Verfälschen einer echten Urkunde

Weiterhin kommt die Tathandlung des Verfälschens einer echten Urkunde nach § 267 I Var. 2 StGB in Betracht. Bei dieser Tatvariante sind drei Konstellationen denkbar: die Veränderung eines unsignierten Kunstwerkes, die Veränderung der Signatur selbst sowie die Veränderung eines signierten Kunstwerkes.[379]

Die erste Konstellation, die Manipulation eines unsignierten Kunstwerkes, ist unproblematisch. Ohne eine Signatur kommt dem Werk nämlich keine Urkundeneigenschaft zu. Demnach kommt aufgrund einer fehlenden echten Urkunde ein Verfälschen derselben nicht in Betracht.[380]

Die zweite Konstellation, die sich auf die Veränderung der Signatur bezieht, kann eine unechte Urkunde schaffen. Die Signatur weist nämlich nach der Veränderung statt der ursprünglichen auf eine andere Person hin.[381] Da auch Orts- und Zeitangaben bei der Signatur eine beweiserhebliche Aussage zukommen kann, sind diese gleichfalls durch § 267 I Var. 2 StGB vor Veränderung geschützt.[382]

Problematischer ist die dritte Variante, in der schöpferische Veränderungen an einem signierten Kunstwerk vorgenommen werden, also in das Kunstwerk selbst eingegriffen wird.[383] Ein häufig genanntes Beispiel ist das Fresko „Felseneiland mit Sirenen" in einem Berliner Haus, in dem unbekleidete Nymphen mit einem Schleier übermalt wurden. Dieser Fall war Grundlage eines zivilrechtlichen Prozesses vor dem Reichsgericht.[384] In diesem Prozess wurde die Überlegung angestellt, dass das Kunstwerk als zusammengesetzte Urkunde auch durch die Veränderung des Bezugsobjektes verfälscht werden könne.[385] Dies

---

379 Siehe hierzu *Sandmann* 2004, S. 43 ff.; *Würtenberger* 1951, S. 110 f.; *Löffler*, NJW 1993, S. 1424 f.; *Döpfner* 1989, S. 105 ff.

380 *Sandmann* 2004, S. 43 f.; *Löffler*, NJW 1993, S. 1424 f.

381 *Sandmann* 2004, S. 44; *Löffler*, NJW 1993, S. 1424 f.; *Würtenberger* 1951, S. 110 f.; hierzu auch *Döpfner* 1989, S. 106 f., welcher die Problematik im Kontext der Restaurierung erörtert.

382 *Sandmann* 2004, S. 44; *Löffler*, NJW 1993, S. 1424 f.

383 *Sandmann* 2004, S. 44 ff.; *Löffler*, NJW 1993, S. 1424 f.; *Würtenberger* 1951, S. 111; *Locher* 1970, S. 180; *Döpfner* 1989, S. 107 ff.; vgl. auch BGH, U. v. 11.03.1960, 4 StR 32/60.

384 RG, U. v. 08.06.1912, Rep. I 382/11, RGZ 79, S. 397-401, DJZ 1912, S. 921; dieses Beispiel wird dabei herangezogen von *Sandmann* 2004, S. 44 f.; *Löffler*, NJW 1993, S. 1424 f.

385 *Sandmann* 2004, S. 45; Sch/Sch/*Heine*/*Schuster* 2019, § 267, Rn. 36a; *Fischer* 2021, § 267, Rn. 33.

wurde dabei nur unter der Bedingung angenommen, dass es durch die Veränderung zu einer Änderung der Beweisrichtung der zusammengesetzten Urkunde komme.[386] Demzufolge ist problematisch, unter welcher Voraussetzung der Eingriff in ein signiertes Kunstwerk eine Änderung der Beweisrichtung bewirkt.

In einem ähnlich gelagerten Fall vor dem Bundesgerichtshof ging der Senat von einer Verfälschung und damit von einer Urkundenfälschung aus. Der Fall war allerdings so gelagert, dass das Gemälde komplett neu erstellt und nur die originale Signatur des Künstlers belassen wurde.[387] Der Bundesgerichtshof führte in seiner Urteilsbegründung an:

> *„Ließ der Angeklagte die Skizze M.'s von einem anderen als M. übermalen, dessen Namenszug aber bestehen bleiben, so ließ er dem Signum einen zur Täuschung im Rechtsverkehr bestimmten trügenden Sinn geben. Darin liegt die Verfälschung einer echten Urkunde, so daß das Landgericht, in dessen Gründen allerdings von der Herstellung einer unechten Urkunde die Rede ist, den Angeklagten im Ergebnis zutreffend auch der Urkundenfälschung schuldig befunden hat.“*[388]

Löffler sieht in diesem Zusammenhang Abgrenzungsschwierigkeiten, die sich für Restaurierungen, die ohne böse Absicht angefertigt werden, ergeben können.[389] Er plädiert daher im Fall der übermalten Nymphen dafür, eine Urkundenfälschung abzulehnen. Diese liege nämlich nur dann vor, wenn das Bezugsobjekt ein völlig anderes geworden sei.[390] In derartigen Fällen wird im Regelfall auch keine Täuschungsabsicht vorliegen.

Die weiteren Stimmen in der Literatur stellen hier allerdings darauf ab, dass eine rein quantitative Betrachtung schwer möglich sei; maßgeblich sei vielmehr die Wesentlichkeit der Veränderung.[391] Demnach liege auch bei größeren

---

386 *Sandmann* 2004, S. 45; *Löffler*, NJW 1993, S. 1424 f.; Sch/Sch/*Heine*/*Schuster* 2019, § 267, Rn. 67.

387 BGH, U. v. 11.03.1960 – 4 StR 32/60; vgl. hierzu auch *Sandmann* 2004, S. 45.

388 BGH, U. v. 11.03.1960 – 4 StR 32/60.

389 *Löffler*, NJW 1993, S. 1425; siehe zu dessen Ansicht auch *Sandmann* 2004, S. 46.

390 *Löffler*, NJW 1993, S. 1425; *Sandmann* 2004, S. 46.

391 *Sandmann* 2004, S. 46; *Almeroth* 1986, S. 38 f.; *Würtenberger* 1951, S. 111; *Locher* 1970, S. 179; vgl. *Döpfner* 1989, S. 108. *Döpfner* zu konkreten Zahlenwerten der Wesentlichkeit innerhalb der restauratorischen Praxis: *„Bei der Formulierung ‚wesentliche Teile‘ könnte man an die ungeschriebene unter Expertisenerstellern aber übliche Regel denken, daß bei Restaurierungen die Ergänzung von bis zu 10 % an Gesichtern und 25 % am sonstigen Material zu tolerieren sei. Bei einer an der Funktion der Signatur orientierten Betrachtung ist es jedoch unter dem Gesichtspunkt der Urkundenfälschung nicht angebracht, das Problem auf quantitative Größen zu reduzieren.“*

Veränderungen keine Urkundenfälschung vor, wenn nicht der Eindruck erweckt werde, dass die Veränderung vom signierenden Künstler stamme.[392] *Sandmann* führt kritisch an, dass hierdurch zum einen die Täuschungsabsicht innerhalb des objektiven Tatbestands geprüft werden müsse und sich zum anderen aus dieser Ansicht ableiten lasse, dass handwerklich schlechte und damit erkennbare Veränderungen nicht dem Schutz unterliegen.[393] *Sandmann* nimmt schließlich eine Urkundenfälschung bei jeder Veränderung des Kunstwerkes an.[394] Dieser vergleichsweise radikalen Ansicht ist damit zu widersprechen, dass bei einer handwerklich schlechten Urkundenfälschung stets auch eine versuchte Urkundenfälschung gem. §§ 267 I, II, 22, 23 I StGB in Betracht kommt.

(f) Gebrauchen einer unechten oder verfälschten Urkunde

Eine Urkundenfälschung kann überdies gem. § 267 I Var. 3 StGB durch das Gebrauchen einer unechten oder verfälschten Urkunde verwirklicht werden. Nach allgemeiner Ansicht wird eine unechte oder verfälschte Urkunde dann gebraucht, wenn sie dem möglichen Adressaten der Täuschung zugänglich gemacht und diesem ermöglicht wird, vom Inhalt der Urkunde Kenntnis zu nehmen.[395]

Im Unterschied zu den vorherigen Tatvarianten zielt der Schutzzweck beim Gebrauch der gefälschten oder verfälschten Urkunde darauf ab, den eigentlichen Täuschungsadressaten zu schützen und nicht nur die vorbereitende Handlung der Herstellung oder des Verfälschens zu bestrafen.[396] Im Umfeld der Kunstfälschung bezieht sich diese Variante auf Handel, Verkauf oder sonstiges Inverkehrbringen gefälschter oder verfälschter Urkunden.

Für das Gebrauchen unechter oder verfälschter Kunst ergeben sich keine wesentlichen Unterschiede zu anderen unechten oder verfälschten Urkunden. Erforderlich ist, dass das gefälschte Kunstwerk dem Täuschungsadressaten zugänglich gemacht wird. Das Zugänglichmachen kann durch die Einräumung des unmittelbaren Zugangs erfolgen, was dann vorliegt, wenn der Zugriff auf das

---

392 *Sandmann* 2004, S. 46 f.; *Döpfner* 1989, S. 107 ff.

393 *Sandmann* 2004, S. 46 f.

394 *Sandmann* 2004, S. 47.

395 MK-StGB/*Erb* 2019, § 267, Rn. 195 ff.; Sch/Sch/*Heine*/*Schuster* 2019, § 267, Rn. 73 ff.; Lackner/Kühl/*Heger* 2018, § 267, Rn. 23 ff.; Beck-OK StGB/*Weidemann* 2021, § 267, Rn. 29; *Fischer* 2021, § 267, Rn. 36 ff.; *Sandmann*, S. 47; *Döpfner* 1989, S. 111 ff.; BGH, B. v. 24.1.2013 3 – StR 398/12, wistra 2013, S. 192.

396 MK-StGB/*Erb* 2019, § 267, Rn. 196.

Kunstwerk nicht mehr von weiteren Handlungen des Täters oder eines Dritten abhängt.[397] Demzufolge genügt das für die Öffentlichkeit zugängliche Anbieten oder das unmittelbare Zurschaustellen von Falsifikaten.[398] Eine tatsächliche Kenntnisnahme ist nach herrschender Ansicht ebenso wenig erforderlich wie die konkrete Individualisierung des Täuschungsadressaten.[399] Entsprechend tritt im Rahmen des Handels eine vergleichsweise frühe Strafbarkeit der Urkundenfälschung ein, da das bloße Anbieten in Form des Zurschaustellens ausreichend ist. Die bloße Aufforderung, das Falsifikat anzusehen, genügt nach herrschender Ansicht allerdings nicht, da dabei gerade keine sinnliche Wahrnehmung möglich ist.[400]

(4) Subjektiver Tatbestand

Für die Annahme des subjektiven Tatbestands einer Urkundenfälschung ist zumindest dolus eventualis erforderlich. Dabei muss der Täter jedenfalls den sozialen Bedeutungsgehalt der Urkunde erfasst haben.[401] Die Problematik der umstrittenen Einordnung der Kunstwerke bzw. der Künstlersignatur als Urkunde ist dabei unerheblich, da die Signatur nicht als (Bestandteil einer) Urkunde, sondern lediglich in Bezug auf den Bedeutungsgehalt erfasst werden muss.[402]

bb) Kunstfälschung und Urkundenunterdrückung gem. § 274 StGB

Neben der Urkundenfälschung ist im Bereich der Kunstfälschung auch an eine Urkundenunterdrückung gem. § 274 I Nr. 1 StGB zu denken.

---

397 MK-StGB/*Erb* 2019, § 267, Rn. 197; Lackner/Kühl/*Heger* 2018, § 267, Rn. 23; vgl. auch *Almeroth* 1986, S. 39 f.

398 MK-StGB/*Erb* 2019, § 267, Rn. 197; Sch/Sch/*Heine/Schuster* 2019, § 267, Rn. 76; Lackner/Kühl/*Heger* 2018, § 267, Rn. 23; *Sandmann* 2004, S. 47.

399 MK-StGB/*Erb* 2019, § 267, Rn. 197; Sch/Sch/*Heine/Schuster* 2019, § 267, Rn. 76; Lackner/Kühl/*Heger* 2018, § 267, Rn. 23.

400 MK-StGB/*Erb* 2019, § 267, Rn. 197; Sch/Sch/*Heine/Schuster* 2019, § 267, Rn. 76; Lackner/Kühl/*Heger* 2018, § 267, Rn. 23; zur Problematik, ob eine Fotografie oder Fotokopie der unechten oder verfälschten Urkunden für ein Gebrauchmachen genügen kann: MK-StGB/*Erb* 2019, § 267, Rn. 198 ff.; *Döpfner* 1989, S. 111 ff.; *Schack* 2017, Rn. 55; *Löffler*, NJW 1993, S. 1425; *Sandmann* 2004, S. 47; Beck-OK StGB/*Weidemann* 2021, § 267, Rn. 29; BGH, B. v. 19.06.2018 – 4 StR 484/17; BGH, U. v. 23.9.15 – 2 StR 434/14, NJW 2016, S. 884 ff., mit weiteren Nachweisen zur Rspr.

401 MK-StGB/*Erb* 2019, § 267, Rn. 201.

402 MK-StGB/*Erb* 2019, § 267, Rn. 201; ausführlich hierzu *Sandmann* 2004, S. 48; zur Problematik beim Restaurierungsbetrug siehe hier auch *Döpfner* 1989, S. 113 ff.

Eine Urkundenunterdrückung ist grundsätzlich denkbar, da die Künstlersignatur in Verbindung mit dem Kunstwerk als (zusammengesetzte) Urkunde anzusehen ist.[403] Dabei ist wesentlich, dass nicht dem Kunstwerk als solchem Urkundencharakter zukommt, sondern der Künstlersignatur in Verbindung mit dem Kunstwerk.[404]

(a) Tathandlungen und Tatobjekt

Im Zusammenhang mit Kunstfälschungen ist bei § 274 I Nr. 1 StGB insbesondere das „ausschließliche Gehören" der Urkunde problematisch.[405] Die Subsumtion unter § 274 I Nr. 1 StGB erfordert, dass das Beweisführungsrecht der Urkunde nicht dem Fälscher, sondern einem anderen zustehen muss.[406] Wie *Sandmann* zutreffend bemerkt, wird derjenige, der das Kunstwerk zum Zeitpunkt der Manipulation der Signatur besitzt, zumeist auch der Eigentümer und damit beweisführungsberechtigt sein.[407] Das normativ relevante fremde Beweisführungsrecht, das positiv festgestellt werden muss, wird in den Fällen der Kunstverfälschung zumeist ebenfalls beim Fälscher liegen.[408]

Wie auch bei der Urkundenfälschung können sich die Tathandlungen des § 274 I Nr. 1 StGB – also das Vernichten, Beschädigen oder das Unterdrücken – nur auf die Signatur oder auf Teile der Urkunde beziehen.[409] Wie *Würtenberger* feststellt, sind die möglichen Tathandlungen des § 274 I Nr. 1 StGB im Kontext von Kunstfälschungen stark begrenzt.[410] Dem Grunde nach sind nur die

---

403 Vgl. hierzu die Ausführungen zur Urkundeneigenschaft der Künstlersignatur, sowie LK/*Zieschang* 2009, § 267, Rn. 89; Sch/Sch/*Heine*/*Schuster* 2019, § 267, Rn. 27; *Fischer* 2021, § 267, Rn. 6; *Schack* 2017, Rn. 54 ff.; *Würtenberger* 1951, S. 109, 115; *Almeroth* 1986, S. 36 f.; in der Rspr. bereits: RG, U. v. 17./29.12.1900, St. 34 S. 53 ff.; RG, U. v. 17.1.1922, St. 56 S. 357 ff.; RG, U. v. 8.1.1942, St. 76 S. 28; OLG Frankfurt, U. v. 22.10.1969 - 1 Ss 409/69; ablehnend etwa *Sandmann* 2004, S. 32 ff.; sehr kritisch *Kienapfel*, Würtenberger-FS 1977, S. 189, 191.

404 Vgl. hierzu die Ausführungen oben, sowie *Almeroth* 1986, S. 36; *Sandmann* 2004, S. 29; *Schack* 2017, Rn. 54 f.; *Löffler*, NJW 1993, S. 1423.

405 Vgl. *Gross* 1901, S. 273; *Würtenberger* 1951, S. 115; *Sandmann* 2004, S. 49 f.

406 MK-StGB/*Freund* 2019, § 274, Rn. 22 ff.; Sch/Sch/*Heine*/*Schuster* 2019, § 274, Rn. 5; Beck-OK StGB/*Weidemann* 2021, § 274, Rn. 3 f.; Lackner/Kühl/*Heger* 2018, § 274, Rn. 2.

407 *Sandmann* 2004, S. 51.

408 Vgl. MK-StGB/*Freund* 2019, § 274, Rn. 22.

409 *Sandmann* 2004, S. 51.

410 Vgl. *Würtenberger* 1951, S. 115; differenzierter hierzu *Sandmann* 2004, S. 51.

vollständige oder teilweise Entfernung der Künstlersignatur denkbar.[411] Die Entfernung der Signatur kann in den Bereichen eine Rolle spielen, in denen die vorhandene Künstlersignatur die Möglichkeit nimmt, ein Werk stilistisch einem anderen Künstler zuzuordnen – etwa bei „*Schülerbildern*".[412] Hierbei führt eine darauffolgende Ersetzung der Signatur durch die eines anderen Künstlers in der Regel dazu, dass die Urkundenunterdrückung hinter die hierdurch realisierte Urkundenfälschung zurücktritt.[413]

Denkbar bleibt das teilweise Entfernen der Künstlersignatur, um einen anderen Namen zu erzeugen. In dieser Konstellation ist fraglich, ob ein Vernichten oder Beschädigen vorliegt. Überdies könnte auch hier eine Urkundenfälschung vorliegen, hinter welche die Urkundenunterdrückung zurücktritt.[414] Letztlich dürfte es sich um eine strafrechtlich selten relevante Konstellation der Fälschung handeln.

(b) Subjektive Elemente

Fraglich ist nun, ob im subjektiven Tatbestand der Urkundenunterdrückung Besonderheiten bei der Kunstfälschung auftreten können. Grundsätzlich ist auch hier mindestens dolus eventualis hinsichtlich aller objektiven Tatbestandsmerkmale erforderlich.[415]

Als besonderes Erfordernis der Urkundenunterdrückung ist das Vorliegen einer Nachteilszufügungsabsicht notwendig.[416] Sie ist gegeben, wenn die Absicht des Täters auf die Beeinträchtigung eines fremden Beweisführungsrechts gerichtet ist.[417] Liegen die Voraussetzungen des objektiven Tatbestands vor, ist in der Mehrzahl der Fälle eine Nachteilszufügungsabsicht anzunehmen, da eine derartige Veränderung der Künstlersignatur denknotwendig nur einen solchen Zweck verfolgen kann.

---

411 Vgl. *Würtenberger* 1951, S. 115; differenzierter hierzu *Sandmann* 2004, S. 51.

412 *Gross* 1901, S. 273; *Würtenberger* 1951, S. 111; *Sandmann* 2004, S. 49 f.

413 *Sandmann* 2004, S. 49; vgl. auch: MK-StGB/*Freund* 2019, § 274, Rn. 74; Sch/Sch/*Heine*/*Schuster* 2019, § 274, Rn. 22.

414 Siehe hierzu ausführlich *Sandmann* 2004, S. 50.

415 MK-StGB/*Freund* 2019, § 274, Rn. 51; Beck-OK StGB/*Weidemann* 2021, § 274, Rn. 10; Lackner/Kühl/*Heger* 2018, § 274, Rn. 2.

416 MK-StGB/*Freund* 2019, § 274, Rn. 52; Beck-OK StGB/*Weidemann* 2021, § 274, Rn. 11; Lackner/Kühl/*Heger* 2018, § 274, Rn. 2.

417 MK-StGB/*Freund* 2019, § 274, Rn. 52; Beck-OK StGB/*Weidemann* 2021, § 274, Rn. 11.

cc) Die Strafbarkeit der Kunstfälschung nach dem Urheberrecht

Neben der untersuchten Strafbarkeit der Kunstfälschung wegen Urkundsdelikten sind in vergleichbaren Konstellationen auch die Strafvorschriften des UrhG einschlägig. Diese werden im folgenden Abschnitt dargestellt.

(1) Kunstfälschung als unerlaubte Verwertung urheberrechtlich geschützter Werke gem. § 106 UrhG

§ 106 I UrhG stellt mit einem Strafrahmen von bis zu drei Jahren Freiheitsstrafe die Vervielfältigung, die Verbreitung und die öffentliche Wiedergabe außerhalb der „*gesetzlich zugelassenen Fäll[e]*" ohne Einwilligung des Berechtigten von Werken oder der Bearbeitungen oder Umgestaltungen von Werken unter Strafe. In § 106 II UrhG wird auch der Versuch dieser Tat erfasst. Der Straftatbestand des § 106 UrhG stellt den zentralen Straftatbestand des Urheberstrafrechts dar.[418] Die Norm knüpft akzessorisch an die zivilrechtlichen Bestimmungen des Urheberrechts an.[419] Sie enthält als geschütztes Rechtsgut die urheberrechtlichen Verwertungsrechte, die sich aus den §§ 15 ff. UrhG ergeben.[420] Damit schützen die urheberrechtlichen Straftatbestände das Kunstwerk indirekt über die Verwertungsrechte.[421]

(a) Tatobjekt des § 106 I UrhG

Die von § 106 I UrhG erfassten Tatobjekte müssen zwei wesentliche Kriterien erfüllen.[422] Die geschützten Werke müssen zunächst gem. § 1 UrhG dem Schutzbereich des Urheberrechtsgesetzes unterliegen.[423] Es muss sich bei dem Objekt also um ein Werk der Literatur, Wissenschaft oder Kunst handeln.[424] Diese allgemeine Beschreibung der geschützten Werke wird in § 2 I UrhG exemplarisch und nicht abschließend präzisiert.[425] Daneben müssen diese Werke als persönliche

---

418 MK-StGB/*Heinrich* 2019, § 106 UrhG, Rn. 1.

419 *Sandmann* 2004, S. 55; Dreier/Schulze/*Dreier* 2018, § 106, Rn. 5; *Almeroth* 1986, S. 41 ff.

420 *Sandmann* 2004, S. 55; Dreier/Schulze/*Dreier* 2018, § 106, Rn. 5; *Almeroth* 1986, S. 41 ff.

421 *Schack* 2017, Rn. 57; vgl. insgesamt: *Sandmann* 2004, S. 55 ff.

422 MK-StGB/*Heinrich* 2019, § 106 UrhG, Rn. 3.

423 MK-StGB/*Heinrich* 2019, § 106 UrhG, Rn. 3.

424 MK-StGB/*Heinrich* 2019, § 106 UrhG, Rn. 3.

425 MK-StGB/*Heinrich* 2019, § 106 UrhG, Rn. 3.

geistige Schöpfungen gem. § 2 II UrhG eingestuft werden können. Diese beiden Anforderungen sollen nunmehr betrachtet werden.

(aa) Die Werke der bildenden Künste gem. § 2 I Nr. 4 UrhG

Wie dargestellt fallen die zentralen Tatobjekte der Kunstkriminalität über die Zuordnung des § 2 I Nr. 4 UrhG grundsätzlich unproblematisch unter den Schutz des § 106 UrhG.[426]

Das Werk i.S.d. § 2 I Nr. 4 UrhG genießt nicht nur in seiner Gesamtheit urheberrechtlichen Schutz. Es können außerdem Werkteile erfasst sein, sofern ihnen eine individuelle Prägung i.S.d. noch zu erörternden § 2 II UrhG zukommt.[427] Dies ist im Bereich der Kunstfälschung einschlägig, wenn nur bestimmte Teile kopiert und entsprechend verbreitet werden.[428]

Neben den Werkteilen sind auch Bearbeitungen i.S.d. § 3 S. 1 UrhG sowie Umgestaltungen eines Werkes i.S.d. § 23 S. 1 u. 2 UrhG geschützt.[429]

> *„Unter einer Bearbeitung versteht man die Umgestaltung eines vorhandenen Werkes, durch die den individuellen Zügen desselben eine neue Individualität aufgeprägt wird. Die wesentlichen individuellen Züge des Originalwerkes werden dabei beibehalten, der Bearbeiter nimmt jedoch Veränderungen vor, die ihrerseits Ausdruck eines individuellen Schaffens sind. Das auf diese Weise bearbeitete Werk bringt somit sowohl den individuellen Geist des Urhebers des Originalwerkes als auch denjenigen des Bearbeiters zum Ausdruck.“*[430]

Als Beispiel für eine Bearbeitung nennt § 3 S. 1 UrhG die Übersetzung. Der Terminus der Umgestaltung ist ein Oberbegriff *„für alle abhängigen Nachschöpfungen eines Werkes“*.[431] Auch Bearbeitungen werden von diesem Oberbegriff erfasst, was sich aus dem Wortlaut des § 23 S. 1 UrhG ergibt.[432] Der Begriff der Umgestaltung reicht allerdings weiter als der der Bearbeitung.[433]

---

426 Vgl. allgemein zu den Werken der bildenden Künste i.S.d. § 2 I Nr. 4 UrhG im Zusammenhang mit der Strafbarkeit der Kunstfälschung im Rahmen des UrhG *Sandmann* 2004, S. 55 ff.; vgl. auch *Katzenberger*, GRUR 1982, S. 716 f.

427 MK-StGB/*Heinrich* 2019, § 106 UrhG, Rn. 35.

428 *Sandmann* 2004, S. 59; MK-StGB/*Heinrich* 2019, § 106 UrhG, Rn. 35.

429 Siehe hierzu MK-StGB/*Heinrich* 2019, § 106 UrhG, Rn. 37 ff., 41 ff.; Beck-OK UrhG/*Sternberg-Lieben* 2021, § 106, Rn. 22.

430 MK-StGB/*Heinrich* 2019, § 106 UrhG, Rn. 38.

431 MK-StGB/*Heinrich* 2019, § 106 UrhG, Rn. 41.

432 MK-StGB/*Heinrich* 2019, § 106 UrhG, Rn. 41.

433 MK-StGB/*Heinrich* 2019, § 106 UrhG, Rn. 41.

„Während die Bearbeitung den Zweck hat, dem Ausgangswerk zu dienen und es einem veränderten Zweck oder bestimmten Verhältnissen anzupassen, wie dies ua bei der in § 3 ausdrücklich genannten Übersetzung eines Werkes in eine andere Sprache oder bei der Verfilmung von Werken der Literatur der Fall ist, werden unter der Umgestaltung auch Handlungen erfasst, die gerade nicht dazu bestimmt sind, dem Werk zu dienen. Dies ist vor allem bei Plagiaten anzunehmen, sofern diese nicht mangels Veränderungen als bloße Vervielfältigung des Originalwerkes anzusehen sind. Die Bearbeitung will die Identität des Originalwerkes unberührt lassen, es sollen nur dessen Verwertungsmöglichkeiten verbessert werden. Bei der Umgestaltung hingegen will der Verfasser das Ergebnis der Arbeit als sein Werk ausgeben.“[434]

Zu beachten sind dabei auch die Voraussetzungen zur Einwilligung des Urhebers nach § 23 S. 1 u. 2 UrhG.[435] Maßstab auch für diese Werkarten ist das Vorliegen einer persönlichen geistigen Schöpfung.[436]

(bb) Die persönliche geistige Schöpfung gem. § 2 II UrhG

Ob ein Werk die Anforderungen an eine persönliche geistige Schöpfung gem. § 2 II UrhG erfüllt, unterliegt im Einzelfall diversen Abgrenzungsfragen.[437]

Für eine persönliche geistige Schöpfung gem. § 2 II UrhG müssen fünf Merkmale kumulativ vorliegen.[438] Bei dem Werk muss es sich offenkundig um eine Schöpfung handeln. Dieser Schöpfung muss ein geistiger Gehalt zukommen, dabei muss der Individualität des Urhebers Ausdruck verliehen werden. Weiter muss eine gewisse Gestaltungshöhe erreicht werden sowie eine Formgebung stattgefunden haben.[439]

Die Schöpfung beschreibt die *„Erschaffung von etwas Neuem“*.[440] Diesem Neuen muss ein geistiger Gehalt in Form einer Mitteilung zukommen, die durch das Werk ausgedrückt wird.[441] Weiterhin bedarf es einer Individualität, die dem Werk durch den Urheber verliehen wird.[442] Nach dem weiteren Kriterium der sog. Gestaltungshöhe muss diese Individualität eine besondere Tiefe erkennen lassen. Diese Gestaltungshöhe fordert eine Schöpfung, die sich nicht in der

434 MK-StGB/*Heinrich* 2019, § 106 UrhG, Rn. 41.
435 Dreier/Schulze/*Schulze* 2018, § 23, Rn. 1 ff., 9 ff.
436 MK-StGB/*Heinrich* 2019, § 106 UrhG, Rn. 39, 43.
437 Erbs/Kohlhaas/*Kaiser* 2020, § 106 UrhG, Rn. 7; *Sandmann* 2004, S. 57 ff.
438 MK-StGB/*Heinrich* 2019, § 106 UrhG, Rn. 9 ff.
439 MK-StGB/*Heinrich* 2019, § 106 UrhG, Rn. 3, 10 f., 12 f., 14, 15 ff., 20 ff.
440 MK-StGB/*Heinrich* 2019, § 106 UrhG, Rn. 10.
441 MK-StGB/*Heinrich* 2019, § 106 UrhG, Rn. 12.
442 MK-StGB/*Heinrich* 2019, § 106 UrhG, Rn. 14.

bloßen Herstellung durchschnittlicher Dinge erstreckt.[443] Sie muss sich vom Durchschnittlichen und Alltäglichen abheben.[444] Durch die Notwendigkeit der Formgebung kommt zum Ausdruck, dass die bloße Idee, ein Werk schaffen zu wollen, noch keinen urheberrechtlichen Schutz genießt.[445]

Die Anforderungen an den urheberrechtlichen Schutz zeigen sich für den Bereich der Kunstkriminalität in der Regel im Hinblick auf die persönliche geistige Schöpfung des § 2 II UrhG als unproblematisch. Ein Werk im Sinne des § 2 I Nr. 4 UrhG dürfte das Vorhandensein der erforderlichen Merkmale einer geistigen Schöpfung in den meisten Fällen indizieren. Als problematisch beschreibt *Sandmann* in diesem Zusammenhang minimalistische Kunstwerke, beispielsweise eine monochrome Leinwand, die als Kunstwerk ausgestellt wird, oder andere experimentelle, avantgardistische Kunst.[446] Solche Objekte, die die erforderliche Gestaltungshöhe nicht erreichen, unterliegen nicht dem urheberrechtlichen Schutz. Der Großteil der bildenden Kunst dürfte aber, wie auch *Sandmann* zutreffend feststellt, unproblematisch diese Hürde nehmen.[447]

(cc) Zivilrechtliche Akzessorietät

Die Akzessorietät zu den zivilrechtlichen Bestimmungen des UrhG wurde bereits in der Ausformung des Tatobjekts des § 106 I UrhG und dem dortigen Verweis auf die in den §§ 15 ff. UrhG geregelten Verwertungsrechte erwähnt. Entsprechend begründet die zivilrechtlich zulässige Nutzung eines urheberrechtlich geschützten Werkes keine Strafbarkeit im Sinne des § 106 I UrhG. Voraussetzung ist nämlich ein Eingriff in die urheberrechtlichen Verwertungsrechte, ohne dass es sich um einen der gesetzlich zulässigen Fälle handelt.[448] Demzufolge kommt der zivilrechtlichen Komponente die Eigenschaft eines negativen Tatbestandsmerkmals mit normativem Charakter zu.[449] Nach allgemeiner Auffassung sind die jeweiligen Voraussetzungen der gesetzlich zugelassenen Fälle der §§ 44a ff. UrhG daher auch bei den strafrechtlichen Normen des Urheberrechts

443 MK-StGB/*Heinrich* 2019, § 106 UrhG, Rn. 15.
444 MK-StGB/*Heinrich* 2019, § 106 UrhG, Rn. 15.
445 MK-StGB/*Heinrich* 2019, § 106 UrhG, Rn. 20 f.
446 *Sandmann* 2004, S. 58 f., mit diversen Beispielen.
447 *Sandmann* 2004, S. 58 f.
448 Spindler/Schuster/*Gercke* 2019, § 106, Rn. 8.
449 Spindler/Schuster/*Gercke* 2019, § 106, Rn. 8; Wandtke/Bullinger/*Reinbacher* 2019, § 106, Rn. 21.

zu berücksichtigen.[450] Nicht alle dieser gesetzlich zulässigen Fälle der Nutzung der Werke sind jedoch für die Kunstfälschung relevant.

Wesentliche Auswirkung auf die Strafbarkeit nach dem Urheberrecht hat der Ablauf der Schutzfrist, die sich aus den §§ 64 ff. UrhG ergibt.[451] Zeitlicher Fixpunkt ist gem. § 64 UrhG der Tod des Urhebers, wobei siebzig Jahre nach dessen Tod das Urheberrecht erlischt. In den §§ 65 ff. UrhG sind entsprechende Anwendungen auf Miturheberschaft sowie die Fälle anonymer oder pseudonymer Werke geregelt.

Kommt es zum Ablauf der Frist des urheberrechtlich geschützten Werkes, so endet auch dessen Schutz durch § 106 UrhG. Eine Vielzahl der Kunstwerke fällt somit altersbedingt aus dem Schutzbereich der strafrechtlichen Normen des Urheberrechts heraus.[452] Nach Ablauf der Schutzfrist des Urheberrechts bleiben aber Strafbarkeiten wegen Betrugs- und Urkundsdelikten möglich.[453]

(b) Tathandlungen

Bei den unterschiedlichen Tathandlungen der Vervielfältigung, der Verbreitung sowie der öffentlichen Wiedergabe gem. § 106 I UrhG finden sich zahlreiche für die Kunstfälschung relevanten Problemfelder.

(aa) Vervielfältigung

Der Begriff der (unerlaubten) Vervielfältigung eines geschützten Werkes gem. § 106 I UrhG lehnt sich an die entsprechenden zivilrechtlichen Bestimmungen der §§ 15 I Nr. 1, 16 UrhG an.[454] Die Vervielfältigung beschreibt körperliche Festlegungen des jeweiligen Werkes, die dazu geeignet sind, das Werk auf eine beliebige mittelbare oder unmittelbare Weise wahrnehmbar zu machen.[455] An die eigentliche Vervielfältigung sowie an das Vervielfältigungsstück sind

---

450 Wandtke/Bullinger/*Reinbacher* 2019, § 106, Rn. 21; Spindler/Schuster/*Gercke* 2019, § 106, Rn. 8; Beck-OK UrhG/*Sternberg-Lieben* 2021, § 106, Rn. 30 f.; vgl. auch *Sandmann* 2004, S. 60 ff.

451 *Sandmann* 2004, S. 60 ff.; MK-StGB/*Heinrich* 2019, § 106 UrhG, Rn. 114; Beck-OK UrhG/*Sternberg-Lieben* 2021, § 106, Rn. 31.

452 Zur Diskussion der Schutzfrist im Lichte des gesamten Urheberrechts sowie im Besonderen in den strafrechtlichen Normen des UrhG siehe *Sandmann* 2004, S. 60 ff.

453 *Sandmann* 2004, S. 60 ff.

454 MK-StGB/*Heinrich* 2019, § 106 UrhG, Rn. 46; Beck-OK UrhG/*Sternberg-Lieben* 2021, § 106, Rn. 23; Erbs/Kohlhaas/*Kaiser* 2020, § 106 UrhG, Rn. 12.

455 MK-StGB/*Heinrich* 2019, § 106 UrhG, Rn. 47; Beck-OK UrhG/*Sternberg-Lieben* 2021, § 106, Rn. 23; Erbs/Kohlhaas/*Kaiser* 2020, § 106 UrhG, Rn. 12.

vergleichsweise geringe Anforderungen gestellt. Es muss keine völlige Übereinstimmung mit dem Original gegeben sein.[456] Die Art der Technik der Vervielfältigung sowie die Anzahl sind nicht entscheidend, ebenso wenig die Dauerhaftigkeit des Vervielfältigungsstückes.[457] Ebenfalls vor Vervielfältigung geschützt sind Teile des Werkes, sofern ihnen ein selbstständiger urheberrechtlicher Schutz zukommen kann.[458]

Die weite Erfassung von Vervielfältigungen technischer Art ermöglicht es somit, diverse Arten der Kunstfälschung mittels § 106 I UrhG zu erfassen.[459] Erfasst sind diverse vollständige oder teilweise Vervielfältigungen von Kunstwerken, da keine Identität zwischen Original und Falsifikat vorliegen muss. Da hinsichtlich der Herstellungstechnik Abweichungen vom Original möglich sind, wird die Anzahl erfassbarer Fälle deutlich erweitert.[460] Eine abschließende Beschreibung und Aufzählung der auf diese Weise konstruierbaren Fälschungsmodalitäten ist daher schwierig. *Sandmann* widmet sich diesem Versuch, indem sie die *„üblichen"* Arten der Vervielfältigung auf ihre strafrechtliche Relevanz gem. § 106 UrhG untersucht.[461] Dabei sind im Rahmen der Kunstfälschung insbesondere zwei Gruppen interessant. Zum einen ist dies das Pasticcio, zum anderen die Imitation des Stils eines Künstlers, die sich dabei keinem konkreten Werk zu sehr anzunähern versuchen.[462]

Das Pasticcio fasst aus verschiedenen Werken stammende Teile zu einem neuen Werk zusammen, weshalb im Normalfall zumindest eine Teilvervielfältigung vorliegt.[463] Da bei einem Pasticcio zumeist auch ein eigener künstlerischer Gehalt des Fälschers zum Tragen kommt, kann eine reine Vervielfältigung zumeist nicht angenommen werden.[464]

---

456 MK-StGB/*Heinrich* 2019, § 106 UrhG, Rn. 47.

457 MK-StGB/*Heinrich* 2019, § 106 UrhG, Rn. 47.

458 MK-StGB/*Heinrich* 2019, § 106 UrhG, Rn. 48.

459 *Sandmann* 2004, S. 65 ff.

460 *Sandmann* 2004, S. 65 ff.

461 Siehe hierzu ausführlich *Sandmann* 2004, S. 65 ff., 72 ff. Dabei werden ausführlich die verschiedenen Konstellationen der Kunstfälschung auf ihre urheberrechtliche Strafbarkeit geprüft, wie etwa die Kopie oder die von Hand gefertigte Kopie ebenso wie Teilkopien oder das Pasticcio.

462 *Sandmann* 2004, S. 75 ff.; *Katzenberger*, GRUR 1982, S. 718; *Löffler*, NJW 1993, S. 1427.

463 *Sandmann* 2004, S. 75 ff.; *Katzenberger*, GRUR 1982, S. 718.

464 *Sandmann* 2004, S. 75 ff.; *Katzenberger*, GRUR 1982, S. 718.

Ein weiterer spezifischer Fall der Vervielfältigung ist die Nachahmung des Stils, also das Anfertigen von Kunstwerken in der sog. Handschrift eines Künstlers.[465] Man denke in diesem Fall etwa an die bereits angeführte Causa *Beltracchi*, in der hauptsächlich Werke problematisch waren, die nur die charakteristische Stilistik eines Künstlers nachahmten, ohne dabei ein konkretes Werk zu „kopieren".[466] Bei der Handschrift eines Künstlers, die sich primär in der Technik, der Manier oder dem Stil zeigt, handelt es sich grundsätzlich um gemeinfreies Gedankengut.[467] Als Begründung hierfür wird unter anderem angeführt, dass auch das geistige Eigentum dem Grunde nach einer Sozialgebundenheit unterliege und somit das „Monopolisieren" eines Kunststils im Interesse der weiteren Entwicklung der Kunst nicht gewollt sei.[468] Dementsprechend ist die bloße Imitation der besonderen Stilistik eines Künstlers, sofern sich diese einem konkreten Werk nicht zu sehr nähert, kein i.S.d. § 106 I UrhG strafbares Verhalten.[469] Für das Beispiel des Falles *Beltracchi* hieße das, dass die Anfertigung der Kunstwerke im Stile der Künstler nicht gem. § 106 I UrhG strafbar war. Die Strafbarkeit ergab

465 *Sandmann* 2004, S. 76 f.; *Katzenberger*, GRUR 1982, S. 718; *Löffler*, NJW 1993, S. 1427 f.; siehe hierzu auch ein Urteil des OLG Köln, in welchem die Frage erörtert wird, ob eine unzulässige Bearbeitung oder Umgestaltung vorliegen kann, wenn allseits bekannte Stilelemente eines Künstlers, im Konkreten Joan Miró, aufgegriffen werden. Im Gegensatz zur in der Literatur vertretenen Ansicht wurde hier eine unzulässige Bearbeitung bzw. Umgestaltung angenommen. OLG Köln, U. v. 10.1.1997 – 6 U 94-96, NJW 1998, S. 1416 f.; siehe hierzu die Besprechung bei *Sandmann* 2004, S. 76 f.

466 *Keazor* 2015, S. 233 ff., 238 ff.

467 *Löffler*, NJW 1993, S. 1427 f.; *Katzenberger*, GRUR 1982, S. 718; *Sandmann* 2004, S. 76.

468 *Löffler*, NJW 1993, S. 1427; *Sandmann* 2004, S. 76; siehe hierzu ausführlich auch die dieser Ansicht zugrunde liegende Rechtsprechung des BGH, in welcher der Anspruch auf die Entfernung einer Signatur bei einem gefälschten Gemälde *Emil Noldes* verhandelt wurde, BGH, U. v. 8.6.1989 – I ZR 135/87, NJW 1990, S. 1986 ff. So heißt es dort innerhalb der Urteilbegründung: *„Anders als die Bekl. meint, liegt eine Beeinträchtigung aber nicht auch darin, daß die Bilder im Stile und nach Motiven Noldes gemalt worden sind. Solche abstrakten Eigenschaften eines Werkes sind im Interesse der allgemeinen künstlerischen Entwicklung als gemeinfrei anzusehen (st. Rspr., vgl. BGHZ 5, BGHZ Band 5 Seite 1 (BGHZ Band 5 Seite 4) = NJW 1952, NJW Jahr 1952 Seite 784 = LM § WZG § 25 WZG Nr. 2 - Hummelfiguren I). Sie können von einem Künstler grundsätzlich nicht für sich monopolisiert werden."* NJW 1989 S. 1988.

469 Zur Kritik an der Ansicht, dass in einem solchen Verhalten eines Künstlers ein deutlich intensiverer Eingriff als durch eine Kopie der Werke oder Signatur gesehen werden könnte, vgl. *Löffler*, NJW 1993, S. 1427 f.; *Katzenberger*, GRUR 1982, S. 718.

sich in diesen Fällen aus der Urkundenfälschung durch das Anbringen falscher Signaturen sowie aus dem anschließenden Betrug.

(bb) Verbreitung

Die von § 106 I UrhG erfasste (unerlaubte) Verbreitung bezieht sich auf das Verbreitungsrecht, das sich aus den §§ 15 I Nr. 2, 17 I UrhG ergibt.[470] Das geschützte Verbreitungsrecht nach § 17 I UrhG umfasst das Recht, das Original oder Vervielfältigungsstücke des Werkes der Öffentlichkeit anzubieten oder in Verkehr zu bringen.[471]

Wie *Sandmann* anmerkt, ist leicht ersichtlich, dass die unerlaubte Verbreitung deutlich weniger Relevanz für mögliche Kunstfälschungen aufweist.[472] Die Tathandlung der Verbreitung eines Originals scheitert bei der Kunstfälschung aber nicht zwingend, da die Tathandlung auch in Fällen in Betracht kommt, in denen es sich um eine Fälschung handelt.[473] Ein urheberrechtliches Original liegt nämlich trotz des eigentlichen Fälschungscharakters vor, wenn seitens des Kunstfälschers ein Kunstwerk eigenhändig geschaffen wird und dabei lediglich eine Stilnachahmung etc. vorliegt.[474] Denn in diesen Fällen stammt das entsprechende Werk gerade vom tatsächlichen Urheber selbst und als Original kann es mithin auch keinen Verstoß gegen urheberrechtliche Schutzrechte darstellen.[475]

Eine Strafbarkeit kann auch in der Verbreitung von Vervielfältigungsstücken liegen. In quantitativer Hinsicht genügt bereits die Verbreitung eines einzigen Vervielfältigungsstückes.[476]

Von der Verbreitung sind das öffentliche Anbieten wie auch das Inverkehrbringen umfasst.[477] Das Anbieten richtet sich auf einen Verkauf oder auf eine sonstige Art der Eigentumsübertragung.[478] Inwieweit andere Formen des Anbietens erfasst werden, etwa das Anbieten von Vermietung oder Leihe etc., bleibt in

470 MK-StGB/*Heinrich* 2019, § 106 UrhG, Rn. 51; Beck-OK UrhG/*Sternberg-Lieben* 2021, § 106, Rn. 26 f.; *Sandmann* 2004, S. 77 ff.
471 MK-StGB/*Heinrich* 2019, § 106 UrhG, Rn. 51; Beck-OK UrhG/*Sternberg-Lieben* 2021, § 106, Rn. 26 f.
472 *Sandmann* 2004, S. 77 ff.
473 *Sandmann* 2004, S. 78.
474 *Sandmann* 2004, S. 78.
475 *Sandmann* 2004, S. 78.
476 *Sandmann* 2004, S. 78.
477 MK-StGB/*Heinrich* 2019, § 106 UrhG, Rn. 51.
478 Erbs/Kohlhaas/*Kaiser* 2020, § 106 UrhG, Rn. 16.

der Literatur umstritten.[479] Vom Anbieten sind auch Vorbereitungshandlungen, wie das Anbieten in Werbemitteln, erfasst.[480] *Sandmann* nennt exemplarisch Kataloge und Annoncen, die Versendung von Angebotslisten oder die Zurschaustellung auf Messen oder in Ladengeschäften.[481]

Bei dem Merkmal der Öffentlichkeit ist fraglich, ob bereits ein Einzelangebot genügen kann, um die Strafbarkeit des § 106 I UrhG zu erfüllen.[482] Nach der herrschenden Ansicht ist ein einziges Angebot ausreichend.[483] Begründet wird dies damit, dass in der Anlehnung an den Öffentlichkeitsbegriff des § 15 III UrhG nicht die Quantität der Personen, sondern die Distanz und das Fehlen der persönlichen Beziehung zwischen Anbietendem und Interessenten entscheidend sind.[484]

Neben der Problematik des Einzelangebots stellt sich überdies die Frage, ob zum Zeitpunkt des Angebots das streitgegenständliche Vervielfältigungsstück bereits existieren muss. Verneinendenfalls entspräche dies innerhalb der Kunstfälschung quasi einer Anfertigung auf Anfrage.[485] *Heinrich* nimmt hierbei etwa eine Strafbarkeit unter Verweis auf die Vervielfältigung von DVDs und Software an, selbst wenn das eigentliche Vervielfältigungsstück noch nicht existiert.[486] Er bejaht eine Strafbarkeit auch dann, wenn das Vervielfältigungsstück noch nicht hergestellt wurde, da es dem Gesetzgeber auf die Verbreitung und nicht auf die bloße Existenz des Falsifikats ankomme.[487] Eine Verletzung des Verbreitungsrechts gem. § 17 UrhG liege bereits mit dem Anbieten vor.[488]

Im Hinblick auf die Verbreitung von Kunstfälschungen darf eine Ähnlichkeit zur Verbreitung von Software oder Daten auf Speichermedien und deren Replikation bezweifelt werden, da die Herstellung einer Kunstfälschung eine andere Tätigkeit als das bloße Überspielen von Dateien darstellt. Allerdings sind der von

479 MK-StGB/*Heinrich* 2019, § 106 UrhG, Rn. 51; Beck-OK UrhG/*Sternberg-Lieben* 2021, § 106, Rn. 27; Erbs/Kohlhaas/*Kaiser* 2020, § 106 UrhG, Rn. 16; so folgt *Sandmann* 2004, S. 80 noch einer sehr weiten Auffassung.

480 Dreier/Schulze/*Schulze* 2018, § 17, Rn. 12 ff.; *Sandmann* 2004, S. 80.

481 *Sandmann* 2004, S. 80.

482 MK-StGB/*Heinrich* 2019, § 106 UrhG, Rn. 55 f.

483 MK-StGB/*Heinrich* 2019, § 106 UrhG, Rn. 57.

484 MK-StGB/*Heinrich* 2019, § 106 UrhG, Rn. 57.

485 Zur gesamten Problematik siehe MK-StGB/*Heinrich* 2019, § 106 UrhG, Rn. 59 ff.; vgl. auch Dreier/Schulze/*Schulze* 2018, § 17, Rn. 13.

486 MK-StGB/*Heinrich* 2019, § 106 UrhG, Rn. 59 ff.

487 MK-StGB/*Heinrich* 2019, § 106 UrhG, Rn. 59 ff.

488 MK-StGB/*Heinrich* 2019, § 106 UrhG, Rn. 59 ff.

Heinrich angeführte Schutzzweck und die Intention des Gesetzgebers auch für das Anbieten einer noch nicht angefertigten Kunstfälschung relevant.

Weiterhin wird von der Verbreitung des § 106 I UrhG das Inverkehrbringen der Vervielfältigungsstücke erfasst.[489] Das Inverkehrbringen beschreibt die Handlungen, durch die das Vervielfältigungsstück den Herrschaftsbereich des Täters verlässt und der Öffentlichkeit bzw. dem freien Handel zukommt.[490] Der ursprüngliche Tätergewahrsam muss beendet werden und einem anderen zukommen, der entsprechend über das Stück verfügen können muss.[491] Tausch und Vermietung, aber auch unentgeltliche Rechtsgeschäfte, wie Schenkung und Leihe, kommen dabei ebenfalls in Betracht.[492] Somit fallen auch Schenkungen von Fälschungen unter den Tatbestand des § 106 I UrhG. Erfasst sind beispielsweise Schenkungen oder Leihgaben von Kunstfälschungen an Museen oder Sammlungen.[493]

(cc) Öffentliche Wiedergabe

Bei der Kunstfälschung kommt der öffentlichen Wiedergabe, die sich an § 15 II UrhG anlehnt, nur eine geringe Bedeutung zu.[494] Die in § 15 II 2 UrhG nicht abschließend aufgezählten Formen der öffentlichen Wiedergabe sind auf das Auf- und Vorführen sowie auf elektronische Verbreitung ausgerichtet. Dies bedeutet, dass die Wiedergabe auf einer Nichtkörperlichkeit basiert, was gerade bei der Kunstfälschung, bei der körperliche Falsifikate geschaffen werden, nicht vorstellbar ist.[495]

(c) Mangelnde Einwilligung des Berechtigten

Schließlich erfordert eine Strafbarkeit nach § 106 I UrhG, dass die Tathandlungen „*ohne Einwilligung des Berechtigten*" erfolgen.[496] Die geforderte Einwilligung stellt ein allgemeines Rechtswidrigkeitsmerkmal dar, sie schließt nicht bereits

---

489 Vgl. hierzu MK-StGB/*Heinrich* 2019, § 106 UrhG, Rn. 64; Wandtke/Bullinger/*Heerma* 2019, § 17, Rn. 19; Erbs/Kohlhaas/*Kaiser* 2020, § 106 UrhG, Rn. 17 f.; Beck-OK UrhG/*Sternberg-Lieben* 2021, § 106, Rn. 26.

490 MK-StGB/*Heinrich* 2019, § 106 UrhG, Rn. 64; Beck-OK UrhG/*Sternberg-Lieben* 2021, § 106, Rn. 26; *Sandmann* 2004, S. 79.

491 MK-StGB/*Heinrich* 2019, § 106 UrhG, Rn. 64.

492 MK-StGB/*Heinrich* 2019, § 106 UrhG, Rn. 64.

493 *Sandmann* 2004, S. 79.

494 *Sandmann* 2004, S. 81.

495 *Sandmann* 2004, S. 81; vgl. hierzu MK-StGB/*Heinrich* 2019, § 106 UrhG, Rn. 69 ff.

496 Siehe hierzu: MK-StGB/*Heinrich* 2019, § 106 UrhG, Rn. 115.

den Tatbestand aus.[497] Berechtigte sind der Urheber nach § 7 UrhG sowie dessen Rechtsnachfolger gem. § 28 ff. UrhG und der Inhaber eines ausschließlichen Nutzungsrechts gem. § 31 I, III UrhG.[498] Die Einwilligung ergibt sich im Regelfall durch die zivilrechtliche Einräumung eines Nutzungsrechts.[499]

(d) Subjektiver Tatbestand

Der subjektive Tatbestand des § 106 I UrhG bietet für die kunstkriminellen Erscheinungen keine besonderen Probleme.[500]

(2) Kunstfälschung als unzulässiges Anbringen der Urheberbezeichnung gem. § 107 UrhG

Eine weitere Strafbarkeit der Kunstfälschung kann sich aus § 107 UrhG ergeben. Während § 106 UrhG sich auf urheberrechtliche Verwertungsrechte bezieht, schützt § 107 UrhG das Urheberpersönlichkeitsrecht.[501]

(a) § 107 I Nr. 1 UrhG

Gem. § 107 I Nr. 1 UrhG macht sich strafbar, wer auf dem Original eines Werkes der bildenden Künste die Urheberbezeichnung (§ 10 I UrhG) ohne Einwilligung des Urhebers anbringt oder ein derart bezeichnetes Original verbreitet. Der Straftatbestand schützt das Recht und die Freiheit des Urhebers, sein von ihm geschaffenes Werk der bildenden Künste mit einer Urheberbezeichnung zu versehen oder nicht.[502]

Die Strafbarkeit wird durch diverse Tatbestandsmerkmale erheblich eingeschränkt. Nach § 107 I Nr. 1 UrhG kommt nur das Original als Tatobjekt in Frage. Wie bei § 106 UrhG entfällt nach Ablauf der urheberrechtlichen Schutzfrist eines

---

497 MK-StGB/*Heinrich* 2019, § 106 UrhG, Rn. 115.

498 MK-StGB/*Heinrich* 2019, § 106 UrhG, Rn. 116.

499 MK-StGB/*Heinrich* 2019, § 106 UrhG, Rn. 115 ff.; siehe dort auch die weiteren Voraussetzungen zur Einwilligung; ebenso bei Beck-OK UrhG/*Sternberg-Lieben* 2021, § 106, Rn. 33 ff.

500 Vgl hierzu insgesamt *Sandmann* 2004, S. 86.

501 MK-StGB/*Heinrich* 2019, § 107 UrhG, Rn. 1; Beck-OK UrhG/*Sternberg-Lieben* 2021, § 107, Rn. 1; *Sandmann* 2004, S. 87 ff.

502 MK-StGB/*Heinrich* 2019, § 107 UrhG, Rn. 4; *Sandmann* 2004, S. 96 f.; Beck-OK UrhG/*Sternberg-Lieben* 2021, § 107, Rn. 2 ff.; zur Bezeichnung des Urhebers siehe Dreier/Schulze/*Schulze* 2018, § 10, Rn. 8 f.

Werkes die Eignung als Tatobjekt.[503] Bearbeitungen und Umgestaltungen kommen als Tatobjekt in Betracht.[504] Die Tatbestandsmäßigkeit des § 107 I Nr. 1 UrhG ist ausgeschlossen, wenn das Anbringen mit Einwilligung des Urhebers erfolgt.[505]

Tathandlung des § 107 I Nr. 1 Var. 1 UrhG ist das Anbringen der Urheberbezeichnung. Aufgrund des speziellen Schutzgutes des § 107 I Nr. 1 UrhG muss es sich um die Bezeichnung des tatsächlichen Urhebers handeln.[506] Da § 107 UrhG eine Norm zum Schutz des Urheberpersönlichkeitsrechts ist, spielen fälschungsrelevante Absichten und Handlungen wie das Anbringen eines falschen Namens keine Rolle.[507] Das Anbringen der Urheberbezeichnung muss unmittelbar auf dem Werk erfolgen.[508] Die Signatur muss aufgrund des Verweises des § 107 I Nr. 1 UrhG auf § 10 I UrhG in der üblichen Weise angebracht werden.[509] In § 10 I UrhG heißt es:

> *„Wer auf den Vervielfältigungsstücken eines erschienenen Werkes oder auf dem Original eines Werkes der bildenden Künste in der üblichen Weise als Urheber bezeichnet ist, wird bis zum Beweis des Gegenteils als Urheber des Werkes angesehen; dies gilt auch für eine Bezeichnung, die als Deckname oder Künstlerzeichen des Urhebers bekannt ist.“*

Eine Signatur, die auf der Rückseite des Werkes angebracht ist, ist vom Schutzzweck des § 107 I Nr. 1 UrhG somit nicht erfasst, da eine solche Anbringung der Signatur nicht üblich ist. Anderes gilt, wenn es für den Künstler charakteristisch ist, dort seine Signatur anzubringen.[510] Diese Voraussetzung führt dazu, dass der Anwendungsbereich des § 107 I Nr. 1 UrhG insgesamt gering ist.

---

503 MK-StGB/*Heinrich* 2019, § 107 UrhG, Rn. 5; *Sandmann* 2004, S. 96 f.; Dreier/Schulze/*Dreier* 2018, § 107, Rn. 5.

504 MK-StGB/*Heinrich* 2019, § 107 UrhG, Rn. 5.

505 MK-StGB/*Heinrich* 2019, § 107 UrhG, Rn. 11; *Sandmann* 2004, S. 98.

506 MK-StGB/*Heinrich* 2019, § 107 UrhG, Rn. 8; Beck-OK UrhG/*Sternberg-Lieben* 2021, § 107, Rn. 2; Dreier/Schulze/*Dreier* 2018, § 107, Rn. 5.
MK-StGB/*Heinrich* 2019, § 107 UrhG, Rn. 8.

507 MK-StGB/*Heinrich* 2019, § 107 UrhG, Rn. 8.

508 MK-StGB/*Heinrich* 2019, § 107 UrhG, Rn. 9; Beck-OK UrhG/*Sternberg-Lieben* 2021, § 107, Rn. 2; *Sandmann* 2004, S. 98.

509 Vgl. hierzu auch MK-StGB/*Heinrich* 2019, § 107 UrhG, Rn. 9.

510 MK-StGB/*Heinrich* 2019, § 107 UrhG, Rn. 9 f.; Beck-OK UrhG/*Sternberg-Lieben* 2021, § 107, Rn. 2; Erbs/Kohlhaas/*Kaiser* 2020, § 107 UrhG, Rn. 5; Dreier/Schulze/*Dreier* 2018, § 107, Rn. 6; *Sandmann* 2004, S. 98.

Vergleichbar mit der entsprechenden Tathandlung des § 106 I UrhG ist auch die Verbreitung eines auf diese Weise bezeichneten Originals gem. § 107 I Nr. 1 Var. 2 UrhG strafbar.[511]

(b) § 107 I Nr. 2 UrhG

Der Straftatbestand des § 107 I Nr. 2 UrhG umfasst eine Abwandlung des ersten Tatbestands. Nach § 107 I Nr. 2 UrhG macht sich strafbar, wer auf einem Vervielfältigungsstück, einer Bearbeitung oder Umgestaltung eines Werkes der bildenden Künste die Urheberbezeichnung (§ 10 I UrhG) auf eine Art anbringt, die dem Vervielfältigungsstück, der Bearbeitung oder Umgestaltung den Anschein eines Originals gibt, oder ein derart bezeichnetes Vervielfältigungsstück, eine solche Bearbeitung oder Umgestaltung verbreitet.

Zum Schutzzweck des Urheberpersönlichkeitsrechts kommt bei § 107 I Nr. 2 UrhG das Interesse der Allgemeinheit an der Erkennbarkeit von Vervielfältigungsstücken hinzu.[512]

Die Tathandlung an sich ist mit der des § 107 I Nr. 1 Var. 1 UrhG vergleichbar. Es handelt sich ebenfalls um die Anbringung der Urheberbezeichnung, die hier allerdings auf einem Vervielfältigungsstück bzw. einer Bearbeitung oder Umgestaltung angebracht werden muss. Da sich der Schutz der Norm auch auf das Interesse der Allgemeinheit an der Erkennbarkeit eines bloßen Vervielfältigungsstückes richtet und die Norm nicht Fälschungen im Allgemeinen bestrafen soll, ist es für den Tatbestand erforderlich, dass die Urheberbezeichnung des tatsächlichen Urhebers angebracht wird.[513] Aus dieser Erweiterung des Schutzzweckes ergibt sich, dass der Urheber selbst als Täter in Betracht kommen kann.[514]

Das Anbringen der originalen Urheberbezeichnung muss dazu führen, dass sie dem Vervielfältigungsstück bzw. den anderen Gegenständen den Anschein eines Originals verleiht.[515] Der Anschein eines Originals ist nicht schon durch eine bloße Reproduktion gegeben.[516] Vielmehr muss die Vervielfältigung beispielsweise bereits aufgrund der verwendeten Technik einen solchen Anschein vermitteln.[517] Die Urheberbezeichnung muss für diesen Anschein nur

---

511 MK-StGB/*Heinrich* 2019, § 107 UrhG, Rn. 12.

512 MK-StGB/*Heinrich* 2019, § 107 UrhG, Rn. 13; *Sandmann* 2004, S. 99 ff.; Dreier/Schulze/*Dreier* 2018, § 107, Rn. 9 ff.

513 MK-StGB/*Heinrich* 2019, § 107 UrhG, Rn. 15; *Sandmann* 2004, S. 101 ff.

514 MK-StGB/*Heinrich* 2019, § 107 UrhG, Rn. 13.

515 MK-StGB/*Heinrich* 2019, § 107 UrhG, Rn. 16.

516 Dreier/Schulze/*Dreier* 2018, § 107, Rn. 11.

517 Dreier/Schulze/*Dreier* 2018, § 107, Rn. 11.

mitursächlich sein, wobei die Anforderung an die Kausalität umstritten ist. Die herrschende Ansicht lässt eine Mitursächlichkeit ausreichen.[518] Maßstab für diesen Anschein ist je nach vertretener Ansicht der Laie bzw. interessierte Laie, worin wiederum der Schutzzweck der Norm – das Interesse der Allgemeinheit an der Erkennbarkeit eines Vervielfältigungsstückes – zum Ausdruck kommt.[519] Überdies ist auch die Verbreitung solcher Werke vom Tatbestand erfasst.

(c) *Strafbarkeit der Kunstfälschung nach § 107 UrhG*

Wie sich bei der Betrachtung der beiden Tatbestände des § 107 I UrhG zeigt, sind diese aufgrund ihrer sehr speziellen Schutzgüter sowie ihrer engen Tatbestandsvoraussetzungen für die wenigsten Fälle der Kunstfälschung relevant.[520] Zu der geringen tatbestandlichen Bedeutung des § 107 I UrhG kommt überdies eine formelle Subsidiarität hinzu. Demnach greift § 107 UrhG nur, wenn die Tat nicht in anderen Vorschriften mit schwererer Strafe bedroht ist, vgl. § 107 I a.E. Da § 107 I UrhG sowohl für § 107 I Nr. 1 wie auch für Nr. 2 UrhG einen Strafrahmen von bis zu drei Jahren Freiheitsstrafe vorsieht, kommt die Subsidiarität sowohl gegenüber § 263 I StGB wie auch § 267 I StGB in Betracht, die bis zu fünf Jahre Freiheitsstrafe vorsehen.[521] Auch eine Urkundenunterdrückung gem. § 274 I Nr. 2 StGB würde die Strafbarkeit des § 107 I UrhG verdrängen. Insgesamt ist offensichtlich, dass beiden Alternativen des § 107 I UrhG eine äußerst geringe Bedeutung für die Kunstkriminalität zukommt. *Sandmann* beschreibt die Relevanz mit den Worten: *„Die praktische Bedeutung des § 107 UrhG kann kaum unterbewertet werden."*[522]

---

518 Bejahend: MK-StGB/*Heinrich* 2019, § 107 UrhG, Rn. 16; Erbs/Kohlhaas/*Kaiser* 2020, § 107 UrhG, Rn. 5; Beck-OK UrhG/*Sternberg-Lieben* 2021, § 107, Rn. 5; kritischer: Wandtke/Bullinger/*Reinbacher* 2019, § 107, Rn. 3; ausführlich zur Problematik: *Sandmann* 2004, S. 103 ff.

519 MK-StGB/*Heinrich* 2019, § 107 UrhG, Rn. 16; Beck-OK UrhG/*Sternberg-Lieben* 2021, § 107, Rn. 5; *Sandmann* 2004, S. 102 ff.

520 Vgl. hierzu ausführlicher *Sandmann* 2004, S. 112 f.

521 Dreier/Schulze/*Dreier* 2018, § 107, Rn. 16; Beck-OK UrhG/*Sternberg-Lieben* 2021, § 107, Rn. 9.

522 *Sandmann* 2004, S. 113.

d) Ergebnis zur Strafbarkeit der Kunstfälschung

Die vorangegangene Prüfung hat gezeigt, dass sich die Strafbarkeit der Kunstfälschung im Wesentlichen auf die Urkundsdelikte, hier primär auf § 267 StGB, sowie auf das Urheberstrafrecht, hier vorrangig auf § 106 UrhG, konzentriert.

Dem Kunstwerk als solchem kommt einerseits der Schutz durch die Urkundsdelikte zu. Andererseits genießt das Kunstwerk den Schutz als Werk i.S.d. § 2 I Nr. 4 UrhG durch den Schutz vor rechtswidrigem Verstoß gegen die im UrhG eingeräumten Nutzungsrechte des Urhebers.

Obwohl sich in beiden strafrechtlichen Bereichen zeigt, dass die dortigen Delikte nicht speziell für die Erfassung der Kunstfälschung angelegt sind, lassen sich die wesentlichen strafrechtlichen Aspekte fassen. Ferner wurde deutlich, dass bei den einzelnen Werken auch eine kunsthistorische Auseinandersetzung erforderlich ist, die sich auf die strafrechtliche Beurteilung auswirken kann. Innerhalb der urheberstrafrechtlichen Delikte wurde ersichtlich, dass diese Regelungen Ausfluss eines wirtschaftlichen Nutzungsinteresses sind und sich dabei die zivilrechtliche Akzessorietät einschränkend auf die strafrechtliche Erfassung auswirkt. Als Beispiel hierfür ist die zeitliche Begrenzung des Urheberrechts zu nennen.

Der Umstand, dass diese Normen nicht auf die Kunstfälschung zugeschnitten sind, führt dazu, dass kein lückenloser Schutz besteht. Dies zeigte sich beispielsweise an der Behandlung unsignierter Werke. Es ergeben sich dennoch keine eklatanten Strafbarkeitslücken. Insbesondere in der Konstellation der Stilnachahmung, die vom UrhG nicht erfasst wird, ist ein allzu weitreichender Schutz bzw. ein Verbot nicht gewollt. Insgesamt wird die Kunstfälschung durch die dargestellten Normen ausreichend erfasst.

3. Der Kunstbetrug

Nach der kurzen Darstellung einiger Fälle des Kunstbetrugs wird das Deliktsphänomen definitorisch betrachtet und strafrechtlich analysiert.

a) Fälle des Kunstbetrugs

Neben den Fällen der Kunstfälschung treten häufig auch Fälle von Kunstbetrug auf. Sehr oft besteht ein Zusammenhang zwischen den beiden Erscheinungen. Als Beispiele für Kunstbetrug lassen sich die folgenden Fälle anführen.

Das Landgericht Wiesbaden verhandelte im März 2018 über einen Fall des Kunstbetrugs, in dem die zwei Angeklagten zu Freiheitsstrafen von zwei Jahren und acht Monaten und drei Jahren verurteilt wurden.[523] Der Verurteilung lag ein gewerbsmäßiger Betrug der Angeklagten zugrunde. Die beiden Männer verkauften über Jahre hinweg zahlreiche Fälschungen, die vermutlich in Israel angefertigt wurden.[524] Bei den Fälschungen handelte es sich um vermeintliche Werke der russischen Avantgarde. Die Täter fertigten außerdem falsche Provenienzen für eine bessere Verkäuflichkeit der Fälschungen an.[525]

Im Sommer 2019 wurde ein weiterer Fall des Kunstbetrugs in München verhandelt.

> *„Zwei bronzene Löwen waren Markenzeichen und Aushängeschild des ‚Auktionshauses Viktualienmarkt': 14 Jahre lang standen die metallenen Viecher vor der Tür, hinter der es Kunst gab, Krempel – und wohl auch kriminelle Machenschaften. Fünf Jahre nach der überraschenden Schließung 2014 nimmt nun die juristische Aufarbeitung ihren Lauf. Angeklagt vor dem Landgericht sind die drei Geschäftsführer des Auktionshauses, Andreas R., Christof G. und Stefan G. Die Staatsanwaltschaft wirft ihnen gewerbsmäßigen Betrug vor. In etwa 180 Fällen, so die Anklage, wurden Grafiken berühmter Künstler verkauft, obwohl klar war, dass sie nicht von Picasso, Dalí, Klimt stammten. Der Schaden ist schwer zu beziffern, aber die Einnahmen durch die Fälschungen belaufen sich auf gut 120 000 Euro."*[526]

Ein weiterer Fall des Kunstbetrugs, der sich Ende 2019 zutrug, sorgte für ein bundesweites Medienecho. Gegenstand des Falles war eine Fälschung des Werkes „Abstraktes Bild (705-2)", das im Original von *Gerhard Richter* stammt.[527] Das Gemälde sollte für einen Preis von bis zu einer Million Euro im New Yorker Auktionshaus *Christie's* versteigert werden. Eine routinemäßige Anfrage des Auktionshauses beim *Gerhard-Richter-Archiv* der *Staatlichen Kunstsammlungen Dresden* ergab, dass es sich um eine Fälschung handelte.[528] Eingeliefert worden war die Fälschung von einem Kunstsammler, der einem bekannten Berliner Galeristen in finanzieller Not Geld geliehen hatte.[529] Da der Galerist das Darlehen an den Sammler nicht zurückzahlen konnte, überließ er ihm stattdessen

---

523 *Koldenhoff*, Avantgarde unter Verdacht, Zeit online vom 21.03.2018 (Stand: 15.03.2021).

524 *Koldenhoff*, Avantgarde unter Verdacht, Zeit online vom 21.03.2018 (Stand: 15.03.2021).

525 *Koldenhoff*, Avantgarde unter Verdacht, Zeit online vom 21.03.2018 (Stand: 15.03.2021).

526 *Handel*, Kunstfälscher geben Raubkopien zu, SZ vom 22.07.2019 (Stand: 15.03.2021).

527 *Häntzschel*, Kunsthändler soll mit Richter-Fälschung betrogen haben, SZ vom 23.10.2019 (Stand: 15.03.2021).

528 *Häntzschel*, Kunsthändler soll mit Richter-Fälschung betrogen haben, SZ vom 23.10.2019 (Stand: 15.03.2021).

529 *Häntzschel*, Kunsthändler soll mit Richter-Fälschung betrogen haben, SZ vom 23.10.2019 (Stand: 15.03.2021).

das vermeintliche Original von *Richter*.[530] Der Fall hatte für Aufsehen gesorgt, da abstrakte Werke, wie die von *Gerhard Richter*, als äußerst schwierige und tollkühne Fälschungsobjekte gelten.[531] Über die Herkunft der Fälschung und die genauen Tatvorwürfe liegen noch keine genauen Ergebnisse vor.[532]

Im folgenden Abschnitt wird sich dem Phänomen des Kunstbetrugs definitorisch und strafrechtlich angenommen.

b) Definition des Kunstbetrugs

Sandmann führt in ihrer Definition zutreffend aus, dass ein Kunstbetrug dann vorliege, wenn über die Urheberschaft, die Eigenhändigkeit, die Herkunft, das Material, die Stilepoche oder sonstige Aspekte der Provenienz eines Kunstobjekts getäuscht werde.[533]

Bei einem Kunstbetrug muss zur Präzisierung auf die dargestellte Zielrichtung Kunst eingegangen werden. Im Bereich des Kunstbetrugs sind ebenfalls Konstellationen denkbar, in denen zwar Kunst im Kontext des strafrechtlichen Geschehens steht, diese allerdings als Kunstobjekt selbst keine zentrale Rolle spielt. Exemplarisch seien die Vorkommnisse um den Kunstberater *Helge Achenbach* angeführt. *Achenbach* hatte bei der Abrechnung der Vermittlung von Kunstwerken deutlich zu hohe Preise angegeben.[534]

Die nachfolgende Auseinandersetzung wird sich ausschließlich mit Konstellationen beschäftigen, in denen die Kunstwerke im Zentrum der Betrugstatbestände stehen und sie selbst oder beispielsweise falsche Expertisen als Tatmittel fungieren.

---

530 *Häntzschel*, Kunsthändler soll mit Richter-Fälschung betrogen haben, SZ vom 23.10.2019 (Stand: 15.03.2021).

531 *Häntzschel*, Kunsthändler soll mit Richter-Fälschung betrogen haben, SZ vom 23.10.2019 (Stand: 15.03.2021).

532 *Häntzschel*, Kunsthändler soll mit Richter-Fälschung betrogen haben, SZ vom 23.10.2019 (Stand: 15.03.2021). Informationen zum Fortgang des Falles gibt es bislang nicht (Stand: 15.03.2021).

533 *Sandmann* 2004, S. 24; so auch Graf/Jäger/Wittig/*Dannecker* 2017, § 263 StGB, Rn. 325; vgl. auch hier *Döpfner* 1989, S. 121 ff., zu den unterschiedlichen Arten des Restaurierungsbetrugs.

534 Ausführlich zum Fall *Achenbach*: http://www.faz.net/aktuell/feuilleton/thema/helge-achenbach (Stand: 15.03.2021).

c) *Die strafrechtliche Würdigung des Kunstbetrugs gem. § 263 StGB*

Die Strafbarkeit des Kunstbetrugs wird im Nachfolgenden anhand der Tatbestandsmerkmale des § 263 I StGB aufgezeigt. Bei dieser Darstellung wird nur auf die für den Kunstbetrug relevanten Aspekte eingegangen.

aa) Tatbestand des Betrugs

Gem. § 263 I StGB macht sich strafbar, wer in der Absicht, sich oder einem Dritten einen rechtswidrigen Vermögensvorteil zu verschaffen, das Vermögen eines anderen dadurch beschädigt, dass er durch Vorspiegelung falscher oder durch Entstellung oder Unterdrückung wahrer Tatsachen einen Irrtum erregt oder unterhält.

Der Betrug setzt eine Täuschungshandlung über Tatsachen voraus, welche zu einem Irrtum des Getäuschten führen muss, der wiederum eine Vermögensverfügung des Getäuschten zur Folge hat und so schließlich beim Getäuschten oder einem Dritten einen Vermögensschaden verursachen muss.[535]

(1) Täuschung über Tatsachen und deren Abgrenzung zu Meinungsäußerungen und Werturteilen

Die Täuschungshandlung muss sich direkt oder indirekt auf Tatsachen beziehen. Dabei kommen die Vorspiegelung falscher Tatsachen oder die Entstellung oder die Unterdrückung wahrer Tatsachen in Betracht.[536] Die Vorspiegelung falscher Tatsachen sowie die Entstellung oder die Unterdrückung wahrer Tatsachen[537] müssen sich in unbestimmter Form auf das jeweilige Kunstwerk richten. Fraglich ist, welche Tatsachen sich charakteristisch auf Kunstwerke beziehen können.

Eine zentrale Problematik liegt im Bereich der Echtheit des jeweiligen Kunstwerkes.[538] Bei den betrugsrelevanten Tatsachen wird es sich daher zumeist um

---

535 Lackner/Kühl/*Kühl* 2018, § 263, Rn. 1; Beck-OK StGB/*Beukelmann* 2021, § 263, Rn. 3 ff.; Sch/Sch/*Perron* 2019, § 263, Rn. 5 ff.; MK-StGB/*Hefendehl* 2019, § 263, Rn. 61 ff.

536 MK-StGB/*Hefendehl* 2019, § 263, Rn. 61; Sch/Sch/*Perron* 2019, § 263, Rn. 5 ff.

537 Vgl. insgesamt: MK-StGB/*Hefendehl* 2019, § 263, Rn. 61; Sch/Sch/*Perron* 2019, § 263, Rn. 5 ff. *Perron* weist in diesem Zusammenhang auch darauf hin, dass die Aufgliederung der Täuschungshandlungen letztlich „*irreführend*" sei, da im Grunde keine verschiedenen Modi dargestellt würden, sondern diese vielmehr ineinander übergingen.

538 Vgl. hierzu auch ausführlich *Sandmann* 2004, S. 116 ff.

äußere Tatsachen handeln, die sich auf überprüfbare und reale Umstände des Werkes beziehen. [539] Exemplarisch führt *Hefendehl* das Alter, die Beschaffenheit, die Echtheit und die Herkunft eines Gegenstands an.[540] Vom Tatsachenbegriff nicht erfasst sind Meinungsäußerungen und Werturteile, die als Antonyme zur Tatsache angesehen werden können.[541] Dabei ergibt sich die Problematik der Abgrenzung von Tatsachen zu bloßen Meinungsäußerungen und Werturteilen. Im Wesentlichen ist die Unterscheidung danach zu treffen, ob der Tathandlung ein objektivierbarer Tatsachenkern zukommt.[542] Hierbei kann auf die Beispiele *Hefendehls* verwiesen werden, der die Aussage „*Dieses Bild finde ich schön!*" als irrelevant für den Betrugstatbestand einstuft.[543] Aussagen mit einem überprüfbaren Tatsachenkern – auch kombiniert mit einem Werturteil – sind dagegen im Betrugskontext beachtlich.[544] *Hefendehl* nennt als Beispiel die Aussage: „*Dieses Bild ist ein schönes Original*", obwohl es sich hierbei um eine Fälschung handelt, oder „*Dieses Bild ist schön, es wird auch in Fachkreisen hoch gehandelt*".[545] Diesen Aussagen kommt ein Tatsachenkern zu. Grundsätzlich ist eine Abgrenzung zwischen reinen Werturteilen und Meinungsäußerungen sowie Äußerungen, die einen Tatsachenkern beinhalten, zumeist eindeutig möglich.[546]

In Bezug auf Kunstwerke können sich beim Betrug auch Schwierigkeiten hinsichtlich ihres Wertes ergeben. Bei Äußerungen, die sich auf den Wert eines Kunstwerkes richten, kann es sich um Tatsachen handeln – etwa wenn der Preis eines Auktionsergebnisses genannt wird oder bisherige Verkaufspreise erwähnt

539 MK-StGB/*Hefendehl* 2019, § 263, Rn. 76 f.; Beck-OK StGB/*Beukelmann* 2021, § 263, Rn. 3 ff.; Sch/Sch/*Perron* 2019, § 263, Rn. 9; so auch *Schack* 2017, Rn. 133.

540 MK-StGB/*Hefendehl* 2019, § 263, Rn. 76 ff.

541 MK-StGB/*Hefendehl* 2019, § 263, Rn. 89 ff.; Beck-OK StGB/*Beukelmann* 2021, § 263, Rn. 5; Sch/Sch/*Perron* 2019, § 263, Rn. 9; *Sandmann* 2004, S. 117 ff.; *Fischer* 2021, § 263, Rn. 9.

542 Zur Abgrenzung ausführlich MK-StGB/*Hefendehl* 2019, § 263, Rn. 89ff.; Sch/Sch/*Perron* 2019, § 263, Rn. 9; *Sandmann* 2004, S. 117 ff.

543 MK-StGB/*Hefendehl* 2019, § 263, Rn. 89; vgl. hierzu auch mit weiteren Beispielen *Locher* 1970, S. 184 f.

544 MK-StGB/*Hefendehl* 2019, § 263, Rn. 89; siehe hierzu auch in zivilrechtlicher Kontextualisierung *Schack* 2017, Rn. 132 ff.; *Locher* 1970, S. 184 f.

545 MK-StGB/*Hefendehl* 2019, § 263, Rn. 89.

546 Hierzu insgesamt sehr ausführlich *Sandmann* 2004 S. 116, wobei die besonderen Charakteristika der Problematik bei Kunstgegenständen nicht immer deutlich hervortreten.

werden.[547] Ein Rückschluss aufgrund eines solchen Preises auf den momentanen oder zukünftigen Wert stellt hingegen eine bloße Behauptung dar.[548] *Schack* führt aus, dass sich der Wert von Kunstwerken nur schlecht objektivieren lasse.[549] Damit sei es schwer vertretbar, dass es sich bei jeder Art der Preis- und Wertnennung eines Werkes stets um eine zivilrechtlich und strafrechtlich relevante und somit auch gerichtlich vollständig nachprüfbare Tatsachenbehauptung handle.[550] Ansonsten wäre eine privatautonome Preisverhandlung kaum möglich, da alle Kaufpreise, die einen bestimmbaren objektiven Wert überschreiten, potentiell strafrechtliche Konsequenzen haben könnten.[551] Daher ist hinsichtlich der Aussagen über den Wert eines Kunstobjekts im strafrechtlichen Bereich eine gewisse Zurückhaltung geboten, sofern nicht klar betrügerische Tendenzen in Form von deutlichen, in einem Tatsachenkern nachprüfbaren Wertkriterien erkennbar sind. Wird also beispielsweise nur die Vermutung einer Preissteigerung eines Kunstobjekts geäußert, so kann hierin noch kein strafrechtlich relevantes Verhalten gesehen werden. Anders ist dies zu beurteilen, wenn für ein Kunstobjekt ein konkreter falscher Preis genannt wird oder etwa ungewisse Preissteigerungen als sicher dargestellt werden.

Die wesentlichen täuschungserheblichen Tatsachen und Umstände im Rahmen des Kunstbetrugs sind: die Originalität (Urheberschaft, Echtheit), das Alter (Epoche)[552], die Materialität, die Herkunft (Provenienz), überdies aber auch die Ausstellungsgeschichte, erzielte Kaufpreise bei Versteigerungen sowie das Vorhandensein von Expertisen.[553]

(2) Täuschung und Täuschungshandlung

Wie angesprochen, setzt der Betrug als Tathandlung die Vorspiegelung falscher Tatsachen oder die Entstellung oder die Unterdrückung wahrer Tatsachen

547 Vgl. hierzu *Schack* 2017, Rn. 133; *Locher* 1970, S. 184; vgl. auch MK-StGB/*Hefendehl* 2019, § 263, Rn. 79.

548 Vgl. hierzu *Schack* 2017, Rn. 133; Sch/Sch/*Perron* 2019, § 263, Rn. 9; vgl. hierzu auch *Werr* 1978, S. 126.

549 *Schack* 2017, Rn. 133.

550 *Schack* 2017, Rn. 133.

551 *Schack* 2017, Rn. 133.

552 *Sandmann* 2004, S. 117.

553 *Schack* 2017, Rn. 133; *Locher* 1970, S. 184 f.; *Sandmann* 2004, S. 117; siehe zu den relevanten Tatsachenbehauptungen innerhalb des Restaurierungsbetrugs und den jeweiligen spezifischen Begrifflichkeiten *Döpfner* 1989, S. 170 f.

voraus, wodurch ein Irrtum erregt oder unterhalten werden muss.[554] Für den Kunstbetrug ergeben sich hierbei nur wenige spezifische Probleme. Diese sollen im Nachfolgenden knapp dargestellt werden.[555]

(a) Konkludente Täuschung

Eine konkludente Täuschungshandlung ist in einem irreführenden Verhalten zu sehen, in dem eine stillschweigende Erklärung liegt.[556] Die Erklärung muss nach Maßgabe der Verkehrsanschauung einen gewissen Erklärungswert enthalten.[557] Im Rahmen des Kunstbetrugs werden einige spezifische Ausprägungen der konkludenten Täuschung beim Verkauf von Fälschungen diskutiert.[558] Im Nachfolgenden sollen nur die Situationen aufgegriffen werden, in denen sich kunstspezifische Besonderheiten ergeben.

Ein spezieller Fall liegt etwa in der Situation vor, in der ein unechtes Kunstwerk, das mit einer falschen Signatur versehen ist, zum Kauf angeboten wird.[559] Wie *Sandmann* zutreffend feststellt, ist sowohl dann eine konkludente Täuschung verwirklicht, wenn der Verkäufer selbst die Signatur angebracht hat, wie auch in dem Fall, in dem er dieses trotz sicherer Kenntnis der Unechtheit und der vorhandenen falschen Signatur zum Kauf anbietet.[560] Fraglich ist in diesem Zusammenhang auch, ob eine konkludente Täuschung vorliegt, wenn unzweifelhaft echte Werke zusammen mit unechten Werken zum Verkauf angeboten

---

554 Zu den Tathandlungen siehe: MK-StGB/*Hefendehl* 2019, § 263, Rn. 99 ff.; Beck-OK StGB/*Beukelmann* 2021, § 263, Rn. 9 ff.; Sch/Sch/*Perron* 2019, § 263, Rn. 11 ff.; *Fischer* 2021, § 263, Rn. 18 ff.

555 Sehr ausführlich *Sandmann* 2004, S. 124 ff. zu eher evidenten Kunstbetrugskonstellationen im Zusammenhang mit Kunstfälschungen. So dürfte es keine tiefere Besonderheit des Kunstbetrugs darstellen, dass eine Fälschung, etwa eines bekannten Fälschers, die ausdrücklich als Fälschung verkauft wird, keinen strafbaren Betrug enthält; vgl. auch zum Betrug durch Schweigen im Kunsthandel *Würtenberger*, NJW 1951, S. 176 ff.

556 Beck-OK StGB/*Beukelmann* 2021, § 263, Rn. 13.

557 Beck-OK StGB/*Beukelmann* 2021, § 263, Rn. 13.

558 Zu den spezifischen Erscheinungsformen im Rahmen der Kunstfälschung siehe *Sandmann* 2004, S. 127 ff.; vgl. zur konkludenten Täuschung Beck-OK StGB/*Beukelmann* 2021, § 263, Rn. 13; zur Abgrenzung zwischen ausdrücklicher und konkludenter Erklärung siehe insbesondere MK-StGB/*Hefendehl* 2019, § 263, Rn. 103 ff.

559 *Sandmann* 2004, S. 127 f.

560 *Sandmann* 2004, S. 128; so auch Graf/Jäger/Wittig/*Dannecker* 2017, § 263 StGB, Rn. 326.

werden.[561] *Sandmann* führt das Beispiel an, in dem die charakteristische Stilistik mehrerer Objekte derart auf einen Künstler hindeutet, dass auch einzelne unechte Werke dem Künstler zugerechnet werden, ohne aber von diesem zu stammen.[562] In derartigen Fällen ist eine konkludente Täuschung anzunehmen, da aus dem Zusammenwirken dieser Werke ein Irrtum beim Käufer erregt werden kann.

Fraglich ist auch, ob die Festsetzung eines Verkaufspreises für ein Kunstobjekt eine Aussage über dessen Qualität oder Eigenschaften enthält.[563] Grundsätzlich lässt der Verkaufspreis keinen klaren Rückschluss auf die Qualität des Gegenstands zu – jedenfalls enthält er nicht zwingend eine konkludente Erklärung.[564] Ein häufiges in der Literatur angeführtes Beispiel ist gerade der Kunstgegenstand als Verkaufsobjekt.[565] Auch hier wird allgemein angenommen, dass der Verkaufspreis nicht zwingend eine Erklärung über die Echtheit oder bestimmte sonstige Eigenschaften beinhalte.[566] *Hefendehl* allerdings sieht in einem hohen Kaufpreis zumindest einen schwachen Erklärungswert.[567] Bei einem hochpreisigen Kunstwerk ohne Herkunftsangaben werde durch den hohen Preis miterklärt, dass es sich zumindest nicht um eine „*billige Fälschung*" handle, sondern zum Beispiel um ein Werk aus der Schule eines Künstlers etc.[568] Dieser Auffassung ist zuzustimmen, da gerade im Bereich des Kunsthandels durch den Preis häufig ein kunsthistorisches Interesse bzw. kunsthistorischer Wert ausgedrückt wird.

Eine ähnliche Situation wird bezüglich der Frage diskutiert, ob ein renommierter Kunsthandel aufgrund seines Ansehens konkludent erklärt, nur Originale zu handeln und zu verkaufen.[569] Der unterstellte Erklärungswert ist hier sicher zutreffend. Allerdings setzte diese Sichtweise voraus, dass bei weniger angesehenen Kunsthäusern der Verkauf von Fälschungen nicht unüblich ist.

---

561 *Sandmann* 2004, S. 133.

562 *Sandmann* 2004, S. 133.

563 Vgl. dazu ausführlich *Sandmann* 2004, S. 129 ff.

564 Ausführlich zur gesamten Problematik: MK-StGB/*Hefendehl* 2019, § 263, Rn. 171 ff.; Sch/Sch/*Perron* 2019, § 263, Rn. 16d; Lackner/Kühl/*Kühl* 2018, § 263, Rn. 10; Beck-OK StGB/*Beukelmann* 2021, § 263, Rn. 13.

565 So etwa in MK-StGB/*Hefendehl* 2019, § 263, Rn. 172; Sch/Sch/*Perron* 2019, § 263, Rn. 16d; Lackner/Kühl/*Kühl* 2018, § 263, Rn. 10.

566 Sch/Sch/*Perron* 2019, § 263, Rn. 16d; MK-StGB/*Hefendehl* 2019, § 263, Rn. 171 ff.

567 MK-StGB/*Hefendehl* 2019, § 263, Rn. 171 ff.

568 MK-StGB/*Hefendehl* 2019, § 263, Rn. 174; so im Ergebnis auch Lackner/Kühl/*Kühl* 2018, § 263, Rn. 10.

569 So etwa in Sch/Sch/*Perron* 2019, § 263, Rn. 16d; *Sandmann* 2004, S. 132.

Dennoch darf in einem renommierten Hause mit der Echtheit der gehandelten Kunstwerke in Form einer konkludenten Erklärung gerechnet werden.

Bei der Problematik der konkludenten Täuschung im Bereich des Kunstbetrugs behilft sich *Sandmann* mit den Grundsätzen der geschäftstypischen Risikoverteilung für den Verkauf von Kunstobjekten.[570] Dieses Vorgehen entspricht im Wesentlichen der h.M. zur allgemeinen Problematik.[571] Danach sind beim Vorliegen einer konkludenten Erklärung die objektiven Maßstäbe der Verkehrsweise des jeweils gegebenen Geschäftstyps maßgeblich.[572] Während der einzelnen Geschäftssituationen ist auf die Herrschaft über die jeweiligen Informationen abzustellen.[573]

Hieraus folgert *Sandmann* beispielsweise, dass sich aus dem Kaufpreis des Kunstgegenstands auf ein Minimum an Qualität schließen lasse.[574] Folglich verlagere sich das geschäftstypische Risiko in Vertragssituationen, in denen besondere Beratungselemente oder die Sachkunde des Verkäufers spezielle Voraussetzung ist, zu dessen Lasten. Dies gelte auch, wenn der Geschäftspartner auf die Fachkenntnis des Gegenübers angewiesen sei, da in diversen Situationen eine Nachprüfung der Informationen einen unverhältnismäßigen Aufwand darstelle.[575] Insbesondere ergebe sich eine Verschiebung der Risikoverteilung, wenn seitens des Kunden explizit nach bestimmten Eigenschaften des Kunstobjekts gefragt wird. Hierauf dürfte nicht wahrheitswidrig geantwortet werden bzw. es dürften keine bekannten und relevanten Tatsachen verschwiegen werden.[576]

(b) Täuschung durch Unterlassen

Im Bereich des Kunstbetrugs kann auch eine Täuschung durch Unterlassen relevant sein. Diese kann grundsätzlich durch die unterlassene Verhinderung der Entstehung oder Verfestigung einer irrigen Vorstellung bzw. durch das

570 *Sandmann* 2004, S. 130 ff.; Graf/Jäger/Wittig/*Dannecker* 2017, § 263 StGB, Rn. 329; allgemein zur Problematik der Risikoverteilung bei konkludenter Täuschung Sch/Sch/*Perron* 2019, § 263, Rn. 14/15; Lackner/Kühl/*Kühl* 2018, § 263, Rn. 10.

571 Siehe hierzu Sch/Sch/*Perron* 2019, § 263, Rn. 14/15; MK-StGB/*Hefendehl* 2019, § 263, Rn. 107, 63 ff.; vgl. auch BGH, B. v. 6.9.01 – 5 StR 318/01, NStZ 02, 144 f.

572 Sch/Sch/*Perron* 2019, § 263, Rn. 14/15; Lackner/Kühl/*Kühl* 2018, § 263, Rn. 10; *Sandmann* 2004, S. 130 f.

573 Sch/Sch/*Perron* 2019, § 263, Rn. 14/15.

574 *Sandmann* 2004, S. 130; vgl. auch Lackner/Kühl/*Kühl* 2018, § 263, Rn. 10.

575 *Sandmann* 2004, S. 131; so auch Lackner/Kühl/*Kühl* 2018, § 263, Rn. 10.

576 *Sandmann* 2004, S. 132 f.

Nichtaufklären eines bereits bestehenden Irrtums verwirklicht werden.[577] Die nach § 13 I StGB erforderliche Rechtspflicht der Aufklärungspflicht kann sich aus Vertrag, aus Gesetz, aus Ingerenz sowie aus Treu und Glauben ergeben.[578]

Eine offensichtliche Konstellation, in der sich eine Aufklärungspflicht ergeben kann, ist eine vertragliche Beziehung, der ein Beratungselement innewohnt.[579] *Sandmann* führt hier Verträge im Kunsthandel in Form von Auftrags- und Geschäftsbesorgungsverhältnissen an. Ausdrücklich verweist sie auf § 666 BGB.[580] Kennzeichnend für das vertragliche Verhältnis sind das Vertrauens- und Beratungselement ebenso wie die Sachkunde des Händlers.[581] Doch auch auf kaufvertraglicher Ebene kann ein solches Vertrauensverhältnis entstehen.[582] Erforderlich ist in diesem Zusammenhang allerdings ein Beratungs- oder Vertrauenselement, das über das eines gewöhnlichen Kaufvertrags hinausgeht. Ein solches Beratungs- oder Vertrauenselement wird von der herrschenden Ansicht bei langen und intensiven Geschäftsbeziehungen angenommen.[583] Im Kunsthandel müsste bei dessen Vorliegen dann auf die Zweifel an der Echtheit oder sonstiger relevanter Umstände des Kunstobjekts hingewiesen werden.[584]

---

577 Ausführlich zum Kunstbetrug durch Unterlassen *Sandmann* 2004, S. 133 ff.; *Würtenberger*, NJW 1951, S. 176 ff.; zur Problematik insgesamt Sch/Sch/*Perron* 2019, § 263, Rn. 18 ff.; MK-StGB/*Hefendehl* 2019, § 263, Rn. 179 ff.; Lackner/Kühl/*Kühl* 2018, § 263, Rn. 12; *Fischer* 2021, § 263, Rn. 16.

578 Sch/Sch/*Perron* 2019, § 263, Rn. 19 ff.; MK-StGB/*Hefendehl* 2019, § 263, Rn. 180 ff.; vgl. auch *Sandmann* 2004, S. 133 ff.; zu den einzelnen Gruppen auch *Fischer* 2021, § 13, Rn. 9, 10 ff.

579 MK-StGB/*Hefendehl* 2019, § 263, Rn. 209; *Sandmann* 2004, Rn. 134 ff.

580 *Sandmann* 2004, S. 135; MK-StGB/*Hefendehl* 2019, § 263, Rn. 209.

581 *Sandmann* 2004, S. 135; vgl. MK-StGB/*Hefendehl* 2019, § 263, Rn. 186.

582 *Sandmann* 2004, S. 136; vgl. MK-StGB/*Hefendehl* 2019, § 263, Rn. 186.

583 *Sandmann* 2004, S. 137; Beck-OK StGB/*Beukelmann* 2021, § 263, Rn. 19; MK-StGB/*Hefendehl* 2019, § 263, Rn. 230, 231; *Fischer* 2021, § 263, Rn. 46; Lackner/Kühl/*Kühl* 2018, § 263, Rn. 14.

584 *Sandmann* 2004, S. 137; Beck-OK StGB/*Beukelmann* 2021, § 263, Rn. 19; MK-StGB/*Hefendehl* 2019, § 263, Rn. 230, 231; *Fischer* 2021, § 263, Rn. 46; Lackner/Kühl/*Kühl* 2018, § 263, Rn. 14; zu den unproblematischen Fragen der Aufklärungspflicht aus Treu und Glaube und aus Ingerenz siehe *Sandmann* 2004, S. 138 ff.

(3) Irrtum über Tatsachen

Aus der Täuschung muss sich kausal ein Irrtum ergeben, der sich in einer Abweichung der subjektiven Vorstellung vom objektiv Wirklichen zeigt.[585] Die vorangegangenen Ausführungen geben Aufschluss über die wesentlichen Tatsachen, über die ein Irrtum beim Kunstbetrug erregt werden kann. *Sandmann* wirft hier die Frage auf, ob das Ausnutzen bzw. die besondere Berücksichtigung der Naivität oder der fehlenden kunsthistorischen Expertise des Betrugsopfers beim Kunstbetrug eine spezielle Rolle einnimmt.[586] Dieses Problemfeld weist jedoch sowohl bezüglich der ignorantia facti als auch bezüglich sonstiger fehlender Fachkenntnis der Käuferseite keine Besonderheiten gegenüber gewöhnlichen Betrugssituationen auf.[587]

(4) Vermögensverfügung und Vermögensschaden

Beim Kunstbetrug ist das ungeschriebene Tatbestandsmerkmal der Vermögensverfügung unproblematisch.[588] Dieses wird regelmäßig in der Bezahlung des erworbenen Kunstwerkes liegen.[589]

Schwierigkeiten können sich allerdings bei der Bestimmung des entstandenen Vermögensschadens ergeben.[590] Dies ist darauf zurückzuführen, dass der Vermögensschaden allgemein durch das sog. Saldierungsprinzip bestimmt wird. Nach der irrtumsbedingten Vermögensverfügung muss die Summe aller in Geld umgerechneten Vermögensgegenstände unter dem ursprünglichen Vermögenswert liegen.[591] Problematisch ist dabei, dass der Schaden und somit auch das Vermögen nach objektiven wirtschaftlichen Gesichtspunkten bestimmt werden muss.[592]

Ein exakter Wert originaler Kunstwerke ist jedoch nur schwer aus objektiver wirtschaftlicher Sichtweise zu bestimmen. Die Preise von Kunstwerken

585 Beck-OK StGB/*Beukelmann* 2021, § 263, Rn. 23; MK-StGB/*Hefendehl* 2019, § 263, Rn. 249 ff.

586 *Sandmann* 2004, S. 142 ff.

587 Zur ignorantia facti MK-StGB/*Hefendehl* 2019, § 263, Rn. 250 ff.

588 Siehe zu dieser *Fischer* 2021, § 263, Rn. 70 ff.; NK-StGB/*Kindhäuser* 2017, § 263, Rn. 195 ff.

589 *Locher* 1970, S. 190.

590 Spezifisch zur Problematik bei der Kunstfälschung *Sandmann* 2004, S. 144 ff.; Graf/Jäger/Wittig/*Dannecker* 2017, § 263 StGB, Rn. 328.

591 NK-StGB/*Kindhäuser* 2017, § 263, Rn. 248; Beck-OK StGB/*Beukelmann* 2021, § 263, Rn. 51 ff.; MK-StGB/*Hefendehl* 2019, § 263, Rn. 528 ff.

592 Beck-OK StGB/*Beukelmann* 2021, § 263, Rn. 52; *Sandmann* 2004, S. 144 ff.

setzen sich aus zahlreichen, oft schwer vorhersehbaren Faktoren zusammen, wie z.B. der Nachfrage und allgemeinen Lage des Kunstmarktes.[593] Da allerdings gerade diese Art des Wertes als Grundlage dient, findet auch der Kunstmarkt als speziellerer Nischenmarkt bei der Wertbestimmung für das einzelne Objekt Berücksichtigung.[594]

Die Schwierigkeit der Preisbestimmung besteht auch bei unechten Kunstwerken bzw. bei Kunstwerken, bei denen über Eigenschaften wie die Provenienz getäuscht wurde.[595] Zu dieser Problematik äußerte sich der Zweite Strafsenat des Reichsgerichts in einem Urteil vom 17. Mai 1934.[596] In dem zugrunde liegenden Fall wurden zwei Gemälde verkauft.[597] Dabei handelte es sich einmal entgegen der Angabe nicht um einen „originalen“ *Rubens*, sondern nur um ein Werk aus dessen Werkstatt und zum anderen um eine komplette Fälschung.[598] Der Senat bemängelte, dass das Landgericht Berlin als Vorinstanz bei der Bestimmung des Vermögensschadens pauschal angab, die Fälschung sei *„fast wertlos“* und das Werkstattgemälde sei jedenfalls weniger wert als ein eigenhändiger *Rubens*.[599] Es sei gerade nicht berücksichtigt worden, welcher Schaden bei der Fälschung – trotz ihres vermeintlich geringen Wertes – anzusetzen sei. Ebenso sei nicht klar gemacht worden, dass auch der bezahlte Preis für das Schülergemälde eventuell wirtschaftlich angemessen gewesen und somit das Vorliegen eines Schadens fraglich sei.[600] Die Problematik der Schadensbestimmung zeigt sich auch heute, da, wie *Sandmann* und *Dannecker* anführen, stets bestimmt werden muss, welchen Marktwert die Fälschung oder der sonstige vom eigentlich Vertragsgegenstand abweichende Gegenstand hat.[601] Grundsätzlich ist auch deren Wert auf dem jeweiligen Spezialmarkt zu ermitteln.[602] In zeitlicher Hinsicht ist auf den

---

593 Zur ähnlich gelagerten Problematik bei der Wertestimmung einer Fälschung *Sandmann* 2004, S. 145.

594 Vgl. hierzu *Sandmann* 2004, S. 145; Graf/Jäger/Wittig/*Dannecker* 2017, § 263 StGB, Rn. 328; LK/*Tiedemann* 2012, § 263, Rn. 163.

595 Vgl. *Sandmann* 2004, S. 145; Graf/Jäger/Wittig/*Dannecker* 2017, § 263 StGB, Rn. 328.

596 RG, Urt. v. 17.05.1934, RGSt 68, 212, 214.

597 RG, Urt. v. 17.05.1934, RGSt 68, 212, 214.

598 RG, Urt. v. 17.05.1934, RGSt 68, 212, 214.

599 RG St 68, 212, 214.

600 RG St 68, 212, 214.

601 Vgl. *Sandmann* 2004, S. 145; Graf/Jäger/Wittig/*Dannecker* 2017, § 263 StGB, Rn. 328; vgl. auch LK/*Tiedemann* 2012, § 263, Rn. 163.

602 LK/*Tiedemann* 2012, § 263, Rn. 200.

Augenblick der Vermögensverfügung abzustellen, da ein später entstehender Markt etwa für Fälschungen keine Berücksichtigung finden soll.[603]

Überdies ist im Bereich des Kunstbetrugs auch die Lehre vom individuellen Schadenseinschlag anwendbar.[604] Diese kommt in den Fällen zum Tragen, in denen sich der Wert der Gegenleistung mit dem Wert der Vermögensverfügung deckt, obwohl die Leistung für den Getäuschten subjektiv wertlos ist.[605] Als konkrete Beispiele lassen sich die Situationen anführen, in denen der Käufer ganz bestimmte Originale zur Ergänzung seiner Sammlung erstehen will. Alle Objekte, die nicht das gesuchte Original sind, sind für den Sammler subjektiv wertlos.[606]

Die Grenze zum Schutz eines bloßen Affektionsinteresses sei in den Situationen überschritten, in denen die Eigenwilligkeit des Käufers den Bezug zu wirtschaftlichen Interessen völlig verloren habe.[607] Dafür werden Beispiele genannt, in denen sich das Interesse nicht auf wesentliche Eigenschaften des Kunstwerkes bezieht, sondern auf Begleitumstände, wie die spezielle Provenienz des Objektes – beispielsweise, dass das Objekt nicht aus einer bestimmten Sammlung stammen dürfe.[608]

bb) Subjektiver Tatbestand

Der subjektive Tatbestand weist keine Probleme gegenüber gewöhnlichen Betrugsfällen auf.[609]

d) Ergebnis zur Strafbarkeit des Kunstbetrugs

Kunstbetrug kann in diversen Konstellationen auftreten. An den vorangestellten Fällen des Kunstbetrugs zeigte sich, dass dieser häufig im Zusammenhang mit

---

603 *Sandmann* 2004, S. 145; LK/*Tiedemann* 2012, § 263, Rn. 163; MK-StGB/*Hefendehl* 2019, § 263, Rn. 541.

604 Siehe hierzu Beck-OK StGB/*Beukelmann* 2021, § 263, Rn. 60; Lackner/Kühl/*Kühl* 2018, § 263, Rn. 48 ff.

605 Beck-OK StGB/*Beukelmann* 2021, § 263, Rn. 60; *Sandmann* 2004, S. 146 f.

606 *Sandmann* 2004, S. 147.

607 Vgl. hierzu *Sandmann* 2004, S. 147; *Locher* 1970, S. 191.

608 Vgl. hierzu *Sandmann* 2004, S. 147; *Locher* 1970, S. 191.

609 Die von *Sandmann* angeführte Situation, in der keine Bereicherungsabsicht, sondern über eine Irreführung durch den Fälscher, etwa in Bezug auf eine hierdurch bezweckte „*Gesellschaftskritik*", um „*Kunstexperten bloßzustellen*", vorliege, dürfte eher als Kuriosum abzutun sein, vgl. *Sandmann* 2004, S. 147 f.

Kunstfälschungen und deren Absatz steht. Der Kunstbetrug erfolgt, wie ersichtlich wurde, zumeist beim Inverkehrbringen der Kunstfälschung.

Dem Kunstobjekt bzw. dem gefälschten Kunstobjekt fällt nicht die Rolle eines geschützten Objektes zu. Vielmehr kommt ihm in seiner Rolle als Tatmittel des Betrugs die Stellung eines Gegenstands zu, über dessen Eigenschaften oder Herkunft getäuscht wird. Dies geschieht, indem der vermutete Wert des Werkes in einer Diskrepanz zum tatsächlichen Wert steht, die sich als Vermögensschaden niederschlägt.

Dementsprechend lässt sich resümieren, dass der Kunstbetrug eine Vielzahl verschiedener Aspekte erfassen kann und aus der strafrechtlichen Betrachtung heraus eine wichtige Stellung im Gefüge der Kunstkriminalität einnimmt. Wie deutlich wurde, sind aber sämtliche Konstellationen durch den allgemeinen Betrugstatbestand erfasst. Strafbarkeitslücken traten nicht zum Vorschein.

4. Der Kunstdiebstahl

Im Weiteren wird sich dem Kunstdiebstahl als Erscheinungsform der Kunstkriminalität zugewandt. Dieser stellt neben der Kunstfälschung und dem Kunstbetrug eine der wesentlichen Erscheinungsformen der Kunstkriminalität dar.[610]

Im Nachfolgenden wird der Kunstdiebstahl zunächst begrifflich und definitorisch dargestellt. Insbesondere wird eine Abgrenzung zum teils unpräzise verwendeten Begriff des Kunstraubes erfolgen. Weiterhin werden die wesentlichen strafrechtlichen Aspekte des kunstspezifischen Diebstahls aufgegriffen. Die strafrechtlichen Besonderheiten konzentrieren sich auf die einschlägigen Begehungsweisen des besonders schweren Falls des Diebstahls gem. § 243 I 2 Nr. 4 u. 5 StGB.

a) Fälle des Kunstdiebstahls

Ein großer Teil der öffentlichen Wahrnehmung der Kunstkriminalität zeigt sich in Form von (oft spektakulären) Kunstdiebstählen. Neben dem erwähnten Diebstahl von Gemälden aus der Frankfurter *Schirn* und dem Diebstahl des Borghorster Stiftkreuzes lassen sich weitere eindrucksvolle Fälle finden.

---

610 Siehe insgesamt zum Kunstdiebstahl die Arbeit von *Werr*, Illegaler Erwerb, Besitz und Handel von Kunstwerken. Eine kriminologisch-kriminalistische Studie über den Kunstdiebstahl i.w.S. und Konsequenzen für die Strafrechtspflege, 1978.

Einer der schwersten Kunstdiebstähle in Deutschland trug sich im Jahre 1979 im thüringischen Gotha zu. Die Täter brachen in die Kunstsammlung des Schlosses Friedenstein ein.

> *„In der Nacht vom 13. zum 14. Dezember 1979 verübten unbekannte Täter im Westflügel des Schlosses einen spektakulären Bilderraub. Dabei wurden aus der Gemäldegalerie ‚Niederländische Meister' Gemälde von Hans Holbein d. Ä., Frans Hals, Anthonis van Dyck, Jan van Brueghel d. Ä. und Jan van Lievens im geschätzten Gesamtwert von 4,5 Millionen DM gestohlen."*[611]

Beinahe vierzig Jahre nach der Tat und der völligen Ungewissheit über den Verbleib der Bilder gab es in der jüngsten Vergangenheit große Erfolge in diesem Fall zu verbuchen. Die Bilder konnten von den Behörden endlich sichergestellt werden.

> *„Doch wie kamen die Bilder nach vierzig Jahren zurück? Am Donnerstag fanden bundesweite Hausdurchsuchungen statt, die im Zusammenhang mit dem Kunstraub von 1979 stehen. Diese leitete das LKA Berlin in Kooperation mit den kriminalpolizeilichen Ermittlungsstellen der betroffenen Bundesländer. Die Vorgeschichte klingt abenteuerlich: Im Juli 2018 traten über einen Anwalt anonyme Personen an die Stiftung Schloss Friedenstein heran, die behaupteten, die Besitzer dieser Gemälde zu sein, und eine weder belegbare noch plausible Erwerbsgeschichte lieferten. Der damalige Stiftungsratsvorsitzende der Stiftung Schloss Friedenstein und Oberbürgermeister Gothas, Knut Kreuch, nahm mit Unterstützung der Münchner Ernst von Siemens Kunststiftung, die bereits mehrfach in derartigen Fällen vermittelt hat, Verhandlungen auf. Am 30. September 2019 kam es in Berlin zur Übergabe der Gemälde an die Stiftung Schloss Friedenstein zum Zweck der Begutachtung. Ziel war, die Authentizität der Gemälde zu prüfen und deren Rückkehr nach Gotha zu ermöglichen. Diese auf drei Monate angesetzten Prüfungen, in die Kunstgutachter und für die maltechnologischen Untersuchungen das Berliner Rathgen-Forschungslabor eingebunden waren, laufen noch. Die Gemälde befinden sich seitdem in sicherer Verwahrung."*[612]

Als einer der „größten Kunstdiebstähle" Europas wird häufig der bewaffnete Diebstahl auf die *Stiftung Sammlung E. G. Bührle* im Februar 2008 in Zürich bezeichnet.[613] Die drei Täter drangen mitten am Tag bewaffnet und mit Sturmhauben maskiert in die Sammlung ein und stahlen eine Vielzahl an Gemälden

---

611 Siehe hierzu die Seite der Stadt Gotha: https://www.gotha.de/service/aktuell/pressemitteilungen/pressemitteilung-detailansicht/article/vor_35_jahren_erlebte_die_residenzstadt_gotha_thueringens_groessten_kunstraub.html (Stand: 15.03.2021).

612 *Trinks*, Fünf Meisterwerke wieder aufgetaucht, FAZ vom 06.12.2019 (Stand: 15.03.2021).

613 *Baumgartner*, Alle vier gestohlenen Bührle-Bilder zurück, Neue Zürcher Zeitung vom 27.04.2012 (Stand: 15.03.2021).

mit einem Gesamtwert von um die 180 Millionen Franken.[614] Bei den Werken handelte es sich um Gemälde von *Cézanne*, *Degas*, *van Gogh* und *Monet*. Einige Kunstwerke konnten kurze Zeit später auf der Rückbank eines gestohlenen Wagens sichergestellt werden.[615] In einer aufwändigen Polizeiaktion, in der bis zu 30 Ermittler aus sechs Ländern eingebunden waren, konnten schließlich 2012 die restlichen Werke in Serbien sichergestellt werden.[616] Die Täter waren Teil einer größeren Bande und wurden der serbischen Justiz zugeführt.[617]

Für deutschlandweite Erschütterung sorgte jüngst der Einbruch in das Grüne Gewölbe in Dresden im November 2019.[618] In den frühen Morgenstunden des 25. November 2019 drangen die Täter in das gesicherte Grüne Gewölbe ein, nachdem sie zuvor die Stromzufuhr unterbrochen hatten.[619] Erbeutet hatten die Täter drei kostbare Schmuckensembles aus der Zeit *Augusts des Starken*.[620] Neben dem hohen finanziellen Schaden ist insbesondere der kulturelle Schaden immens.

> *„Nicht nur die Staatlichen Kunstsammlungen wurden bestohlen, sondern wir Sachsen', sagte Ministerpräsident Michael Kretschmer (CDU) in einer ersten Reaktion. ‚Die Werte, die im Grünen Gewölbe und im Residenzschloss zu finden sind, sind von den Menschen im Freistaat Sachsen über viele Jahrhunderte hart erarbeitet worden.' Man könne die Geschichte Sachsens ohne das Grüne Gewölbe und die Kunstsammlungen nicht verstehen. Das 2006 im Westflügel des wiederaufgebauten Residenzschlosses original wieder errichtete Grüne Gewölbe ist der wertvollste und zugleich spektakulärste Teil der Dresdner Sammlungen."*[621]

---

614 *Baumgartner*, Alle vier gestohlenen Bührle-Bilder zurück, Neue Zürcher Zeitung vom 27.04.2012 (Stand: 15.03.2021).

615 *Baumgartner*, Alle vier gestohlenen Bührle-Bilder zurück, Neue Zürcher Zeitung vom 27.04.2012 (Stand: 15.03.2021).

616 *Baumgartner*, Alle vier gestohlenen Bührle-Bilder zurück, Neue Zürcher Zeitung vom 27.04.2012 (Stand: 15.03.2021).

617 *Baumgartner*, Alle vier gestohlenen Bührle-Bilder zurück, Neue Zürcher Zeitung vom 27.04.2012 (Stand: 15.03.2021).

618 *Locke*, Einbrecher stehlen kostbare Juwelen in Dresden, FAZ vom 25.11.2019 (Stand: 15.03.2021).

619 *Locke*, Einbrecher stehlen kostbare Juwelen in Dresden, FAZ vom 25.11.2019 (Stand: 15.03.2021).

620 *Locke*, Einbrecher stehlen kostbare Juwelen in Dresden, FAZ vom 25.11.2019 (Stand: 15.03.2021).

621 *Locke*, Einbrecher stehlen kostbare Juwelen in Dresden, FAZ vom 25.11.2019 (Stand: 15.03.2021).

Nach einer einleitenden begrifflichen Präzisierung des Kunstdiebstahls wird dieser nachfolgend strafrechtlich untersucht.

b) Definition des Kunstdiebstahls

Eine wichtige begriffliche Unterscheidung ist zwischen dem „gewöhnlichen" Kunstdiebstahl nach den §§ 242 ff. StGB und den Begriffen des Kunstraubs, der Raubkunst sowie der Beutekunst anzustellen.[622] Häufig wird in Publikationen nicht klar zwischen diesen Begriffen unterschieden – oft werden sie sogar synonym gebraucht, was zu unpräzisen Darstellungen führt.[623]

In Abgrenzung zum Kunstdiebstahl beschreibt der Begriff des Kunstraubs Fälle, in denen aufgrund von militärischer oder sonstiger kriegsbedingter Gewalt Kunstgegenstände verlagert werden. Der Begriff der Beutekunst bzw. Raubkunst beschreibt die hieraus erlangten Kunstgegenstände.[624] *Vogel* vertritt in seinem Beitrag „*Kunstraub und internationales Strafrecht*" eine sehr weite Auffassung dieses Begriffs.[625] Es werden Delikte wie Raub, Diebstahl, aber auch Betrug, Hehlerei und Geldwäsche unter den Terminus Kunstraub subsumiert.[626] *Vogel* beschränkt diesen lediglich im Hinblick auf seine Skalierung, indem er zwischen makrokriminellem Kunstraub und dem mikrokriminellen Kunstraub der Alltagskriminalität differenziert.[627] Dementsprechend unterscheidet er weniger die einzelnen strafrechtlich relevanten Handlungen als vielmehr die Begleitumstände der jeweiligen Taten. Den makrokriminellen Erscheinungen ordnet er etwa Krieg, Bürgerkrieg bzw. Verfolgung von Minderheiten zu, während der „*alltagskriminelle*" Kunstraub durch ein grundsätzlich normbefolgungsbereites und nicht anomisches Umfeld gekennzeichnet sei.[628] Ein derart weites

---

622 Siehe hierzu auch *Geerds*, Göppinger-FS 1990, S. 314. dieser setzt hier auch die Echtheit des Kunstwerkes voraus; *Werr* 1978, S. 19 ff.; *Vogel*, JZ 2010, S. 1144 f. Siehe hierzu auch die oben bereits beschriebenen Begrifflichkeiten.

623 Siehe etwa bei *Vogel*, JZ 2010, S. 1143 ff., hier werden sämtliche Diebstahlsdelikte auch unter den Terminus Kunstraub gefasst; weiterhin auch *Werr* 1978, S. 19 ff., 23 f., dort wird auch der illegale Handel mit entsprechenden Gütern dem Kunstdiebstahl zugerechnet. Siehe zu einer etwas präziseren Unterscheidung der Begriffe Kunstdiebstahl und Kunstraub sowie auch zu einzelnen Formen des Kunstraubes *Schack* 2017, Rn. 479 ff.

624 *Müller-Katzenburg*, NJW 1999, S. 2551 f.; *Schack* 2017, Rn. 479 ff, 485 ff., 488 ff.

625 *Vogel*, JZ 2010, S. 1143 f.

626 *Vogel*, JZ 2010, S. 1144.

627 *Vogel*, JZ 2010, S. 1144 f.

628 *Vogel*, JZ 2010, S. 1144 f.

Verständnis des Kunstraubes bringt das Problem mit sich, dass Erscheinungsformen der Kunstkriminalität zusammengefasst werden, die hinsichtlich ihrer Phänomenologie doch sehr unterschiedlich sind. Mithin wird vorliegend dieser weiten Auffassung nicht gefolgt, auch da sich der kriegsbedingte Kunstraub nur schwerlich mit dem von *Vogel* als *„alltagskriminell"* verstandenen Kunstraub begrifflich gleichsetzen lässt. Der Begriff des Kunstraubs soll lediglich für die Fälle Verwendung finden, in denen es zur verfolgungsbedingten Wegnahme von Kunst- und Kulturgegenständen kommt.[629]

Zu klären bleibt nun, aus welchen Delikten sich der Kunstdiebstahl als Überbegriff zusammensetzt. Eine weite Auffassung vertritt *Werr*, die betont, dass sich der Deliktsbereich nicht nur auf Diebstähle i.S.d. §§ 242 ff. StGB beschränke.[630] Hier wird von einem sog. Kunstdiebstahl i.w.S. ausgegangen.[631] Davon seien nicht nur Diebstahldelikte erfasst, sondern

> *„alle Praktiken kriminellen Erwerbs von Kunstwerken [...], d.h. jede Handlung, durch die jemand in den illegalen Besitz eines Kunstwerkes gelangt. Das bedeutet, strafrechtlich gesehen sind dem Kunstdiebstahl i.w.S. neben dem Diebstahl ggf. auch Raub und räuberischer Diebstahl, aber ebenso Betrug, Unterschlagung und Untreue zuzuordnen. Jedes Überführen eines Kunstgegenstandes aus einem rechtmäßigen in ein rechtswidriges Besitzverhältnis ist tatsächlich betrachtet als „Kunstdiebstahl" i.w.S. zu werten."*[632]

Eine solche Definition könnte also eine Vielzahl an Vermögens- und Eigentumsdelikten im Bereich der Kunst unter den Begriff Kunstdiebstahl zusammenfassen. Nachteilig erscheint aber, dass eine derart weite Betrachtung gleichzeitig zu einer Unübersichtlichkeit führt und den Erscheinungsformen des Deliktsbereichs nicht gerecht wird.

Mithin soll der nachfolgenden Betrachtung der Kunstdiebstahl i.e.S. zugrunde gelegt werden. Dieser umfasst die Fälle der §§ 242 ff. StGB, in denen das Tatobjekt ein – oben näher bezeichneter – Kunstgegenstand ist.

c) Die strafrechtliche Würdigung des Kunstdiebstahls

Die strafrechtliche Analyse geht zunächst in der gebotenen Kürze auf den einfachen Diebstahl nach § 242 StGB ein. Anschließend werden die einschlägigen Regelbeispiele des § 243 StGB beleuchtet. Die Darstellung wird sich

---

629 Vgl. hierzu *Hartung* 2005, S. 54; *Sprenger/Gerhardt*, ZRP 2014, S. 185.
630 *Werr* 1978, S. 21 ff.
631 *Werr* 1978, S. 21.
632 *Werr* 1978, S. 21.

schwerpunktmäßig auf die kunstspezifischen, besonders schweren Fälle des Diebstahls gem. § 243 I 2 Nr. 4 und 5 StGB beziehen.

Delikte, wie *Werr* sie aufführt, die tatbestandlich einen Diebstahl bzw. Raub voraussetzen bzw. wie der Raub selbst einen Diebstahl tatbestandlich enthalten, sollen nicht gesondert betrachtet werden.[633]

aa) Diebstahl gem. § 242 StGB

Die Voraussetzungen des Diebstahls gem. § 242 I StGB sind vorliegend unproblematisch und sollen nur knapp beleuchtet werden.

Im Hinblick auf das Tatobjekt muss es sich denknotwendig um einen wie oben präzisierten Kunstgegenstand handeln. Hinsichtlich der erforderlichen Wegnahme sind keine besonderen kunstspezifischen Problematiken zu erwarten.[634] *Werr* geht in diesem Zusammenhang knapp auf denkbare Besonderheiten des § 242 StGB im Zusammenhang mit Kunst ein. So erwähnt sie etwa die Sacheigenschaft von Denkmälern, wenn diese fest im Boden verankert sind. Bezüglich des Gewahrsams wird in der Darstellung kurz auf die Frage eingegangen, wer beim Eigentum der öffentlichen Hand Gewahrsamsinhaber ist.[635] Schließlich thematisiert *Werr* auch die Art des Gewahrsamsbruchs, der sich abhängig von der Größe und Beschaffenheit des Kunstgegenstands verhält.[636] Dies zeigt, dass beim Diebstahl von Kunstobjekten innerhalb des Grundtatbestands des § 242 StGB keine charakteristischen Besonderheiten gegenüber allgemeinen Diebstahlstaten zu erwarten sind. Im subjektiven Tatbestand des Diebstahls werden sich im Regelfall ebenso wenig besondere Schwierigkeiten ergeben.[637]

bb) Die kunstspezifischen besonders schweren Fälle des § 243 I StGB

Im Weiteren findet eine Auseinandersetzung mit besonders schweren Fällen des § 243 I 2 Nr. 4 und 5 StGB statt, die beim Kunstdiebstahl relevant sind.

---

633 *Werr* 1978, S. 21; zum Tatbestand des Raubes und des räuberischen Diebstahls vgl. MK-StGB/*Sander* 2017, § 249, Rn. 7 ff., § 252 Rn. 5 ff.

634 Zu den allgemeinen Voraussetzungen des Diebstahls gem.§ 242 StGB siehe beispielsweise Sch/Sch/*Bosch* 2019, § 242, Rn. 8 ff.

635 *Werr* 1978, S. 21 ff.

636 *Werr* 1978, S. 35 ff.

637 Die denkbaren problematischen Konstellationen, die sich innerhalb des subjektiven Tatbestands bei einer Strafbarkeit nach § 242 StGB in Fällen der Kunsterpressung ergeben können, werden im Abschnitt zur Kunsterpressung angesprochen.

(1) § 243 I 2 Nr. 5 StGB

Der besonders schwere Fall des Diebstahls geht in § 243 I 2 Nr. 5 StGB auf den Diebstahl von Sachen ein, die von Bedeutung für Wissenschaft, Kunst oder Geschichte oder für die technische Entwicklung sind und die sich in einer allgemein zugänglichen Sammlung befinden oder öffentlich ausgestellt sind.[638]

Der Normzweck ist gleichlaufend zu dem des § 304 StGB.[639] So soll zum Schutz kulturell bedeutsamer und allgemein zugänglicher oder öffentlich ausgestellter Gegenstände eine Strafschärfung stattfinden.[640] Dabei wird ein Normzweck verfolgt, der über den bloßen Schutz des Eigentums hinausgeht.[641] Überdies sollen die Objekte deshalb strengeren strafrechtlichen Schutz erfahren, da sie wegen der öffentlichen Präsentation in einer Sammlung oder Ausstellung vor Wegnahme weniger geschützt sind.[642] In der Gesetzesbegründung wird dies so ausgedrückt:

> *„Nummer 5 […] gewährt Sachen von kultureller Bedeutung, die der Öffentlichkeit durch Ausstellung zugänglich gemacht werden, einen erhöhten Schutz. Sachen dieser Art sind der Gefahr des Diebstahls besonders ausgesetzt, und Diebstähle, die an solchen Sachen begangen werden, sind besonders strafwürdig, weil sie die Allgemeinheit um vielleicht unersetzliche Werte schädigen und weil in ihnen ein besonders grober Mißbrauch des den Besuchern von Sammlungen oder Ausstellungen entgegengebrachten Vertrauens zum Ausdruck kommt.“*[643]

Der spezifische Unwert des Regelbeispiels wird in der Kenntnis des Täters von ebendiesen Umständen gesehen.[644]

---

638 Siehe insgesamt hierzu Beck-OK StGB/*Wittig* 2021, § 243, Rn. 1 ff., 22; NK-StGB/*Kindhäuser* 2017, § 243, Rn. 31 ff.; Lackner/Kühl/*Kühl* 2018, § 243, Rn. 20; MK-StGB/*Schmitz* 2017, § 243, Rn. 46 ff.; Sch/Sch/*Bosch* 2019, § 243, Rn. 35 ff.; SK-StGB/*Hoyer* 2018, § 243, Rn. 35.

639 Sch/Sch/*Bosch* 2019, § 243, Rn. 35; NK-StGB/*Kindhäuser* 2017, § 243, Rn. 31.

640 Sch/Sch/*Bosch* 2019, § 243, Rn. 35; LK/*Vogel* 2010, § 243, Rn. 42; BT-Drs. IV/650 z. E 1962 Begr., S. 404.

641 NK-StGB/*Kindhäuser* 2017, § 243, Rn. 31; Sch/Sch/*Bosch* 2019, § 243, Rn. 35.

642 MK-StGB/*Schmitz* 2017, § 243, Rn. 46; Sch/Sch/*Bosch* 2019, § 243, Rn. 35; BT-Drs. IV/650 z. E 1962 Begr., S. 404.

643 BT-Drs. IV/650 z. E 1962 Begr., S. 404.

644 MK-StGB/*Schmitz* 2017, § 243, Rn. 46.

(a) Tatobjekte

Wie die Gesetzesformulierung vermuten lässt, ist eine allzu präzise Definition des Tatobjekts schwierig. Der weit formulierte Umfang des § 243 I 2 Nr. 5 StGB, der Sachen von Bedeutung für Wissenschaft, Kunst oder Geschichte oder für die technische Entwicklung umfasst, die sich in einer allgemein zugänglichen Sammlung befinden oder öffentlich ausgestellt sind, führt zu ungenauen Beschreibungen innerhalb der Literatur.[645] Aus dem umfangreichen Schutz der verschiedenen Gegenstände resultiert eine geringere Relevanz von Abgrenzungsfragen. Mithin werden in der Literatur zwischen den einzelnen Schutzbereichen zumeist keine oder nur geringe Bemühungen um Abgrenzung angestellt.[646]

Beim Tatobjekt selbst wird an dessen Bedeutung angeknüpft, die sich aus historischen Gesichtspunkten sowie aus der zukünftigen Entwicklung ergibt.[647] Der etwas konturlose Begriff der Bedeutung wird nach verbreiteter Ansicht darüber bestimmt, ob die entsprechende (Teil-)Disziplin durch den Verlust der jeweiligen Sache nach Auffassung der Fachwelt empfindlich getroffen würde.[648] Ebenfalls berücksichtigt wird die Einmaligkeit der Sache oder die Schwierigkeit der Wiederbeschaffung.[649] Der Marktwert kann nur bei den Gegenständen angeführt werden, denen ein solcher überhaupt zukommt, was hauptsächlich bei Kunstgegenständen der Fall ist.[650] Die Relevanz des Marktwertes bei der Bestimmung der Bedeutung der Sache i.S.d. § 243 I 2 Nr. 5 StGB wird unterschiedlich beurteilt. *Vogel* misst dem Marktwert der Sache eine nachgeordnete Rolle bei der Bestimmung der Bedeutung zu.[651] *Kindhäuser* lässt eine Berücksichtigung des Wertes indirekt zu, wenn die Sache *„eine Sammlung wesentlich und werterhöhend ergänzt"*.[652] *Schmitz* führt zutreffend an, dass der Marktwert allenfalls bei

645 So auch Sch/Sch/*Bosch* 2019, § 243, Rn. 36.

646 So wird dies auch von NK-StGB/*Kindhäuser* 2017, § 243, Rn. 32 begründet; bei MK-StGB/*Schmitz* 2017, § 243, Rn. 47 findet indessen gar keine vertiefte Auseinandersetzung statt. Sch/Sch/*Bosch* 2019, § 243, Rn. 36 beschreibt die Begriffe dabei als *„unpräzise und unklar"*.

647 NK-StGB/*Kindhäuser* 2017, § 243, Rn. 32.

648 MK-StGB/*Schmitz* 2017, § 243, Rn. 47; NK-StGB/*Kindhäuser* 2017, § 243, Rn. 32; während Lackner/Kühl/*Kühl* 2018, § 243, Rn. 20 dies negativ beschreibt.

649 MK-StGB/*Schmitz* 2017, § 243, Rn. 47; NK-StGB/*Kindhäuser* 2017, § 243, Rn. 32.

650 MK-StGB/*Schmitz* 2017, § 243, Rn. 47; kritisch hierzu auch LK/*Vogel* 2010, § 243, Rn. 43.

651 LK/*Vogel* 2010, § 243, Rn. 43.

652 NK-StGB/*Kindhäuser* 2017, § 243, Rn. 32.

Kunstgegenständen eine indizielle Funktion für die Bedeutung haben könne.[653] Aus einem hohen Marktwert kann keine direkte und zwingende Beziehung zur Bedeutung der Sache des § 243 I 2 Nr. 5 StGB hergestellt werden.

Unterschiedlich wird auch beurteilt, wie es sich auswirken kann, dass der Wert einzelner Gegenstände dadurch erhöht wird, dass sie Teile einer Sammlung sind.[654] Grundsätzlich hat die Zugehörigkeit zu einer Sammlung Indizwirkung für die Bedeutung des Gegenstands. Aus der Gesetzesbegründung ergeben sich aber Einschränkungen.[655] So heißt es dort:

> *„Geschützt sind nicht schlechthin alle Sachen, die sich in Sammlungen befinden oder öffentlich ausgestellt sind, sondern nur Sachen, die für Wissenschaft, Kunst oder Geschichte oder für die technische Entwicklung von Bedeutung sind. Es ist also nicht jeder Stein in einer Mineraliensammlung oder jedes Bild in einer Galerie geschützt.“*[656]

Somit ist für die Bedeutung einer Sache nicht allein die Zugehörigkeit zu einer Sammlung konstitutiv. Dies ergibt sich aus dem Wortlaut des § 243 I 2 Nr. 5 StGB, in dem die Bedeutung und die Zugehörigkeit der Sammlung nicht voneinander abhängen. *Vogel* wie auch *Kindhäuser* nehmen aber an, dass eine Bedeutung auch vorliegen kann, wenn die Bedeutung der Sammlung in ihrer Vollständigkeit zu sehen ist.[657]

Insgesamt kann die Sammlungszugehörigkeit einer Sache nur als Indiz für deren Bedeutung dienen. Wird eine Sammlung durch eine bestimmte Sache erst vervollständigt, so spricht dies für dessen Bedeutung i.S.d. § 243 I 2 Nr. 5 StGB. Die Bedeutung ist mithin im konkreten Einzelfall zu beurteilen.

(b) Allgemein zugängliche Sammlung oder öffentliche Ausstellung

Neben den Anforderungen an das Tatobjekt ist weiterhin dessen Aufbewahrungsort entscheidend. Nach dem Gesetzeswortlaut muss sich die Sache in einer allgemein zugänglichen Sammlung befinden oder öffentlich ausgestellt sein.

Die allgemeine Zugänglichkeit der Sammlung liegt vor, wenn diese für einen größeren Personenkreis geöffnet ist, der nach Zahl und Identität unbestimmt

---

653 MK-StGB/*Schmitz* 2017, § 243, Rn. 47.

654 MK-StGB/*Schmitz* 2017, § 243, Rn. 47; NK-StGB/*Kindhäuser* 2017, § 243, Rn. 32; LK/*Vogel* 2010, § 243, Rn. 43.

655 LK/*Vogel* 2010, § 243, Rn. 43; *Fischer* 2021, § 243, Rn. 20; zur Gesetzesbegründung siehe BT-Drs. IV/650 z. E 1962 Begr., S. 404.

656 BT-Drs. IV/650 z. E 1962 Begr., S. 404.

657 LK/*Vogel* 2010, § 243, Rn. 43; NK-StGB/*Kindhäuser* 2017, § 243, Rn. 32.

ist und nicht durch eine persönliche Beziehung innerlich verbunden ist.[658] Der allgemeinen Zugänglichkeit steht es nicht entgegen, wenn für den Zutritt ein Entgelt erhoben wird bzw. dieser nur Personen mit bestimmten Voraussetzungen erteilt wird oder eine besondere Erlaubnis erforderlich ist, sofern diese regelmäßig erteilt wird.[659] Ebenfalls scheitert diese nicht an einer begrenzten Besucherzahl.[660] Die gestohlene Sache muss sich nach herrschender Ansicht im allgemeinzugänglichen Teil der Sammlung befinden.[661] Ein Diebstahl aus einem Museumsmagazin wäre beispielsweise nicht erfasst, da es dabei an der unrechtsbegründenden Schutzlosigkeit fehlt.[662] Die Eigentumslage der Sammlung ist unerheblich.[663]

Zur Verwirklichung des § 243 I 2 Nr. 5 StGB kann das Tatobjekt auch öffentlich ausgestellt sein. Eine öffentliche Ausstellung liegt vor, wenn die Sache zum Zweck der Besichtigung einem Personenkreis zugänglich gemacht wird, der quantitativ und individuell nicht bestimmt ist.[664] Der Ort, an dem die Sache ausgestellt ist, ist regelmäßig ohne Belang.[665] Als denkbare Orte kommen Parks oder sonstige öffentliche Plätze in Betracht; ebenso wie öffentlich zugängliche Räume von Hotels oder Banken, da diese ebenfalls dem Schutzzweck des § 243 I 2 Nr. 5 StGB unterliegen und ein öffentliches Interesse nicht verfolgt werden muss.[666]

(c) Subjektiver Tatbestand

Der Vorsatz muss sich auf die Bedeutung der Sache für die Kunst bzw. für den jeweiligen Bereich richten.[667] Der Täter muss aufgrund der Tatsache, dass es sich hierbei um ein normatives Tatbestandsmerkmal[668] handelt, den Verlust

---

658 LK/*Vogel* 2010, § 243, Rn. 44; *Fischer* 2021, § 243, Rn. 20.

659 *Fischer* 2021, § 243, Rn. 20; LK/*Vogel* 2010, § 243, Rn. 44; HK/*Duttge* 2017, § 243, Rn. 45.

660 LK/*Vogel* 2010, § 243, Rn. 44.

661 HK/*Duttge* 2017, § 243, Rn. 45; MK-StGB/*Schmitz* 2017, § 243, Rn. 48 f.; Sch/Sch/*Bosch* 2019, § 243, Rn. 37; a.A. *Fischer* 2021, § 243, Rn. 20.

662 HK/*Duttge* 2017, § 243, Rn. 45; MK-StGB/*Schmitz* 2017, § 243, Rn. 48 f.; Sch/Sch/*Bosch* 2019, § 243, Rn. 37; a.A. *Fischer* 2021, § 243, Rn. 20.

663 LK/*Vogel* 2010, § 243, Rn. 44.

664 HK/*Duttge* 2017, § 243, Rn. 46, 44; *Fischer* 2021, § 243, Rn. 20.

665 HK/*Duttge* 2017, § 243, Rn. 46.

666 LK/*Vogel* 2010, § 243, Rn. 44.

667 LK/*Vogel* 2010, § 243, Rn. 45.

668 Siehe zum normativen Tatbestandsmerkmal *Wessels*/*Beulke*/*Satzger* 2020, Rn. 196.

hinsichtlich der Bedeutung des Gegenstands jedenfalls laienhaft erfassen.[669] Ein solcher Vorsatz entfällt beispielsweise, wenn es dem Täter nur auf den materiellen Wert der Sache ankommt oder er sich in Verkennung der kulturellen Bedeutung des Objekts entledigt.[670]

(2) § 243 I 2 Nr. 4 StGB

Sowohl beim Regelbeispiel des besonders schweren Diebstahls gem. § 243 I 2 Nr. 4 StGB wie auch bei der gemeinschädlichen Sachbeschädigung i.S.d. § 304 I StGB werden neben den Kunst- und Kulturgütern auch Sachen geschützt, die dem Gottesdienst gewidmet sind oder die der religiösen Verehrung dienen. Zwar handelt es sich hierbei nicht ausdrücklich um Kunst- und Kulturgüter, doch sind viele dieser Gegenstände als solche zu begreifen.[671] Dieser Umstand wird bei der noch folgenden Betrachtung der infrage kommenden Tatobjekte des § 243 I 2 Nr. 4 StGB zusätzlich deutlich. Diese werden nach der hier zugrunde gelegten Ansicht der Kunstkriminalität im Gesamten zugeordnet.

Der Schutzzweck des § 243 I 2 Nr. 4 StGB wird innerhalb der Literatur unterschiedlich gedeutet. So gehen etwa *Vogel* und *Kindhäuser* unter Bezugnahme auf die Gesetzesbegründung davon aus, dass durch den Schutz der religiösen Gegenstände eine Strafschärfung erfolgen soll, weil es besonders verwerflich erscheine, wenn durch derartige Taten zugleich das religiöse Empfinden anderer verletzt werde.[672] Ebenso komme hinzu, dass die Gegenstände meist einen hohen Wert hätten und dass sie sich häufig in dauernd zugänglichen Kirchen befänden, wo sie wenig bewacht und vielen zugänglich seien.[673] *Schmitz*, *Bosch* und *Wittig* nehmen entgegen der Gesetzesbegründung die Verletzung eines religiösen Empfindens für die besondere Verwerflichkeit nicht an.[674] Der Schutzzweck beruhe darauf, Objekte zu schützen, die häufig allgemein zugänglich und für die jeweilige Glaubensgemeinschaft zumeist unersetzlich seien.[675]

---

669 LK/*Vogel* 2010, § 243, Rn. 45.

670 LK/*Vogel* 2010, § 243, Rn. 45.

671 Vgl. hierzu mit einigen Beispielen: BGH, NJW 1966, S. 1419 f.

672 LK/*Vogel* 2010, § 243, Rn. 38; NK-StGB/*Kindhäuser* 2017, § 243, Rn. 27a; sowie BT-Drs. IV/650 z. E 1962 Begr., S. 404.

673 LK/*Vogel* 2010, § 243, Rn. 38; vgl. auch BT-Drs. IV/650 z. E 1962 Begr., S. 404.

674 MK-StGB/*Schmitz* 2017, § 243, Rn. 42; mit weiteren Nachweisen Sch/Sch/*Bosch* 2019, § 243, Rn. 32; Beck-OK StGB/*Wittig* 2021, § 243, Rn. 21.

675 MK-StGB/*Schmitz* 2017, § 243, Rn. 42; mit weiteren Nachweisen Sch/Sch/*Bosch* 2019, § 243, Rn. 32; Beck-OK StGB/*Wittig* 2021, § 243, Rn. 21.

Wie auch bei den Sachen des § 243 I 2 Nr. 5 StGB finden sich weitere Anforderungen, die zum einen die Sache selbst sowie andererseits den Tatort betreffen. Im Folgenden wird näher auf beides eingegangen.

(a) Tatobjekte

Von § 243 I 2 Nr. 4 StGB werden Sachen geschützt, die aus einer Kirche oder einem anderen der Religionsausübung dienenden Gebäude oder Raum gestohlen werden, die dem Gottesdienst gewidmet sind oder der religiösen Verehrung dienen. Sachen gelten dann als dem Gottesdienst gewidmet, wenn sie unmittelbar dazu dienen, dass an oder mit ihnen gottesdienstliche Handlungen vorgenommen werden.[676] Hierunter fallen zum Beispiel Gegenstände wie Altäre, Kelche, Monstranzen, Weihwasserkessel und Altarkerzen.[677]

Sachen der religiösen Verehrung sind Objekte, denen von den Angehörigen der jeweiligen Glaubensgemeinschaft eine besondere Ehrfurcht entgegengebracht wird.[678] Als Beispiele können Madonnen- bzw. Heiligenstatuen, Ikonen, Votivtafeln, Reliquien oder Kruzifixe genannt werden.[679]

Nicht von § 243 I 2 Nr. 4 StGB erfasst sind Gegenstände wie etwa Sitzbänke, Opferstöcke oder Ähnliches, auch wenn diese sich üblicherweise in sakralen Gebäuden befinden. Ebenfalls nicht erfasst sind künstlerische Werke, die lediglich als Inventar des Gebäudes anzusehen sind.[680] Kirchenstühle oder Kunstwerke wie Figuren an Kanzeln oder Ähnliches fallen nicht unter den Schutz der Norm, da der von ihr verfolgte Pietätsschutz keine derartige Ausweitung verlange.[681]

Wie an den aufgeführten Sachen, die von § 243 I 2 Nr. 4 StGB erfasst werden, deutlich wird, sind dies ganz überwiegend Objekte, die auch als Gegenstände der bildenden Kunst oder der angewandten Kunst zu verstehen sind. Mithin wird hier erneut deutlich, dass Fälle des § 243 I 2 Nr. 4 StGB der Kunstkriminalität zuzuordnen sind.

---

676 LK/*Vogel* 2010, § 243, Rn. 45.

677 LK/*Vogel* 2010, § 243, Rn. 45; MK-StGB/*Schmitz* 2017, § 243, Rn. 43; *Fischer* 2021, § 243, Rn. 19; BGH, U. v. 3.5.1966 – 1 StR 506/65, NJW 1966, S. 1419 f.

678 MK-StGB/*Schmitz* 2017, § 243, Rn. 43.

679 MK-StGB/*Schmitz* 2017, § 243, Rn. 43; LK/*Wolff* 2008, § 304, Rn. 3; *Fischer* 2021, § 243, Rn. 19.

680 LK/*Vogel* 2010, § 243, Rn. 40.

681 LK/*Vogel* 2010, § 243, Rn. 40.

(b) *Kirchen oder andere der Religionsausübung dienende Gebäude oder Räume*

Weiterhin setzt § 243 I 2 Nr. 4 StGB voraus, dass sich die Sache zum Tatzeitpunkt in einer Kirche oder einem anderen der Religionsausübung dienenden Gebäude oder Raum befindet.[682] Durch die weite Formulierung verfolgt der Gesetzgeber die Intention, nicht nur christliche Kirchen zu erfassen. Vielmehr sollen neben Kirchen auch Gebäude oder Räume geschützt werden, die der Ausübung „*irgendeiner Religion dienen*".[683] Dabei genügt jede Form der Religionsausübung, maßgeblich ist die Anschauung der jeweiligen Religionsgemeinschaft.[684]

Die Kirche oder das andere der Religionsausübung dienende Gebäude oder der Raum erfüllt die Voraussetzung des Dienens zur Religionsausübung, wenn der Ort tatsächlich für diesen Zweck genutzt wird.[685] Mithin zählen entwidmete und privaten Nutzungen zugeführte Räumlichkeiten nicht mehr hierzu; allerdings genügt es, wenn Profanbauten nachträglich zur Ausübung einer Religion gewidmet werden.[686] Ausreichend ist in diesem Zusammenhang auch ein Raum in einem Privathaus, der beispielsweise einer Sekte zur Religionsausübung dient.[687] Ebenso erfasst ist eine Krankenhauskapelle.[688] Es genügt auch, wenn es sich um Nebenräume handelt, die mit dem Kirchenraum verbunden sind und beispielsweise der Vorbereitung des Abendmahlkelches dienen (Sakristei).[689] Gänzlich profane Gebäudeteile genügen den Voraussetzungen regelmäßig nicht, wie zum Beispiel der Dachboden oder Heizungskeller einer Kirche.[690]

Die Räumlichkeit muss für die Verwirklichung des Regelbeispiels nicht betreten werden. Ausreichend ist, dass in den jeweiligen Raum hineingegriffen wird.[691] Ferner ist unerheblich, ob der jeweilige Raum vom Täter wieder

---

682 Vgl. LK/*Vogel* 2010, § 243, Rn. 41.
683 Sch/Sch/*Bosch* 2019, § 243, Rn. 33.
684 MK-StGB/*Schmitz* 2017, § 243, Rn. 44.
685 Sch/Sch/*Bosch* 2019, § 243, Rn. 33; LK/*Vogel* 2010, § 243, Rn. 41; MK-StGB/*Schmitz* 2017, § 243, Rn. 44.
686 LK/*Vogel* 2010, § 243, Rn. 41; MK-StGB/*Schmitz* 2017, § 243, Rn. 44.
687 LK/*Vogel* 2010, § 243, Rn. 41.
688 NK-StGB/*Kindhäuser* 2017, § 243, Rn. 29.
689 LK/*Vogel* 2010, § 243, Rn. 41; BGH, U. v. 3.5.1966 – 1 StR 506/65, NJW 1966, S. 1420.
690 NK-StGB/*Kindhäuser* 2017, § 243, Rn. 29; LK/*Vogel* 2010, § 243, Rn. 41.
691 LK/*Vogel* 2010, § 243, Rn. 41; MK-StGB/*Schmitz* 2017, § 243, Rn. 45; NK-StGB/*Kindhäuser* 2017, § 243, Rn. 30.

verlassen wurde, da die Vollendung des Diebstahls bereits durch das Einstecken der jeweiligen Sache eintritt.[692]

(3) Weitere Überlegungen zu den Regelbeispielen des § 243 StGB im Rahmen des Kunstdiebstahls

Neben den aufgezeigten Regelbeispielen mit Bezug zum Kunstdiebstahl ist fraglich, inwiefern auch unbenannte Fälle des § 243 StGB für den Kunstdiebstahl relevant werden können. Ebenso ist die Frage zu beantworten, ob die Geringwertigkeitsklausel des § 243 II StGB auf die zuvor dargestellten Regelbeispiele Anwendung finden kann.

(a) Unbenannte Fälle des § 243 I StGB im Bereich des Kunstdiebstahls

Denkbar ist, dass auch unbenannte Fälle des § 243 I StGB für den Kunstdiebstahl relevant werden können.

Ein unbenannter besonders schwerer Fall liegt vor, wenn sich die Tat unter Berücksichtigung des gesamten Tatbildes und der Täterpersönlichkeit nach ihrem Gewicht und ihrer Schuld vom durchschnittlichen Fall des Diebstahls nach § 242 StGB abhebt.[693] Diese Auffassung wird bisweilen kritisch gesehen.[694] *Schmitz* setzt etwa voraus, dass ein gewisser vergleichbarer Kerngehalt zwischen dem unbenannten und dem benannten Fall vorliegen müsse.[695] Für *Hoyer* hat die Verwirklichung der benannten Regelbeispiele Indizwirkung für das Vorliegen eines besonders schweren Falles – gleichzeitig sei ein solcher zumeist nicht anzunehmen, wenn kein Regelbeispiel verwirklicht worden sei.[696] *Schmitz ist hier zuzustimmen. Eine zu abstrakte und allgemeine Zuordnung von Fällen zu § 243 I StGB könnte dazu führen, dass auch Tatkonstellationen zu § 243 I StGB gerechnet werden, die ausreichende Berücksichtigung* in der allgemeinen Strafzumessung finden können.[697] Dementsprechend sieht *Schmitz* als Beispiel für eine an § 243 I 2 Nr. 5 StGB angelehnte Konstellation den „*Diebstahl einer iSd Nr. 5 bedeutenden Sache aus einer Sammlung, die zwar einem größeren Personenkreis,*

---

692 LK/*Vogel* 2010, § 243, Rn. 41; NK-StGB/*Kindhäuser* 2017, § 243, Rn. 30.

693 Sch/Sch/*Bosch* 2019, § 243, Rn. 42a; Beck-OK StGB/*Wittig* 2021, § 243, Rn. 25; *Detter*, NStZ 2000, S. 578; BGH, U. v. 17.09.1980 - 2 StR 355/80.

694 MK-StGB/*Schmitz* 2017, § 243, Rn. 61 f.; ähnlich auch SK-StGB/*Hoyer* 2018, § 243, Rn. 12.

695 MK-StGB/*Schmitz* 2017, § 243, Rn. 61 f.

696 SK-StGB/*Hoyer* 2018, § 243, Rn. 12.

697 Vgl. auch SK-StGB/*Hoyer* 2018, § 243, Rn. 12; MK-StGB/*Schmitz* 2017, § 243, Rn. 61 f.

aber nicht öffentlich zugänglich sein soll, faktisch aber (zB wegen fehlender Kontrollen) ein allgemeiner Zugang möglich ist" als denkbar an.[698]

Fischer hebt hervor, dass ein solcher unbenannter Fall auch mit dem hohen Wert einer Sache korrelieren kann. So ergeben sich durchaus Möglichkeiten im Bereich des Kunstdiebstahls, in denen kunstspezifische Besonderheiten ihren Niederschlag finden können.[699] Unter der Prämisse, dass die Tatkonstellation mit einem benannten Fall vergleichbar ist, können die strengen Voraussetzungen des § 243 I 2 Nr. 5 StGB in engen Grenzen erweitert werden. Insgesamt zeigt sich, dass im Rahmen des Kunstdiebstahls unbenannte Fälle des § 243 I StGB in engen Grenzen möglich sind. Diese müssen sich jedoch im Wesentlichen an den benannten Fällen orientieren.

(b) Anwendbarkeit der Geringwertigkeitsklausel gem. § 243 II StGB in den Fällen des § 243 I 2 Nr. 4 und 5 StGB

Weiterhin bleibt fraglich, inwieweit die Fälle des § 243 I 2 Nr. 4 und 5 StGB von der in § 243 II StGB festgesetzten Geringwertigkeitsgrenze betroffen sind. Nach dem Wortlaut sind die Fälle des § 243 I 2 Nr. 4 und 5 erfasst: „*In den Fällen des Absatzes 1 Satz 2 Nr. 1 bis 6 ist ein besonders schwerer Fall ausgeschlossen, wenn sich die Tat auf eine geringwertige Sache bezieht.*" Grundsätzlich ist die Geringwertigkeit für alle Regelbeispiele gleich festzusetzen.[700] Dabei wird die finanzielle Grenze unterschiedlich beurteilt und etwa von *Schmitz* mit 50 Euro und von *Fischer* mit 25 Euro beziffert.[701] Eine Ausnahme von dieser Wertgrenze wird aber sowohl von der Literatur als auch von der höchstrichterlichen Rechtsprechung dann zugelassen, wenn es sich um von den Regelbeispielen in Nr. 4 und Nr. 5 umfasste Gegenstände handelt, denen aber ein messbarer Substanz- oder Marktwert fehlt.[702] Dies solle, so etwa *Bosch*, bei Reliquien der Fall sein oder, wie *Kindhäuser* weitergehend festhält, generell für Gegenstände der religiösen

698 MK-StGB/*Schmitz* 2017, § 243, Rn. 61.

699 *Fischer* 2021, § 243, Rn. 23; BGH, U. v. 17.09.1980 - 2 StR 355/80, NJW 1981, S. 693.

700 Sch/Sch/*Bosch* 2019, § 243, Rn. 51; MK-StGB/*Schmitz* 2017, § 243, Rn. 68.

701 MK-StGB/*Schmitz* 2017, § 243, Rn. 67; *Fischer* 2021, § 243, Rn. 25.

702 Sch/Sch/*Bosch* 2019, § 243, Rn. 51; NK-StGB/*Kindhäuser* 2017, § 243, Rn. 53; *Fischer* 2021, § 243, Rn. 24; BGH, U. v. 10.5.1977 - 1 StR 167/77, NJW 1977, S. 1460 f.; a.A. MK-StGB/*Schmitz* 2017, § 243, Rn. 68; während SK-StGB/*Hoyer* 2018, § 243, Rn. 41 f., 43 dies sehr differenziert betrachtet und auch für selten gehandelte Sachen darauf abstellt, was durch die Objekte zu erzielen wäre, wenn lediglich wirtschaftliche Aspekte von allen Marktteilnehmern zugrunde gelegt würden.

Verehrung und Kulturgüter gelten.[703] Ausdrücklich widerspricht dem *Schmitz*, der ausführt, dass durch eine solche Annahme der Wille des Gesetzgebers verkannt werde, der lediglich Nr. 7 ausnehmen wollte.[704] Entgegen der h.M. sei gerade nicht auf den potentiellen hinter diesen Sachen liegenden ideellen Wert abzustellen.[705] Trotzdem ist mit der verbreiteten Ansicht eine Ausnahme bei den Gegenständen zuzulassen, deren Wert sich nicht merkantil fassen lässt. Nur durch eine solche Ausnahme kann dem Schutzzweck des § 243 I 2 Nr. 4 und 5 StGB ausreichend Rechnung getragen werden. Mithin ist der zutreffenden Ansicht zu folgen, die eine Ausnahme von der Geringwertigkeitsgrenze des § 243 II StGB für die Sachen der Regelbeispiele des § 243 I 2 Nr. 4 und 5 StGB zulässt.

d) Ergebnis zur Strafbarkeit des Kunstdiebstahls

Der Kunstdiebstahl zeigt im Rahmen des Diebstahls gem. § 242 StGB keine Besonderheiten.[706]

In den Regelbeispielen des § 243 I 2 Nr. 4 und 5 StGB wird der kulturelle bzw. religiöse Wert von Kunst- und Sakralgegenständen explizit berücksichtigt. Beide Regelbeispiele weisen eine Relevanz für die Kunstkriminalität auf, da sie einschlägige Objekte der Kunstkriminalität erfassen. Allerdings zeigte sich, dass die Voraussetzungen des § 243 I 2 Nr. 5 StGB vergleichsweise restriktiv sind. Die Bedeutung der Sache sowie das Erfordernis, dass sie sich in einer öffentlichen Sammlung befinden oder öffentlich ausgestellt sein muss, schränken den Anwendungsbereich deutlich ein.

Bei § 243 I 2 Nr. 4 StGB schafft die Voraussetzung, dass die Sache dem Gottesdienst gewidmet sein muss oder der religiösen Verehrung dient, ebenfalls restriktive Voraussetzungen. Für die Tatobjekte zeigte sich, dass es sich bei diesen zumeist auch um Gegenstände der bildenden oder angewandten Kunst handelt.

Für die Fälle des Kunstdiebstahls sind grundsätzlich auch unbenannte Fälle des § 243 I StGB denkbar. Mögliche unbenannte besonders schwere Fälle müssen allerdings einen vergleichbaren Kerngehalt wie die benannten Regelbeispiele aufweisen. Die Geringwertigkeitsklausel des § 243 II StGB findet auf § 243 I 2 Nr. 4 und 5 StGB keine Anwendung, da der Schutzzweck ansonsten unterlaufen würde.

703 Sch/Sch/*Bosch* 2019, § 243, Rn. 51; NK-StGB/*Kindhäuser* 2017, § 243, Rn. 53.
704 MK-StGB/*Schmitz* 2017, § 243, Rn. 68.
705 MK-StGB/*Schmitz* 2017, § 243, Rn. 68.
706 Vgl. dies insgesamt auch bei *Werr* 1978, S. 30 ff.

5. Die Anschlussdelikte im Bereich der Kunstkriminalität

Für die Kunstkriminalität können auch Anschlussdelikte relevant sein. Grundsätzlich kommen hier die Hehlerei gem. §§ 259, 260(a) StGB sowie die Geldwäsche gem. § 261 StGB in Betracht. Im Nachfolgenden wird auf beide Delikte nur insoweit eingegangen, als sich Besonderheiten für die Kunstkriminalität ergeben.

a) Hehlerei gem. §§ 259, 260(a) StGB im Bereich der Kunstkriminalität

Für den Bereich der Kunstkriminalität ergibt sich bei der Hehlerei lediglich eine spezifische Fragestellung. Problematisch ist, ob die Delikte der Kunstfälschung, §§ 267 StGB und 106 UrhG, als geeignete Vortaten im Sinne des § 259 I StGB in Betracht kommen können.

aa) Tatbestand der Hehlerei

Kunstgegenstände kommen grundsätzlich als Tatobjekte des § 259 I StGB in Betracht, da dieser generell „*Sache[n]*", also körperliche Gegenstände i.S.d. § 90 BGB, erfasst.[707] Gem. § 259 I StGB muss die Sache von einem anderen gestohlen oder sonst durch eine gegen fremdes Vermögen gerichtete rechtswidrige Tat erlangt worden sein. Nach allgemeiner Ansicht fallen die Vermögensdelikte im eigentlichen Sinne hierunter.[708] Für die Kunstkriminalität einschlägig sind der Betrug und die Erpressung. Bei den Eigentumsdelikten ist für die Kunstkriminalität der Diebstahl anzuführen, der aufgrund seiner allgemeinen Relevanz ausdrücklich in § 259 I StGB erwähnt wird.[709] Daneben werden noch Unterschlagung sowie naturgemäß Raub und räuberischer Diebstahl erfasst.[710] Dadurch zeigt sich, dass der Hehlerei als Anschlussdelikt innerhalb der Kunstkriminalität eine Bedeutung zukommen kann. Einziger für die Kunstkriminalität zu diskutierender Fall ist, ob die zentralen Strafnormen der Kunstfälschung – die

707 MK-StGB/*Maier* 2017, § 259, Rn. 15.

708 Vgl. allgemein zu den Voraussetzungen, die an die Vortat zu stellen sind, MK-StGB/*Maier* 2017, § 259, Rn. 28; SK-StGB/*Hoyer* 2018, § 259, Rn. 6; *Fischer* 2021, § 259, Rn. 3 ff.; NK-StGB/*Kindhäuser* 2017, § 259, Rn. 9 ff.; Sch/Sch/*Hecker* 2019, § 259, Rn. 5 ff.; siehe zur Hehlerei von Objekten aus Raubgrabungen *Koch*, NJW 2006, S. 557 ff, 559.

709 MK-StGB/*Maier* 2017, § 259, Rn. 25.

710 MK-StGB/*Maier* 2017, § 259, Rn. 28.

Urkundenfälschung nach § 267 StGB sowie die unerlaubte Verwertung urheberrechtlich geschützter Werke gem. § 106 UrhG – als geeignete Vortaten der Hehlerei in Betracht kommen.[711]

bb) Die Kunstfälschung (§§ 267 StGB und 106 UrhG) als geeignete Vortat der Hehlerei

Straftaten, bei denen der Vorgang des Erwerbs zwar missbilligt werden kann, die sich aber nicht gegen fremdes Vermögen richten, bleiben bei der Hehlerei unbeachtet.[712] Hierzu zählen beispielsweise Falschgelddelikte.[713] Diese können nicht als taugliche Vortat in Betracht kommen.[714] Fraglich ist, inwieweit sich § 267 StGB und § 106 UrhG als Vortat für den Tatbestand der Hehlerei eignen.[715]

Obwohl es sich bei § 106 UrhG um eine gegen fremdes Vermögen gerichtete Straftat handelt, ist zweifelhaft, ob durch sie die vom Straftatbestand des § 259 StGB vorgesehene Verhinderung der Perpetuierung einer rechtswidrigen Vermögenslage betroffen wird.[716] In der Literatur wird teilweise vertreten, dass die i.S.d. § 106 UrhG widerrechtlich hergestellten Objekte durch die Tat erst erzeugt und somit nicht durch die Vortat erlangt würden.[717] Daraus ergebe sich, dass der von § 259 StGB beabsichtigte Schutz, der die Perpetuierung einer rechtswidrigen Vermögenslage verhindern solle, hier gar nicht tangiert sei.[718]

Die Gegenauffassung bestreitet diesen Umstand und sieht in derartigen Konstellationen deshalb die Perpetuierung einer rechtswidrigen Vermögenslage, da die Durchsetzung der Herausgabeansprüche erschwert werde.[719]

---

711 Insgesamt siehe hierzu die sehr ausführliche Betrachtung mit zahlreichen weiteren Nachweisen bei *Sandmann* 2004, S. 150 ff.

712 NK-StGB/*Altenhain* 2017, § 259, Rn. 10; MK-StGB/*Maier* 2017, § 259, Rn. 35; Sch/Sch/*Hecker* 2019, § 259, Rn. 8.

713 NK-StGB/*Altenhain* 2017, § 259, Rn. 10; MK-StGB/*Maier* 2017, § 259, Rn. 35; Sch/Sch/*Hecker* 2019, § 259, Rn. 8.

714 NK-StGB/*Altenhain* 2017, § 259, Rn. 10; MK-StGB/*Maier* 2017, § 259, Rn. 35; Sch/Sch/*Hecker* 2019, § 259, Rn. 8.

715 Ausführlich zu den einzelnen Ansichten *Sandmann* 2004, S. 150 ff.

716 Ablehnend zu der Frage, ob § 106 UrhG eine geeignete Vortat des § 259 StGB bilden kann, Lackner/Kühl/*Kühl* 2018, § 259, Rn. 5; MK-StGB/*Heinrich* 2019, § 106 UrhG, Rn. 137; Sch/Sch/*Hecker* 2019, § 259, Rn. 6.; a.A. bei *Sandmann* 2004, S. 150 ff.; *Gravenreuth*, GRUR 1983, S. 354; *Ganter*, NJW 1986, S. 1480.

717 So ausdrücklich bei Lackner/Kühl/*Kühl* 2018, § 259, Rn. 5; *Sandmann* 2004, S. 151.

718 Lackner/Kühl/*Kühl* 2018, § 259, Rn. 5; MK-StGB/*Maier* 2017, § 259, Rn. 33; *Sandmann* 2004, S. 151, jeweils mit weiteren Nachweisen.

719 *Sandmann* 2004, S. 151; *Ganter*, NJW 1986, S. 1480.

Insgesamt ist der Ansicht zuzustimmen, dass § 106 UrhG keine geeignete Vortat darstellt. Überzeugend ist, dass das Objekt bei der Herstellung einer „Fälschung" i.S.d. § 106 UrhG nicht aus der Vortat erlangt wurde. Dies ergibt sich insbesondere aus dem Kontrast zum ausdrücklich erfassten Diebstahl. Eine strukturelle Vergleichbarkeit dieser beiden Taten ist nicht anzunehmen. Vielmehr besteht bei § 106 UrhG eine strukturelle Nähe zu den ausgeschlossenen Geldfälschungsdelikten.

Die Urkundenfälschung gem. § 267 StGB wird teilweise bereits deshalb als geeignete Vortat der Hehlerei ausgeschlossen, weil sie sich nicht gegen fremdes Vermögen richtet.[720] *Maier* merkt zwar zutreffend an, dass der Urkundenfälschung seit der Einführung des § 267 III 2 Nr. 1 und 2 StGB jedenfalls ein sekundärer Vermögensschutz zukommt.[721] Diese Tatsache ist allerdings unbeachtlich, da durch das Herstellen einer unechten oder das Verfälschen einer echten Urkunde gerade keine rechtswidrige Besitzlage geschaffen wird.[722] Insoweit scheidet eine Urkundenfälschung aus den gleichen Gründen wie § 106 UrhG als geeignete Vortat der Hehlerei aus.

Mithin lässt sich festhalten, dass die Kunstfälschung im Sinne der §§ 267 StGB und 106 UrhG keine geeignete Vortat für eine Hehlerei ist. Allerdings kann sie über den Betrug als mittelbare Tat Eingang in die Hehlerei finden.

b) Geldwäsche gem. § 261 StGB im Bereich der Kunstkriminalität

Ein weiteres Delikt, das für die Kunstkriminalität eine Rolle spielen kann, ist die Geldwäsche gem. § 261 StGB.[723] Im Gegensatz zur flankierenden Strafnorm des § 261 StGB soll das Geldwäschegesetz die Geldwäsche präventiv erschweren. Dazu werden innerhalb der Begriffsbestimmung des § 1 X 2 GwG Gegenstände als sog. hochwertige Güter aufgeführt. Hochwertige Güter sind gem. § 1 X 1

---

720 So etwa bei *Sandmann* 2004, S. 154 f.

721 MK-StGB/*Maier* 2017, § 259, Rn. 35; *Fischer* 2021, § 267, Rn. 1.

722 MK-StGB/*Maier* 2017, § 259, Rn. 35.

723 Siehe spezifisch zur Kunstkriminalität: zur Situation in der Schweizer Eidgenossenschaft *Roth*: Geldwäscherei im Kunsthandel, 2014; *dies.*, „Wir betreten den Kunstmarkt", 2015; sowie zur Situation in Brasilien und den Vereinigten Staaten *De Sanctis*: Money Laundering through art. A criminal justice perspective, 2013; zur Problematik im internationalen Bereich siehe *Vogel*, welcher hier von der Einschleusung von Raubkunst in den Kunsthandel spricht, *Vogel*, JZ 2010, S. 1149 f.; sowie insgesamt zur Geldwäsche Sch/Sch/*Hecker* 2019, § 261, Rn. 1 ff.; MK-StGB/*Neuheuser* 2017, § 261, Rn. 1 ff.

GwG Gegenstände, die sich aufgrund ihrer Beschaffenheit, ihres Verkehrswertes oder ihres bestimmungsgemäßen Gebrauchs von Gebrauchsgegenständen des Alltags abheben oder die aufgrund ihres Preises keine Alltagsanschaffungen darstellen.[724] Gem. § 1 X 2 Nr. 4 GwG gehören zu diesen Gütern insbesondere auch Kunstgegenstände und Antiquitäten.

Weitere Besonderheiten im Zusammenhang mit Kunstgegenständen als Tatobjekte der Geldwäsche sind nicht ersichtlich, sodass keine weiteren Ausführungen zum Tatbestand erfolgen sollen.

c) Ergebnis zu den Anschlussdelikten innerhalb der Kunstkriminalität

Insgesamt bleibt für die beiden dargestellten Anschlussdelikte der Hehlerei und der Geldwäsche festzuhalten, dass ihnen im Rahmen der Kunstkriminalität eine gewisse strafrechtliche Bedeutung zukommen kann. Allerdings treten im Zusammenhang mit Kunstobjekten kaum deliktsspezifische Probleme auf.

Bei der Hehlerei zeigte sich, dass sie als Anschlussdelikt des Kunstbetrugs sowie des Kunstdiebstahls in Frage kommt. Wie dargestellt, sind die beiden zentralen Strafbarkeiten der Kunstfälschung keine tauglichen Vortaten der Hehlerei.

Bei der Geldwäsche werden Kunstgegenstände und Antiquitäten in § 1 X 2 Nr. 4 GwG ausdrücklich erwähnt. Weitergehende strafrechtliche Besonderheiten ergeben sich daraus nicht.

6. Die Kunsterpressung (Artnapping)

Eine weitere Erscheinungsform der Kunstkriminalität sind Erpressungs- bzw. Nötigungsdelikte, die im Zusammenhang mit Kunstgegenständen stehen. Zur Beschreibung dieses Phänomens wird zumeist auf den Begriff „Artnapping" zurückgegriffen, der sich aus den Wörtern „Art" und „Kidnapping" zusammensetzt.[725] In der Literatur wird auch der Terminus Kunsterpressung verwendet.[726]

a) Fall der Kunsterpressung

Ein Fall, der zum Musterbeispiel der Kunsterpressung avancierte, sind die einleitend aufgegriffenen Geschehnisse um die Saliera von *Benvenuto Cellini*.

Bei der Saliera handelt es sich um ein kleines kunstvolles Salzfass und die einzige erhaltene Goldschmiedearbeit des bedeutenden Florentiner Bildhauers

---

724 Erbs/Kohlhaas/*Häberle* 2020, § 1 GWG, Rn. 1, Vorbemerkungen, Rn. 1 ff.
725 *Möllers* 2018, S. 172.
726 *Venier*, JSt 2004, S. 73.

Benvenuto Cellini, die dieser um das Jahr 1540 anfertigte.[727] Das Objekt wurde im Kunsthistorischen Museum in Wien ausgestellt, der Versicherungswert war auf 50 Millionen Euro festgesetzt.[728] Der eher skurrile „Diebstahl" des Salzfasses ereignete sich in der Nacht vom 10. auf den 11. Mai 2003.[729]

> *„Ein offenbar nicht ganz ungebildeter, in gesicherten Verhältnissen lebender Österreicher hat die ‚Saliera' geklaut, die unter Kleinskulpturen einen Rang einnimmt wie etwa Leonardos ‚Gioconda' unter den Gemälden. Der Diebstahl selbst war offenbar die Eingebung eines Augenblicks. Der heute 50-jährige Täter, der von Berufs wegen Sicherheitsanlagen installiert, hatte im Schlepptau einer italienischen Reisegruppe das Kunsthistorische Museum am Wiener Ring besucht. Zu seiner Verblüffung sagte ihm sein geschultes Auge, dass in diesem von Kunstgegenständen von Weltrang nur so überquellenden Haus die Sicherheitsvorkehrungen allenfalls historischen Wert hätten – Vorkehrungen also, die die Ministerin heute noch als ‚von Experten' als auf internationalem Stand bewertet auszugeben sucht. Dann kommt die lange Nacht der Musik 2003 in Wien. Massen fröhlicher Leute paradieren auf der Straße. Folgt man den Ermittlungen und dem Geständnis des Täters, ist er leicht angetrunken, als er beschließt, ein Gerüst zu erklimmen, das eine Seitenfront des Museums umhüllt. Er kommt bequem hinauf – was damals der Direktor und andere als fast unmöglich und als das Werk eines Superakrobaten ausgeben wollten. Er hebelt das ungesicherte Fenster auf, scheitert an der dahinter hängenden Jalousie. Er klettert wieder herunter, holt ein Messer aus dem Auto, klettert ein zweites Mal hinauf, zerschneidet die Jalousie. Eine Scheibe zerbricht. Er durcheilt Gänge und Säle zur ‚Saliera', zerschlägt die ungepanzerte Glasvitrine, steckt die kostbare Goldschmiedearbeit in einen Jutesack, verschwindet und deponiert seine Fracht in einem Koffer unter dem Bett seiner Wohnung im Siebten Gemeindebezirk, um sie später in einem Wäldchen im Waldviertel gut verpackt zu verbuddeln."*[730]

Der Täter bemerkte erst durch das anschließende Medienecho, welche Bedeutung und welcher Wert der von ihm entwendete Gegenstand hatte. Erst im Nachgang der Tat fasste er den Entschluss, für das gestohlene Salzfass ein Lösegeld in Höhe von mehreren Millionen Euro zu fordern.[731] Dazu schickte er der Versicherung im August 2003 ein Lösegeldschreiben, dem vermeintliche Partikel der Saliera beigefügt waren.[732] Im weiteren Verlauf übersandte der Täter auch den an

727 *Koldenhoff/Koldenhoff* 2005, S. 157 ff.; *Unbekannt*, Die Nacht der langen Finger, FAZ vom 12.05.2003 (Stand: 15.03.2021).

728 *Unbekannt*, Die Nacht der langen Finger, FAZ vom 12.05.2003 (Stand: 15.03.2021).

729 *Koldenhoff/Koldenhoff* 2005, S. 157 ff.; *Unbekannt*, Die Nacht der langen Finger, FAZ vom 12.05.2003 (Stand: 15.03.2021).

730 *Frank*, Salzfass und Räuberpistole, SZ vom 17.05.2010 (Stand: 15.03.2021).

731 *Frank*, Salzfass und Räuberpistole, SZ vom 17.05.2010 (Stand: 15.03.2021).

732 *Unbekannt*, "Saliera"-Diebstahl und die Folgen, Der Standard vom 15.03.2007 (Stand: 15.03.2021).

der Saliera exponiert angebrachten Dreizack des Neptuns, um seiner Forderung Nachdruck zu verleihen.[733] Der Täter konnte schließlich durch ein Überwachungsvideo überführt werden und erhielt eine mehrjährige Freiheitsstrafe.[734]

b) Definition der Kunsterpressung

Die Kunsterpressung beschreibt in ihrer Grundkonstellation den Fall, in dem ein Kunstwerk entwendet wird und dem Eigentümer oder dessen Versicherung das Werk anschließend – zumeist unter Androhung von dessen Zerstörung – durch Zahlung eines Lösegeldes zum „Rückkauf" angeboten wird.[735]

Häufig wird angeführt, dass es sich bei der Kunsterpressung um die Folge eines schlechten Absatzmarktes für entwendete Kunst handle. Eine hohe Prominenz der Werke stehe einem Absatz oft im Wege.[736] Weitere Tatanreize schafft der Umstand, dass für Versicherungen eine Lösegeldzahlung aus wirtschaftlichen Gründen lohnenswert erscheinen kann. Dies ist dann der Fall, wenn das geforderte Lösegeld unterhalb der Versicherungssumme des Kunstwerkes liegt.[737]

c) Die strafrechtliche Würdigung der Kunsterpressung

Betrachtet man die Kunsterpressung aus strafrechtlicher Perspektive, drängt sich die Frage auf, ob bei diesen Konstellationen eine Strafbarkeit gem. § 240 StGB oder gem. § 253 StGB vorliegen kann. Bei dem Erpressungstatbestand ist weiter problematisch, ob durch den Rückkauf ein für den Tatbestand der Erpressung erforderlicher Vermögensnachteil gesehen werden kann. Im Anschluss werden weitere deliktsspezifische Straftatbestände diskutiert.

---

733 *Frank*, Salzfass und Räuberpistole, SZ vom 17.05.2010 (Stand: 15.03.2021).

734 *Unbekannt*, "Saliera"-Diebstahl und die Folgen, Der Standard vom 15.03.2007 (Stand: 15.03.2021).

735 Vgl. *Möllers* 2018, S. 172; *Schack* 2017, Rn. 482, 592; *Venier*, JSt 2004, S. 73 ff.

736 Vgl. etwa *Schack* 2017, Rn. 482, 592; *Venier*, JSt 2004, S. 73; *Knickmeier* 2014, S. 363; *Anton* 2010, S. 46 f.

737 *Schack* 2017, Rn. 585 ff., auch zu den versicherungsrechtlichen Folgen; siehe auch *Kistenmachen*, KUR 2006, S. 85 ff. zur Entwicklung in der zivilrechtlichen Rechtsprechung.

aa) Die Strafbarkeit der Kunsterpressung gem. § 253 StGB

Zunächst wird die Rechtsprechung zur Rückveräußerung rechtswidrig erlangter Sachen an den Eigentümer untersucht. Die folgenden Urteile bilden die Grundlage für die in der Literatur vertretenen Positionen.

(1) Die Rechtsprechung zum Rückkauf entwendeter Sachen

Die Rechtsprechung, die sich mit derartigen Fällen auseinandersetzt, beschränkt sich im Wesentlichen auf die Rechtsprechung des OLG Hamburg sowie auf die Bezugnahme des Bundesgerichtshofs auf dieses Urteil.

(a) Urteil des OLG Hamburg vom 07.12.1973

Einem Revisionsurteil des OLG Hamburg vom 07.12.1973 lag ein Autodiebstahl zugrunde. Nach Entwendung des Autos überkam den Täter die Befürchtung, überführt zu werden. Dies veranlasste ihn, dem Eigentümer, den er über die Fahrzeugpapiere ausfindig gemacht hatte, dessen Wagen für einen unter dem Marktwert liegenden Preis anzubieten.[738] Der Eigentümer gab vor, auf das Angebot einzugehen, verständigte aber die Polizei. Der Täter konnte bei der geplanten Geldübergabe festgenommen werden.[739]

In der Auseinandersetzung mit dem Urteil der Vorinstanz bestätigte das OLG Hamburg zunächst die Einschätzung, dass der Täter aus zivilrechtlichen Gründen gem. §§ 985, 861 BGB zur umgehenden Herausgabe des Wagens verpflichtet war.[740] In der Ankündigung, die Rückgabe zu unterlassen sah das OLG Hamburg die Drohung mit einem empfindlichen Übel.[741] Es kam nicht zum Eintritt des tatbestandlichen Erfolges, weshalb auch das OLG Hamburg von einer Versuchsstrafbarkeit ausging. Das OLG Hamburg schloss sich allerdings hinsichtlich der weiteren Voraussetzungen der Vorinstanz nicht an und sah den für eine (versuchte) Erpressung erforderlichen Vermögensnachteil als nicht gegeben an.[742]

Das Oberlandesgericht stellte darauf ab, dass durch den vorgelagerten Diebstahl des Wagens und durch den hieraus resultierenden Verlust desselben bereits

738 OLG Hamburg, U. v. 07.12.1973 – 2 Ss 209/73, JZ 1975, S. 101.

739 OLG Hamburg, U. v. 07.12.1973 – 2 Ss 209/73, JZ 1975, S. 101.

740 OLG Hamburg, U. v. 07.12.1973 – 2 Ss 209/73, JZ 1975, S. 101; vgl. auch Sch/Sch/*Bosch* 2019, § 253, Rn. 5.

741 OLG Hamburg, U. v. 07.12.1973 – 2 Ss 209/73, JZ 1975, S. 101; zum Vorliegen eines empfindlichen Übels i.S.d. § 253 StGB siehe *Fischer* 2021, § 253, Rn. 6 ff.; Sch/Sch/*Bosch* 2019, § 253, Rn. 4.

742 OLG Hamburg, U. v. 07.12.1973 – 2 Ss 209/73, JZ 1975, S. 101.

ein erheblicher Vermögensnachteil zugefügt worden sei.[743] Die Realisierung der bestehenden Herausgabeansprüche aus §§ 985, 861 BGB sei ungewiss, während der zunehmende Wertverlust des Wagens gewiss gewesen sei.[744] Unter wirtschaftlichen Gesichtspunkten habe der als Lösegeld geforderte Geldbetrag der Gegenleistung durchaus entsprochen. Somit fehle ein Hinweis dafür, dass durch die Hingabe des geforderten Bargeldes ein wirtschaftlicher Nachtteil entstanden sei.[745] Es liege keine Vertiefung oder Erweiterung des Vermögensnachteils vor, der nicht bereits durch den vorgelagerten Diebstahl entstanden und somit abgegolten sei.[746]

Im Ergebnis scheidet nach der in dem Urteil des OLG Hamburg zugrunde gelegten Begründung eine versuchte Erpressung aus.[747] In dem Verhalten des Angeklagten sah das Oberlandesgericht nur eine versuchte Nötigung.[748]

(b) Urteil des Bundesgerichtshofs vom 18.05.1976

In seinem Urteil vom 18.05.1976 griff der Bundesgerichtshof einen ähnlich gelagerten Fall auf.[749] Die Angeklagten wollten Kunstgegenstände, die sie entweder gestohlen oder gehehlt hatten, gegen die Zahlung eines Lösegeldes zurückgeben.[750] Sie forderten vom Eigentümer ein hohes Lösegeld. Diesen Forderungen kam der Eigentümer auch für einige der entwendeten Plastiken nach, indem er an einem ihm zugewiesenen Platz die Geldsumme hinterlegte und dafür die Plastiken zurückerhielt.[751] Die letzten beiden Plastiken bekam der Eigentümer nach der Festnahme der Angeklagten zurück.[752]

Der Bundesgerichtshof nahm zunächst an, dass sämtliche Tatbestandsmerkmale der Erpressung gem. § 253 I StGB vorlägen. Er hielt lediglich die Frage nach der Zufügung eines Vermögensnachteils für erörterungsbedürftig.[753] Grundsätzlich sei ein Vermögensnachteil anzunehmen, wenn der wirtschaftliche Wert

743 OLG Hamburg, U. v. 07.12.1973 – 2 Ss 209/73, JZ 1975, S. 101.
744 OLG Hamburg, U. v. 07.12.1973 – 2 Ss 209/73, JZ 1975, S. 101.
745 OLG Hamburg, U. v. 07.12.1973 – 2 Ss 209/73, JZ 1975, S. 101.
746 OLG Hamburg, U. v. 07.12.1973 – 2 Ss 209/73, JZ 1975, S. 101.
747 Sehr kritisch *Mohrbotter*, JZ 1975, S. 102.
748 OLG Hamburg, U. v. 07.12.1973 – 2 Ss 209/73, JZ 1975, S. 101.
749 BGH, U. v. 18.05.1976 – 1 StR 146/76, NJW 1976, S. 1414.
750 BGH, U. v. 18.05.1976 – 1 StR 146/76, NJW 1976, S. 1414.
751 BGH, U. v. 18.05.1976 – 1 StR 146/76, NJW 1976, S. 1414.
752 BGH, U. v. 18.05.1976 – 1 StR 146/76, NJW 1976, S. 1414.
753 BGH, U. v. 18.05.1976 – 1 StR 146/76, NJW 1976, S. 1414.

des Gesamtvermögens nach der Vermögensverfügung gemindert sei.[754] Ein Vermögensnachteil entfalle nur, wenn durch die Leistung des Bedrohten seitens des Täters ein wirtschaftlich äquivalenter Gegenwert erbracht werde.[755]

Im Gegensatz zum Urteil des OLG Hamburg nahm der Bundesgerichtshof in seinem Urteil einen Vermögensnachteil an. Gem. §§ 985, 861 BGB habe ein Anspruch des Eigentümers auf unentgeltliche Rückgabe vorgelegen. Die Zueignung habe keine vollständige zivilrechtliche Verdrängung des Eigentümers zur Folge.[756] Demzufolge sei die Herausgabe der Kunstgegenstände nicht als wirtschaftlich äquivalente Gegenleistung anzusehen, die dem Angeklagten zugerechnet werden könne. Dieser könne sich nicht auf eine Leistung berufen, die er ohnehin hätte tätigen müssen.[757] Dementsprechend wurde dem Eigentümer der Plastiken durch die Zahlung des Lösegeldes ein zusätzlicher Vermögensnachteil zugefügt.[758]

(2) Die Ansichten in der Literatur

In der Literatur wird in derartigen Lösegeldfällen überwiegend ein Vermögensnachteil angenommen.[759] In Anlehnung an die Entscheidung des Bundesgerichtshofs wird vertreten, dass die Rückgabe der entwendeten Gegenstände kein kompensationsfähiges Äquivalent darstelle, wenngleich etwa laut *Wessels/Hillenkamp/Schuhr* sowie *Kindhäuser* die Abweichung von einer rein wirtschaftlichen Betrachtungsweise des Vermögensnachteils möglich sei.[760] In der dem Bundesgerichtshof zustimmenden Literatur wird ein wirtschaftlicher Nachteil angenommen, da der Eigentümer gerade keine Zahlung vornehmen müsse, um

---

754 BGH, U. v. 18.05.1976 – 1 StR 146/76, NJW 1976, S. 1414.

755 BGH, U. v. 18.05.1976 – 1 StR 146/76, NJW 1976, S. 1414.

756 BGH, U. v. 18.05.1976 – 1 StR 146/76, NJW 1976, S. 1414.

757 BGH, U. v. 18.05.1976 – 1 StR 146/76, NJW 1976, S. 1414.

758 BGH, U. v. 18.05.1976 – 1 StR 146/76, NJW 1976, S. 1414.

759 Das Vorliegen eines Vermögensschadens in diesen Tatkonstellationen wird dabei angenommen von: Lackner/Kühl/*Kühl* 2018, § 253, Rn. 4; MK-StGB/*Sander* 2017, § 253, Rn. 24; Sch/Sch/*Bosch* 2019, § 253, Rn. 9; NK-StGB/*Kindhäuser* 2017, § 253, Rn. 29; SK-StGB/*Sinn* 2018, § 253, Rn. 21; *Fischer* 2021, § 253, Rn. 15, 30 *Fischer* führt innerhalb seiner Ausführungen zum Vermögensschaden der Erpressung durch derartige Lösegeldfälle an: „*praktisch bedeutsam nach Entwendung von Kunstwerken*"; *Jakobs*, JR 1974, S. 473 ff.; *Mohrbotter*, JZ 1975, S. 102; *Stoffers*, JURA 1995, S. 113 ff., 117 ff.; *Gössel*, JR 1977, S. 32 ff.; *Wessels/Hillenkamp/Schuhr* 2020, Rn. 717.

760 *Wessels/Hillenkamp/Schuhr* 2020, Rn. 717; NK-StGB/*Kindhäuser* 2017, § 253, Rn. 29; vgl. hierzu insgesamt auch die oben angegebene Literatur.

eine Sache zu erlangen, die ihm gehöre.[761] Das gezahlte „Lösegeld“ entspreche gerade nicht einem Äquivalent für die erhaltene Sache.[762] Das sei selbst dann nicht der Fall, wenn das geforderte Lösegeld unterhalb des Marktwertes der entwendeten Sache liege.[763]

Die Rechtsprechung des Bundesgerichtshofs wird in anderen Teilen der Literatur bisweilen stark kritisiert und mit Verweis auf die Entscheidung des OLG Hamburg abgelehnt.[764] Im Kern wird angeführt, dass der Vermögensnachteil bereits in dem Delikt berücksichtigt worden sei, das die rechtswidrige Besitzerlangung verursacht habe.[765] *Dehne-Niemann* und *Trunk* weisen darauf hin, dass es somit unter anderem zur Friktion mit dem Grundsatz ne bis in idem des Art. 103 III GG komme.[766]

Dehne-Niemann weist darauf hin, dass die Strafbarkeit nach § 253 StGB nach der h.M. nur dann nicht angenommen werde, wenn eine strafbare Vortat vorliege. Denn es sei nicht einzusehen, warum eine Bestrafung wegen zweier Vermögensstraftaten angenommen werden sollte.[767] Anders gelagert sei dies beispielsweise, wenn ein Erbe des Vortäters die Sache nur gegen eine Lösegeldzahlung herausgäbe – eine Art Doppelbestrafung fände nur dann statt, wenn der Handlung ein Diebstahl durch den selben Täter vorausginge.[768] In einem solchen Fall könne aber eine Nötigung gem. § 240 StGB angenommen werden, da im Gegensatz zu den Fällen, in denen eine Vortat begangen wurde, durch die Rückgabe der Sache eine Kompensation stattfinde.[769] Ferner verweist *Dehne-Niemann* auf eine Verletzung des der Vermögensnachteilsbemessung zugrunde liegenden Saldierungsprinzips.[770] Die Verletzung sei darin zu sehen, dass in der vom Bundesgerichtshof vertretenen Ansicht keine Gesamtsaldierung vorgenommen worden

761 Sch/Sch/*Bosch* 2019, § 253, Rn. 9.

762 *Gössel*, JR 1977, S. 33 f.; Sch/Sch/*Bosch* 2019, § 253, Rn. 9.

763 *Gössel*, JR 1977, S. 33 f.; Sch/Sch/*Bosch* 2019, § 253, Rn. 9.

764 So ablehnend gegenüber der Rechtsprechung des BGH *Dehne-Niemann*, ZStW 2011, S. 485 ff., 514 ff.; *Trunk*, JuS 1985, S. 944 ff., 947; ablehnend auch *Venier*, JSt 2004, S. 73 ff. zugleich mit der Übertragung der strafrechtlichen Betrachtung auf die Rechtslage in der Republik Österreich.

765 So bei *Dehne-Niemann*, ZStW 2011, S. 485 ff., 514 ff.; *Trunk*, JuS 1985, S. 946 f.; *Mitsch* 2015, S. 615.

766 *Dehne-Niemann*, ZStW 2011, S. 514 ff.; *Trunk*, JuS 1985, S. 944 ff., 947.

767 *Dehne-Niemann*, ZStW 2011, S. 496 ff.

768 *Dehne-Niemann*, ZStW 2011, S. 514.

769 *Dehne-Niemann*, ZStW 2011, S. 514.

770 *Dehne-Niemann*, ZStW 2011, S. 484 ff.

sei.[771] Diese Argumentation setzt einen deutlicheren Schwerpunkt auf die Konstruktion des Vermögensschadens und liegt auch den Ausführungen *Trunks* zugrunde.[772]

(3) Ergebnis zur Strafbarkeit der Kunsterpressung gem. § 253 StGB

Insgesamt ist hinsichtlich des Vorliegens eines Vermögensnachteils dem Bundesgerichtshof und der h.M. in der Literatur zuzustimmen. Überzeugend ist der Ansatz, dass die Rückgabe der durch die Tat erlangten Sache, die unter Androhung der Vernichtung oder Nichtherausgabe zum Rückkauf angeboten wird, nicht als Gegenleistung für das entrichtete Lösegeld anzusehen ist. Auch ist in diesen Konstellationen davon auszugehen, dass sich die Vermögenslage des Geschädigten durch die Entrichtung eines Geldbetrages im Hinblick auf eine Gesamtsaldierung ungünstig entwickelt hat. Der Wert der zurückgegebenen Sache kann hier nicht berücksichtigt werden, da ein Anspruch auf deren Herausgabe besteht. Der intendierten Rückgabe der Sache käme sonst indirekt ein positiver Effekt zu und wäre abstrakt mit einer nicht vorgesehenen tätigen Reue vergleichbar. Infolgedessen ist im erzwungenen Rückkauf einer rechtswidrig erlangten Sache eine Erpressung nach § 253 StGB zu sehen.

bb) Strafbarkeit der „Vortat“ der Kunsterpressung

Nimmt man an, dass es sich bei dem erzwungenen Rückkauf des Kunstobjekts um eine Erpressung handelt, stellt sich die Frage, wie sich dies auf die ursprüngliche Straftat auswirkt, die den Täter in den Besitz des Kunstwerkes gebracht hat. Hierbei ist vorrangig auf die Auswirkung auf eine Diebstahlstrafbarkeit einzugehen.

(1) Eigentumsdelikte als „Vortat“ der Kunsterpressung

Legt man der Kunsterpressung zugrunde, dass der Eigentümer von vornherein wieder in den Besitz des entwendeten Kunstgegenstands kommen soll, dann ist zu klären, wie sich dieser Umstand auf einen vorangegangenen Diebstahl oder ein Vermögensdelikt auswirken kann.

Beim Diebstahl konzentriert sich diese Problematik auf zwei Aspekte: Zum einen stellt sich bei der Zueignungsabsicht die Frage nach dem Enteignungsvorsatz.

771 *Dehne-Niemann*, ZStW 2011, S. 484 ff.

772 *Trunk*, JuS 1985, S. 944 ff.

Zum anderen ist fraglich, worauf sich bei einem vorangehenden Diebstahl im Rahmen der Kunsterpressung die Zueignung beziehen könnte.

Zunächst soll sich den denkbaren Objekten der Zueignungsabsicht und dann jenen des erforderlichen Enteignungsvorsatzes zugewandt werden.

(a) Zueignungsobjekt im Rahmen der Absicht rechtswidriger Zueignung

Der zwar nach wie vor umstrittene, aber weitgehend ausdiskutierte Streitstand um den genauen Gegenstand der Zueignung wird zwischen der älteren Substanztheorie, der neueren Sachwerttheorie und der ganz herrschenden Vereinigungstheorie ausgetragen.[773]

Grundsätzlich erstreckt sich der Gegenstand der Zueignung nach der Substanztheorie, die nicht mehr isoliert vertreten wird, lediglich auf die Sache als solche.[774] Die weitergehende Sachwerttheorie umfasst neben der materiellen Sache auch den von ihr dargestellten bzw. von ihr verkörperten wirtschaftlichen Wert.[775] Beide Ansichten werden im Rahmen der herrschenden Meinung zur sog. Vereinigungstheorie zusammengefügt. Dabei muss vom Vorsatz die Vorstellung umfasst sein, die Sachsubstanz oder den in der Sache verkörperten Wert zu entziehen.[776]

Aus der Vereinigungstheorie entwickelte sich eine extensive Auffassung der Sachwertkomponente, die zu einer Differenzierung zwischen der „*Vereinigungstheorie mit restriktivem Sachbegriff*“ und der „*Vereinigungstheorie mit extensivem Sachbegriff*“ führte.[777] Nach der einschränkenden Auffassung besteht der zueignungsfähige Sachwert lediglich in dem konkreten, spezifischen sowie nach Art und Funktion mit der Sache verknüpften Wert (lucrum ex re).[778] Demgegenüber steht die weite Auffassung, nach der sämtliche aus der Sache gezogenen Werte unter den Sachwert subsumiert werden (lucrum ex negotio cum re), etwa die bloße Nutzung der Sache. Dieser sog. weiten Sachwerttheorie widerspricht die

---

773 Sch/Sch/*Bosch* 2019, § 242, Rn. 48 ff.; MK-StGB/*Schmitz* 2017, § 242, Rn. 123 ff.; Lackner/Kühl/*Kühl* 2018, § 242, Rn. 21 ff.; *Fischer* 2021, § 242, Rn. 34; vgl. auch zu dieser gleichlaufenden Problematik bei der Rückveräußerungen von gestohlenen Sachen innerhalb der Unterschlagung *Stoffers*, JURA 1995, S. 115 ff.

774 Sch/Sch/*Bosch* 2019, § 242, Rn. 49; MK-StGB/*Schmitz* 2017, § 242, Rn. 123.

775 Sch/Sch/*Bosch* 2019, § 242, Rn. 49; MK-StGB/*Schmitz* 2017, § 242, Rn. 126; Lackner/Kühl/*Kühl* 2018, § 242, Rn. 23.

776 MK-StGB/*Schmitz* 2017, § 242, Rn. 127; Lackner/Kühl/*Kühl* 2018, § 242, Rn. 22.

777 Lackner/Kühl/*Kühl* 2018, § 242, Rn. 22.

778 Sch/Sch/*Bosch* 2019, § 242, Rn. 49.

ganz überwiegende Literatur sowie auch der Bundesgerichtshof.[779] Diese Auffassung führe zu einer zu großen Unbestimmtheit des Diebstahls und einer uferlosen Erfassung von möglichen Zueignungsobjekten.[780]

(b) Dauerhafte „Enteignung“ des Eigentümers

Die Zueignungsabsicht setzt eine dauernde Enteignung des ursprünglich Berechtigten und eine spiegelbildliche Aneignung durch den Wegnehmenden voraus.[781] Der Täter muss sich eine eigentümerähnliche Herrschaftsmacht über die Sache anmaßen. Dies kann, wie erörtert, mittels der Einverleibung der Sache selbst oder aber durch den in ihr spezifisch verkörperten Sachwert erfolgen.[782] Innerhalb der Kunsterpressung ist nur die Frage nach der dauerhaften Enteignung des ursprünglich Berechtigten relevant. Das negative Element der Enteignung setzt voraus, dass der Eigentümer durch die Anmaßung des Täters aus seiner wirtschaftlichen Rolle dauerhaft verdrängt wird und der Täter sich die eigentümerähnliche Stellung anmaßt (se ut dominum gerere).[783]

(c) Das Zueignungsobjekt im Fall der Kunsterpressung

Im Fall der Kunsterpressung ist bereits fraglich, worin das konkrete Zueignungsobjekt zu sehen ist. Ein für ein Kunstobjekt bezahltes Lösegeld stellt nämlich keinen in der Sache verkörperten Wert dar.[784] Allenfalls käme ein solcher nach der faktisch nicht vertretenen weiten Auffassung der Sachwertkomponente in Betracht. Diese Auffassung ist aber aus den angeführten Gründen nicht zu vertreten.[785] *Graul* spricht für diese Konstellation, in der die Sache als Druck- oder Erpressungsmittel einen Gewinn erzielen soll, von einem hypothetischen

---

779 MK-StGB/*Schmitz* 2017, § 242, Rn. 135; Sch/Sch/*Bosch* 2019, § 242, Rn. 49; BeckOK StGB/*Wittig* 2021, § 242, Rn. 31; BGH, B. v. 21.1.1964 – 5 StR 514/63, NJW 1964, S. 2015; BGH, B. v. 28.11.1984 – 2 StR 696/84, NJW 1985, S. 1564.

780 MK-StGB/*Schmitz* 2017, § 242, Rn. 135; Sch/Sch/*Bosch* 2019, § 242, Rn. 49; BeckOK StGB/*Wittig* 2021, § 242, Rn. 31; BGH, B. v. 21.1.1964 – 5 StR 514/63, NJW 1964, S. 2015; BGH, B. v. 28.11.1984 – 2 StR 696/84, NJW 1985, S. 1564.

781 *Fischer* 2021, § 242, Rn. 33 ff.; Sch/Sch/*Bosch* 2019, § 242, Rn. 47.

782 *Fischer* 2021, § 242, Rn. 33 ff.; Sch/Sch/*Bosch* 2019, § 242, Rn. 47; MK-StGB/*Schmitz* 2017, § 242, Rn. 129.

783 Sch/Sch/*Bosch* 2019, § 242, Rn. 47; *Fischer* 2021, § 242, Rn. 35a; MK-StGB/*Schmitz* 2017, § 242, Rn. 129; Lackner/Kühl/*Kühl* 2018, § 242, Rn. 21.

784 *Graul*, JuS 1999, S. 563.

785 *Graul*, JuS 1999, S. 563.

„*Erpressungswert*".[786] Sie selbst hält die Idee eines „*Erpressungswertes*" jedoch für rein fiktiv und spricht diesem ebenfalls die Zueignungsfähigkeit ab.[787]

Auch dürfte im Falle der Kunsterpressung regelmäßig keine Enteignungsabsicht anzunehmen sein.[788] Dies wird in der überwiegenden Literatur damit begründet, dass durch eine solche Handlung, bei der der Täter die Sache lediglich als Erpressungsmittel verwenden wolle, die bestehenden Herausgabeansprüche und Eigentumsverhältnisse als solche anerkannt und nicht angezweifelt oder geleugnet werden.[789] Der Täter muss hier allerdings bereits zum Zeitpunkt der ursprünglichen Tat den Plan verfolgen, die Sache nur als Erpressungsmittel verwenden zu wollen.[790] Anders liegt dies, wenn der Täter sich erst zu einem späteren Zeitpunkt zu einer Erpressung entschließt.

Folgerichtig ist der zutreffenden h.M. zu folgen, die in dieser Handlung keinen Diebstahl annimmt, wenn eine Rückführung an den Eigentümer von vornherein über eine Erpressung geplant ist.

(2) Vermögensdelikte als „Vortat" der Kunsterpressung

Neben den dargestellten Überlegungen zum Diebstahl stellt sich die Frage nach ähnlichen Besonderheiten für Vermögensdelikte.

Die für die Vermögensdelikte wesentliche Bereicherungsabsicht erscheint deutlich weitreichender und somit weniger problematisch als die Zueignungsabsicht des Diebstahls.[791] Die Bereicherungsabsicht verlangt nämlich einen

---

786 *Graul*, JuS 1999, S. 563 f.

787 *Graul*, JuS 1999, S. 563 f.

788 So etwa *Fischer* 2021, § 242, Rn. 35a, 39; Sch/Sch/*Bosch* 2019, § 242, Rn. 50; LK/*Vogel* 2010, § 242, Rn. 167 f.; *Graul*, JuS 1999, S. 563 f.; *Samson*, JA 1980, S. 292; *Gropp*, JR 1985, S. 519; *Stoffers*, JURA 1995, S. 117; so auch BGH, B. v. 21.10.2008 – 3 StR 400/08, NStZ-RR 2009, S. 51; a.A. SK-StGB/*Hoyer* 2018, § 242, Rn. 95, die Gegenansicht bei *Hoyer* lehnt dies mit einem Verweis auf die Betrugskonstellation ab, in welcher dem Eigentümer sein Eigentum zurückverkauft wird. In diesem Fall liege nämlich ein Betrug vor, obschon der Eigentümer die ihm gehörende Sache zurückerhalten würde. Entsprechend sei die ähnliche Konstellation im Rahmen des Diebstahls nicht überzeugend.

789 *Fischer* 2021, § 242, Rn. 35a, 39; *Graul*, JuS 1999, S. 563 f.; BGH, B. v. 21.10.2008 – 3 StR 400/08, NStZ-RR 2009, S. 51.

790 Zum zeitlichen Erfordernis siehe Sch/Sch/*Bosch* 2019, § 242, Rn. 66; siehe auch bei BGH, B. v. 21.10.2008 – 3 StR 400/08, NStZ-RR 2009, S. 51.

791 Vgl. insgesamt zur Bereicherungsabsicht: Sch/Sch/*Perron* 2019, § 263, Rn. 166 ff.; MK-StGB/*Hefendehl* 2019, § 263, Rn. 880 ff.

deutlich geringeren Objektbezug, was die dargelegte Problematik der Zueignungsabsicht entfallen lässt.

Bei der Schadensbemessung können allerdings ähnlich problematische Situationen auftreten wie die, die anhand der Rechtsprechung des OLG Hamburg[792] aufgezeigt wurden. Indes dürfte für die dort dargestellten Konstellationen, wie auch die besprochenen Fallkonstellationen, gelten, dass sich die Frage nach der Schadensbemessung im Rahmen der Gesamtsaldierung erst innerhalb der nachgelagerten Erpressung zeigt.

cc) Ergebnis zur Strafbarkeit der Kunsterpressung

Bei der Kunsterpressung ist festzuhalten, dass eine Strafbarkeit gem. § 253 StGB einschlägig ist. Weiterhin erweist sich, dass ein geplantes Vorgehen Auswirkungen auf den Vorsatz der jeweiligen Vortat haben kann, sofern es sich dabei um ein Eigentumsdelikt handelt. Für die Kunsterpressung ergibt sich insgesamt, dass ihre Konstellationen strafrechtlich gänzlich erfasst sind.

7. Der Kunstvandalismus (Beschädigung von Kunstwerken)

Eine im Lauf der Geschichte wiederkehrende Erscheinung der Kunstkriminalität ist der Kunstvandalismus. Bereits im Jahr 356 v. Chr. soll der „*Stammvater aller Kunstzerstörer*"[793], Herostratos, das der Göttin Artemis geweihte Artemision in Ephesus in Brand gesetzt haben. Er tat dies allein um, wie er unter Folter gestanden haben soll, als Zerstörer des Heiligtums in die Geschichte einzugehen.[794] Obwohl der antike Mythos des Herostratos vermutlich wenig mit tatsächlichen Ereignissen zu tun haben dürfte, sind im Laufe der Geschichte doch etliche reale Fälle des Vandalismus an Kunstwerken aufgetreten. Neben einzelnen Zerstörungen fallen zumeist Zerstörungen aus religiösen Gründen auf. Dies geschah häufig im Rahmen diverser Bilderstreite (Ikonoklasmen) etwa innerhalb der reformatorischen Bewegungen in Europa, beispielsweise während des Dreißigjährigen Krieges.[795] Im Nachfolgenden soll einheitlich von Kunstvandalismus gesprochen werden.[796]

---

792 OLG Hamburg, U. v. 07.12.1973 – 2 Ss 209/73, JZ 1975 S. 101.

793 *Pickshaus* 1988, S. 36.

794 *Pickshaus* 1988, S. 36 f.; *Geerds*, ArchKrim 1979, S. 130 f.

795 *Gamboni* 1998, S. 30 f.; *Geerds*, ArchKrim 1979, S. 131.

796 So auch bei *Cordess/Turgan*, The British Journal of Criminology 1993, S. 95; zur präzisen terminologischen Unterscheidung zwischen Vandalismus und Ikonoklasmus siehe *Gamboni* 1998, S. 17 ff.

a) *Fälle des Kunstvandalismus*

Die aufgegriffenen Fälle des Kunstvandalismus gaben bereits einen kleinen Überblick über diese Erscheinungsform der Kunstkriminalität. Neben Beschädigungen an *Rembrandts* „Die Nachtwache" und dem Säureangriff auf *Paul Rubens'* „Der Höllensturz der Verdammten" im Jahre 1959 finden sich weitere Beispiele von Kunstvandalismus.[797]

Als einer der bekanntesten Fälle des Kunstvandalismus in Deutschland gelten die Taten von *Hans-Joachim Bohlmann*, der zwischen 1977 und 1988 über 50 Kunstwerke zahlreicher namhafter Künstler beschädigte.[798] *Bohlmann* galt als Serientäter; allein im Jahr 1977 zerstörte er 23 Kunstwerke. Der Schaden wurde damals auf 110 Millionen Mark beziffert.[799] Unter den zerstörten Werken waren *Klees* „Goldener Fisch" und die Portraits von *Martin Luther* und *Katharina von Bora*, die von *Cranach* angefertigt wurden.[800] Im Jahr 1988 sorgte *Bohlmann* erneut für einen spektakulären Schaden an drei bekannten Kunstwerken *Dürers:*

> *„Von seinem Wohnort Hamburg fuhr er nach München, steckte am Donnerstag zwei Sektfläschchen voll Säure ein und ging in die Alte Pinakothek. Ein Flascheninhalt war genug, um drei Dürer-Werken, dem sogenannten Paumgartner-Altar, der ‚Glimmschen Beweinung' und einer Schmerzensmutter, kaum heilbare Schäden zuzufügen. Vor Gebrauch der zweiten Flasche wurde Bohlmann gestellt und überwältigt. Nun muß er damit rechnen, den Rest seines Lebens in Sicherungsverwahrung zu verbringen."*[801]

Trotz zahlreicher strafrechtlicher Verurteilungen und einer Unterbringung in einem psychiatrischen Krankenhaus beging *Bohlmann* bis zu seinem Tod im Jahr 2009 weitere Taten nach ähnlichem Muster.[802]

Als weitere Beispiele für Kunstvandalismus können folgende Fälle angeführt werden:

> *„Mit Grausen erinnert man sich in der Berliner Kunstszene an die schweren Schäden, die 1982 ein psychisch kranker Student in der Neuen Nationalgalerie dem kurz zuvor für 2,7 Millionen Mark erworbenen Gemälde ‚Who's Afraid of Red, Yellow and Blue' von Barnett*

---

797 *Picker* 1994, S. 32; *Conklin* 1994, S. 250; *Tegel*, Kriminalistik 1968, S. 104.

798 *Pickshaus* 1988, S. 223 ff.

799 *Kipphoff*, Die Macht der Opfer, Zeit online vom 29.04.1988 (Stand: 15.03.2021).

800 *Kipphoff*, Die Macht der Opfer, Zeit online vom 29.04.1988 (Stand: 15.03.2021).

801 *Unbekannt*, Säure als Hilferuf, Der Spiegel vom 25.04.1988 (Stand: 15.03.2021).

802 *Ludwig*, Rembrandt-Schau im Schloss Wilhelmshöhe weckt Erinnerungen an Säure-Anschlag, Hessische/Niedersächsische Allgemeine vom 06.05.2019 (Stand: 15.03.2021); zur Unterbringung in einem psychiatrischen Krankenhaus im Falle *Bohlmanns* OLG Hamburg NStZ-RR 2005, S. 40 ff.

Newman zufügte. 2004 randalierte eine junge, offenbar ebenfalls verwirrte Frau in der umstrittenen Flick-Ausstellung im Hamburger Bahnhof und sprang auf zwei Werken des US-Künstlers Gordon Matta-Clark herum."[803]

Anhand dieser Beispiele wird deutlich, dass sich der Kunstvandalismus von den bisher dargestellten Erscheinungen der Kunstkriminalität unterscheidet. Der Kunstvandalismus ist die einzige Erscheinungsform der Kunstkriminalität, die nicht auf ein finanzielles Motiv des Täters zurückzuführen ist.[804] Dieser Eigenheit von Kunstvandalismus soll sich einleitend zugewandt werden. Zunächst werden die verschiedenen Erscheinungsformen dargestellt, bevor auf strafrechtliche Besonderheiten des Kunstvandalismus eingegangen wird.[805]

b) Erscheinungsformen des Kunstvandalismus

Der Kunstvandalismus stellt nach *Geerds* eine im Vergleich zu anderen Kunstdelikten andersartige Deliktsgruppe dar.[806] Er kategorisiert die Erscheinungsformen und Ursachen des Kunstvandalismus in vier Bereiche.[807] Vorrangig nennt *Geerds* den religiösen oder weltanschaulich motivierten Kunstvandalismus.[808] Die Bedeutung dieser Erscheinungsform wird von ihm, jedenfalls in Deutschland, als gegenwärtig (1990) eher gering eingestuft.[809] Er verweist darauf, dass Beschädigungen von religiösen Werken in Museen oder sonstigen Ausstellungen nicht zwangsläufig auch ein religiöses Motiv erfordern.[810] Die zweite Kategorie ist laut *Geerds* der Kunstvandalismus mit sozialen oder politischen Hintergründen. Er führt neben Taten im Zusammenhang mit Krieg und Besetzung gerade in sozialer Hinsicht solche Taten an, die durch *„spektakuläre Sachgewalt den Charakter des Protests gegen Machthaber, gewisse Institutionen oder schlicht gegen*

---

803 *Conrad*, Angriff auf die Glaspyramide, Der Tagesspiegel vom 25.07.2013 (Stand: 15.03.2021).

804 Siehe hierzu auch *Geerds*, Göppinger-FS 1990, S. 327 f.

805 Siehe insgesamt zum Kunstvandalismus aus kriminologischer Sicht *Geerds*, ArchKrim 1979, S. 129 ff.; *Geerds*, Göppinger-FS 1990, S. 327 ff.; aus praktischer polizeilicher Sicht auch *Tegel*, Kriminalistik 1968, S. 103 ff.; *Schack* 2017, Rn. 175 ff.; insbesondere auch die Studie von *Cordess/Turgan*, The British Journal of Criminology 1993, S. 95 ff., welche Befragungen zur Erscheinung des Kunstvandalismus in öffentlichen Museen in England, Schottland und Wales durchführte.

806 *Geerds*, ArchKrim 1979, S. 129 f.; *Geerds*, Göppinger-FS 1990, S. 327 ff.

807 *Geerds*, Göppinger-FS 1990, S. 327 ff.; *Geerds*, ArchKrim 1979, S. 136 ff.

808 *Geerds*, Göppinger-FS 1990, S. 329; *Geerds*, ArchKrim 1979, S. 137.

809 *Geerds*, Göppinger-FS 1990, S. 329.

810 *Geerds*, Göppinger-FS 1990, S. 329.

den Eigentümer solcher Kunstwerke haben".[811] Oft werde dabei aus der Empfindung heraus, unterprivilegiert oder unterdrückt zu sein, gehandelt.[812] Der dritten Kategorie ordnet *Geerds* Kunstvandalismus mit künstlerisch-ästhetischem Hintergrund zu.[813] Im Rahmen dieser Motivation solle durch die entsprechenden Taten eine ablehnende Haltung gegenüber Kunstwerken, insbesondere aufgrund ihrer Art oder ihres Stils, geäußert werden.[814] Die letzte Kategorie bilden Fälle, die *Geerds* als *„Irrationale[n] Kunstvandalismus"* bezeichnet.[815] Hierunter seien Taten zu verstehen, die psychopathologische Ursachen haben können oder durch *„Kurzschlussreaktionen"* hervorgerufen würden.[816]

Geerds betont, dass die unterschiedlichen Kategorien des Kunstvandalismus von ebenso unterschiedlichen Motiven getragen würden.[817] Er nennt als mögliche Motive Geltungsdrang, religiöse Motive, misanthropische Motive sowie politische und pseudopolitische Aspekte.[818]

c) Definition des Kunstvandalismus

Der Kunstvandalismus kann als Phänomen bezeichnet werden, bei dem die Beschädigung oder Zerstörung von Kunstwerken vom Täter beabsichtigt wird.[819] Den Taten können dabei, wie gezeigt, sehr verschiedene Motive zugrunde liegen.

Nicht zum Kunstvandalismus zählen Beschädigungen am Kunstwerk, die beiläufig bei anderen Delikten, wie zum Beispiel bei Diebstahl oder Raub, auftreten.[820]

d) Die strafrechtliche Würdigung des Kunstvandalismus

Die rechtliche Bewertung des Kunstvandalismus ist entgegen der komplexen Motivlage vergleichsweise einfach. Die Handlungen des Kunstvandalismus sind

811 *Geerds*, Göppinger-FS 1990, S. 329; *Geerds*, ArchKrim 1979, S. 137.
812 *Geerds*, Göppinger-FS 1990, S. 329.
813 *Geerds*, Göppinger-FS 1990, S. 329; *Geerds*, ArchKrim 1979, S. 137 f.
814 *Geerds*, Göppinger-FS 1990, S. 329; *Geerds*, ArchKrim 1979, S. 137 f.
815 *Geerds*, Göppinger-FS 1990, S. 329.
816 *Geerds*, Göppinger-FS 1990, S. 329.
817 *Geerds*, ArchKrim 1979, S. 138 f.
818 *Geerds*, ArchKrim 1979, S. 139.
819 Vgl. hierzu auch *Geerds*, Göppinger-FS 1990, S. 327; *Geerds*, ArchKrim 1979, S. 129.
820 *Geerds*, ArchKrim 1979, S. 129.

naturgemäß auf physische Beeinträchtigungen der Sachsubstanz beschränkt.[821] Eine strafrechtliche Betrachtung des Kunstvandalismus lässt sich somit im Wesentlichen auf Ausführungen zu den §§ 303, 304 StGB begrenzen.[822] Ferner kommen auch die strafbewehrten Regelungen des § 83 III i.V.m. § 18 I, II KGSG in Betracht, die ein Beschädigungsverbot für Kulturgüter enthalten. Auf die Besonderheiten dieser Regelungen des KGSG wird bereits im Zusammenhang mit dem Kunstvandalismus als Überbegriff für Beschädigungs- und Zerstörungshandlungen näher eingegangen.

aa) Sachbeschädigung gem. § 303 StGB

Im Folgenden wird zunächst § 303 StGB auf kunstspezifische Aspekte untersucht.

(1) Tathandlungen des § 303 I und II StGB

Der Kunstvandalismus ist unproblematisch als Sachbeschädigung zu qualifizieren. Kunstgegenstände sind ohne Weiteres vom Schutzbereich erfasste Tatobjekte.[823] Auch die Tathandlungen des § 303 I StGB, die Beschädigung wie auch die Zerstörung, sind in ihren Grundkonstellationen unproblematisch.[824] Eine Beschädigung liegt bei einer nicht ganz unerheblichen Sachsubstanzverletzung vor, die zu einer Minderung der Gebrauchsfähigkeit führt.[825] Ein Eingriff in die Sachsubstanz ist nicht zwingend erforderlich, es genügen körperliche Eingriffe, die eine nachhaltige Beeinträchtigung der Brauchbarkeit hervorrufen.[826] Die Zerstörung stellt eine Beschädigung dar, die die Brauchbarkeit der Sache völlig aufhebt – sie unterscheidet sich nur graduell von der bloßen Beschädigung.[827]

Prima facie ist bei Kunstwerken auch § 303 II StGB einschlägig. Das in § 303 II StGB erfasste unbefugte Verändern des Erscheinungsbildes stellt auf den

---

821 Zu einer ausführlichen, eher kriminalistischen Betrachtung der „Praktiken der Tatausführung" vgl. *Geerds*, ArchKrim 1979, S. 134 ff., welcher hierbei in *„mechanische Praktiken"* und *„physikalisch-chemische Praktiken"* unterteilt.

822 Vgl. *Geerds*, Göppinger-FS 1990, S. 328.

823 Vgl. zu den Anforderungen an den Tatgegenstand etwa: Beck-OK StGB/*Weidemann* 2021, § 303, Rn. 4 ff.; MK-StGB/*Wieck-Noodt* 2019, § 303, Rn. 7 ff.; Sch/Sch/*Hecker* 2019, § 303, Rn. 2 ff.

824 MK-StGB/*Wieck-Noodt* 2019, § 303, Rn. 17 ff.

825 MK-StGB/*Wieck-Noodt* 2019, § 303, Rn. 19; *Fischer* 2021, § 303, Rn. 6; LK/*Wolff* 2008, § 303, Rn. 9 ff., 17.

826 *Fischer* 2021, § 303, Rn. 6; Sch/Sch/*Hecker* 2019, § 303, Rn. 11; LK/*Wolff* 2008, § 303, Rn. 10.

827 *Fischer* 2021, § 303, Rn. 14; LK/*Wolff* 2008, § 303, Rn. 21.

optischen Eindruck der Sache ab. Die Norm pönalisiert eine unbefugte nicht nur unerhebliche und nicht nur vorübergehende Veränderung des Erscheinungsbildes einer fremden Sache.[828] Der Täter muss die sinnlich wahrnehmbare Oberfläche der fremden Sache in einen vom ursprünglichen Zustand abweichenden Zustand bringen.[829]

Bei der Anwendung des Straftatbestands der Sachbeschädigung auf Kunstobjekte als Tatgegenstände zeigt sich bereits, dass gewisse Aspekte dieser Tathandlung einer genaueren Betrachtung bedürfen. So erscheint die Frage nach dem Gebrauch von Kunstwerken, wie auch das Verhältnis der Tathandlungen des § 303 I und II StGB, gesondert betrachtungswürdig.

(2) Der bestimmungsgemäße Gebrauch von Kunstwerken i.S.d. § 303 I StGB

Fraglich ist, wann die Beschädigung von Kunstwerken zu einer Beeinträchtigung des bestimmungsgemäßen Gebrauchs i.S.d. § 303 I StGB führt. Bei Kunstwerken und anderen Gegenständen, die ihren Zweck in einem ästhetischen bzw. künstlerischen Wert haben, nahm bereits das Reichsgericht an, dass die „*Gebrauchsbestimmung [darin bestehe] die Schönheit des Kunstwerkes zur vollen Geltung zu bringen*“[830].

Das Reichsgericht konkretisiert dabei weiter:

> „*Ein zur Verschönerung öffentlicher Plätze und Anlagen dienendes Standbild wird schon durch Entstellung seiner Schönheit mittels Einwirkung auf seine äußere Erscheinung regelmäßig seiner eigentlichen Zweckbestimmung entzogen. Darauf, dass nach der Vorstellung des Angeklagten der frühere Bestand mit Leichtigkeit wieder hätte herbeigeführt werden können, kommt es für die Begriffsbestimmung der Sachbeschädigung nicht an. Wie festgestellt, ging sein Vorsatz dahin, den Teilnehmern des am nächsten Tage stattfindenden Festes vor dem Denkmal den ungetrübten Genuss an seinem Anblick zu entziehen, es also, wenn auch nur vorübergehend, seiner Gebrauchsbestimmung zu berauben.*“[831]

---

828 *Fischer* 2021, § 303, Rn. 18 ff.; ausführlich hierzu MK-StGB/*Wieck-Noodt* 2019, § 303, Rn. 39 ff.

829 *Satzger*, JURA 2006, S. 434.

830 RGSt 43, 204 ff. (sog. Marmorbüsten-Fall); vgl. bezugnehmend hierauf auch BGH, B. v. 13. 11. 1979 - 5 StR 166/79, NJW 1980, S. 350.

831 RGSt 43, 205.

Zumeist wurden diese Bestimmungen im Rahmen von Fällen diskutiert, die später von § 303 II StGB erfasst werden sollten, etwa in Konstellationen, in denen Gegenstände beklebt oder mit Graffitis besprüht wurden.[832]

Auch der Bundesgerichtshof greift die Ansicht des Reichsgerichts in einem Urteil zur Frage nach dem Vorliegen einer Sachbeschädigung durch das Bekleben von Verteilerkästen der Bundespost auf. Der Bundesgerichtshof schloss sich dem Reichsgericht im Hinblick auf die Zweckbestimmung von Kunstwerken und Denkmälern an. Im konkreten Sachverhalt lehnte der Bundesgerichtshof daher eine Strafbarkeit durch das Bekleben von Verteilerkästen mit Plakaten ab, da deren Funktion weiterhin gewährleistet sei.[833] Auch das OLG Hamburg bezieht sich in einer Entscheidung zu Graffitis auf einem Eisenbahnwaggon auf die Entscheidung des Reichsgerichts und nimmt dabei Folgendes an:

> *„In Ausnahme von diesen Maßstäben kann eine bloße Veränderung der äußeren Erscheinung eines Gegenstandes nur dann zu einer die Sachbeschädigung begründenden Brauchbarkeitsbeeinträchtigung führen, wenn die Gebrauchsbestimmung dieses Gegenstandes – etwa eines Gemäldes, einer Statue oder eines Baudenkmals – offensichtlich mit seinem ästhetischen Zweck zusammenhängt.“*[834]

In der Literatur findet diese Ansicht ganz überwiegend Zustimmung.[835] *Satzger* macht jedoch auf die „*unvermeidlichen Abgrenzungsschwierigkeiten*“ bei der Frage nach dem Vorliegen der Gebrauchsbestimmung im ästhetischen Erscheinungsbild aufmerksam.[836] Gerade im Bereich der Kunst greifen demnach die Tathandlungen des § 303 I StGB deutlich früher als bei anderen Gegenständen, da bei Kunstwerken die Brauchbarkeit nicht „technischer“, sondern ästhetischer Natur ist.[837]

Durch die Einführung des § 303 II StGB im Jahre 2005 verlagerte sich die dargestellte Abgrenzungsproblematik für die meisten Objekte. Der neueingeführte

---

832 Vgl. etwa BGH, B. v. 13.11.1979 - 5 StR 166/79, NJW 1980, S. 350 (Bekleben von Verteilerkästen der Bundespost), siehe hierzu auch die kritische Anmerkung von *Scheffler*, NStZ 2001, S. 290 ff.; OLG Hamburg, B. v. 31.3.1999 - II a 28–99, NStZ-RR 1999, S. 209 (Graffiti auf Eisenbahnwagen).

833 BGH, B. v. 13.11.1979 - 5 StR 166/79, NJW 1980, S. 351.

834 OLG Hamburg, B. v. 31.3.1999 - II a 28–99, NStZ-RR 1999, S. 209.

835 *Satzger*, JURA 2006, S. 432; Sch/Sch/*Hecker* 2019, § 303, Rn. 11; *Fischer* 2021, § 303, Rn. 7 f.; SK-StGB/*Hoyer* 2016, § 303, Rn. 15; Lackner/Kühl/*Heger* 2018, § 303, Rn. 6.

836 *Satzger*, JURA 2006, S. 432; Sch/Sch/*Hecker* 2019, § 303, Rn. 11; *Fischer* 2021, § 303, Rn. 7 f.; SK-StGB/*Hoyer* 2016, § 303, Rn. 15; Lackner/Kühl/*Heger* 2018, § 303, Rn. 6.

837 *Fischer* 2021, § 303, Rn. 14; vgl. hierzu auch die überwiegend technischen Beispiele bei MK-StGB/*Wieck-Noodt* 2019, § 303, Rn. 21.

Absatz greift gerade die Veränderung des Erscheinungsbildes einer Sache auf.[838] Lediglich anerkannte Ausnahmen wie Kunstgegenstände und Denkmäler fallen nach wie vor unter den Anwendungsbereich des § 303 I StGB, da bei ihnen das Erscheinungsbild Teil der Brauchbarkeit ist.[839] Entsprechend ergibt sich die Frage nach der Anwendbarkeit und dem Verhältnis der Tathandlungen des § 303 I und II StGB bei Kunstgegenständen als Tatgegenstand.

(3) Das Verhältnis der Absätze des § 303 StGB bei Kunstwerken als Tatgegenständen

Grundsätzlich ist § 303 II StGB aufgrund seiner Stellung und Systematik dann gegenüber § 303 I StGB subsidiär, wenn eine Substanzbeschädigung auch eine Veränderung in der Erscheinung verursacht.[840] Dem Veränderungstatbestand des zweiten Absatzes soll eine gegenüber dem ersten Absatz ergänzende Funktion zukommen.[841] Die Ausführungen zur Beschädigung zeigen, dass in den Fällen, in denen die Sachsubstanz oder die Zweckbestimmung des Kunstwerkes verletzt oder eingeschränkt wird, üblicherweise ein Fall des § 303 I StGB vorliegt. Durch die besondere Bedeutung des bestimmungsgemäßen Gebrauchs von Kunstgegenständen reichen die Tathandlungen des ersten Absatzes dort relativ weit. Fraglich ist, ob die Tathandlung des Veränderungstatbestands ergänzend auch bei Sachbeschädigung an Kunstwerken zur Anwendung kommen kann. Die als Ergänzung vorgesehene Erweiterung der Tathandlungen durch § 303 II StGB führt allerdings nicht zwingend dazu, dass die Voraussetzungen des § 303 II StGB stets weiter reichen als die des § 303 I StGB.[842] *Satzger* verdeutlicht dies mit einem hypothetischen Fall, in dem der Täter das Gemälde eines Künstlers kurz vor der Vernissage mit einer Tinte versieht, die nach fünf Stunden restlos und ohne negative Auswirkungen für das Kunstwerk verschwindet.[843] In diesem Falle sei § 303 I StGB verwirklicht, während hingegen § 303 II StGB

838 Lackner/Kühl/*Heger* 2018, § 303, Rn. 6; zur Einführung des zweiten Absatzes des § 303 StGB im Rahmen des 39. StrÄndG: BGBl. I 2005, S. 2674; siehe hierzu auch MK-StGB/*Wieck-Noodt* 2019, § 303, Rn. 39 ff.

839 Lackner/Kühl/*Heger* 2018, § 303, Rn. 6; vgl. zur Problematik auch *Scheffler*, NStZ 2001, S. 290 ff.

840 *Fischer* 2021, § 303, Rn. 23; LK/*Wolff* 2008, § 303, Rn. 35.

841 *Satzger*, JURA 2006, S. 435.

842 *Satzger*, JURA 2006, S. 435.

843 *Satzger*, JURA 2006, S. 435.

aufgrund der nur vorübergehenden Wirkung der Tinte nicht einschlägig sei, da die erforderliche Dauer nicht vorliege.[844]

Die weite Erfassung des bestimmungsgemäßen Gebrauchs von Kunstwerken schützt also bereits seit der Rechtsprechung des Reichsgerichts das Kunstwerk aufgrund seiner ästhetischen Funktion. Der Umstand, dass der bestimmungsgemäße Gebrauch mit der äußeren Erscheinung zusammenfällt, bedingt somit, dass die Sachbeschädigung an Kunstwerken stets von § 303 I StGB erfasst ist, auch wenn nur das Erscheinungsbild verändert wird. Der Anwendungsbereich des § 303 II StGB, der eine nicht nur vorübergehende Veränderung erfordert, ist hier also bedeutungslos.

bb) Gemeinschädliche Sachbeschädigung gem. § 304 StGB

Für den Kunstvandalismus kann auch § 304 I StGB einschlägig sein, da die Norm ausdrücklich Kunstgegenstände erwähnt – ähnlich wie § 243 I 2 Nr. 5 StGB. Geschützt werden gegen Beschädigung und Zerstörung unter anderem Gegenstände der Kunst, der Wissenschaft oder des Gewerbes, die in öffentlichen Sammlungen aufbewahrt werden oder öffentlich aufgestellt sind. Die Norm schützt das allgemeine Interesse an der Nutzung von Kulturgütern und nicht das Eigentumsinteresse.[845] Dieser Schutzzweck verlangt, dass durch die Beschädigung oder Zerstörung auch der besondere öffentliche Zweck und die Allgemeinbedeutung der Gegenstände verletzt werden.[846] Die gemeinschädliche Sachbeschädigung ist also kein Qualifikationstatbestand des § 303 StGB, sondern ein Vergehen sui generis.[847] Der erhöhte Strafrahmen ergibt sich, wie bei § 243 I 2 Nr. 5 StGB, daraus, dass die Gegenstände aufgrund der allgemeinen Zugänglichkeit bzw. aufgrund der öffentlichen Aufstellung besonders gefährdet sind und ihnen meist ein hoher Wert sowie schwere Ersetzbarkeit zukommen.[848]

(1) Tatobjekt des § 304 I StGB

Die Tatobjekte des § 304 I StGB werden dort abschließend aufgezählt. Der Zweck des § 304 StGB, der Schutz des Nutzungsinteresses der Allgemeinheit, findet

844 *Satzger*, JURA 2006, S. 435.

845 LK/*Wolff* 2008, § 304, Rn. 1; *Fischer* 2021, § 304, Rn. 1; MK-StGB/*Wieck-Noodt* 2019, § 304, Rn. 1; *Satzger*, JURA 2006, S. 436.

846 MK-StGB/*Wieck-Noodt* 2019, § 304, Rn. 1.

847 LK/*Wolff* 2008, § 304, Rn. 1; *Fischer* 2021, § 304, Rn. 2; MK-StGB/*Wieck-Noodt* 2019, § 304, Rn. 2.

848 HK/*Weiler* 2017, § 304, Rn. 7.

sich in einigen Voraussetzungen der Tatobjekte wieder. Für § 304 I StGB ist im Gegensatz zu § 243 I StGB die Fremdheit der Gegenstände unerheblich. Der Tatbestand kann daher auch an eigenen oder herrenlosen Sachen verwirklicht werden.[849] Der Verzicht auf die Fremdheit der Sache verdeutlicht den Schutzzweck des § 304 I StGB: Entscheidend ist, dass der Gegenstand dem öffentlichen Interesse gewidmet ist – die tatsächliche Nutzung des Objektes ist unerheblich.[850] Durch die ausdrückliche oder konkludente Widmung des Widmungsberechtigten muss die Zweckbestimmung zum Ausdruck kommen, dass der Gegenstand dem öffentlichen Nutzen dienen soll.[851]

(a) Gegenstände der Kunst, der Wissenschaft oder des Gewerbes

§ 304 I StGB schützt unter anderem Gegenstände der Kunst, der Wissenschaft oder des Gewerbes. Diese von § 304 I StGB erfassten Gegenstände decken sich mit denen des § 243 I 2 Nr. 5 StGB.[852] Auch hier ist die Aufzählung der Gegenstände so weit gefasst, dass eine genaue Unterscheidung der einzelnen Objekte nicht erforderlich ist.

(b) In öffentlichen Sammlungen aufbewahrt oder öffentlich aufgestellt

Das Tatbestandsmerkmal der öffentlichen Sammlung ist im Hinblick auf das Allgemeininteresse an der Nutzung der Gegenstände auszulegen.[853] Dabei ist in weiten Teilen auf die Ausführung zu den Voraussetzungen innerhalb des § 243 I 2 Nr. 5 StGB zu verweisen. Unterschiede zwischen § 304 I StGB und § 243 I 2 Nr. 5 StGB ergeben sich in Bezug auf den Schutzzweck. Die Abweichungen, die sich aus dem zusätzlichen Allgemeininteresse ergeben, finden konkret darin Ausdruck, dass bei öffentlichen Sammlungen Gegenstände, die sich im Archiv oder Magazin der Sammlung befinden, auch dann von § 304 I StGB geschützt werden, wenn sie der Öffentlichkeit vorübergehend nicht gezeigt werden.[854]

---

849 LK/*Wolff* 2008, § 304, Rn. 1; *Fischer* 2021, § 304, Rn. 3.
850 MK-StGB/*Wieck-Noodt* 2019, § 304, Rn. 8; LK/*Wolff* 2008, § 304, Rn. 2; SK-StGB/*Hoyer* 2016, § 304, Rn. 3; *Fischer* 2021, § 304, Rn. 3.
851 MK-StGB/*Wieck-Noodt* 2019, § 304, Rn. 8; LK/*Wolff* 2008, § 304, Rn. 2; SK-StGB/*Hoyer* 2016, § 304, Rn. 3; *Fischer* 2021, § 304, Rn. 3.
852 *Fischer* 2021, § 304, Rn. 5; MK-StGB/*Wieck-Noodt* 2019, § 304, Rn. 10, 16.
853 Vgl. MK-StGB/*Wieck-Noodt* 2019, § 304, Rn. 10, 16.
854 MK-StGB/*Wieck-Noodt* 2019, § 304, Rn. 16.

(c) Gegenstände religiöser Verehrung, dem Gottesdienst gewidmete Sachen

Die sakralen Gegenstände, die § 304 I StGB erfasst, sind im Wesentlichen deckungsgleich mit denen des § 243 I 2 Nr. 4 StGB.[855]

§ 304 I StGB unterscheidet sich dabei nur im Hinblick auf die Beweglichkeit der Sache. Als Tatobjekte können hier auch unbewegliche Sachen, wie etwa Kirchen und Kapellen, in Betracht kommen.[856]

(2) Tathandlung des § 304 I und II StGB

Die Tathandlungen des § 304 I StGB sind mit denen des § 303 I StGB identisch. Über § 303 I StGB hinausgehend setzt § 304 I StGB voraus, dass durch die jeweilige Handlung die Verwendbarkeit für den Zweck beeinträchtigt wird, der den Schutz des § 304 StGB überhaupt erst begründet.[857]

Auch die Tathandlung des § 304 II StGB stimmt mit der des § 303 II StGB überein.[858] Fraglich ist einzig, ob die mit § 303 II StGB an sich identische Erscheinungsveränderung eine Beeinträchtigung der von § 304 StGB geschützten öffentlichen Funktion hervorrufen muss.[859] In der Literatur wird vertreten, dass eine solche Beeinträchtigung erforderlich sei, obwohl diese Voraussetzung weder im Gesetz noch im Gesetzgebungsverfahren angesprochen wurde.[860] Begründet wird dies damit, dass eine vom ersten Absatz abweichende Anwendung zu sehr widersprüchlichen Bewertungen führen würde.[861]

Wenn der öffentliche Zweck bzw. Nutzen der Sache in der Präsentation des Erscheinungsbildes liegt, ist die Veränderung des Erscheinungsbildes bereits durch den Tatbestand der Beschädigung gem. § 304 I StGB verwirklicht.[862]

---

855 MK-StGB/*Wieck-Noodt* 2019, § 304, Rn. 16; LK/*Wolff* 2008, § 304, Rn. 4; SK-StGB/*Hoyer* 2016, § 304, Rn. 5; *Fischer* 2021, § 304, Rn. 4f., 9.

856 MK-StGB/*Wieck-Noodt* 2019, § 304, Rn. 10; SK-StGB/*Hoyer* 2016, § 304, Rn. 5; *Fischer* 2021, § 304, Rn. 4; mit weiteren Beispielen und Rechtsprechung; LK/*Wolff* 2008, § 304, Rn. 4.

857 MK-StGB/*Wieck-Noodt* 2019, § 304, Rn. 23 mit Beispielen; Sch/Sch/*Hecker* 2019, § 304, Rn. 12, KG, B. v. 1. 3. 2006 - (5) 1 Ss 479/05 (89/05), NStZ 2007, S. 223 f.

858 *Fischer* 2021, § 304, Rn. 13a.

859 *Fischer* 2021, § 304, Rn. 13a; Sch/Sch/*Hecker* 2019, § 304, Rn. 13; LK/*Wolff* 2008, § 304, Rn. 17; *Satzger*, JURA 2006, S. 436.

860 *Fischer* 2021, § 304, Rn. 13a; Sch/Sch/*Hecker* 2019, § 304, Rn. 13; LK/*Wolff* 2008, § 304, Rn. 17; *Satzger*, JURA 2006, S. 436.

861 *Fischer* 2021, § 304, Rn. 13a; Sch/Sch/*Hecker* 2019, § 304, Rn. 13; LK/*Wolff* 2008, § 304, Rn. 17; *Satzger*, JURA 2006, S. 436.

862 *Fischer* 2021, § 304, Rn. 13a.

Mithin tritt bei den Absätzen des § 304 StGB dasselbe Verhältnis wie bei denen des § 303 StGB auf. Die Irrelevanz des Veränderungstatbestands bei § 304 II StGB wird dadurch noch deutlicher, dass der besondere öffentliche Zweck gerade bei Kunstgegenständen, Denkmälern etc. allein im Erscheinungsbild liegt.[863] In der Literatur wird davon ausgegangen, dass die Regelung des Tatbestands des § 304 II StGB für Kunstobjekte, Denkmäler etc. keine Relevanz hat.[864] *Satzger* führt an, dass der Tatbestand des § 304 II StGB *„ohne jede Auswirkung auf die Strafbarkeit nach § 304 StGB“* und mithin *„gänzlich überflüssig“* sei.[865]

Bei den Tathandlungen des § 304 StGB ist auch eine Tatbegehung durch Unterlassen möglich.[866] Dies gilt nach § 13 I StGB, wenn dem Täter eine Rechtspflicht zukommt, die darauf gerichtet ist, den Gegenstand in seiner Bedeutung für die Allgemeinheit zu erhalten.[867] Ein Beispiel hierfür wäre das Unterlassen von zwingend erforderlichen Restaurierungsmaßnahmen.[868]

cc) Beschädigungsverbot gem. § 83 III i.V.m. § 18 I, II KGSG

Über die Verbote der rechtswidrigen Einfuhr, Ausfuhr und den Handel von Kulturgut hinaus enthält das Kulturgutschutzgesetz ein strafbewehrtes Beschädigungsverbot gem. § 83 III i.V.m. § 18 I, II KGSG. Der Straftatbestand des § 83 III i.V.m. § 18 I, II KGSG ist, gerade im Zusammenhang mit der Qualifikation des Tatobjekts, mit den weiteren strafrechtlichen Normen des § 83 KGSG verknüpft. Obwohl eine ausführlichere Behandlung dieser Thematik noch vorgenommen werden wird, soll aufgrund der Nähe zur Sachbeschädigung von Kunstobjekten, insbesondere zu § 304 StGB, diese Regelung des KGSG hier dargestellt werden.[869]

Wie schon am Strafrahmen des § 83 III i.V.m. § 18 I, II KGSG von bis zu drei Jahren Freiheitsstrafe deutlich wird, handelt es sich um eine Norm, die sich hinsichtlich ihres Schutzzweckes sowie durch ihre Formulierung (§ 18 I 1 KGSG) an

---

863 *Fischer* 2021, § 304, Rn. 13a; *Satzger*, JURA 2006, S. 436.

864 Siehe zur Kritik weiter *Fischer* 2021, § 304, Rn. 13a; Sch/Sch/*Hecker* 2019, § 304, Rn. 13; LK/*Wolff* 2008, § 304, Rn. 17; *Satzger*, JURA 2006, S. 436.

865 *Satzger*, JURA 2006, S. 436; zu ähnlicher Kritik auch LK/*Wolff* 2008, § 304, Rn. 17; Sch/Sch/*Hecker* 2019, § 304, Rn. 13.

866 MK-StGB/*Wieck-Noodt* 2019, § 304, Rn. 25; Elmenhorst/Wiese/*Stang* 2018, § 83, Rn. 43.

867 Siehe hierzu für § 83 III KGSG und den Bezug zu § 304 StGB Elmenhorst/Wiese/*Stang* 2018, § 83, Rn. 43; MK-StGB/*Wieck-Noodt* 2019, § 304, Rn. 25.

868 Siehe hierzu für § 83 III KGSG und den Bezug zu § 304 StGB Elmenhorst/Wiese/*Stang* 2018, § 83, Rn. 43; MK-StGB/*Wieck-Noodt* 2019, § 304, Rn. 25.

869 Elmenhorst/Wiese/*Stang* 2018, § 83, Rn. 40.

§ 304 I u. II StGB anlehnt. Auch die Gesetzesbegründung des § 18 KGSG nimmt auf § 304 StGB Bezug.[870]

Die Regelung des § 18 KGSG soll die strafrechtlichen Lücken schließen, die zwischen den Tatobjekten des § 304 StGB und denen des § 83 KGSG bei einer Beschädigung auftreten können.[871] Während von § 304 I StGB nur Objekte geschützt werden, die sich in öffentlichen Sammlungen befinden oder öffentlich aufgestellt sind, soll durch § 83 III i.V.m. § 18 I, II KGSG ein gleichwertiger Schutz für Kulturgüter, die gem. § 7 KGSG in einem Verzeichnis national wertvollen Kulturgutes eingetragen sind, geschaffen werden.[872] § 18 II KGSG erweitert diesen Schutz auch auf Kulturgut, für das ein Verfahren zur Eintragung in ein solches Verzeichnis eingeleitet worden ist. Weitere Ausführungen zu den Tatobjekten des Kulturgutschutzgesetzes werden im nachfolgenden Kapitel zum illegalen Handel mit Kulturgut gemacht.

Wie bei § 304 StGB ist die Fremdheit der Sache im Rahmen des § 18 I, II KGSG unerheblich, da der Schutzzweck keinen Schutz des Eigentumsrechts vorsieht.[873] Mithin wird durch § 83 III i.V.m. § 18 I, II KGSG auch dem Täter gehörendes sowie herrenloses Kulturgut geschützt.[874]

Die Gesetzesbegründung zu § 18 KGSG nennt als Grund für die Schaffung der Norm, dass durch das strafbewehrte Verbot der Ausfuhr von national wertvollem Kulturgut durch den Eigentümer ein systemwidriges Ergebnis entstünde, wenn dieser das Kulturgut nicht ausführen, aber zerstören dürfe.[875]

§ 83 III i.V.m. § 18 I, II KGSG ist aufgrund der engen Voraussetzungen an die einschlägigen Tatobjekte nur für eine bestimmte Anzahl an Gegenständen anwendbar. Mithin bleibt fraglich, ob der Norm eine nennenswerte Bedeutung zukommt.[876]

Die Tathandlungen des § 18 I, II KGSG und des § 303 I, II StGB sind deckungsgleich.[877] Eine ausdrückliche Ausnahme besteht nach § 18 I 1 KGSG

---

870 BT-Drs. 18/7456, S. 81; vgl. hierzu auch Elmenhorst/Wiese/*Czernik* 2018, § 18, Rn. 6 f.

871 BT-Drs. 18/7456, S. 81; Elmenhorst/Wiese/*Czernik* 2018, § 18, Rn. 1.

872 BT-Drs. 18/7456, S. 81; Elmenhorst/Wiese/*Czernik* 2018, § 18, Rn. 1, 6 f.

873 Zur Eigentumslage bei § 304 StGB vgl. LK/*Wolff* 2008, § 304, Rn. 1; *Fischer* 2021, § 304, Rn. 3; MK-StGB/*Wieck-Noodt* 2019, § 304, Rn. 1; zur Eigentumslage bei § 18 KGSG vgl. Erbs/Kohlhaas/*Häberle* 2020, § 83 KGSG, Rn. 20 f.; Elmenhorst/Wiese/*Czernik* 2018, § 18, Rn. 6 f.; BT-Drs. 18/7456, S. 81.

874 Erbs/Kohlhaas/*Häberle* 2020, § 83 KGSG, Rn. 25.

875 BT-Drs. 18/7456, S. 81; Elmenhorst/Wiese/*Czernik* 2018, § 18, Rn. 2 f.

876 Vgl. Erbs/Kohlhaas/*Häberle* 2020, § 83 KGSG, Rn. 23.

877 Elmenhorst/Wiese/*Czernik* 2018, § 18, Rn. 8 ff., siehe dort auch spezifische Beispiele zu den jeweiligen Tathandlungen.

für die Veränderungen an der Sachsubstanz des Kulturgutes, die zur fachgerechten Konservierung, Restaurierung oder zur Forschung nach anerkannten wissenschaftlichen Standards erfolgt.[878] Die bereits bei § 304 StGB angesprochene Möglichkeit der Tatbegehung durch Unterlassen besteht bei § 83 III i.V.m. § 18 I, II KGSG ebenso.[879] Die die Garantenstellung des § 13 I StGB begründenden Rechtspflichten können beispielsweise aufgrund der Erteilung einer Ausfuhrgenehmigung nach den §§ 22, 25, 26 KGSG entstehen, mit der die Pflicht einhergeht, die Wiedereinführung der Kulturgüter in einwandfreiem Zustand zu gewährleisten.[880] Überdies bleiben die Regelungen des § 304 I u. II StGB nach § 18 I 2 KGSG unberührt.[881]

e) Ergebnis zur Strafbarkeit des Kunstvandalismus

Der Kunstvandalismus ist in seiner Erscheinung vollständig von den existierenden Strafnormen erfasst. Einen weitreichenden Schutz bietet der Sachbeschädigungstatbestand gem. § 303 I StGB, der die ästhetische Funktion von Kunstobjekten hinreichend berücksichtigt. Wie sich gezeigt hat, ist die Relevanz der Strafbarkeit des § 304 I StGB durch die engeren Voraussetzungen an die Tatobjekte geringer. Die beiden Veränderungstatbestände der §§ 303 II und 304 II StGB zeigten für den Kunstvandalismus keinen Anwendungsbereich.

8. Der illegale Handel mit Kunst- und Kulturgütern

Ein besonders aktuelles und weitreichendes Phänomen ist der illegale Handel mit Kunst- und Kulturgütern. Auf der Internetpräsenz der Staatsministerin für Kultur und Medien *Monika Grütters* wird mit Verweis auf Einschätzungen der UNESCO in Paris geäußert, dass der Handel mit Kulturgütern innerhalb der internationalen Kriminalität auf Platz drei hinter dem illegalen Waffen- und Drogenhandel rangiere.[882]

Die bisherige Gesetzeslage wurde angesichts der kriminalpolitischen Bedeutung dieses Deliktsphänomens von der Bundesregierung als unzureichend empfunden. Unter Umsetzung neuer internationaler Vorgaben kam es daher im Jahr

---

878 Vgl. hierzu Erbs/Kohlhaas/*Häberle* 2020, § 83 KGSG, Rn. 24; Elmenhorst/Wiese/*Czernik* 2018, § 18, Rn. 13, mit Verweis auf die entsprechenden DIN-Normen; Elmenhorst/Wiese/*Stang* 2018, § 83, Rn. 45; vgl. auch Handreichung KGSG BKM 2017, S. 41.

879 Elmenhorst/Wiese/*Stang* 2018, § 83, Rn. 43.

880 Elmenhorst/Wiese/*Stang* 2018, § 83, Rn. 43.

881 Elmenhorst/Wiese/*Czernik* 2018, § 18, Rn. 15.

882 Handreichung KGSG BKM 2017, S. 18.

2016 zur umfangreichen Reform des Kulturgutschutzes in Form des Kulturgutschutzgesetzes.[883] Die Neuerungen betrafen auch die strafrechtlichen Bestimmungen, die im folgenden Abschnitt näher betrachtet werden.[884]

a) *Fälle des illegalen Handels mit Kunst- und Kulturgütern*

Bereits in der Einleitung wurde das Ereignis um den „Schatz der Olmeken" angesprochen. Dabei wurden im März 2018 zwei circa 3.000 Jahre alte Holzfiguren bei einem zwielichtigen Kunsthändler in München sichergestellt. Die Figuren konnten schließlich an die mexikanische Regierung zurückgegeben werden. [885]

Im Jahr 2010 konnten in der niederrheinischen Stadt Viersen jahrtausendealte Kunstschätze aus Mesopotamien sichergestellt werden:[886]

> *„Bagdad, April 2003. Der Einmarsch der Amerikaner war erfolgreich, Saddam Hussein ist gestürzt. Doch Ordnung kehrt nicht ein. So verkommt das weltberühmte Nationalmuseum in der irakischen Hauptstadt zum Selbstbedienungsladen für Räuber und Diebe. Das Museum wird geplündert. Ein 3000 Jahre altes Rollsiegel, das damals verschwand, ist jetzt in einer Viersener Spielhalle wieder aufgetaucht. Die Krefelder Kripo hatte schon im Juli vier Männer verhaftet, die mit irakischen Artefakten handeln wollten. Erst jetzt steht fest: Es handelt sich dabei um echte Schätze aus dem alten Mesopotamien und Babylonien. Das älteste Stück wurde vor 5000 Jahren hergestellt. Die Polizei ist den Händlern durch einen Tipp aus der Szene auf die Schliche gekommen. Die Verdächtigen werden observiert und abgehört. Am Ende kommt es zu einem Scheinkauf durch die Polizei – gefordert werden 2,5 Millionen Euro."*[887]

Ein ebenfalls aus dem Irak stammender Kulturgegenstand wurde im Jahr 2009 erfolgreich an die irakische Regierung zurückgegeben:

> *„Manchmal aber führen die Bemühungen von Polizei und Wissenschaft auch zu staatsmännischen Auftritten: Vor zwei Jahren überbrachte der damalige Außenminister Frank-Walter Steinmeier dem irakischen Ministerpräsidenten Maliki persönlich eine „Ankeraxt", die vor rund 4000 Jahren dem sumerischen König Schulgi gehörte. Das antike Stück war einer BKA-Mitarbeiterin bei einem Kölner Händler aufgefallen, sie bat Michael*

---

883 Handreichung KGSG BKM 2017, S. 12 ff.

884 Siehe zu den zivilrechtlichen Auswirkungen der Exportbeschränkungen und weiteren Aspekten des nationalen und internationalen Kulturgüterschutzes *Schack* 2017, Rn. 539 ff., 554 ff. jeweils mit weiteren Nachweisen.

885 *Schoepp*, Der Schatz der Olmeken kehrt endlich heim nach Mexiko, SZ vom 22.03.2018 (Stand: 15.03.2021).

886 *Wessel* 2015, S. 14.

887 *Herriger*, Artefakte aus Mesopotamien Polizei beschlagnahmt uralten Schatz, Express vom 22.12.10 (Stand: 15.03.2021); vgl. auch *Wessel* 2015, S. 14.

Müller-Karpe um Begutachtung und dem ‚stockte der Atem', als er das Foto in der Email betrachtete: ‚Eine Ankeraxt! Davon gibt es maximal 50 Stück, keines ist verlässlich datiert, da fast alle aus Raubgrabungen stammen. Seit 30 Jahren versuche ich, diese Ankeräxte chronologisch ‚einzuhängen' – und nun kann ich sie auf wenige Jahre genau datieren!'"[888]

Doch auch aus europäischen Ländern stammende Kulturgüter werden illegal gehandelt, wie ein eindrucksvoller Fall aus dem Jahr 2018 belegt:

„*Die Polizei hat ein Netzwerk für den illegalen Handel mit antiken Gegenständen ausgehoben. Beamte von Europol beschlagnahmten dabei in Deutschland, Italien, Spanien und Großbritannien rund 25.000 archäologische Artefakte. Der Bande von Antikenschmugglern werde vorgeworfen, auf Sizilien Tausende Altertümer illegal ausgegraben und in vielen Fällen nach Deutschland gebracht zu haben, sagte Luigi Mancuso von der Kunstabteilung der Carabinieri in Palermo. In Italien seien 20 Verdächtige festgenommen worden, sowie je eine Person in Deutschland und Spanien. Mancuso sagte, die Behörden hätten rund 25.000 Objekte sichergestellt, darunter antike Münzen, Statuen und Keramik, aber auch Fälschungen. Ein Londoner Kunsthändler, der bereits im vergangenen Jahr wegen mutmaßlicher anderer Vergehen festgenommen wurde, stehe im Verdacht, die verbotenen Ausgrabungen in Auftrag gegeben zu haben. Die Stücke seien als rechtmäßige Funde ausgegeben und über Auktionshäuser in München zum Verkauf angeboten worden. Der Zugriff in den vier Ländern erfolgte demnach zeitgleich. 40 Wohnungen wurden nach Europol-Angaben durchsucht, 250 Polizisten waren an dem Einsatz beteiligt. Vorausgegangen waren vierjährige Ermittlungen der italienischen Polizei.*"[889]

Der nachfolgende Abschnitt befasst sich mit der strafrechtlichen Bewertung des illegalen Handels mit Kulturgütern, unter besonderer Beachtung der Gesetzesnovellierung des Kulturgüterschutzes im Jahr 2016.

b) Die Einführung des Kulturgutschutzgesetzes (KGSG)

Das am 6. August 2016 in Kraft getretene Kulturgutschutzgesetz (KGSG)[890] sollte die bestehende Rechtslage um den Kulturgutsschutz deutlich verbessern. Ratio legis des KGSG ist, die Abwanderung von Kulturgut zu verhindern, den illegalen Handel mit Kulturgütern zu unterbinden und auch die Rückführung von Kulturgut in die Ursprungsländer sicherzustellen.[891] Das Gesetz vereint bisher separat

---

888 *Zick*, Das Milliardengeschäft der Raubgräber, Der Tagesspiegel vom 06.07.2011 (Stand: 15.03.2021).

889 *Heider*, Illegaler Handel mit 25.000 Gegenständen aus der Antike, Bayerischer Rundfunk vom 05.07.2018 (Stand: 15.03.2021).

890 BGBl. I 2016, S. 1914.

891 *Elmenhorst/Heimann*, NJW 2016, S. 3398; etwa zur Problematik der Rückführung von Objekten aus der Kolonialzeit *Bullinger/Terker*, NJW 2019, S. 731 ff.

oder gar nicht geregelte Komponenten des Kulturgutschutzes und bezieht dabei europarechtliche Vorschriften wie auch Völkerrecht mit ein.[892] Das Kulturgutschutzgesetz fußt auf einer aus dem Jahr 1919 stammenden Reichsverordnung, die die Ausfuhr von Kunstwerken regelte.[893] Dem folgte das Gesetz zum Schutz deutschen Kulturgutes gegen Abwanderung, das 1955 in Kraft trat.[894] Die Neuregelung des Kulturgutschutzes fasst die deutschen Normen wie auch die Europäische Richtlinie 2014/60/EU v. 15. Mai 2014[895] zusammen. Weiter soll hierdurch eine verbesserte Umsetzung des sog. UNESCO-Übereinkommens vom 14. November 1970 ermöglicht werden. Dieses beinhaltet Maßnahmen zum Verbot und zur Verhütung der rechtswidrigen Einfuhr, Ausfuhr und Übereignung von Kulturgut.[896] Mit Kapitel 9 des KGSG, Straf- und Bußgeldvorschriften, wird überdies das Ziel verfolgt, durch die Zusammenfassung der bisherigen strafrechtlichen Regelungen des § 20 Kulturgüterrückgabegesetz sowie § 16 des Gesetzes zum Schutz deutschen Kulturgutes gegen Abwanderung ein „*in sich geschlossenes System*" zu schaffen.[897]

c) *Die Strafbarkeiten nach § 83 KGSG*

Die strafrechtlichen Regelungen des Kulturgutschutzgesetzes finden sich im neunten Kapitel, Straf- und Bußgeldvorschriften, in den §§ 83 ff. KGSG.[898] Die verschiedenen Tatbestände des § 83 KGSG sollen im Folgenden beleuchtet werden.

---

892 BT-Drs. 18/7456, S. 1; vgl. auch *v. Cube*, NJW 2017, S. 787; *Elmenhorst/Heimann*, NJW 2016, S. 3400; siehe insgesamt auch *Ebling/Bullinger* 2019, S. 321 ff.

893 *Elmenhorst/Heimann*, NJW 2016, S. 3398.

894 *Elmenhorst/Heimann*, NJW 2016, S. 3398; vgl. zur Historie der Regelungen um den illegalen Handel mit Kulturgut auch *Weller* 2018, S. 48 ff.

895 Richtlinie 2014/60/EU des Europäischen Parlaments und des Rates vom 15. Mai 2014 über die Rückgabe von unrechtmäßig aus dem Hoheitsgebiet eines Mitgliedstaats verbrachten Kulturgütern und zur Änderung der Verordnung (EU) Nr. 1024/2012 (Neufassung), ABl.(EU) L 159/1 v. 28.05.2014.

896 BT-Drs. 18/7456, S. 1; BGBl. II 2007, S. 626; siehe zur gesamten Situation auch im internationalen Vergleich *Schack* 2017, Rn. 541 ff.

897 BT-Drs. 18/7456, S. 117; vgl. auch Elmenhorst/Wiese/*Stang* 2018, § 83, Rn. 1 f.; zur alten Rechtslage siehe auch BVerwG, U. v. 24.11.2011 – 7 C 12/10, NJW 2012, S. 792 ff.

898 Erbs/Kohlhaas/*Häberle* 2020, § 83 KGSG, Rn. 1 ff.; Elmenhorst/Wiese/*Stang* 2018, § 83, Rn. 1 ff.

aa) Täter

Nach § 83 KGSG kommt jedermann als tauglicher Täter in Betracht, insbesondere auch der Eigentümer des entsprechenden Kulturgutes.[899] Dies zeigte sich bereits beim Beschädigungsverbot des § 83 III KGSG i.V.m. § 18 I, II KGSG. Die Regelungen des KGSG und die erforderliche Aufnahme des Kulturgutes in die noch darzustellenden Verzeichnisse national wertvollen Kulturgutes erfüllen einen allgemeinen Zweck, der über den bloßen Eigentumsschutz hinaus geht.[900]

bb) Das Kulturgut als Tatobjekt

Die für Strafbarkeiten aus § 83 KGSG in Betracht kommenden Kulturgüter wurden vom Gesetzgeber in § 2 I Nr. 10 KGSG bestimmt. Demnach handelt es sich bei Kulturgut um jede bewegliche Sache oder Sachgesamtheit von künstlerischem, geschichtlichem oder archäologischem Wert oder aus anderen Bereichen des kulturellen Erbes, insbesondere von paläontologischem, ethnographischem, numismatischem oder wissenschaftlichem Wert. Als Sachgesamtheit gelten nach § 2 I Nr. 16 KGSG mehrere zusammengehörige Kulturgüter, insbesondere Archivbestände, Bibliotheksbestände, Nachlässe, Sammlungen oder Teile davon.[901]

In § 2 I Nr. 1 KGSG wird archäologisches Kulturgut bestimmt. Dabei handelt es sich um bewegliche Sachen oder Sachgesamtheiten, die von Menschen geschaffen oder bearbeitet wurden oder Aufschluss über menschliches Leben in vergangener Zeit geben, sich im Boden oder in einem Gewässer befinden oder befunden haben oder bei denen aufgrund der Gesamtumstände dies zu vermuten ist.

Bereits bei der Definition der Kunstkriminalität war erkennbar, dass der Kulturgutbegriff im KGSG weit gefasst ist. Dieser Umstand ist darauf zurückzuführen, dass im Kulturgutschutzgesetz mehrere Gesetze funktional zusammengefügt wurden.[902] Nach der Gesetzesbegründung sollten durch die neue Regelung ein einheitlicher gesetzlicher Kulturbegriff und eine Legaldefinition des nationalen Kulturgutes geschaffen werden.[903]

---

899 Erbs/Kohlhaas/*Häberle* 2020, § 83 KGSG, Rn. 2; Elmenhorst/Wiese/*Stang* 2018, § 83, Rn. 3.

900 Zu den geschützten Rechtsgütern insgesamt Elmenhorst/Wiese/*Stang* 2018, § 83, Rn. 2.

901 Vgl. auch Elmenhorst/Wiese/*Stang* 2018, § 83, Rn. 8; Elmenhorst/Wiese/*Heimann* 2018, § 2, Rn. 2, 11, 17.

902 Erbs/Kohlhaas/*Häberle* 2020, § 2 KGSG, Rn. 2.

903 BT-Drs. 18/7456, S. 2.

Folge dieser weiten Beschreibung ist, dass einige Begriffe vergleichsweise unpräzise erscheinen. *Von Cube* bezeichnet die gesamten Regelungen des Kulturgutschutzgesetzes als *„eine beispiellose Anhäufung unbestimmter Rechtsbegriffe“*.[904] Als Beispiel für die Unbestimmtheit dieser Begriffe führt *von Cube* den Terminus des archäologischen Kulturgutes gem. § 2 I Nr. 1 KGSG an.[905] Demnach sei auch eine im Boden oder Wasser aufgefundene Konservendose unter den Begriff des archäologischen Kulturgutes i.S.d. § 2 I Nr. 1 KGSG zu subsumieren.[906] Dies liege daran, dass die in § 2 I KGSG enthaltenen Begriffsbestimmungen zum einen keine kumulative Anforderung an die Voraussetzungen des Objektes verlangten, zum anderen fehle in § 2 I Nr. 1 KGSG – anders als in § 2 I Nr. 10 KGSG – ein Bezug zu künstlerischem, geschichtlichem oder archäologischem Wert.[907]

Entsprechend ist, wie *von Cube* zutreffend anmerkt, bei den Begriffen des § 2 I KGSG zumeist eine Auslegung und teleologische Reduktion erforderlich.[908] Mithin bleibt die Sinnhaftigkeit der Begriffsbestimmungen des § 2 I KGSG fraglich.

(1) Voraussetzung des nationalen Kulturgutes gem. § 6 KGSG

Viele der Vorschriften, die auch durch die Strafnorm des § 83 KGSG geschützt werden, erfordern die Qualifikation des Tatobjektes als nationales Kulturgut. Der in § 5 KGSG formulierte Gesetzesauftrag, nationales Kulturgut als Teil des kulturellen Erbes Deutschlands gegen Abwanderung aus dem Bundesgebiet zu schützen, leitet zu den begriffsbestimmenden §§ 6, 7 KGSG hin.[909] Die Voraussetzungen für das Vorliegen von nationalem Kulturgut werden in § 6 I Nr. 1-4 KGSG bestimmt.

§ 6 I Nr. 1 KGSG beschreibt die Qualifikation zum nationalen Kulturgut durch die Eintragung in ein Verzeichnis national wertvollen Kulturgutes, das sog. Listenprinzip.[910] Die Eintragung erfolgt gem. § 7 KGSG.

---

904 *v. Cube*, NJW 2017, S. 787.

905 *v. Cube*, NJW 2017, S. 787.

906 *v. Cube*, NJW 2017, S. 787.

907 *v. Cube*, NJW 2017, S. 787; ebenso kritisch äußert sich *Walser*, KUR 2016, S. 140 ff. zum Schutzumfang des KGSG. *Walser* kritisiert dabei gleichfalls die mangelnde Präzision der Definitionen.

908 *v. Cube*, NJW 2017, S. 787.

909 Elmenhorst/Wiese/*Heimann* 2018, § 5, Rn. 1 ff.; § 6 Rn. 1 ff.

910 Erbs/Kohlhaas/*Häberle* 2020, § 6 KGSG, Rn. 1; Elmenhorst/Wiese/*Heimann* 2018, § 6, Rn. 2.

Von § 6 I Nr. 2 KGSG wird Kulturgut erfasst, das sich in öffentlichem Eigentum und im Bestand einer öffentlich-rechtlichen Kulturgut bewahrenden Einrichtung befindet.[911] Hierdurch soll das Eintragungserfordernis für staatliche Museen entfallen.[912] Das Kulturgut gehört dann zum Bestand einer solchen Institution, wenn es von ihr inventarisiert ist.[913] Entsprechend kommen für die betroffenen Sammlungen auch die Genehmigungspflichten des Kulturgutschutzgesetzes zur Anwendung, was auch zu Strafbarkeiten i.S.d. § 83 KGSG etwa bei Leihen über die Bundesgrenzen hinaus führen kann.[914]

§ 6 I Nr. 3 KGSG erweitert den Inhalt des § 6 I Nr. 2 KGSG auf Kulturgut, das sich im Eigentum und im Bestand einer Kulturgut bewahrenden Einrichtung befindet, die überwiegend durch Zuwendungen der öffentlichen Hand finanziert wird. Dies sind beispielsweise Stiftungen oder Gesellschaften mit beschränkter Haftung, die überwiegend, also mit mehr als 50 Prozent, staatlich finanziert werden.[915] Durch diese beiden Regelungen soll erreicht werden, dass sich der strafbewehrte Schutz des § 83 III KGSG i.V.m. § 18 I, II KGSG auf die Sammlungen zur Gänze erstreckt und nicht nur auf die *„öffentlichen Sammlungen“*, wie dies bei § 304 I StGB der Fall ist.[916]

§ 6 I Nr. 4 KGSG erweitert die Qualifikation zum nationalen Kulturgut auf Kulturgut, das Teil einer Kunstsammlung des Bundes oder der Länder ist. Hiervon erfasst ist beispielsweise die Bundeskunstsammlung.[917]

(2) Das Verzeichnis national wertvollen Kulturgutes gem. § 7 KGSG

Die Pflicht zur Eintragung in ein Verzeichnis national wertvollen Kulturgutes ergibt sich aus § 7 KGSG.[918] Nach § 7 I 1 Nr. 1 KGSG ist Kulturgut von der obersten Landesbehörde in ein Verzeichnis national wertvollen Kulturgutes einzutragen, wenn es besonders bedeutsam für das kulturelle Erbe Deutschlands,

---

911 Elmenhorst/Wiese/*Heimann* 2018, § 6, Rn. 3, 4.

912 Erbs/Kohlhaas/*Häberle* 2020, § 6 KGSG, Rn. 3; BT-Drs. 18/7456, S. 65; Elmenhorst/Wiese/*Heimann* 2018, § 6, Rn. 3 ff.

913 Erbs/Kohlhaas/*Häberle* 2020, § 6 KGSG, Rn. 3; BT-Drs. 18/7456, S. 66; Elmenhorst/Wiese/*Heimann* 2018, § 6, Rn. 4.

914 Vgl. BT-Drs. 18/7456, S. 66.

915 Erbs/Kohlhaas/*Häberle* 2020, § 6 KGSG, Rn. 4; BT-Drs. 18/7456, S. 66; Elmenhorst/Wiese/*Heimann* 2018, § 6, Rn. 5.

916 BT-Drs. 18/7456, S. 66.

917 BT-Drs. 18/7456, S. 67; Elmenhorst/Wiese/*Heimann* 2018, § 6, Rn. 7, § 9 Rn. 7.

918 I.S.d. § 2 I Nr. 20 KGSG ist ein Verzeichnis national wertvollen Kulturgutes *„ein Verzeichnis eines Landes, in das es Kulturgut als national wertvoll einträgt“*.

der Länder oder einer seiner historischen Regionen und damit identitätsstiftend für die Kultur Deutschlands ist und nach § 7 I 1 Nr. 2 KGSG seine Abwanderung einen wesentlichen Verlust für den deutschen Kulturbesitz bedeuten würde und deshalb sein Verbleib im Bundesgebiet im herausragenden kulturellen öffentlichen Interesse liegt.[919] Das Eintragungsverfahren als solches ist in den §§ 14 ff. KGSG normiert.

Zur Konkretisierung der Eintragungspflicht von Kulturgut wird ein Beschluss der Kultusministerkonferenz aus dem Jahr 2010 herangezogen, der Fallgruppen für die damaligen Regelungen festlegen sollte.[920] Kulturgüter sind demnach wesentliche Werke von Künstlern, denen ein internationaler Rang zukommt.[921] Zudem wurde innerhalb des Beschlusses empfohlen, auch Kulturgut zu erfassen, das nicht deutschen Ursprungs ist, sich jedoch bereits so lange in Deutschland befindet, dass es als Teil deutschen Kulturerbes angesehen werden kann.[922] Ein bestimmtes Alter der Kulturgüter ist nicht erforderlich.[923] Unbeachtlich ist auch die Tatsache, ob es sich bei den Gegenständen um öffentliches oder privates Eigentum handelt.[924] Gem. § 7 I 2 KGSG dürfen Werke lebender Urheber oder Hersteller nur mit deren Zustimmung eingetragen werden.

(3) Das Verzeichnis national wertvollen Kulturgutes in der praktischen Ausgestaltung

Die Verzeichnisse national wertvollen Kulturgutes i.S.d. § 7 KGSG sind online abrufbar und entsprechend der sich aus § 7 I 1 KGSG ergebenden Zuständigkeit nach Bundesländern sortiert. In der Auflistung sind die einzelnen Sachen oder Sachgesamtheiten mit einer fortlaufenden Nummer aufgeführt und mit dem Meister bzw. der Epoche, der Darstellung, dem Material, dem Maß und der Anzahl sowie mit Abbildungsnachweis in der Literatur versehen.[925]

Insgesamt ist nur eine überschaubare Anzahl an Objekten gelistet. Beim Vergleich der einzelnen Bundesländer fällt außerdem die unterschiedliche Anzahl

---

919 Siehe hierzu insgesamt mit Ausführungen zu den einzelnen Begriffen: Elmenhorst/Wiese/*Elmenhorst/Heimann* 2018, § 7, Rn. 1 ff., 9 ff.

920 Erbs/Kohlhaas/*Häberle* 2020, § 7 KGSG, Rn. 3; Elmenhorst/Wiese/*Elmenhorst/Heimann* 2018, § 7, Rn. 4 ff.

921 Erbs/Kohlhaas/*Häberle* 2020, § 7 KGSG, Rn. 3.

922 Erbs/Kohlhaas/*Häberle* 2020, § 7 KGSG, Rn. 3.

923 Erbs/Kohlhaas/*Häberle* 2020, § 7 KGSG, Rn. 3.

924 Erbs/Kohlhaas/*Häberle* 2020, § 7 KGSG, Rn. 3.

925 Vgl. http://www.kulturgutschutz-deutschland.de/DE/3_Datenbank/LVnationalWertvollenKulturguts/lvnationalwertvollenkulturguts_node.html (Stand: 15.03.2021).

der gelisteten Kulturobjekte auf.[926] Dabei dürfte diese starke Abweichung wenig mit dem tatsächlichen Vorhandensein von Kulturgütern zusammenhängen und insbesondere auch nicht mit der Bevölkerungszahl korrelieren. Vielmehr ist davon auszugehen, dass sich hier unterschiedliche Eintragungspraktiken der Länder bemerkbar machen.

Bereits vor der Reform des Kulturgutschutzes war die Grundlage für ein solches Verzeichnis geschaffen worden. So hieß es in § 1 I KultgSchG[927]:

> *„Kunstwerke und anderes Kulturgut – einschließlich Bibliotheksgut –, deren Abwanderung aus dem Geltungsbereich dieses Gesetzes einen wesentlichen Verlust für den deutschen Kulturbesitz bedeuten würde, werden in dem Land, in dem sie sich bei Inkrafttreten dieses Gesetzes befinden, in ein ‚Verzeichnis national wertvollen Kulturgutes' eingetragen. Das Verzeichnis wird nach Bedarf ergänzt."*

Die uneinheitliche Eintragungspraxis der Länder wurden bereits in der Umsetzung der alten Gesetzesgrundlage bemängelt. Ein Bericht der Bundesregierung zum Kulturgutschutz in Deutschland vom 24. April 2013 äußerte hieran Kritik und gab unter anderem die Empfehlung, das Kulturgutschutzgesetz neu zu regeln.[928] Der Bericht verweist auf eine Empfehlung der Kultusministerkonferenz für die Eintragung in das Verzeichnis national wertvollen Kulturgutes aus dem Jahr 2010.[929] Außerdem wird angemerkt, dass die uneinheitliche Eintragungspraxis sowohl Auswirkungen auf den Umfang der Eintragungen wie auch auf die Bewertung der Eintragungswürdigkeit des einzelnen Gegenstands habe.[930] Weiterhin wurde zu den alten Regelungen des KultgSchG angemerkt, dass die Unkenntnis der zuständigen Landesbehörden von eintragungswürdigen Kulturgütern ein „*Kardinalproblem*" darstelle.[931] Die vor Novellierung des

---

926 Siehe zu den einzelnen Bundesländern: http://www.kulturgutschutz-deutschland.de/DE/3_Datenbank/LVnationalWertvollenKulturguts/lvnationalwertvollenkulturguts_node.html (Stand: 15.03.2021).

927 BGBl. I Nr. 42 v. 11.08.1999, S. 1755.

928 Vgl. „Bericht der Bundesregierung zum Kulturgutschutz in Deutschland" abrufbar unter: https://www.bundesregierung.de/Content/Infomaterial/BPA/BKM/2013-08-12--bericht-kulturgutschutz.html (Stand: 15.03.2021); sowie in BT-Drs. 17/13378, S. 23.

929 Siehe den Verweis BT-Drs. 17/13378, S. 23 Fn. 97; die Empfehlung der Kultusministerkonferenz ist dabei abrufbar unter: http://www.kmk.org/fileadmin/Dateien/veroeffentlichungen_beschluesse/2010/2010_04_29-Verzeichnis-Kulturgut-Archive.pdf (Stand: 15.03.2021).

930 BT-Drs. 17/13378, S. 23.

931 BT-Drs. 17/13378, S. 24.

Kulturgutschutzgesetzes existierenden Probleme sind offenbar bislang nicht gelöst.

cc) Die Tatbestandsalternativen des § 83 I, II und III KGSG

§ 83 KGSG enthält in seinen ersten drei Absätzen Tatbestände, die auf Verbote des Kulturgutschutzgesetz bzw. Art. 2 I der Verordnung (EG) Nr. 116/2009 des Rates vom 18. Dezember 2008 über die Ausfuhr von Kulturgütern (kodifizierte Fassung) (ABl. L 39 vom 10.2.2009, S. 1)[932] verweisen.[933] Im Nachfolgenden soll vertieft auf die einzelnen Tatbestände des § 83 KGSG eingegangen werden.

(1) Strafbarkeit nach § 83 I KGSG

§ 83 I KGSG sieht einen Strafrahmen von bis zu fünf Jahren Freiheitsstrafe oder eine Geldstrafe vor und ist in fünf Nummern unterteilt. Die Regelung gliedert sich in Strafbarkeiten zur rechtswidrigen Aus- und Einfuhr, zum rechtswidrigen Inverkehrbringen sowie schließlich in die Strafbarkeit des Abschlusses von entsprechenden Rechtsgeschäften mit Kulturgut.[934]

§ 83 I Nr. 1 und 2 KGSG gehen auf die unterschiedlichen Varianten der Ausfuhr von Kulturgut entgegen den Bestimmungen des § 21 KGSG ein.[935] § 83 I Nr. 3 KGSG behandelt den Verstoß gegen die in § 28 KGSG enthaltenen Einfuhrbestimmungen. § 83 I Nr. 4 und 5 KGSG verweisen auf die Regelungen über verbotenes Inverkehrbringen gem. § 40 KGSG bzw. über den Abschluss eines Verpflichtungs- oder Verfügungsgeschäftes über Kulturgut, das durch eine in § 83 I Nr. 1 oder 2 KGSG bezeichnete Handlung ausgeführt worden ist.[936]

(a) Verbotene Ausfuhr, § 83 I Nr. 1 und 2 KGSG

§ 83 I Nr. 1 und Nr. 2 KGSG verweisen auf § 21 KGSG, der die genauen Ausfuhrverbote regelt. § 2 I Nr. 2 KGSG definiert die Ausfuhr als die Verbringung von Kulturgut aus dem Bundesgebiet.

In § 83 I Nr. 1 KGSG wird auf die Regelungen des § 21 Nr. 1, 2, 4, 5 KGSG, in § 83 I Nr. 2 KGSG auf § 21 Nr. 3 KGSG verwiesen. Der Unterschied dieser

---

932 Verordnung (EG) Nr. 116/2009 des Rates vom 18. Dezember 2008 über die Ausfuhr von Kulturgütern (kodifizierte Fassung) (ABl. L 39 vom 10.2.2009, S. 1).

933 Vgl. hierzu auch Elmenhorst/Wiese/*Stang* 2018, § 83, Rn. 1 ff.

934 Vgl. zur Gliederung Erbs/Kohlhaas/*Häberle* 2020, § 83 KGSG, Rn. 4 ff.

935 Elmenhorst/Wiese/*Stang* 2018, § 83, Rn. 4 ff.; zu den Bestimmungen des § 21 KGSG siehe Elmenhorst/Wiese/*Elmenhorst*/*Heimann* 2018, § 21, Rn. 1 ff.

936 Elmenhorst/Wiese/*Stang* 2018, § 83, Rn. 4 ff., 17 ff., Rn. 21 ff., Rn. 28 ff., Rn. 32 ff.

beiden Regelungen ist die unterschiedliche Anforderung an den Vorsatz.[937] § 83 I Nr. 2 KGSG setzt Wissen über die Tatbestandsmerkmale, die zur Rechtswidrigkeit der Ausfuhr führen, voraus. Mithin ist jedenfalls dolus directus 2. Grades erforderlich.[938] Mangels entsprechender Regelungen ist für § 83 I Nr. 1 KGSG dolus eventualis ausreichend.[939]

(aa) § 83 I Nr. 1 KGSG

In § 83 I Nr. 1 KGSG wird die Ausfuhr von Kulturgütern bestraft, die gegen die Bestimmungen des § 21 Nr. 1, 2, 4 oder 5 KGSG verstößt.[940]

§ 21 Nr. 1 KGSG verbietet die Ausfuhr von Kulturgut, wenn für das Kulturgut das Verfahren zur Eintragung in ein Verzeichnis national wertvollen Kulturgutes eingeleitet worden ist und die Entscheidung über die Eintragung noch nicht unanfechtbar geworden ist. Es handelt sich hierbei um ein vorläufiges Ausfuhrverbot, das verhindern soll, dass relevantes Kulturgut vor dem Abschluss des Eintragungsverfahrens ausgeführt wird.[941]

§ 21 Nr. 2 KGSG knüpft zeitlich an Nr. 1 an und regelt die Ausfuhr von Kulturgut, das bereits in ein Verzeichnis national wertvollen Kulturgutes eingetragen wurde. Folglich besteht ein Ausfuhrverbot, wenn für das Kulturgut keine nach den §§ 22, 23, 24, 27 I bis III KGSG erforderliche Genehmigung vorliegt oder nach den §§ 25, 26 oder § 27 IV KGSG erteilt worden ist. Die mangelnde Genehmigung muss als objektives Tatbestandsmerkmal vom Vorsatz umfasst sein.[942] Grundsätzlich setzt das Handeln eine Genehmigung voraus. Entsprechend fehlt sie, wenn sie nicht beantragt oder aber versagt wurde.[943] Entscheidend ist das Vorliegen der Genehmigung zum Tatzeitpunkt – eine nachträgliche

937 Erbs/Kohlhaas/*Häberle* 2020, § 83 KGSG, Rn. 5; Elmenhorst/Wiese/*Stang* 2018, § 83, Rn. 12 ff.

938 Erbs/Kohlhaas/*Häberle* 2020, § 83 KGSG, Rn. 5; Elmenhorst/Wiese/*Stang* 2018, § 83, Rn. 12 f.

939 Erbs/Kohlhaas/*Häberle* 2020, § 83 KGSG, Rn. 5; Elmenhorst/Wiese/*Stang* 2018, § 83, Rn. 12.

940 Elmenhorst/Wiese/*Stang* 2018, § 83, Rn. 4 ff.; Elmenhorst/Wiese/*Elmenhorst/Heimann* 2018, § 21, Rn. 3 ff.

941 Erbs/Kohlhaas/*Häberle* 2020, § 21 KGSG, Rn. 2; Elmenhorst/Wiese/*Stang* 2018, § 83, Rn. 9 ff.

942 Erbs/Kohlhaas/*Häberle* 2020, § 83 KGSG, Rn. 9; Elmenhorst/Wiese/*Elmenhorst/Heimann* 2018, § 21, Rn. 5 ff., 8 ff.

943 Erbs/Kohlhaas/*Häberle* 2020, § 83 KGSG, Rn. 9.

Genehmigung oder eine sonstige günstige verwaltungsgerichtliche Entscheidung heben eine Strafbarkeit nicht auf.[944]

§ 21 Nr. 4 KGSG verbietet die Ausfuhr von Kulturgut, das nach § 33 I KGSG sichergestellt ist.[945] Gem. § 33 I KGSG hat die zuständige Behörde Kulturgut sicherzustellen, wenn der hinreichende Verdacht besteht, dass es entgegen einem Verbot nach § 21 KGSG (§ 33 I Nr. 1 lit. a KGSG) ausgeführt werden soll oder entgegen einem Verbot nach § 28 KGSG (§ 33 I Nr. 1 lit. b KGSG) eingeführt worden ist.[946] Überdies hat die zuständige Behörde Kulturgut gem. § 33 I Nr. 2 KGSG sicherzustellen, wenn bei der Einfuhr die nach § 30 KGSG erforderlichen Unterlagen nicht vorgelegt werden. Ein Nachweis gem. § 30 S. 1 KGSG muss für Kulturgut erbracht werden, sofern es von einem Mitgliedstaat oder Vertragsstaat als nationales Kulturgut eingestuft oder definiert worden ist.[947] Solche Nachweise sind gem. § 30 S. 2 KGSG Ausfuhrgenehmigungen des Herkunftsstaates sowie sonstige Bestätigungen des Herkunftsstaates, dass das Kulturgut rechtmäßig ausgeführt werden konnte.[948]

Schließlich verweist § 21 Nr. 5 KGSG auf Kulturgut, das nach § 81 IV KGSG angehalten wird. Dabei handelt es sich um das zollrechtliche Äquivalent zur Sicherstellung gem. § 33 KGSG. Zollbehörden halten das Kulturgut gem. § 81 IV 1 KGSG an, wenn sich bei der zollamtlichen Überwachung gem. § 81 III KGSG Anhaltspunkte für einen Verstoß gegen das Kulturgutschutzgesetz oder gegen eine aufgrund des Kulturgutschutzgesetzes erlassene Rechtsverordnung ergeben. [949] Überdies unterrichten die Zollbehörden unverzüglich die zuständige Behörde des Landes, in dem sich das Kulturgut bei der Anhaltung befindet, vgl. § 81 III KGSG.[950] Eine Strafbarkeit liegt bei einer Ausfuhr von solchem angehaltenem Kulturgut vor.

---

944 Erbs/Kohlhaas/*Häberle* 2020, § 83 KGSG, Rn. 9; mit weiteren Ausführungen zur Verwaltungsakzessorietät; Elmenhorst/Wiese/*Stang* 2018, § 83, Rn. 10.

945 Elmenhorst/Wiese/*Elmenhorst/Heimann* 2018, § 21, Rn. 11.

946 Zur Sicherstellung siehe Elmenhorst/Wiese/*Czernik* 2018, § 33, Rn. 1 ff., 6 ff.

947 Zum Nachweis der Rechtmäßigkeit der Einfuhr siehe ausführlicher Elmenhorst/Wiese/*Garbers-von Boehm* 2018, § 30, Rn. 1 ff.

948 Elmenhorst/Wiese/*Garbers-von Boehm* 2018, § 30, Rn. 3.

949 Siehe zu den zollrechtlichen Aspekten ausführlich Elmenhorst/Wiese/*Falckenberg* 2018, § 81, Rn. 1 ff.

950 Elmenhorst/Wiese/*Elmenhorst/Heimann* 2018, § 21, Rn. 12.

(bb) § 83 I Nr. 2 KGSG

Nach § 83 I Nr. 2 KGSG wird bestraft, wer entgegen § 21 Nr. 3 KGSG Kulturgut ausführt, von dem er weiß, dass es nach § 32 I Nr. 1 oder 2 KGSG unrechtmäßig eingeführt wurde.[951] Struktureller Grund für die separate Regelung in § 83 I Nr. 2 KGSG ist, wie erwähnt, die von Nr. 1 abweichende Vorsatzform. Ein Wissen des Täters über die Umstände des § 32 I Nr. 1 und 2 KGSG ist in Form des dolus directus 2. Grades erforderlich.[952]

Die Regelungen des § 32 I Nr. 1 und 2 KGSG sollen sicherstellen, dass die Vorschriften zum Kulturgutschutz anderer Länder respektiert werden und eine rechtswidrige Einfuhr spiegelbildlich zur rechtswidrigen Ausfuhr unter ein strafrechtliches Verbot gestellt wird.[953] § 32 I Nr. 1 KGSG ist an die vorhergehende Regelung des § 6 IV des Kulturgüterrückgabegesetzes angelehnt.[954] Dort finden sich auch die für die Mitglieds- und Vertragsstaaten wesentlichen Stichtage, die für die Rechtswidrigkeit der Einfuhr relevant sind.[955]

§ 32 I Nr. 2 KGSG geht auf das Einfuhrverbot des § 28 KGSG ein. § 28 KGSG verbietet die Ausfuhr von Kulturgut, das unter Verstoß gegen verschiedene internationale Regelungen eingeführt wurde. Eine genauere Darstellung des § 28 KGSG erfolgt im folgenden Abschnitt zur Strafbarkeit des § 83 I Nr. 3 KGSG, der ausdrücklich auf § 28 KGSG Bezug nimmt.

(b) Verbotene Einfuhr, § 83 I Nr. 3 KGSG

Die Strafbarkeit des § 83 I Nr. 3 KGSG verweist auf das Einfuhrverbot des § 28 KGSG und dient dadurch unter anderem der Umsetzung des Art. 8 des UNESCO-Übereinkommens von 1970[956] und somit der Verhinderung des internationalen illegalen Handels mit Kulturgütern.[957] Hierdurch soll

---

951 Elmenhorst/Wiese/*Elmenhorst/Heimann* 2018, § 21, Rn. 10; Elmenhorst/Wiese/*Czernik* 2018, § 32, Rn. 1 ff.

952 Erbs/Kohlhaas/*Häberle* 2020, § 83 KGSG, Rn. 5.

953 Zu den genauen Voraussetzungen siehe Elmenhorst/Wiese/*Czernik* 2018, § 32, Rn. 3 ff.

954 Elmenhorst/Wiese/*Czernik* 2018, § 32, Rn. 2.

955 BT-Drs. 18/7456, S. 118, zum Mitglieds- und Vertragsstaat siehe § 2 Nr. 12 und 19 KGSG.

956 Vgl. § 2 I Nr. 17 KGSG: „*'UNESCO-Übereinkommen' das Übereinkommen über Maßnahmen zum Verbot und zur Verhütung der rechtswidrigen Einfuhr, Ausfuhr und Übereignung von Kulturgut (BGBl. 2007 II S. 626, 627)*".

957 Elmenhorst/Wiese/*Stang* 2018, § 83, Rn. 21 ff.

der Handel von Kulturgut, das aus Raubgrabungen stammt, unterbunden werden.[958]

Das Einfuhrverbot nach § 28 KGSG gliedert sich in drei Ziffern, die auf unterschiedliche, teils internationale Abkommen zum Verbringen von Kulturgut verweisen. Als grundsätzliche Gemeinsamkeit hält § 28 KGSG fest, dass ein Verbringen von Kulturgut unter Verstoß gegen Rechtsvorschriften eines Mitglieds- oder Vertragsstaates des UNESCO-Übereinkommens i.S.d. § 2 I Nr. 12, 19 KGSG verboten ist (§ 28 Nr. 1 KGSG).[959] Ebenso verboten ist die Einfuhr von Kulturgut, wenn es unter Verstoß gegen im Amtsblatt der Europäischen Union veröffentlichte unmittelbar geltende Rechtsakte der Europäischen Union, die die grenzüberschreitende Verbringung von Kulturgut einschränken oder verbieten, verbracht worden ist (§ 28 Nr. 2 KGSG).[960] Ferner ist die Einfuhr von Kulturgut verboten, wenn es unter Verstoß gegen Abschnitt I Nr. 1 des Protokolls zur Haager Konvention[961] aufgrund eines bewaffneten Konflikts verbracht worden ist (§ 28 Nr. 3 KGSG).[962] Das Tatbestandsmerkmal des Verbringens liegt vor, wenn das Kulturgut in den Geltungsbereich des KGSG gelangt. Ob dies auf Dauer oder nur vorübergehend geschieht, ist unerheblich.[963]

Für einen Verstoß nach § 28 Nr. 1 KGSG ist erforderlich, dass das Objekt von einem Mitgliedsstaat oder Vertragsstaat als nationales Kulturgut eingestuft oder definiert worden ist.[964] Eine Art der Kulturgutbestimmung durch die Aufnahme in entsprechende Verzeichnisse – spiegelbildlich zum Verfahren in der Bundesrepublik Deutschland – ist nicht erforderlich.[965] Vielmehr steht es den jeweiligen Staaten frei, bloße Kategorien von Kulturgut zu definieren. Der einzelne Gegenstand muss dem Staat nicht positiv bekannt sein, was vor Raubgrabungen und

958 BT-Drs. 18/7456, S. 118; siehe auch bei Elmenhorst/Wiese/*Stang* 2018, § 83, Rn. 21.

959 Elmenhorst/Wiese/*Garbers-von Boehm* 2018, § 28, Rn. 5, 7.

960 Siehe hierzu auch Elmenhorst/Wiese/*Garbers-von Boehm* 2018, § 28, Rn. 7.

961 Vgl. § 2 I Nr. 13 KGSG: „*'Protokoll zur Haager Konvention', das Protokoll zur Konvention vom 14. Mai 1954 zum Schutz von Kulturgut bei bewaffneten Konflikten (BGBl. II 1967, S. 1233, 1300)*".

962 Siehe hierzu auch Elmenhorst/Wiese/*Garbers-von Boehm* 2018, § 28, Rn. 7.

963 Erbs/Kohlhaas/*Häberle* 2020, § 83 KGSG, Rn. 15; Elmenhorst/Wiese/*Stang* 2018, § 83, Rn. 22 f.

964 Erbs/Kohlhaas/*Häberle* 2020, § 28 KGSG, Rn. 2 f.; BT-Drs. 18/7456, S. 90; Elmenhorst/Wiese/*Garbers-von Boehm* 2018, § 28, Rn. 9 ff.

965 Erbs/Kohlhaas/*Häberle* 2020, § 28 KGSG, Rn. 2 f.; BT-Drs. 18/7456, S. 90; Elmenhorst/Wiese/*Garbers-von Boehm* 2018, § 28, Rn. 10.

Ähnlichem schützen soll.[966] Weiterhin muss gem. § 28 Nr. 1 KGSG dieses Kulturgut wiederum unter Verstoß gegen diese Rechtsvorschriften zum Schutz nationalen Kulturgutes aus dem Hoheitsgebiet des Staates verbracht worden sein. Nach der Gesetzesbegründung sind dabei die Rechtsvorschriften weit aufzufassen. Es kommen beispielsweise Ausfuhr- und Handelsvorschriften, zivilrechtliche, strafrechtliche sowie denkmalschutzrechtliche Vorschriften in Betracht.[967]

§ 28 Nr. 2 KGSG begründet ein Verbot der Einfuhr von Kulturgut, das unter Verstoß gegen im Amtsblatt der Europäischen Union veröffentlichte unmittelbar geltende Rechtsakte der Europäischen Union, die die grenzüberschreitende Verbringung von Kulturgut einschränken oder verbieten, verbracht worden ist.[968] In der Gesetzesbegründung wird exemplarisch eine Embargo-Vorschrift gegenüber Syrien genannt sowie eine Verordnung zur Beschränkung der wirtschaftlichen und finanziellen Beziehungen gegenüber dem Irak aufgeführt.[969]

Überdies greift § 28 Nr. 3 KGSG Abschnitt I Nummer 1 des Protokolls zur Haager Konvention auf.[970] Demnach ist die Einfuhr von Kulturgut verboten, wenn es unter Verstoß gegen Abschnitt I Nummer 1 des Protokolls zur Haager Konvention aufgrund eines bewaffneten Konflikts verbracht worden ist.[971]

---

966 Erbs/Kohlhaas/*Häberle* 2020, § 28 KGSG, Rn. 2 f.; BT-Drs. 18/7456, S. 90; mit Beispielen zu den Praktiken in einigen mittelamerikanischen Staaten siehe Elmenhorst/Wiese/*Garbers-von Boehm* 2018, § 28, Rn. 10.

967 BT-Drs. 18/7456, S. 90; vgl. hierzu auch mit Darstellung der dabei entstehenden praktischen Schwierigkeiten Elmenhorst/Wiese/*Garbers-von Boehm* 2018, § 28, Rn. 13 f.

968 Elmenhorst/Wiese/*Garbers-von Boehm* 2018, § 28, Rn. 19 ff.

969 BT-Drs. 18/7456, S. 90; Elmenhorst/Wiese/*Garbers-von Boehm* 2018, § 28, Rn. 19 ff.; vgl. zum Embargo in Syrien die Verordnung (EU) Nummer 1332/2013 des Rates vom 13. Dezember 2013 zur Änderung der Verordnung (EU) Nr. 36/2012 über restriktive Maßnahmen angesichts der Lage in Syrien, ABl. (EU) L 335/3 v. 14.12.2013; vgl. zur Irak-Verordnung: Verordnung (EG) Nr. 1210/2003 des Rates vom 7. Juli 2003 über die bestimmte spezifische Beschränkung in den wirtschaftlichen und finanziellen Beziehungen zu Irak und zur Aufhebung der Verordnung (EG) Nr. 2465/1996, ABl. (EU) L 169/6 v. 8.7.2003.

970 Das Protokoll zur Haager Konvention wird in § 2 I Nr. 13 KGSG bestimmt als das Protokoll zur Konvention v. 14. Mai 1954 zum Schutz von Kulturgut bei bewaffneten Konflikten (BGBl. II 1967, S. 1300); vgl. hierzu auch Elmenhorst/Wiese/*Garbers-von Boehm* 2018, § 28, Rn. 22 f.

971 Erbs/Kohlhaas/*Häberle* 2020, § 28 KGSG, Rn. 5; Elmenhorst/Wiese/*Garbers-von Boehm* 2018, § 28, Rn. 22 f.

(c) Verbotenes Inverkehrbringen, § 83 I Nr. 4 KGSG

§ 83 I Nr. 4 KGSG bestraft das nach § 40 I KGSG verbotene Inverkehrbringen von Kulturgut, das abhandengekommen ist oder von dem der Täter weiß, dass es rechtswidrig ausgegraben oder nach § 32 I Nr. 1 oder 2 KGSG unrechtmäßig eingeführt worden ist.[972] § 40 KGSG stellt die zentrale Norm dar, die den illegalen Handel mit Kulturgut sowie Raubgrabungen unterbinden soll.[973]

Tatbestandsvoraussetzung des § 83 I Nr. 4 KGSG ist zunächst das Inverkehrbringen des entsprechenden Kulturgutes.[974] § 2 I Nr. 9 KGSG definiert das Inverkehrbringen von Kulturgut als das Anbieten, das Verkaufen, die Vermittlung, den Vertrieb, das Absetzen, die unentgeltliche Weiter- oder Abgabe zum Zweck der wirtschaftlichen Verwertung oder die wirtschaftliche Verwertung in sonstiger Weise im eigenen oder fremden Namen.

Das Verbot des Inverkehrbringens abhandengekommenen Kulturgutes in § 40 I KGSG verweist nach der Gesetzesbegründung ausdrücklich auf den Begriff des Abhandenkommens gem. § 935 I 1 BGB und bezieht sich somit auf gestohlene, verloren gegangene oder sonst abhandengekommene Kulturgüter. Es muss also ein unfreiwilliger Besitzverlust vorliegen.[975] Nach der Intention des Gesetzgebers soll sich dies insbesondere auf gestohlenes Kulturgut beziehen.[976]

Die zweite Variante des Verbots des Inverkehrbringens nach § 40 I KGSG dient dazu, den illegalen Handel mit archäologischem Kulturgut zu unterbinden, indem an die rechtswidrige Ausgrabung angeknüpft wird.[977] Die rechtswidrige Ausgrabung ist in § 2 I Nr. 14 KGSG definiert. Demnach gilt Kulturgut als rechtswidrig ausgegraben, wenn es unter Verstoß gegen eine inländische oder ausländische Rechtsvorschrift zum Schutz von archäologischem oder paläontologischem Kulturgut, insbesondere ohne eine nach einer solchen Rechtsvorschrift erforderliche Genehmigung, ausgegraben worden ist. Dem Wortlaut des

---

972 Elmenhorst/Wiese/*Stang* 2018, § 83 KGSG, Rn. 28 ff.; Elmenhorst/Wiese/*Elmenhorst* 2018, § 40, Rn. 1.

973 BT-Drs. 18/7456, S. 96.

974 Elmenhorst/Wiese/*Stang* 2018, § 83, Rn. 29; Elmenhorst/Wiese/*Elmenhorst* 2018, § 40, Rn. 6.

975 BT-Drs. 18/7456, S. 96, Erbs/Kohlhaas/*Häberle* 2020, § 40 KGSG, Rn. 2; Elmenhorst/Wiese/*Elmenhorst* 2018, § 40, Rn. 8; MK-BGB/*Oechsler* 2020, § 935, Rn. 2.

976 BT-Drs. 18/7456, S. 118.

977 Elmenhorst/Wiese/*Elmenhorst* 2018, § 40, Rn. 14.

§ 83 I Nr. 4 KGSG ist zu entnehmen, dass ein Wissen über die rechtswidrige Ausgrabung vorliegen muss.[978]

Die dritte Variante des § 83 I Nr. 4 KGSG verweist unter der Voraussetzung des Inverkehrbringens nach § 40 I KGSG und dem ausdrücklichen Wissen (dolus directus 2. Grades) auf § 32 I Nr. 1 u. 2 KGSG. Die Anforderungen von § 32 I Nr. 1 u. 2 KGSG wurde bereits oben dargestellt.[979]

Der Straftatbestand des § 83 I Nr. 4 KGSG soll nach der Begründung des Gesetzgebers als eigenständige Regelung neben dem Straftatbestand der Hehlerei gem. § 259 StGB zur Anwendung kommen, wenn § 259 StGB mangels einer rechtswidrigen und gegen fremdes Vermögen gerichteten Vortat ausscheidet.[980] Eine geeignete Vortat ist regelmäßig nicht gegeben, wenn das Delikt lediglich öffentlichen Interessen zuwiderläuft, selbst wenn dies mittelbar dem Schutz privaten Vermögens dient.[981] Auch hinsichtlich des angedrohten Strafmaßes argumentiert der Gesetzgeber mit der Vergleichbarkeit des Unrechtsgehaltes zur Hehlerei.[982]

Ebenso wird eine Parallele zu § 261 StGB in Form der Verschleierung unrechtmäßig erlangter Vermögenswerte gezogen.[983] Dabei merkt der Gesetzgeber in der Begründung an, dass die Strafandrohung von bis zu fünf Jahren Freiheitsstrafe aufgrund der Anforderungen an den Vorsatz gerechtfertigt sei.[984] Unklar bleibt dabei indessen, warum die unterschiedlichen Varianten des § 83 I Nr. 4 KGSG und die entsprechenden Verbote des § 40 I KGSG unterschiedliche Vorsatzformen erfordern. Ein relevanter Unterschied des Unrechtsgehaltes der Varianten ist nicht erkennbar. Mithin wäre hier der Gesetzgeber gefordert, die Anforderungen an den Vorsatz anzugleichen.

---

978 BT-Drs. 18/7456, S. 118. Ob es sich hierbei um ein Versehen hinsichtlich des Vorsatzes handelt, ist unklar, da innerhalb der Gesetzesbegründung ein vom üblichen dolus eventualis abweichendes Vorsatzerfordernis benannt wird. Wobei schließlich in BT-Drs. 18/7456, S. 119 dolus eventualis nur mit der Verwirklichung der ersten Variante in Verbindung gebracht wird; vgl. auch Elmenhorst/Wiese/*Stang* 2018, § 83, Rn. 31.

979 BT-Drs. 18/7456, S. 118.

980 BT-Drs. 18/7456, S. 118.

981 MK-StGB/*Maier* 2017, § 259, Rn. 32; vgl. hierzu BT-Drs. 18/7456, S. 118; Sch/Sch/*Hecker* 2019, § 259, Rn. 8.

982 BT-Drs. 18/7456, S. 119.

983 BT-Drs. 18/7456, S. 119.

984 BT-Drs. 18/7456, S. 119.

(d) *Verbotene Verpflichtungs- und Verfügungsgeschäfte, § 83 I Nr. 5 KGSG*

Nach § 83 I Nr. 5 KGSG wird bestraft, wer entgegen § 40 III KGSG ein Verpflichtungs- oder Verfügungsgeschäft über Kulturgut abschließt, das durch eine in § 83 I Nr. 1 oder 2 KGSG bezeichnete Handlung (aus der Bundesrepublik) ausgeführt worden ist. § 40 III KGSG verweist wiederum auf § 21 KGSG. Durch diesen Verweis auf die oben bereits dargestellten Ausfuhrverbote des § 21 KGSG wird ein strafbewehrtes Verbot geschaffen, das Verfügungs- und Verpflichtungsgeschäfte über rechtswidrig ausgeführte Kulturgüter ahnden soll.[985]

Zweck dieser Regelung ist es, eine Perpetuierung des Verlustes von rechtswidrig ins Ausland gebrachtem Kulturgut zu vermeiden.[986] In diesen Fällen ergibt sich nämlich ein Anspruch der Bundesrepublik Deutschland aus der Richtlinie 2014/60/EU ebenso wie aus dem UNESCO-Übereinkommen auf Rückführung des illegal ausgeführten Kulturgutes.[987] Durch das Verbot des § 83 I Nr. 5 KGSG i.V.m. § 40 III KGSG soll das Verschlechtern oder Vereiteln der Rechtsposition der Bundesrepublik Deutschland, das entsprechende Kulturgut wiederzuerlangen, bestraft werden.[988]

Nach § 83 I Nr. 5 KGSG ist es nicht erforderlich, dass dieselbe Person die Ausfuhrhandlung und den Abschluss des Verfügungs- bzw. Verpflichtungsgeschäfts begeht.[989] Täter letzterer Handlung ist nach der Gesetzesbegründung der Eigentümer, der das ausgeführte Kulturgut im Ausland durch Verfügungs- oder Verpflichtungsgeschäfte weiterveräußert und so eine Rückführung erschwert.[990] Im Umkehrschluss ergibt sich, dass nichtberechtigte Personen keine tauglichen Täter sein können – insbesondere in den Fällen, in denen das Kulturgut gestohlen oder unterschlagen oder auf sonstige rechtswidrige Weise erlangt wurde.[991]

---

985 Vgl. hierzu auch Elmenhorst/Wiese/*Stang* 2018, § 83, Rn. 32 ff.

986 Vgl. hierzu BT-Drs. 18/7456, S. 96; vgl. auch Elmenhorst/Wiese/*Stang* 2018, § 83, Rn. 32.

987 BT-Drs. 18/7456, S. 96; Elmenhorst/Wiese/*Elmenhorst* 2018, § 40, Rn. 18; Richtlinie 2014/60/EU des Europäischen Parlaments und des Rates vom 15. Mai 2014 über die Rückgabe von unrechtmäßig aus dem Hoheitsgebiet eines Mitgliedstaats verbrachten Kulturgütern und zur Änderung der Verordnung (EU) Nr. 1024/2012, ABl. (EU) L 159/1 v. 28.05.2014.

988 BT-Drs. 18/7456, S. 96; Elmenhorst/Wiese/*Elmenhorst* 2018, § 40, Rn. 18.

989 BT-Drs. 18/7456, S. 119.

990 BT-Drs. 18/7456, S. 119; Erbs/Kohlhaas/*Häberle* 2020, § 83 KGSG, Rn. 19; Elmenhorst/Wiese/*Stang* 2018, § 83, Rn. 37.

991 Erbs/Kohlhaas/*Häberle* 2020, § 83 KGSG, Rn. 19; Elmenhorst/Wiese/*Stang* 2018, § 83, Rn. 37.

Der Abschluss solcher Geschäfte ist für eine Strafbarkeit ebenso nicht ausreichend, wenn sich das Objekt noch im Inland befindet.[992] Die Ausfuhrhandlung kann grundsätzlich jede Person vornehmen.[993]

(2) Strafbarkeit nach § 83 II KGSG

Nach § 83 II KGSG wird ebenso wie nach § 83 I KGSG bestraft, wer entgegen Art. 2 I der Verordnung (EG) Nr. 116/2009 des Rates vom 18. Dezember 2008 über die Ausfuhr von Kulturgütern (kodifizierte Fassung) (ABl. L 39 vom 10.2.2009, S. 1) Kulturgut ausführt.[994] Erfasst wird die Ausfuhr von Kulturgütern aus der Gemeinschaft ohne entsprechende Ausfuhrgenehmigung. Strukturell handelt es sich um die gleiche Bestimmung wie die des § 21 Nr. 2 KGSG, die die Ausfuhr aus dem Bundesgebiet und den entsprechenden Genehmigungsvorbehalt regelt.[995] Ein Unterschied zwischen den Regelungen besteht hinsichtlich des Tatbestandsmerkmals des Kulturgutes sowie der Ausfuhr.[996] Mit dem Verweis auf die Regelungen der Verordnung werden auch deren innere Verweisungen auf die ihr zugrundeliegenden Begriffsbestimmungen übernommen.[997] Mithin greifen für die Strafbarkeit nicht die Begriffsbestimmungen des § 2 I KGSG. Kulturgut i.S.d. Art. 1 der Verordnung wird abschließend über eine Aufzählung von Gütern in Anhang I der Verordnung bestimmt.[998] Entsprechend muss der Terminus der Ausfuhr entgegen der Bestimmung in § 2 I Nr. 2 KGSG auf die Grenzen des EU-Zollraums bezogen werden.[999]

---

992 Erbs/Kohlhaas/*Häberle* 2020, § 83 KGSG, Rn. 19; Elmenhorst/Wiese/*Stang* 2018, § 83, Rn. 37.

993 Vgl. BT-Drs. 18/7456, S. 119.

994 Abrufbar unter http://eur-lex.europa.eu/legal-content/DE/TXT/PDF/?uri=CELEX:32009R0116&from=DE (Stand: 15.03.2021); vgl. auch Elmenhorst/Wiese/*Stang* 2018, § 83, Rn. 39.

995 Erbs/Kohlhaas/*Häberle* 2020, § 83 KGSG, Rn. 20, 9 ff.

996 Erbs/Kohlhaas/*Häberle* 2020, § 83 KGSG, Rn. 21 f.

997 Erbs/Kohlhaas/*Häberle* 2020, § 83 KGSG, Rn. 21 f.

998 http://eur-lex.europa.eu/legal-content/DE/TXT/PDF/?uri=CELEX:32009R0116&from=DE (Stand: 15.03.2021); Erbs/Kohlhaas/*Häberle* 2020, § 83 KGSG, Rn. 21 f.

999 Erbs/Kohlhaas/*Häberle* 2020, § 83 KGSG, Rn. 21 f.

(3) Strafbarkeit nach § 83 III KGSG

Die Strafbarkeit des Beschädigungsverbots des § 83 III i.V.m. § 18 I, II KGSG wurden aufgrund der inhaltlichen Nähe im Rahmen des Kunstvandalismus dargestellt.

(4) Die sonstigen strafrechtlichen Bestimmungen des § 83 KGSG

Weiterhin enthält § 83 KGSG auch eine Versuchsstrafbarkeit sowie eine Qualifikation.

(a) Versuchsstrafbarkeit des § 83 IV KGSG

§ 83 IV KGSG bestraft den Versuch der Tatbestände in § 83 I-III KGSG.[1000] Problematisch ist dabei die jeweils unterschiedlich ausfallende Abgrenzung zwischen der noch straflosen Vorbereitung und dem schon strafbaren Versuch. Grundsätzlich finden die allgemeinen Theorien und Auffassungen zur Abgrenzung des unmittelbaren Ansetzens und der straflosen Vorbereitungshandlung Anwendung.[1001] *Häberle* verweist für die Ausfuhrtatbestände auf die Regelungen des Außenwirtschaftsrechts und die zu diesem Bereich ergangene Rechtsprechung.[1002] Er bezieht sich dabei auf ein Urteil des Bundesgerichtshofs zum Beginn der Ausführung bei ungenehmigter Warenausfuhr.[1003] Demnach sei bei den Ausfuhrtatbeständen eine Versuchshandlung dann anzunehmen, wenn das entsprechende Kulturgut verladen wird und über die Grenze transportiert werden soll.[1004] Eine solche Handlung liege vor, wenn diese unter Berücksichtigung des Tatplans eine Gefährdung des Rechtsguts bewirke.[1005] Den Versuch des Inverkehrbringens hält *Stang* indessen für „*kaum vorstellbar*".[1006] Denn nach § 2 I Nr. 9 KGSG sei eine Vollendung bereits gegeben, wenn das Kulturgut lediglich angeboten werde.[1007]

1000 Siehe hierzu auch Elmenhorst/Wiese/*Stang* 2018, § 83, Rn. 47 ff.

1001 Siehe hier zum Meinungsstreit: MK-StGB/*Hoffmann-Holland* 2020, § 22, Rn. 109 ff.; Sch/Sch/*Eser*/*Bosch* 2019, § 22, Rn. 39 ff.; Lackner/Kühl/*Kühl* 2018, § 22, Rn. 4 ff.; Elmenhorst/Wiese/*Stang* 2018, § 83, Rn. 48.

1002 Erbs/Kohlhaas/*Häberle* 2020, § 83 KGSG, Rn. 29.

1003 Erbs/Kohlhaas/*Häberle* 2020, § 83 KGSG, Rn. 29; BGH, U. v. 19.1.1965 – 1 StR 541/64, NJW 1965, S. 769 f.

1004 BGH, NJW 1965, S. 769, vgl. auch Erbs/Kohlhaas/*Häberle* 2020, § 83 KGSG, Rn. 29; Elmenhorst/Wiese/*Stang* 2018, § 83, Rn. 49.

1005 BGH, NJW 1965, S. 769; vgl. auch Erbs/Kohlhaas/*Häberle* 2020, § 83 KGSG, Rn. 29.

1006 Elmenhorst/Wiese/*Stang* 2018, § 83, Rn. 49.

1007 Elmenhorst/Wiese/*Stang* 2018, § 83, Rn. 49.

(b) Qualifikation des § 83 V KGSG

§ 83 V KGSG enthält eine Qualifikation für den Tatbestand aus § 83 I Nr. 4 KGSG, der das Inverkehrbringen von Kulturgut unter Verstoß gegen § 40 I KGSG und § 32 I Nr. 1 oder 2 KGSG bestraft. Der Strafrahmen wird dort auf ein Jahr bis zu zehn Jahren Freiheitsstrafe angehoben, was ihm gem. § 12 I StGB Verbrechenscharakter verschafft, wenn der Täter gewerbsmäßig (§ 83 V Nr. 1 KGSG) oder als Mitglied einer Bande handelt, die sich zur fortgesetzten Begehung solcher Taten verbunden hat (§ 83 V Nr. 2 KGSG).[1008]

Der Gesetzgeber verfolgt mit dieser Qualifikation mehrere Ziele. Primäres Ziel sei die Bekämpfung der zunehmenden professionellen Entwicklung dieses Deliktsfelds mit steigender krimineller Energie.[1009] Ebenso sei eine hohe Gewinnspanne in diesem Kriminalitätsbereich festzustellen.[1010] Überdies diene § 83 V KGSG auch der Umsetzung der Verpflichtung des UN-Übereinkommens zur Bekämpfung der organisierten Kriminalität.[1011] Mithin sei ein Vergleich mit § 260 StGB ebenso gerechtfertigt wie mit § 18 VII Nr. 2 AWG.[1012]

Die Qualifikationsmerkmale des § 83 V KGSG der Gewerbsmäßigkeit oder der Bandenmitgliedschaft enthalten keine tatbestandsspezifischen Besonderheiten. So ist gewerbsmäßiges Handeln dann gegeben, wenn die Begehung der Tat aus der Motivation erfolgt, sich eine fortlaufende Einnahmequelle von einigem Umfang und nicht unerheblicher Dauer zu schaffen.[1013] Eine bandenmäßige Begehung wird angenommen bei einem Zusammenschluss von mindestens drei Personen, die sich zur fortgesetzten Begehung von im Einzelnen noch ungewissen Taten verbunden haben.[1014]

(c) Fahrlässigkeitsstrafbarkeit des § 83 VI KGSG

In § 83 VI KGSG wird die fahrlässige Begehungsweise der in § 83 I Nr. 1, II KGSG genannten Tatbestände unter Strafe gestellt. Erforderlich ist dabei, dass die Tathandlung in Ausübung einer gewerblichen Tätigkeit erfolgt, wobei der

---

1008 Siehe hierzu insgesamt Elmenhorst/Wiese/*Stang* 2018, § 83, Rn. 53 ff.

1009 BT-Drs. 18/7456, S. 119; Elmenhorst/Wiese/*Stang* 2018, § 83, Rn. 53.

1010 BT-Drs. 18/7456, S. 119; Elmenhorst/Wiese/*Stang* 2018, § 83, Rn. 53.

1011 BT-Drs. 18/7456, S. 119; Elmenhorst/Wiese/*Stang* 2018, § 83, Rn. 53.

1012 BT-Drs. 18/7456, S. 119.

1013 MK-StGB/*Schmitz* 2017, § 243, Rn. 40; vgl. auch Erbs/Kohlhaas/*Häberle* 2020, § 83 KGSG, Rn. 31; Elmenhorst/Wiese/*Stang* 2018, § 83, Rn. 55.

1014 MK-StGB/*Schmitz* 2017, § 244, Rn. 37; vgl. auch Erbs/Kohlhaas/*Häberle* 2020, § 83 KGSG, Rn. 32; Elmenhorst/Wiese/*Stang* 2018, § 83, Rn. 56.

Gesetzgeber in der Gesetzesbegründung ausdrücklich auf den Unternehmerbegriff des § 14 BGB verweist.[1015] Besonderheiten hinsichtlich der Fahrlässigkeitsstrafbarkeit ergeben sich im Übrigen nicht.

(d) Tätige Reue des § 83 VII KGSG

§ 83 VII KGSG enthält eine fakultative Strafmilderung aufgrund von tätiger Reue für die Fälle des § 83 I Nr. 1 KGSG. Demnach kann das Gericht in den Fällen des § 83 I Nr. 1 KGSG die Strafe nach § 49 I StGB mildern oder von Strafe absehen, wenn der Täter das Kulturgut unverzüglich in das Bundesgebiet zurückbringt. Die Gesetzesbegründung führt an, dass durch das unverzügliche Zurückbringen des Kulturgutes die wesentliche Strafbegründung entfalle.[1016]

d) Fazit zur Strafbarkeit nach dem Kulturgutschutzgesetz

Resümierend kann für die Strafbarkeit des illegalen Handels mit Kulturgütern festgehalten werden, dass es sich um einen komplexen strafrechtlichen Regelungsbereich handelt. Insgesamt erscheinen die Regelungen des KGSG für die Regelungsmaterie vollständig. Strafbarkeitslücken traten nicht zum Vorschein. Problematisch erschien aber die Unbestimmtheit einzelner Begriffe sowie die unterschiedlichen Eintragungspraktiken der Länder.

9. Ergebnis zur Strafbarkeit der Erscheinungsformen der Kunstkriminalität

Die strafrechtliche Auseinandersetzung mit den Erscheinungsformen der Kunstkriminalität hat deutlich werden lassen, dass die Kunstkriminalität auf diverse und teils sehr unterschiedliche Straftatbestände des Kern- und Nebenstrafrechts verteilt ist. Ein deutlicher Schwerpunkt zeigte sich bei den Eigentums- und Vermögensdelikten. Die einzelnen Erscheinungsformen der Kunstkriminalität werden vollständig durch die existierenden strafrechtlichen Normen erfasst. Es zeigten sich keine nennenswerten Strafbarkeitslücken.

Für die einzelnen Erscheinungsformen ergab sich Folgendes:

- Die Strafbarkeit der Kunstfälschung wird in ihren verschiedenen Konstellationen von den §§ 267 StGB und 106 UrhG ausreichend erfasst. Einzig die Konstellation der bloßen Stilimitation wird von den Regelungen nicht erfasst,

---

1015 Elmenhorst/Wiese/*Stang* 2018, § 83, Rn. 58 f.

1016 BT-Drs. 18/7456, S. 119.

wenn keine falsche Signatur angebracht wurde und kein Verstoß gegen die urheberrechtlichen Normen vorliegt.

- Der Kunstbetrug, der von § 263 StGB erfasst wird, deckt eine große Anzahl denkbarer Konstellationen der Täuschung über Provenienz, Urheberschaft, Materialität und Verkaufserlöse von Kunstobjekten ab. Ihm kommt hier neben dem eigenständigen Kunstbetrug auch die Funktion als „Quasi-Anschlussdelikt" der Kunstfälschung zu.
- Der Kunstdiebstahl weist nur geringfügige Besonderheiten auf. Die kunstspezifischen Regelbeispiele des § 243 I 2 Nr. 4 und 5 StGB zeigen sehr restriktive Voraussetzungen. Beide Normen enthalten allerdings einen Schutzzweck, der auf die Bedeutung von Kunst- und Sakralgegenständen gerichtet ist. Dem Grunde nach kommen auch unbenannte Fälle des § 243 I StGB beim Kunstdiebstahl in Betracht.
- Die Kunsterpressung ist als Erpressung gem. § 253 StGB zu qualifizieren. Schwierigkeiten können sich bei der Bemessung des Schadens im Rahmen der Gesamtsaldierung ergeben.
- Die Erscheinungsform des Kunstvandalismus findet ihren Schwerpunkt in § 303 I StGB. Problematisch sind der bestimmungsgemäße Gebrauch von Kunstwerken wie auch das Verhältnis von § 303 I und II StGB. Die Bedeutung der gemeinschädlichen Sachbeschädigung gem. § 304 StGB und des Beschädigungsverbots gem. § 83 III i.V.m. § 18 I, II KGSG dürfte für den Kunstvandalismus sehr gering sein.
- Die Strafnormen des KGSG bilden im Zusammenhang mit den öffentlich-rechtlichen Regelungen des KGSG einen komplexen Regelungsbereich. Zu den noch relativ neuen Regelungen existieren kaum Diskussionen in der Literatur. Ebenso ist für diesen Bereich bislang keine Rechtsprechung zu den strafrechtlichen Tatbeständen vorhanden.

III. Strafzumessung und Einziehung im Zusammenhang mit der Kunstkriminalität

Im Weiteren wird untersucht, inwiefern die Kunst als Tatobjekt auch bestimmte Aspekte der sanktionenrechtlichen Folgen der Straftat beeinflussen kann. Hierzu wird auf die Fragestellungen eingegangen werden, denen im Zusammenhang mit der Kunstkriminalität eine besondere Rolle zukommen kann. Im nachfolgenden Abschnitt sollen zwei Aspekte untersucht werden. Zunächst wird dargestellt, inwieweit den Kunstdelikten eine Besonderheit bei der Strafzumessung zukommen kann. Anschließend wird das Rechtsinstitut der Einziehung innerhalb der Kunstkriminalität, insbesondere bei der Kunstfälschung, ins Blickfeld gerückt.

1. Kunstkriminalität und Strafzumessung.

Bei der strafrechtlichen Auseinandersetzung mit der Kunstkriminalität stellt sich die Frage, ob innerhalb der Strafzumessung eine besondere Berücksichtigung der Straftaten erfolgen kann, die ein echtes oder auch falsches Kunstwerk zum Gegenstand haben. Im Folgenden soll der Fragestellung nachgegangen werden, ob der Kunst als Tatobjekt ein kultureller Wert zukommen kann, der Teil der Überlegungen zur Strafzumessung sein kann.

a) Allgemeine Erwägungen zur Strafzumessung innerhalb der Kunstkriminalität

Nach § 46 I 1 StGB ist die Schuld des Täters Grundlage für die Zumessung der Strafe. Somit ist diese zusammen mit den auf sie Rückschlüsse zulassenden Umständen für die Strafhöhe maßgeblich.[1017] Nach § 46 II 1 StGB sind außerdem die Umstände, die für und gegen den Täter sprechen, gegeneinander abzuwägen. Neben den § 46 I und II 1 StGB immanenten unbenannten enthält § 46 II 2 StGB auch gesetzlich benannte Zumessungstatsachen.[1018]

Bei der Kunstkriminalität, in der vorrangig Vermögens- und Eigentumsdelikte relevant werden, wird sich ein wesentlicher Aspekt der Strafzumessung auf die Größe der Rechtsverletzung konzentrieren.[1019] Dabei wird auf die Höhe des durch die Tat entstandenen Schadens einzugehen sein.[1020] Weiterhin kommen Umstände in Betracht, die die Tat als solche prägen, wie auch grundsätzlich sämtliche Aspekte der Ausführung und der sonstigen verschuldeten Auswirkungen der Tat.[1021]

b) Die Berücksichtigung des kulturellen Wertes von Kunst in der Strafzumessung

Fraglich ist, inwiefern sich das Tatobjekt Kunst als solches selbst innerhalb der Strafzumessung niederschlagen kann. Verdeutlicht werden kann die Problematik

---

1017 Sch/Sch/*Kinzig* 2019, § 46, Rn. 4; MK-StGB/*Maier* 2020, § 46, Rn. 29 ff.

1018 Vgl. hierzu: Sch/Sch/*Kinzig* 2019, § 46, Rn. 6 ff., 10 ff.; Beck-OK StGB/*Heintschel-Heinegg* 2021, § 46, Rn. 29 ff.

1019 Sch/Sch/*Kinzig* 2019, § 46, Rn. 19; Lackner/Kühl/*Kühl* 2018, § 46, Rn. 33a.

1020 Sch/Sch/*Kinzig* 2019, § 46, Rn. 19.

1021 Siehe hierzu Sch/Sch/*Kinzig* 2019, § 46, Rn. 18 ff.; MK-StGB/*Maier* 2020, § 46, Rn. 227 ff.

an dem jüngst stattgefundenen Diebstahl im Grünen Gewölbe in Dresden.[1022] Die dort gestohlenen Objekte haben zweifelsohne einen hohen materiellen Wert. Doch neben diesem Wert kommt ihnen ein herausragender kultureller und (kunst)historischer Wert zu. Erinnert sei dabei nochmals an die Worte des Ministerpräsidenten *Kretschmers*: „*Nicht nur die Staatlichen Kunstsammlungen wurden bestohlen, sondern wir Sachsen.*"[1023]

Zu klären ist nun, ob der kulturelle Wert der Kunst für die Strafzumessung bedeutsam sein kann.[1024] Dieser Aspekt kann innerhalb der verschuldeten Auswirkungen der Tat gem. § 46 II 2 StGB Beachtung finden. Dort kann der kulturelle Wert des Kunstobjekts etwa bei der Größe der Rechtsverletzung relevant werden. Ein solcher Fall kann bei einer hypothetisch unterstellten kulturellen Bedeutung der Tat eintreten, wenn dem Tatobjekt ein solcher Wert zukommt und hierdurch eine größere Rechtsverletzung entsteht.[1025]

Auch *Werr* widmet sich in ihrer Betrachtung zum Kunstdiebstahl in einem kurzen Abschnitt den Besonderheiten der Strafzumessung im Bereich der Kunstdelikte.[1026] Sie macht in diesem Kontext auf die geringe Berücksichtigung der Sozialschädlichkeit des Kunstdiebstahls innerhalb strafzumessungsrechtlicher Erwägungen aufmerksam. In dieser Wertungsebene führt *Werr* weitere Überlegungen an, beispielsweise dass eine besondere Motivation, wie etwa Gewinnsucht, strafschärfend zu berücksichtigen sein könne.[1027] Letztlich kommen diese Überlegungen wieder zu den allgemeinen Merkmalen zurück, die die grundlegenden Umstände der Strafzumessung bilden.[1028]

Im Folgenden soll den kunstspezifischen Problematiken innerhalb der Strafzumessung nachgegangen werden.

1022 *Schulz*, Was ist der Wert von kulturellem Erbe?, Der Tagesspiegel vom 26.11.2020 (Stand: 15.03.2021).

1023 *Locke*, Einbrecher stehlen kostbare Juwelen in Dresden, FAZ vom 25.11.2019 (Stand: 15.03.2021).

1024 Siehe hierzu in ähnlicher Form *Vogel*, JZ 2010, S. 1144, welcher hier einen übergeordneten Schutz bei Delikten im Bereich des Kunst- und Kulturgüterschutzes im internationalen Bereich unter dem Blick des gemeinsamen Kulturerbes der Menschheit diskutiert. Die Überlegungen *Vogels* beziehen sich allerdings nur auf den Kunstraub im völkerrechtlichen Sinne.

1025 Vgl. Sch/Sch/*Kinzig* 2019, § 46, Rn. 19.

1026 *Werr* 1978, S. 126 f.

1027 *Werr* 1978, S. 127.

1028 *Werr* 1978, S. 127.

aa) Kunst in den Regelbeispielen des § 243 StGB

Die grundsätzliche Möglichkeit einer Berücksichtigung des kulturellen Wertes von Kunstobjekten im Bereich der Strafzumessung zeigt sich in § 243 I 2 Nr. 5 StGB.[1029]

Der von § 243 I 2 Nr. 5 StGB intendierte Zweck ist nämlich auf den Schutz von kulturell bedeutsamen Gegenständen ausgerichtet, was bereits an seiner Bezeichnung als gemeinschädlicher Diebstahl[1030] oder als Kulturgüterdiebstahl[1031] deutlich wird.[1032] Dieser Umstand wird auch in der ursprünglichen Gesetzesbegründung deutlich: „*Diebstähle, die an solchen Sachen begangen werden, sind besonders strafwürdig, weil sie die Allgemeinheit um vielleicht unersetzliche Werte schädigen.*“[1033]

Neben dem kulturellen Wert kommt dem jeweiligen Objekt ein materieller, rein finanzieller Wert zu. Fraglich ist, ob diese beiden Werte überhaupt auseinanderfallen können. *Schmitz* führt an, dass sich die Bedeutung des jeweiligen Objektes zumeist aus der Einmaligkeit oder der Schwierigkeit der Wiederbeschaffung ergeben könne.[1034] Dem Marktwerkt komme eine rein indizielle Wirkung für die Bedeutung zu.[1035]

Obwohl die kulturelle Bedeutung in der Strafzumessung bei § 243 I 2 Nr. 5 StGB Berücksichtigung findet, bleibt die Übertragbarkeit dieses Schutzes auf andere Zusammenhänge fraglich. Zum einen ist denkbar, dass der Gesetzgeber diese Konstellation nur für die im Regelbeispiel des § 243 I 2 Nr. 5 StGB erfassten Fälle regeln wollte. Wie bei der strafrechtlichen Betrachtung festgestellt wurde, ist der Schutz der in § 243 I 2 Nr. 5 und Nr. 4 StGB erfassten Kunst- und Kulturgegenstände an verhältnismäßig enge Voraussetzungen geknüpft und soll keinesfalls einen umfassenden Schutz für Kunst- und Kulturgegenstände

---

1029 Sch/Sch/*Bosch* 2019, § 243, Rn. 1 ff.; hierzu grundsätzlich BGH, U. v. 7.8.2001 - 1 StR 470/00, NJW 2002, S. 150 f.; die ursprüngliche Fassung des § 243 StGB war dabei als Qualifikationstatbestand ausgestaltet und wurde durch die Änderungen des 1. StrRG aus dem Jahre 1969 in die jetzige Form der Strafzumessungsregel überführt, vgl. hierzu MK-StGB/*Schmitz* 2017, § 243, Rn. 2.

1030 So etwa bei Sch/Sch/*Bosch* 2019, § 243, Rn. 35; Beck-OK StGB/*Wittig* 2021, § 243, Rn. 22.

1031 SSW/*Kudlich* 2020, § 243, Rn. 26; LK/*Vogel* 2010, § 243, Rn. 42.

1032 Sch/Sch/*Bosch* 2019, § 243, Rn. 35 ff.; MK-StGB/*Schmitz* 2017, § 243, Rn. 46 ff.; NK-StGB/*Kindhäuser* 2017, § 243, Rn. 31 ff.; Beck-OK StGB/*Wittig* 2021, § 243, Rn. 22.

1033 BT-Drs. IV/650, S. 404.

1034 MK-StGB/*Schmitz* 2017, § 243, Rn. 46.

1035 MK-StGB/*Schmitz* 2017, § 243, Rn. 46.

bewirken. Dem entgegen steht der Umstand, dass die als Regelbeispiele aufgezählten Begehungsweisen nur exemplarisch aufgeführt und nicht abschließend dargestellt sind.[1036] Wenn somit von der Prämisse ausgegangen werden kann, dass bei Kunstgegenständen als Tatobjekt ein kultureller Wert grundsätzlich in der Strafzumessung berücksichtigt werden kann, so ergeben sich hieraus weitere Problemstellungen, auf die nunmehr eingegangen werden soll.

bb) Reichweite der Berücksichtigung von Kunst als Tatobjekt

Wenn also der kulturelle Wert bei der Strafzumessung Beachtung finden kann, ist fraglich, wie die Größe eines Schadens im Bereich des kulturellen Gemeinwertes oder sonstiger kunst- und kulturspezifischer Umstände erfasst oder mess- und vergleichbar gemacht werden kann. Dabei bleibt auch die Ungewissheit, inwieweit sich die einzelnen Erscheinungsformen der Kunstkriminalität überhaupt schädigend auf den kulturellen Wert einer Sache oder den kulturellen Gemeinwert auswirken können.[1037]

Wie aus den Überlegungen zu § 243 I 2 Nr. 5 StGB deutlich wird, kann der kulturelle Wert des Tatobjekts besonders innerhalb des Diebstahls bei der Strafzumessung berücksichtigt werden. Fraglich ist, ob sich die in § 243 I 2 Nr. 5 StGB gesetzten Voraussetzungen, die im Erfordernis der allgemein zugänglichen Sammlung respektive der öffentlichen Ausstellung bestehen, auf die Anwendung in anderen Konstellationen auswirken. Die Berücksichtigung des kulturellen Wertes in der Strafzumessung wäre dann bei Straftaten von Gegenständen in Privatbesitz anders zu beurteilen.

Würde zum Beispiel ein bedeutendes Kunstobjekt aus verschlossenem Privateigentum gestohlen, so bliebe der konkret spürbare kulturelle Verlust, der aus der Tat resultiert, schwer fassbar. Die Anknüpfungspunkte an die in § 243 I 2 Nr. 5 StGB erforderliche Voraussetzung der öffentlichen Ausstellung entfiele völlig. Ein besonderer kultureller Wert des Kunstobjekts bliebe in diesen Fällen dennoch erhalten und könnte bei der Strafzumessung Berücksichtigung finden.

Fraglich bleibt, bei welchen Delikten der Kunstkriminalität strafzumessungsrelevante kulturelle Aspekte vorliegen können, die sich nicht nur im Schutz von Eigentum erschöpfen.

Bei der Sachbeschädigung von Kunstwerken erscheint eine Berücksichtigung des kulturellen Wertes bei der Strafzumessung grundsätzlich möglich. Denn

---

1036 MK-StGB/*Schmitz* 2017, § 243, Rn. 1.

1037 Vgl. hier auch *Vogel*, JZ 2010, S. 1144.

durch die Substanzverletzung kann auch der kulturelle Wert einer Sache gemindert oder ganz aufgehoben werden.

Bei Delikten der Kunstfälschung ist ein möglicher Schaden am kulturellen Gemeinwert weniger offensichtlich. Denkbar ist, einen solchen Schaden darin zu sehen, dass in Umlauf gebrachte gefälschte Werke als Teil des kulturellen Gemeingutes angesehen werden könnten. *Grüning* beschreibt dies wie folgt:

> „*Die Fälschung eines Kunstwerkes stellt nicht nur eine singuläre Straftat zum Nachteil eines Einzelnen dar, sondern immer auch eine Schädigung des kulturhistorischen Erbes einer Gesellschaft. Zu den vielen Besonderheiten der Kunst gehört eben gerade, dass sie nicht nur vom reinen Besitz, sondern auch von der Rezeption und Partizipation durch die Allgemeinheit lebt.*“[1038]

Die Ansicht *Grünings* ist im Kern zutreffend.

Die dargestellten Besonderheiten der Strafzumessung bei der Kunstkriminalität zeigen, dass der kulturelle Schaden, der durch eine Tat entsteht, bei der Strafzumessung grundsätzlich strafschärfend berücksichtigt werden kann. Diese Möglichkeit ergibt sich aus dem Schutzzweck des § 243 I 2 Nr. 5 StGB. Die Relevanz des Schadens an einem kulturellen Gemeingut durch eine solche Tat ist allerdings aus sanktionenrechtlicher Sicht schwer zu bemessen.

c) *Abschließendes Beispiel zur Kunstkriminalität und Strafzumessung*

Abschließend soll ein kurzes Beispiel exemplarisch die Berücksichtigung des kulturellen Wertes bei der Strafzumessung im Fall eines Diebstahls veranschaulichen.

Angenommen aus einem öffentlichen Universitätsgebäude werden bei zwei verschiedenen Taten einmal ein historisches Ölgemälde, das einen ehemaligen Rektor der Universität zeigt, und einmal ein handelsüblicher Computer entwendet. Beide Objekte haben einen identischen Marktwert von 2.000 Euro. Unterstellt, dass bei der Tatbegehung keiner der in § 243 I 2 StGB aufgeführten Fälle – insbesondere nicht § 243 I 2 Nr. 5 StGB – verwirklicht wird, muss bei der Strafzumessung Folgendes bedacht werden:

Der wirtschaftliche Schaden, der durch den jeweiligen Diebstahl verwirklicht wird, ist identisch. Allerdings ist bei der Strafzumessung der kulturelle Wert des Kunstwerkes zu berücksichtigen. Zumeist wird es sich bei einem solchen Werk auch um ein Unikat handeln. In welchem Umfang der kulturelle Wert bei der Strafzumessung berücksichtigt werden kann, ist für den konkreten Einzelfall

---

1038 *Grüning*, Kriminalistik 2013, S. 281.

individuell zu bestimmen. Anhaltspunkte für die Strafzumessung können die (kunst)historische Bedeutung des Werkes an sich sein aber auch die kulturelle Bedeutung für eine bestimmte Region oder Institution.

Insgesamt wurde deutlich, dass der kulturelle Wert, der Kunstobjekten zukommt, bei der Strafzumessung berücksichtigt werden kann.

2. Die Einziehung gem. §§ 73 ff. StGB in den Erscheinungsformen der Kunstkriminalität

Im Folgenden wird die Einziehung gem. §§ 73 ff. StGB auf ihre Bedeutung für die Kunstkriminalität untersucht.

a) Die Problematik der Einziehung von Fälschungen gem. §§ 73 ff. StGB

Bei der Kunstfälschung finden sich einige Besonderheiten im Rahmen der Einziehung gem. §§ 73 ff. StGB.[1039]

aa) Die Einziehung gem. §§ 73 ff. StGB

Bei der Einziehung gem. §§ 73 ff. StGB handelt es sich nicht um eine Nebenstrafe oder eine Maßregel der Besserung und Sicherung, sondern um eine Maßnahme sui generis.[1040] Die Einziehung verfolgt den Zweck, die aus Straftaten rechtswidrig erlangten Vermögensvorteile abzuschöpfen, um den wirtschaftlichen Anreiz zur Begehung von Straftaten zu verhindern.[1041] Die zum 1. Juli 2017 in Kraft getretene Neufassung der §§ 73 ff. StGB war unter anderem auf eine terminologische Vereinheitlichung ausgerichtet, im Zuge derer der Begriff des Verfalls durch den der bereits vorher vorhandenen Einziehung ersetzt wurde.[1042]

1039 Siehe zur gesamten Problematik anhand des *Giacometti*-Verfahrens dargestellt *Feldmann*, GA 2014, S. 333 ff.; siehe auch *Schack*, KUR 2015, S. 162; *ders.* 2017, Rn. 52; Sch/Sch/*Eser*/*Schuster* 2019, § 74b, Rn. 5; Lackner/Kühl/*Heger* 2018, § 74b, Rn. 1a; BGH, U. v. 09.08.1988 - 1 StR 257/88; BGH, *B.* v. 10.09.1991 - 4 StR 394/91; aus zivilrechtlicher Sicht vgl. auch Martinek/Semler/Flohr/*Anton* 2016, § 55 Rn. 111 ff.; zu beachten ist, dass sich die Literatur hier teilweise noch auf die alte Gesetzeslage bezieht.

1040 *Fischer* 2021, § 73, Rn. 4 ff.; Beck-OK StGB/*Heuchemer* 2021, § 73, Rn. 1; siehe hier jeweils auch weitere Nachweise zur Diskussion des Charakters der Einziehung.

1041 *Fischer* 2021, § 73, Rn. 2 ff.; Beck-OK StGB/*Heuchemer* 2021, § 73, Rn. 1.

1042 *Fischer* 2021, § 73, Rn. 3; Beck-OK StGB/*Heuchemer* 2021, § 73, Rn. 1; zu den Änderungen siehe *Köhler*, NStZ 2017, S. 497 ff.; sowie *Köhler*/*Burkhard*, NStZ 2017, S. 665 ff.

Für die Kunstkriminalität weisen einige Normen der Einziehung keine Besonderheiten auf. Das gilt z.B. für die §§ 73-73e StGB, die auf die Abschöpfung der aus der Tat erlangten und daraus abgeleiteten Taterträge sowie von sonstigem aus der Tat gewonnenem Vermögen gerichtet sind.[1043] Die §§ 74 ff. StGB hingegen können für Kunstobjekte spezifische Besonderheiten aufweisen, da sie sich auf die einschlägigen Tatprodukte, Tatwerkzeuge sowie sonstige Tatobjekte richten, die einen Zusammenhang mit der Tat aufweisen.[1044]

Bevor vertieft auf die kunstspezifischen Fragestellungen eingegangen wird, sollen kurz die Voraussetzungen der §§ 74 ff. StGB betrachtet werden.

bb) Voraussetzung der Einziehung gem. §§ 74 ff. StGB und einziehbare Gegenstände

Die Einziehung nach § 74 I StGB erstreckt sich auf Gegenstände, die durch eine vorsätzliche Tat hervorgebracht (Tatprodukte) oder zu ihrer Begehung oder Vorbereitung gebraucht worden oder bestimmt gewesen sind (Tatmittel).[1045] Gem. § 74 II StGB können auch Gegenstände, auf die sich eine Straftat bezieht (Tatobjekte), nach der Maßgabe besonderer Vorschriften der Einziehung unterliegen.[1046] Hinführend zu den Besonderheiten der Einziehung bei der Kunstfälschung soll sich den nach §§ 74 ff. StGB einziehbaren Gegenständen genauer gewidmet werden.

(1) Einziehungsfähige Objekte i.S.d. § 74 I StGB

Zu den einziehungsfähigen Gegenständen gehören zunächst die Tatprodukte, die sog. producta sceleris. Damit sind die Gegenstände gemeint, die in direktem Zusammenhang mit der Tat stehen.[1047] Beispielsweise sind dies Gegenstände, die unmittelbar durch die Verwirklichung des gesetzlichen Tatbestands entstehen.[1048] Exemplarisch können zur Täuschung im Rechtsverkehr hergestellte Urkunden angeführt werden.[1049] Bei der Kunstfälschung kommen somit die

---

1043 Vgl. hierzu Sch/Sch/*Eser/Schuster* 2019, Vor. §§ 73 ff., Rn. 2.

1044 Vgl. hierzu Sch/Sch/*Eser/Schuster* 2019, Vor. §§ 73 ff., Rn. 2.

1045 Vgl. hierzu auch Sch/Sch/*Eser/Schuster* 2019, § 74, Rn. 5 ff.

1046 Sch/Sch/*Eser/Schuster* 2019, § 74, Rn. 12a f.

1047 Beck-OK StGB/*Heuchemer* 2021, § 74, Rn. 9 ff.; *Fischer* 2021, § 74, Rn. 9; Sch/Sch/*Eser/Schuster* 2019, § 74, Rn. 7.

1048 Beck-OK StGB/*Heuchemer* 2021, § 74, Rn. 9 ff.; *Fischer* 2021, § 74, Rn. 9; Sch/Sch/*Eser/Schuster* 2019, § 74, Rn. 7.

1049 Beck-OK StGB/*Heuchemer* 2021, § 74, Rn. 9 ff.; *Fischer* 2021, § 74, Rn. 9; Sch/Sch/*Eser/Schuster* 2019, § 74, Rn. 7.

Falsifikate in Betracht, die nach den ausgeführten Voraussetzungen eine falsche Urkunde darstellen. Es sind also die Werke erfasst, bei denen eine falsche Signatur angebracht wurde.

Im Umkehrschluss sind Gegenstände, die durch die Tat selbst erlangt wurden, die sog. *scelere quaesita,* nicht erfasst. Sie können nur nach den §§ 73 ff. StGB eingezogen werden.[1050]

Gem. § 74 I StGB besteht weiter die Möglichkeit der Einziehung von Tatmitteln, der sog. instrumenta sceleris, worunter Gegenstände fallen, die zur Begehung oder Vorbereitung der Tat gebraucht worden oder dafür bestimmt gewesen sind.[1051] Im Hinblick auf eine Urkundenfälschung ist ausreichend, dass eine Veränderung einer schon bestehenden Urkunde vorgenommen und diese somit i.S.d. § 267 StGB verfälscht wird.[1052] Bezogen auf die Konstellationen der Kunstfälschung sind Situationen denkbar, in denen durch Veränderung des Kunstwerkes mit Urkundencharakter eine Verfälschung vorgenommen wird.

(2) Einziehungsfähige Objekte i.S.d. § 74 II StGB

Die Regelung des § 74 II StGB verweist auf Gegenstände, auf die sich eine Straftat bezieht (Tatobjekte), in der älteren Literatur auch als Beziehungsgegenstände bezeichnet. Sie fallen nur unter die einziehungsfähigen Gegenstände, wenn die Einziehung aufgrund besonderer Vorschriften explizit ermöglicht wird.[1053] Unter diesen Tatobjekten sind Gegenstände zu verstehen, die lediglich im Zusammenhang mit der Tat genutzt werden und somit keine Werkzeuge sind, obwohl es sich um notwendige Gegenstände der Tat handelt.[1054] Es handelt sich daher auch nicht um Produkte der Tat, sondern um *„passive“* Objekte, deren Verwendung durch den jeweiligen Tatbestand verhindert werden soll.[1055]

Für die Kunstfälschung ist hier § 282 StGB relevant, der die Einziehung auf die Tatobjekte diverser Delikte des 23. Abschnittes der Urkundenfälschung erweitert. Zentral für die Kunstfälschung ist der Verweis in § 282 S. 1 StGB auf die Urkundenfälschung gem. § 267 StGB. Dieser Verweis erweitert die Einziehung

---

1050 Vgl. hierzu Beck-OK StGB/*Heuchemer* 2021, § 74, Rn. 11; *Fischer* 2021, § 73, Rn. 20.

1051 Beck-OK StGB/*Heuchemer* 2021, § 74, Rn. 12 ff.; *Fischer* 2021, § 74, Rn. 10; Sch/Sch/*Eser*/*Schuster* 2019, § 74, Rn. 8 ff.

1052 NK-StGB/*Saliger* 2017, § 74, Rn. 9 ff.; Beck-OK StGB/*Heuchemer* 2021, § 74, Rn. 14.

1053 Sch/Sch/*Eser*/*Schuster* 2019, § 74, Rn. 12a; MK-StGB/*Joecks* 2016, § 74, Rn. 19 ff.; Beck-OK StGB/*Heuchemer* 2021, § 74, Rn. 17.

1054 Beck-OK StGB/*Heuchemer* 2021, § 74, Rn. 17; *Fischer* 2021, § 74, Rn. 16 f.

1055 Beck-OK StGB/*Heuchemer* 2021, § 74, Rn. 17 f., mit diversen Beispielen; vgl. auch *Fischer* 2021, § 74, Rn. 16 f.; NK-StGB/*Saliger* 2017, § 74, Rn. 11.

um die Tathandlungen, die nicht die Herstellung oder Verfälschung einer unechten Urkunde zum Gegenstand haben.[1056] Somit können auch die Tathandlungen des bloßen Gebrauchens i.S.d. § 267 StGB erfasst werden, was zur Einziehung der lediglich gebrauchten unechten Urkunde führen kann.[1057] Entsprechend können die für die Kunstfälschung in diesen Bereichen relevanten Fälle abgedeckt werden, in denen die Fälschung nicht vom Täter hergestellt oder selbst verändert, sondern lediglich gebraucht wurde.

(3) Die Einziehung bei Dritten

Schließlich treten Konstellationen auf, in denen der einzuziehende Gegenstand nicht dem Täter oder Teilnehmer gehört oder zusteht (§ 74 III StGB), und die Einziehung nach § 74 I, II StGB nicht greift.[1058] Gem. § 74 III 1 StGB ist die Einziehung nach § 74 I, II StGB nämlich nur zulässig, wenn die Gegenstände zur Zeit der Entscheidung dem Täter oder Teilnehmer gehören oder zustehen. In Betracht kommen dann allerdings die Einziehung von Tatprodukten, Tatmitteln und Tatobjekten bei anderen gem. § 74a StGB und die Sicherungseinziehung gem. § 74b StGB.

(a) Einziehung von Tatprodukten, Tatmitteln und Tatobjekten bei anderen gem. § 74a StGB

§ 74a StGB regelt die Einziehung von Tatprodukten, Tatmitteln und Tatobjekten bei anderen. Verweist ein Gesetz auf diese Vorschrift, können Gegenstände abweichend von § 74 III StGB auch dann eingezogen werden, wenn derjenige, dem sie zur Zeit der Entscheidung gehören oder zustehen, mindestens leichtfertig dazu beigetragen hat, dass sie als Tatmittel verwendet worden oder Tatobjekt gewesen sind (§ 74a Nr. 1 StGB), oder sie in Kenntnis der Umstände, welche die Einziehung zugelassen hätten, in verwerflicher Weise erworben hat (§ 74a Nr. 1 StGB).

§ 74a StGB schafft durch die strafähnliche Dritteinziehung die Möglichkeit, auch die Gegenstände einzuziehen, die nicht dem Täter selbst durch Eigentum oder sonstiges Recht gehören oder zustehen, sondern einem Dritten.[1059] Dieser Dritte muss in Form eines quasi-schuldhaften Verhaltens (§ 74a Nr. 1, 2 StGB)

1056 Beck-OK StGB/*Weidemann* 2021, § 282, Rn. 2 ff.
1057 Beck-OK StGB/*Weidemann* 2021, § 282, Rn. 2 ff.
1058 Sch/Sch/*Eser*/*Schuster* 2019, § 74, Rn. 1 ff.
1059 Sch/Sch/*Eser*/*Schuster* 2019, § 74a, Rn. 1 ff.; Lackner/Kühl/*Heger* 2018, § 74a, Rn. 1.

derart in Beziehung zu der rechtswidrigen Tat stehen, dass hierdurch ein besonderer Grund für die Rechtfertigung der Einziehung geliefert wird.[1060]

§ 74a StGB hat den Charakter einer Rahmenvorschrift, die lediglich die Voraussetzungen der Dritteinziehung nennt, ohne den Einzelfall zu erfassen. Erforderlich ist, dass ein Gesetz auf die Vorschrift des § 74a StGB verweist.[1061] § 74a StGB liefert für die Einziehung bei Dritten zwei alternative Voraussetzungen: die sog. Beihilfeklausel gem. § 74a Nr. 1 StGB sowie die sog. Erwerbsklausel gem. § 74a Nr. 2 StGB.[1062] Voraussetzung des § 74a Nr. 1 StGB ist, dass der Dritte in Form einer Quasi-Beihilfe aus objektiver Sicht mindestens leichtfertig dazu beigetragen hat, dass die Gegenstände als Tatmittel verwendet worden oder Tatobjekt gewesen sind.[1063] Die zweite Variante, die an einen verwerflichen Erwerb anknüpft, liegt vor, wenn der Gegenstand grundsätzlich der Einziehung unterworfen ist, dieser aber von einem Dritten in Kenntnis der Umstände, welche die Einziehung zugelassen hätten, in verwerflicher Weise erworben wird und die Sache hierdurch der Einziehung nach § 74 StGB entzogen wird.[1064]

(b) Sicherungseinziehung gem. § 74b StGB

Schließlich ist in § 74b StGB die Sicherungseinziehung geregelt, die bei Kunstfälschungen umstritten ist.[1065] Im Allgemeinen dient die Sicherungseinziehung gem. § 74b StGB dazu, gefährliche Gegenstände unabhängig von der Besitz- oder Eigentumslage einziehen zu können, wenn von diesen selbst eine Gefahr ausgeht.[1066] So lautet der Wortlaut des § 74b I StGB:

> *„Gefährden Gegenstände nach ihrer Art und nach den Umständen die Allgemeinheit oder besteht die Gefahr, dass sie der Begehung rechtswidriger Taten dienen werden, können sie auch dann eingezogen werden, wenn*
> *1. der Täter oder Teilnehmer ohne Schuld gehandelt hat oder*

1060 Beck-OK StGB/*Heuchemer* 2021, § 74a, Rn. 1 f., dort auch zu verfassungsrechtlichen Bedenken; Sch/Sch/*Eser*/*Schuster* 2019, § 74a, Rn. 1 f.

1061 Siehe hierzu auch Sch/Sch/*Eser*/*Schuster* 2019, § 74a, Rn. 3, mit einer Auflistung der im StGB hierzu vorhandenen Verweisungsnormen.

1062 Sch/Sch/*Eser*/*Schuster* 2019, § 74a, Rn. 4.

1063 Beck-OK StGB/*Heuchemer* 2021, § 74a, Rn. 6 ff.

1064 Sch/Sch/*Eser*/*Schuster* 2019, § 74a, Rn. 5.

1065 Siehe zur rechtlichen und insbesondere auch praktischen Seite dieser Problematik die erwähnte Ausführung von *Feldmann*, GA 2014, S. 333 ff., welche die Ermittlung dieses Verfahrens seitens der Staatsanwaltschaft Stuttgart leitete, vgl. dort auch diverse weitere Verweise.

1066 Sch/Sch/*Eser*/*Schuster* 2019, § 74b, Rn. 3 ff.

2. die Gegenstände einem anderen als dem Täter oder Teilnehmer gehören oder zustehen.“

§ 74b StGB kommt die Funktion zu, die Einziehung auch dann zu ermöglichen, wenn der Täter oder Teilnehmer ohne Schuld gehandelt hat (§ 74b I Nr. 1 StGB) oder die Gegenstände einem anderen als dem Täter oder Teilnehmer gehören oder zustehen (§ 74b I Nr. 2 StGB).[1067] Die weiteren und näheren Voraussetzungen der Sicherungseinziehung nach § 74b StGB sollen im nachfolgenden Abschnitt im Zusammenhang mit Kunstfälschungen dargestellt werden.

cc) Probleme der (Sicherungs-)Einziehung von Kunstfälschungen – im Besonderen bei Kunstfälschungen im Eigentum Dritter

Grundsätzlich können Kunstfälschungen unproblematisch der Einziehung unterliegen. Problematisch ist in diesem Kontext die spezielle Situation, in der Kunstfälschungen gutgläubig in das Eigentum Dritter gelangen.

Die Fälle, in denen Fälschungen von Kunstwerken, die strafrechtlich relevanten Ursprungs sind und beispielsweise mittels betrügerischer oder sonstiger Handlung gutgläubig in das Eigentum Dritter übergegangen sind, weisen bei der Einziehung Besonderheiten auf.[1068] In der Literatur vor der jüngsten Novellierung der §§ 73 ff. StGB finden sich die im Folgenden diskutierten Probleme innerhalb des § 74 II Nr. 2 StGB a.F. wieder. Im Zuge der Reform wurde der dort bestehende Rechtsgedanke in eine eigene Untervorschrift, den § 74b I StGB n.F., gegossen.[1069] An den rechtlichen Voraussetzungen hat sich durch diese Reform nichts geändert.[1070] Die Neuregelung übernimmt in § 74b I StGB die Regelung des § 74 II Nr. 2, III StGB a.F. „*ohne inhaltliche Änderung*“.[1071]

Bereits der Gesetzeswortlaut verdeutlicht, dass die Erfassung von Kunstfälschungen schwierig ist. Zwar werden Kunstfälschungen häufig rechtswidrigen Ursprungs sein, gleichzeitig erscheint eine Gefahr für die Allgemeinheit auf den ersten Blick fernliegend.

1067 Sch/Sch/*Eser*/*Schuster* 2019, § 74b, Rn. 1 f.

1068 Siehe hierzu Beck-OK StPO/*Gerhold* 2020, § 95, Rn. 1 ff.

1069 Beck-OK StGB/*Heuchemer* 2021, § 74b, Rn. 1; zum weiteren Vergleich mit den vorherigen Normen und der inhaltlichen Übernahme sowie zum Regelungszweck siehe auch Sch/Sch/*Eser*/*Schuster* 2019, § 74b, Rn. 1 f.; sowie *Fischer* 2021, § 74b, Rn. 1 ff.; vgl. auch die Gesetzesbegründung in BT-Drs. 18/9525, S. 70: „*Mit § 74b StGB-E schafft der Entwurf aus systematischen Gründen eine eigenständige Vorschrift für den Sonderfall der Sicherungseinziehung.*“

1070 Vgl. Sch/Sch/*Eser*/*Schuster* 2019, § 74b, Rn. 1; *Fischer* 2021, § 74b, Rn. 2.

1071 *Fischer* 2021, § 74b, Rn. 2.

Da diese Form der Einziehung des § 74b I StGB als Sicherungsmaßnahme zum Schutz vor Gefahren ausgestaltet ist, sind entsprechende Voraussetzungen an den Gegenstand und an die Umstände zu stellen.[1072] Liegen diese Voraussetzungen nicht vor, muss das Objekt, falls es sich im Gewahrsam der Behörde befindet, wieder an den Eigentümer herausgegeben werden. Die allgemeinen Erfordernisse werden nachfolgend kurz dargestellt.

(1) Generelle oder individuell gefährliche Gegenstände

§ 74b I StGB differenziert zwischen einer generellen und einer individuellen Gefährlichkeit eines Gegenstands.[1073] Zu den generell gefährlichen Gegenständen, die nach Art und Umstand Rechtsgüter nicht individuell bestimmter Personen gefährden, zählen beispielsweise Gifte, Sprengstoffe, radioaktive Stoffe oder auch verdorbene Lebensmittel.[1074] Hierzu können Kunstfälschungen nicht eindeutig gerechnet werden.

Eine individuelle Gefährlichkeit kann in Betracht kommen, wenn der Gegenstand seiner Art nach an sich nicht gefährlich oder gefahrenneutral ist.[1075] Der Gegenstand muss aber unter besonderen Umständen, etwa aufgrund der Art seiner Verwendung, ggf. auch in Verbindung mit anderen Tatmitteln oder aus „*verbrecherischen Neigung[en] oder der Nachlässigkeit ihres Inhabers zu einer Gefahrenquelle werden*“ können.[1076] Als Beispiele können Messer, Einbruchswerkzeug oder auch Geld angesehen werden, wenn sie zur Begehung weiterer Straftaten verwendet werden können oder terroristischen Vereinigungen zukommen sollen.[1077] Entsprechend stellt sich die Frage, ob gefälschte Kunstgegenstände in diese Kategorie eingeordnet werden können. Diese Problematik soll nachfolgend zunächst an der Entwicklung in der Rechtsprechung nachvollzogen werden. Da durch die angesprochene Reform keine wesentlichen inhaltlichen Änderungen an der Sicherungseinziehung vorgenommen wurden, bleiben die nachfolgenden Ausführungen, die sich teils noch auf

---

1072 *Fischer* 2021, § 74b, Rn. 2 ff.; Beck-OK StGB/*Heuchemer* 2021, § 74b, Rn. 1.

1073 Beck-OK StGB/*Heuchemer* 2021, § 74b, Rn. 2 f.; generell zur Problematik bei Kunstfälschungen *Feldmann*, GA 2014, S. 337 ff., 343 ff.

1074 Beck-OK StGB/*Heuchemer* 2021, § 74b, Rn. 2; *Fischer* 2021, § 74b, Rn. 5; *Feldmann*, GA 2014, S. 337 ff.

1075 Beck-OK StGB/*Heuchemer* 2021, § 74b, Rn. 3; *Fischer* 2021, § 74b, Rn. 6; *Feldmann*, GA 2014, S. 337 ff.

1076 Beck-OK StGB/*Heuchemer* 2021, § 74b, Rn. 3; vgl. hierzu auch *Fischer* 2021, § 74b, Rn. 6.

1077 Beck-OK StGB/*Heuchemer* 2021, § 74b, Rn. 3; *Fischer* 2021, § 74b, Rn. 6.

die alte gesetzliche Regelung des § 74 II Nr. 2 StGB a.F. beziehen, auch auf die aktuelle Situation übertragbar.[1078]

(2) Entwicklung in der Rechtsprechung

Die Problematik der Kunstfälschungen im Eigentum Dritter im Zusammenhang mit der Einziehung findet sich bereits in der Rechtsprechung zur früheren Norm § 74 II Nr. 2 StGB a.F.[1079] Ein Urteil des Bundesgerichtshofs vom 9. August 1988 setzt sich mit der angesprochenen Gefahr auseinander, die in diesem Falle der Einziehung von der Kunstfälschung ausgehen muss.[1080]

> *„Eine Gefahr im Sinne dieser Vorschrift [§ 74 II Nr. 2 StGB a.F.] kann nicht bereits dann bejaht werden, wenn die bloße gedankliche Möglichkeit einer rechtswidrigen Verwendung besteht, hier also, daß die Bilder unter Verschleierung ihrer mangelnden Echtheit als Originale weiterveräußert werden. Eine dahingehende Gefahr besteht vielmehr nur dann, wenn konkrete Anhaltspunkte eine rechtswidrige Verwendung nahelegen […]. Ob die Umstände eine nahe Wahrscheinlichkeit für eine Verwendung unter Mißachtung der Rechtsordnung begründen, ist im wesentlichen Tatfrage. Bei Gegenständen, die praktisch nicht anders als auf rechtswidrige Weise verwendet werden können, wie dies etwa bei Falschgeld oder gefälschten Ausweispapieren der Fall ist, mag eine konkrete Gefahr ohne weiteres anzunehmen sein. Bei gefälschten Bildern versteht sich dies dagegen nicht von selbst. Kopien von Gemälden namhafter Maler können für den jeweiligen Besitzer als bloßes künstlerisches Anschauungsobjekt durchaus ihren Wert haben. Auch im Handel können sie als Kopien, also ohne Vortäuschung ihrer Echtheit, zum Verkauf angeboten werden. Dazu gibt es in der Kunstgeschichte vielfältige Beispiele. Die bloße Tatsache, daß der Galerist N., der eine Vielzahl der Bilder gekauft hat, versucht sein könnte, ‚zu retten, was noch zu retten ist' […], begründet für sich allein keine konkrete Gefahr. Das gilt erst recht in bezug auf die übrigen Erwerber. Darüber hinausgehende Umstände, die die Gefahr einer rechtswidrigen Verwendung nahelegen könnten, hat das Landgericht nicht festgestellt. Wenn es deshalb die Voraussetzungen einer Einziehung gem. § 74 Abs. 2 Nr. 2 StGB [a.F.] verneint hat, ist dies aus Rechtsgründen nicht zu beanstanden."*[1081]

1078 Vgl. Sch/Sch/*Eser*/*Schuster* 2019, § 74b, Rn. 1; *Fischer* 2021, § 74b, Rn. 2.

1079 Der Wortlaut des § 74 II StGB a.F. vor dem 01.07.2017: *(2) Die Einziehung ist nur zulässig, wenn*
1. die Gegenstände zur Zeit der Entscheidung dem Täter oder Teilnehmer gehören oder zustehen oder
2. die Gegenstände nach ihrer Art und den Umständen die Allgemeinheit gefährden oder die Gefahr besteht, daß sie der Begehung rechtswidriger Taten dienen werden.

1080 BGH, U. v. 09.08.1988 - 1 StR 257/88, JZ 1988, S. 936; eine ausführliche Besprechung liefert hier *Feldmann*, GA 2014, S. 337 ff.

1081 BGH, U. v. 09.08.1988 – 1 StR 257/88, JZ 1988, S. 936; vgl. hierzu kritisch *Feldmann*, GA 2014, S. 340; zu einem zivilrechtlichen Beseitigungsanspruch aus dem allgemeinen Persönlichkeitsrecht siehe BGH, U. v. 8.6.1989 JZ 1990, S. 37 ff.

Diese Rechtsaufassung manifestierte sich auch in einem weiteren Beschluss des Bundesgerichtshofs vom 15. Februar 1991.[1082] Dort sprach der Senat erstmals konkret eine mögliche Gefahr im Falle von Kunstfälschungen an.[1083] So führte der Bundesgerichtshof hier Umstände an, die sich auf die bisherigen rechtswidrigen Geschäftspraktiken bezogen.

> *„Allerdings kann sich eine Gefahrenlage auch aus den übrigen tatbestimmenden und tatbegleitenden Umständen ergeben. So hat das Landgericht festgestellt, daß der rechtswidrige Umgang mit gefälschten Bildern im Kunsthandel offensichtlich nicht allein dem Angeklagten vorbehalten war und daß einzelne Kunstwerkfälschungen mehrfach und über Jahre bei den verschiedensten Geschäften mit wechselnden Beteiligten und Geschädigten Verwendung fanden. Ob diese Umstände den Schluß zulassen, daß hieraus eine Gefahr im Sinne des § 74 Abs. 2 Nr 2 StGB [a.F.] in dem Sinne abgeleitet werden kann, daß die sichergestellten gefälschten Bilder auch in Zukunft zu ähnlichen betrügerischen Geschäften verwandt werden können, bedarf neuer tatrichterlicher Überprüfung und Entscheidung.“*[1084]

Des Weiteren wurde die Möglichkeit angesprochen, weniger einschneidende Maßnahmen vorzunehmen, um die Gefährlichkeit einer Kunstfälschung so zu reduzieren, dass eine Einziehung nicht mehr erforderlich ist. Das ist der Fall, wenn eine *„Entfernung von Signaturen oder Kenntlichmachung als Fälschung oder Kopie […] ausreichen, um der Gefahr unter Wahrung des Verhältnismäßigkeitsgrundsatzes hinreichend zu begegnen“*.[1085] Diese Einschätzung des Bundesgerichtshofs führt dazu, dass eine Sicherungseinziehung für Kunstfälschungen nur noch schwer vorstellbar ist und die Ausnahme darstellt.

Ein in der Literatur in diesem Zusammenhang angesprochener Beschluss des AG Düsseldorf vom 17. August 2009 lehnt sich an die Rechtsprechung des Bundesgerichtshofs an.[1086] Allerdings wurde die Entscheidung im Rahmen einer sofortigen Beschwerde seitens der Staatsanwaltschaft abgeändert.[1087] Im Ergebnis wurde in der Folge dieser Entscheidung die Gefährlichkeit der Fälschungen vom LG Düsseldorf angenommen. Das abweichende Ergebnis ist im Konkreten allerdings nicht in einer Abweichung der vom Bundesgerichtshof angeführten rechtlichen Argumentation zu sehen. Vielmehr lag eine anders gelagerte

---

1082 BGH, B. v. 15.02.1991 – 3bStR 284/90; vgl. hierzu auch *Feldmann*, GA 2014, S. 340 f.; ebenso Lackner/Kühl/*Heger* 2018, § 74b, Rn. 1a; Sch/Sch/*Eser*/*Schuster* 2019, § 74b, Rn. 5.

1083 BGH, B. v. 15.02.1991 – 3 StR 284/90.

1084 BGH, B. v. 15.02.1991 – 3 StR 284/90.

1085 BGH, B. v. 15.02.1991 – 3 StR 284/90.

1086 AG Düsseldorf, B. v. 17.08.2009 – 119 Gs 253/09; vgl. *Feldmann*, GA 2014, S. 341.

1087 LG Düsseldorf, B. v. 10.05.2010 – 1 Qs 70/09.

Tatsituation vor, in der die vom Bundesgerichtshof als begründungsbedürftig eingestufte Gefahr angenommen werden konnte. Das LG Düsseldorf nahm eine Gefährlichkeit mit der folgenden Begründung an:

> *„Soweit der Bundesgerichtshof dies in einer Entscheidung aus dem Jahre 1988 […] für Werke des Künstlers Ol D1 in Betracht gezogen hat, vermag die Kammer dergleichen jedenfalls für den vorliegenden Fall nicht anzunehmen, zumal hier kein bestimmtes Werk kopiert wurde, sondern – wie der Sachverständige Dr. E. ausgeführt hat – sich die Nachahmung lediglich an eine Werkgruppe ‚bezieht' und damit den Anschein erweckt, es handele sich um zusätzliche Werke, die der Künstler innerhalb dieser Werkgruppe erstellt hat. Damit handelt es sich – anders als in dem von dem Bundesgerichtshof entschiedenen Fall – nicht um Kopien tatsächlich existierender Werke, bei denen man ein redliches Sammlerinteresse möglicherweise nicht auszuschließen vermag, sondern um von vorneherein auf Täuschung potentieller Erwerber abzielende Falsifikate.*"[1088]

Die Entscheidung des LG Düsseldorf hat also Falsifikate zum Gegenstand, die für einen täuschenden Weiterverkauf bestimmt und geeignet zu sein scheinen. Unklar bleibt in diesem Fall allerdings, warum kein redliches Sammlerinteresse an jenen Falsifikaten vorliegen kann. Diese Begründung verkürzt hier die Argumentation des Bundesgerichtshofs, da die Redlichkeit desjenigen, dem die Objekte zustehen sollen, nicht weiter berücksichtigt wird. Vielmehr wird lediglich auf die Objekte selbst abgestellt. Die vom Bundesgerichtshof erwähnte Möglichkeit der Kenntlichmachung der Falsifikate als milderes Mittel zur Einziehung wird in der Begründung des LG Düsseldorf angeführt. Allerdings wird dargelegt, dass die einschlägigen Objekte keine Kennzeichnung trügen und die Absichtserklärung des Einziehungsbeteiligten allein nicht dazu geeignet sei, die Gefahr der weiteren Begehung von Straftaten zu vereiteln.[1089]

1088 LG Düsseldorf, B. v. 10.05.2010 – 1 Qs 70/09.

1089 LG Düsseldorf, B. v. 10.05.2010 – 1 Qs 70/09; die vorinstanzliche Auseinandersetzung hatte gerade dieses Verhalten des Einziehungsbeteiligten noch genügen lassen. Siehe zur Begründung des AG Düsseldorf B. v. 17.08.2009 – 119 Gs 253/09: *„Da hier der vormals Beschuldigte, gegen den das Ermittlungsverfahren mangels hinreichenden Tatverdachts eingestellt wurde, vorgetragen hat, er werde dafür Sorge tragen, dass das sichergestellte Bild seine privaten Räumlichkeiten nicht mehr verlasse, und er werde Maßnahmen ergreifen, die eine Missbrauchsgefahr ausschließen, etwa die Unterschrift zu entfernen und auf der Rückseite des Bildes einen Vermerk anzubringen, dass es sich nur um eine Kopie handele, ist eine Einziehung nicht geboten und wäre zudem wohl unverhältnismäßig.*" Dabei lehnt sich diese Begründung sehr nahe an die ursprüngliche Begründung des BGH an.

Das VG Berlin kam bei der Beurteilung der Sicherstellung durch eine polizeilich-präventive Maßnahme zu einer ähnlichen Einschätzung.[1090] Bei einer Fahrzeugüberprüfung waren 14 Fälschungen von Kunstwerken entdeckt worden, bei denen es sich um vermeintlich vom Künstler signierte Originale handelte. Die Objekte waren gem. § 38 Nr. 1 ASOG[1091] sichergestellt worden. Trotz des Umstands, dass es sich hier um eine präventive polizeiliche Maßnahme handelt, ändert sich die Problematik letztlich nicht, da nach § 38 Nr. 1 ASOG die Sicherstellung ebenfalls an eine gegenwärtige Gefahr anknüpft.[1092] Diese Fälschungen eines namhaften Künstlers kämen aber aufgrund ihrer exponierten Signatur als taugliche Tatmittel von Betrugsstraftaten in Betracht. Zwar seien die Fälschungen nicht hochwertig, aber jedenfalls Laien könnten sie nicht sofort als solche oder auch als Nachbildungen ohne eigentlichen Fälschungscharakter erkennen. Überdies befürchtete die Behörde, dass die Objekte als Originale verkauft werden könnten, weil mehrere Preisangaben für denkbare Verkäufe gefunden wurden. Unter Abwägung dieser Umstände und unter Berücksichtigung eines eventuell drohenden hohen Schadens blieben die Objekte schließlich in Verwahrung.[1093]

Das Gericht erörterte dabei in den Ausführungen zur Verhältnismäßigkeit auch die bereits angesprochenen milderen Mittel, wie etwa die Markierung oder sonstige Maßnahmen. Hierzu hielt das Gericht fest:

> „*Ein milderes Mittel zur Vermeidung von Betrugsstraftaten durch Täuschung potentieller Erwerber über die Echtheit der Zeichnungen ist nicht ersichtlich. Die bloße Veröffentlichung der Arbeiten als Fälschungen ist zur Zweckerreichung nicht ebenso geeignet. Die Zeichnungen Bl. 1, 2, 3 und 5 der Abbildungen sind seit 2003 im Werksverzeichnis des D. als Fälschungen veröffentlicht. Dadurch konnte in der Vergangenheit jedoch nicht verhindert werden, dass die Zeichnungen auf dem Kunstmarkt angeboten werden, wie insbesondere die Vorlage der Zeichnung Bl. 1 zur Begutachtung durch Herrn K. im Jahr 2012 belegt. Auch durch eine Kennzeichnung auf der Rückseite kann nicht mit hinreichender Sicherheit verhindert werden, dass die Zeichnungen – unter Unterdrückung der Kennzeichnung – künftig als echte Kunstwerke angeboten werden. Der Beklagte hat hierzu ausgeführt, in der Vergangenheit seien in mindestens zwei Fällen durch das LKA angebrachte Kennzeichnungen wieder entfernt worden. Dabei sei – für das bloße Auge nicht sichtbar – ein Stempel mit einer Rasierklinge abgekratzt und eine schriftliche Markierung mit chemischen Mitteln*

1090 VG Berlin, U. v. 1.12.2016 1 K 236.13.

1091 Allgemeines Gesetz zum Schutz der öffentlichen Sicherheit und Ordnung in Berlin.

1092 Wogegen sich die Gefahr konkret richten muss, geht aus dem Gesetzeswortlaut nicht hervor.

1093 VG Berlin, U. v. 1.12.2016 1 K 236.13.

entfernt worden. Die Tatsache, dass derartige Maßnahmen relativ aufwendig sind, räumt angesichts des erheblichen Wertes echter Werke Otto Müllers dieses Risiko nicht aus. Denkbar ist es außerdem auch, die Blätter auf Pappe aufzuziehen und mit dieser fest zu verkleben. Für einen möglichen Erwerber könnte es so den Anschein haben, als handle es sich um eine kartonartige Rückwand, die vom Künstler selbst oder einem Sammler angebracht wurde. Auch durch ein Abtrennen der Signatur kann nicht ausgeschlossen werden, dass das Werk als ‚im Stile Otto Müllers' und ‚möglicherweise echt' veräußert wird, wie der Sachverständige D. ausgeführt hat."[1094]

Insgesamt ist für die Rechtsprechung zu dieser Thematik festzuhalten, dass sie sich in weiten Teilen an die Rechtsprechung des Bundesgerichtshofs anlehnt. Außerdem werden auch Beispiele deutlich, in denen, anders als in den vom Bundesgerichtshof entschiedenen Fallkonstellationen, die Einziehung angenommen wird. Dabei findet in den Entscheidungen auch stets die Prüfung weniger einschneidender Maßnahmen statt.[1095] Im Rahmen der hier aufgeführten Entscheidungen lässt sich eine differenzierte und streng am Grundsatz der Verhältnismäßigkeit orientierte Rechtsprechung beobachten. Nachfolgend werden nun die Stimmen der Literatur zu dieser Problematik dargestellt.

(3) Die Rezeption und kritische Wiedergabe bei Feldmann

Feldmann setzt sich insgesamt äußerst kritisch mit der Sicherungseinziehung von Kunstfälschungen bei Dritten auseinander.[1096] Die kritischen Punkte erörtert sie an dem von ihr geleiteten Verfahren um die Entdeckung von 1.200 gefälschten *Giacometti*-Skulpturen.[1097] Im Rahmen dieser betrügerischen Vorgänge wurden 80 solcher Fälschungen veräußert, hierdurch ging das Eigentum an diesen Figuren auf gutgläubige Dritte über.[1098] Die Ausführungen *Feldmanns* beziehen sich noch auf die alte Rechtslage, bei der die Problematik in § 74 II StGB a.F. verortet war.

Die Rezeption dieser Problematik in der Literatur ist nach *Feldmann* wenig differenziert, da zumeist nur eine knappe Wiedergabe der oben dargestellten Rechtsprechung erfolge.[1099] Ganz allgemein kritisiert *Feldmann,* dass die

---

1094 VG Berlin, U. v. 1.12.2016 1 K 236.13; vgl. auch eine Zerstörung von Kunstwerken aus zivilrechtlichem Blickwinkel LG Berlin, U. v. 17.11.2016 – 28 O 498/14.

1095 BGH, B. v. 15.02.1991 – 3 StR 284/90.

1096 *Feldmann*, GA 2014, S. 333 ff., die Ausführungen *Feldmanns* beziehen sich auf die alte Rechtslage des § 74 StGB a.F.

1097 *Feldmann*, GA 2014, S. 333 ff.

1098 *Feldmann*, GA 2014, S. 333 f.

1099 Siehe hierzu insgesamt *Feldmann*, GA 2014, S. 342 f. Dabei schließen sich der Rechtsprechung an: Sch/Sch/*Eser*/*Schuster* 2019, § 74b, Rn. 5; Beck-OK StGB/*Heuchemer*

gefälschten Kunstwerke nicht den gefährlichen Gegenständen zugeordnet würden, wie etwa Falschgeld oder falsche Urkunden. Dies führe letztlich dazu, dass diese im Hinblick auf eine mögliche rechtswidrige Verwendung als Ausnahme anzusehen seien. Vielmehr müsse die konkrete Gefahr für die Allgemeinheit bzw. die Gefahr, dass die Gegenstände der Begehung rechtswidriger Taten dienen werden, positiv festgestellt werden.[1100]

Als zentrale Kritik an der Rechtsprechung des Bundesgerichtshofs führt *Feldmann* an, dass an die Gefahrenvariante des § 74 II Nr. 2, Var. 2 StGB a.F., also an die Konstellationen, in denen die Gefahr besteht, dass die Gegenstände der Begehung rechtswidriger Taten dienen, sehr hohe Anforderungen gestellt würden.[1101] Diese Voraussetzungen würden aber stets pauschal bei den Gegenständen angenommen, bei denen praktisch keine andere als eine rechtswidrige Art der Verwendung existiere, nämlich bei Falschgeld oder gefälschten Ausweisen.[1102]

Die Ansicht des Bundesgerichtshofs räume quasi die Möglichkeit ein, Kunstfälschungen legal in den Markt zu überführen, was mit einem Sammelinteresse gerechtfertigt werde. Dies kritisiert *Feldmann* besonders stark.[1103] Die nicht zwingende Einziehung dieser gefälschten Werke stelle somit ein großes Problem dar.[1104] Das gelte vor allem vor dem Hintergrund, dass selbst in den Fällen, in denen die Kunstfälschung aufgedeckt und ohne jegliche Vorspiegelung falscher Tatsachen weiterveräußert werde, zwar keine Betrugs- oder Urkundsdelikte denkbar seien, dennoch aber urheberrechtliche Strafbarkeiten vorliegen könnten.[1105] Urheberrechtliche Tatbestände könnten hier auch gänzlich ohne das Vorhandensein einer Signatur verwirklicht werden. *Feldmann* verweist auf § 106 UrhG sowie auch auf markenrechtliche Straftatbestände[1106] und führt an, dass die legalen Handlungsmöglichkeiten mit Kunstfälschungen, die die Straftatbestände des Urheberrechts verwirklichen, sehr beschränkt blieben.[1107]

2021, § 74b, Rn. 3; MK-StGB/*Joecks* 2016, § 74, Rn. 44; Lackner/Kühl/*Heger* 2018, § 74b, Rn. 1a; SK-STGB StGB/*Wolters* 2016, § 74, Rn. 25; LK/*Schmidt* 2008, § 74, Rn. 57; *Schack* 2017, Rn. 52.

1100 Beck-OK StGB/*Heuchemer* 2021, § 74b, Rn. 3.

1101 *Feldmann*, GA 2014, S. 341.

1102 *Feldmann*, GA 2014, S. 341.

1103 *Feldmann*, GA 2014, S. 341 ff.

1104 *Feldmann*, GA 2014, S. 340.

1105 *Feldmann*, GA 2014, S. 341 f.

1106 *Feldmann*, GA 2014, S. 341 f.

1107 *Feldmann*, GA 2014, S. 341 f.

Feldmann merkt weiter an, dass Kunstwerken im Gegensatz zu sonstigen unechten Urkunden ein subjektiver Wert als Anschauungsobjekt, aber zumeist auch die Bedeutung des Investitions- und Spekulationsobjekts zukommen könne.[1108] Diese vermeintliche Sonderstellung des gefälschten Kunstobjekts kritisiert *Feldmann* mit dem Argument, dass ein Sammelinteresse auch für gefälschte Münzen vertretbar sei. [1109] Dadurch werde die vermeintliche Sonderstellung der Kunstfälschung gegenüber dem Falschgeld deutlich relativiert.[1110] Dies gelte besonders im Kontrast zu § 150 StGB, der die Einziehung von Geld- und Wertzeichenfälschungen ausdrücklich anordne.[1111] Entsprechend sieht *Feldmann* keine gerechtfertigte Unterscheidung zwischen unechten Urkunden, Falschgeld und den gefälschten Kunstwerken, bei denen es sich oft um unechte Urkunden handeln könne. Mithin seien die vom Bundesgerichtshof geforderten höheren Anforderungen, die an die Begründung der Gefahr i.S.d. § 74 II Nr. 2, Var. 2 StGB a.F. zu stellen sind, in jedem Falle zweifelhaft und das Auseinanderfallen von anderen unechten Urkunden und den Kunstfälschungen werde damit nicht erklärt.[1112] Entsprechend sei nicht einzusehen, dass Kunstfälschungen häufig wieder an den gutgläubigen Eigentümer zurückgegeben werden müssten.

b) Ergebnis zur Einziehung und insbesondere Sicherungseinziehung von gefälschten Kunstgegenständen

Zentrales Problem der Einziehung gem. §§ 73 ff. StGB im Bereich der Kunstkriminalität ist die Sicherungseinziehung von gefälschten Werken gem. § 74b I Nr. 2 StGB. Den Einwänden von *Feldmann* muss in Folgendem zugestimmt werden: Die vermeintliche Sonderstellung der gefälschten Kunstwerke gegenüber vergleichbaren Gegenständen wie unechten Urkunden und Falschgeld ist begründungsbedürftig. Kommt einer Kunstfälschung aufgrund einer angebrachten Signatur eine Urkundeneigenschaft zu, muss diese auch als (unechte) Urkunde behandelt werden. In der Begründung seines ersten Urteils[1113] stellt der Bundesgerichtshof das gefälschte und signierte Kunstwerk als unechte Urkunde in eine Reihe mit sonstigen unechten Urkunden, Falschgeld sowie gefälschten Ausweispapieren. Somit findet eine grundsätzliche Gleichbehandlung dieser

1108 *Feldmann*, GA 2014, S. 342.
1109 *Feldmann*, GA 2014, S. 342.
1110 *Feldmann*, GA 2014, S. 342.
1111 *Feldmann*, GA 2014, S. 346.
1112 *Feldmann*, GA 2014, S. 342.
1113 BGH, U. v. 09.08.1988 - 1 StR 257/88, JZ 1988, S. 936.

Objekte statt. Der Bundesgerichtshof wägt dabei lediglich zwischen der Berücksichtigung der Verhältnismäßigkeit der Maßnahme und des Eigentumsschutzes ab. Fraglich bleibt, ob diese besondere Berücksichtigung der Verhältnismäßigkeit bei Kunstfälschungen angebracht ist.

Die deutliche Kritik *Feldmanns* aus Sicht der Staatsanwaltschaft ist durchaus verständlich. Deutlich zeigte sich hier die Problematik, dass nach aufwändigen Prozessen die Fälschungen als solche erkannt werden, aber dennoch wieder an den Eigentümer zurückgegeben werden müssen, wenn diese bereits gutgläubig erworben wurden. Auch mildere Mittel, wie die Markierung der Fälschungen, erscheinen im Hinblick auf das Urteil des VG Berlin nur einen geringen Schutz vor einer erneuten rechtswidrigen Verwendung der Fälschung zu bieten. Innerhalb der Rechtsprechung wird allerdings deutlich, dass eine Sicherungseinziehung bei Kunstfälschungen in Einzelfällen durchaus angenommen wird.

Bedenklich erscheinen die von *Feldmann* angeführten Umstände, in denen die unechten Kunstwerke zusätzlich noch gegen Normen des Urheberrechts verstoßen und hierdurch der „legale" Handel unter Offenlegung der wahren Eigenschaften des entsprechenden Objektes eingeschränkt wird. Dies gilt besonders für die Tathandlung des Verbreitens i.S.d. § 106 I UrhG, dessen Versuch auch gem. § 106 II UrhG strafbar ist.[1114] Dabei ist aber auch zu berücksichtigen, dass eine solche Strafbarkeit nicht zwingend eintreten muss und bei seit 70 Jahren verstorbenen Künstlern gem. § 64 UrhG gar nicht möglich ist.

Insgesamt ist *Feldmann* zuzustimmen, dass eine Andersbehandlung von gefälschter Kunst, wenn diese sogleich eine unechte Urkunde darstellt, gegenüber anderen unechten Urkunden oder Falschgeld nicht gerechtfertigt erscheint. Das angeführte Sammelinteresse ist kein geeignetes Abgrenzungskriterium. Wie erwähnt, könnte dieses Argument auch für Falschgeld angeführt werden. Letztlich zeigen auch die Fälle in der Rechtsprechung, dass mildere Mittel wie die Entfernung der Signatur oder sonstige Maßnahmen nicht gleichermaßen effektiv sind. Daher ist ihr auch in dem Punkt zuzustimmen, dass Kunstfälschungen wie auch andere unechte Urkunden oder Falschgeld stets der Einziehung unterliegen müssen. An der Bewertung dieses Problems hat sich auch durch die Gesetzesänderung, in der der Rechtsgedanke der Sicherungseinziehung aus § 74 II Nr. 2, III StGB a.F. in § 74b I StGB übertragen wurde, nichts geändert.[1115]

1114 Vgl. hierzu auch MK-StGB/*Heinrich* 2019, § 106 UrhG, Rn. 51 ff.

1115 Sch/Sch/*Eser*/*Schuster* 2019, § 74b, Rn. 1; *Fischer* 2021, § 74b, Rn. 2.

IV. Abschließende Betrachtung der strafrechtlichen Situation der Kunstkriminalität

Die Strafbarkeit der einzelnen Erscheinungsformen von Kunstkriminalität lassen sich wie folgt zusammenfassen.

a) Die Strafbarkeit von Kunstdelikten

Zunächst werden die wesentlichen Ergebnisse zur Strafbarkeit von Kunstdelikten dargestellt.

aa) Die ausdrückliche Berücksichtigung von Kunst in Strafnormen

Die eingangs thematisierte ausdrückliche Erwähnung der Kunst im StGB in den Normen der §§ 243 I 2 Nr. 5 StGB und 304 I StGB zeigt, dass es sich hierbei nur um strafrechtliche Ausschnitte der Kunstkriminalität handelt.

Auch die anderen Straftatbestände, die eine ausdrückliche Erwähnung der Kunst enthalten – man denke etwa an die aufgeführten urheberrechtlichen Straftatbestände, in denen die Kunst jedenfalls als Tatobjekt genannt wird sowie an die Regelungen des KGSG –, erfassen erwartungsgemäß nicht die gesamten Strafbarkeiten der Kunstkriminalität.

bb) Die Verteilung der Kunstkriminalität auf unterschiedliche Deliktsbereiche

Bei einer Gesamtbetrachtung der Strafbarkeit verschiedener Erscheinungsformen der Kunstkriminalität zeigte sich ein vergleichsweise großes Spektrum an unterschiedlich relevanten Straftatbeständen innerhalb des Kern- sowie des Nebenstrafrechts. So ergibt sich für die strafrechtliche Beurteilung der einzelnen Erscheinungsformen und somit der Kunstkriminalität im Ganzen das in der Tabelle 2 dargestellte Bild.

Tabelle 2: Erscheinungsformen der Kunstkriminalität mit den einschlägigen Strafnormen

Kunstfälschung	§§ 267, 274 StGB; §§ 106, 107 UrhG
Kunstbetrug	§§ 263 StGB
Kunstdiebstahl	§§ 242, 243 I 2 Nr. 4, 5 StGB
Anschlussdelikte	§§ 259, 260(a), 261 StGB
Kunsterpressung (Artnapping)	§§ 240, 253 StGB
Kunstvandalismus	§§ 303, 304 StGB; § 83 III iVm § 18 I, II KGSG

Illegaler Handel mit Kunst- und Kulturgütern	§ 83 I Nr. 1-5, II, IV, V, VI KGSG

Die Betrachtung lässt einen Schwerpunkt bei den Eigentums- und Vermögensdelikten erkennen. Hieran wird deutlich, dass sich der strafrechtliche Schutz hauptsächlich auf das Kunstobjekt als Wertgegenstand bezieht. Lediglich in den Bereichen der Kunstfälschung, in denen dem Kunstobjekt die Eigenschaft als Urkunde und als Tatobjekt des Urheberrechts zukommen kann, sowie im gesamten Bereich des KGSG kommen dem Kunstobjekt andere Funktionen zu. Eine besondere Stellung, durch die der Kunst als Kulturobjekt ein strafrechtlicher Schutz zuteilwird, findet sich lediglich in den §§ 243 I 2 Nr. 4 und 5, 304 I StGB sowie in den Tatbeständen des KGSG.

cc) Zur Frage der vollständigen strafrechtlichen Erfassung der Kunstkriminalität

Als Konsequenz der strafrechtlichen Betrachtung stellt sich die Frage, inwieweit die Kunstkriminalität strafrechtlich erfasst werden kann und ob erkennbare Strafbarkeitslücken auftreten.[1116]

Obwohl der Kunst nur in wenigen strafrechtlichen Tatbeständen eine gesonderte Rolle zukommt, konnte herausgearbeitet werden, dass sie zu ganz wesentlichen Teilen von den allgemeinen Straftatbeständen des Kern- und Nebenstrafrechts erfasst wird.

Am deutlichsten zeigt sich dabei das Nichtvorhandensein spezifischer Normen in jenen Tatkonstellationen, die eine besondere Komplexität aufweisen. Hauptsächlich ist an die Kunstfälschung zu denken, die teilweise eine komplexere rechtliche Auseinandersetzung verlangt. Allerdings sind auch in diesen Konstellationen die allgemeinen Normen so auslegbar, dass keine größeren Strafbarkeitslücken auftreten. Lediglich die Imitation von Werken, die nur im Stile anderer Künstler angefertigt wurden und unsigniert sind, erfüllt für sich genommen keinen Straftatbestand. Allerdings handelt es sich hier nicht um strafrechtliche Lücken, vielmehr sollen diese Fälle schlicht nicht erfasst werden. Werden Imitate jedoch weiterverkauft, kann unter Umständen ein Betrug vorliegen.[1117]

1116 Vgl. zu dieser Problematik auch die Überlegungen zur Kunstfälschung von *Anton/Klemmer* 2012, S. 98 ff.

1117 So auch *Anton/Klemmer* 2012, S. 98 ff.

Es zeigt sich also, dass die Normen des Kern- und Nebenstrafrechts letztlich keine Lücken in den einzelnen Erscheinungsformen der Kunstkriminalität enthalten.[1118] Dennoch stellt sich die Frage, ob ein spezifisches Kunststrafrecht die bestehenden Normen eventuell sinnvoll ergänzen könnte.

b) Zum Erfordernis eines spezifischen Kunststrafrechts

Abschließend stellt sich die Frage, ob ein dezidiertes Kunststrafrecht sinnvoll bzw. denkbar ist. Aus dieser Überlegung ergeben sich die Folgefragen nach dem Sinn und Zweck sowie nach den Gemeinsamkeiten dieser hypothetischen Regelungen.

aa) Potentieller Schutzzweck und Ziel eines Kunststrafrechts

Zunächst ist fraglich, in welchen Bereichen eine Ergänzung der strafrechtlichen Regelungen sinnvoll und denkbar erscheint. Übergeordnet ist die Frage, welches Rechtsgut durch die Normen geschützt werden sollte. Neben den individuellen Rechtsgütern, wie dem Eigentums- oder Vermögensschutz, könnte ein überindividuelles Rechtsgut, wie *Vogel* dies für die Regelungen des Kunstraubes von Kunst- und Kulturgütern diskutiert, angenommen werden.[1119] So schreibt *Vogel*:

> *„Zu dieser primär individualschützenden eigentums- und vermögensrechtlichen Schutzrichtung des Strafrechts gegen Kunstraub tritt als überindividuelles (kollektives) Rechtsgut der Kunst- und Kulturgüterschutz hinzu. Kunst- und Kulturgüter sind eben nicht bloß Eigentums- oder Vermögensgegenstände.*“[1120]

Entsprechend könnten sich die geschützten Rechtsgüter aus dem spezifischen Rechtsgut des konkreten Deliktes, etwa Eigentum und Vermögen, und dem übergeordneten kollektiven Rechtsgut des Schutzes von Kunst- und Kulturgütern ergeben.[1121]

Da die Kunstdelikte ganz überwiegend von bestehenden Straftatbeständen erfasst werden, ist ein völlig separates Rechtsgut nicht erforderlich. Überdies findet sich der Schutz von Kunst- und Kulturgütern auch in den Erwägungen zum Kulturgutschutzgesetz und in den §§ 243 I 2 Nr. 5 und 304 I StGB. Bei den

---

1118 Zu diesem Ergebnis gelangen auch *Anton/Klemmer* in ihrem Beitrag, welcher die strafrechtliche und zivilrechtliche Dimension der Kunstfälschung anhand des Verfahrens um *Beltracchi* darstellt, *Anton/Klemmer* 2012, S. 98 ff.

1119 Vgl. *Vogel*, JZ 2010, S. 1144.

1120 *Vogel*, JZ 2010, S. 1144.

1121 Vgl. *Vogel*, JZ 2010, S. 1144.

Überlegungen zu einem gemeinschaftlichen Rechtsgut bzw. Schutzzweck möglicher Kunstdelikte fällt jedoch auf, dass nicht alle Konstellationen von diesem Schutzzweck getragen werden können, da nicht durch alle Straftaten gleichermaßen ein übergeordnetes kulturelles Schutzgut verletzt werden kann. Diese Überlegungen wurden bereits innerhalb der Berücksichtigung eines kulturellen Wertes in der Strafzumessung diskutiert.

Mithin erscheint es schwer vorstellbar, dass etwa im Bereich des Kunstdiebstahls, des Betrugs oder der Anschlussdelikte kunstspezifische Straftatbestände einen Mehrwert erreichen könnten. Auch unter der Prämisse eines übergeordneten Schutzzweckes, der auf den Schutz öffentlich-kultureller Interessen abzielen würde, scheinen solche Straftatbestände nicht zwingend erforderlich.

Einzig könnte ein spezifischer Tatbestand zur Kunstfälschung erwogen werden, auf diese Möglichkeit soll nachfolgend eingegangen werden.[1122]

bb) Die Kunstfälschung als Straftatbestand?

Wie dargestellt, ist einzig die Möglichkeit einer eigenen Strafbarkeit der Kunstfälschung in Erwägung zu ziehen. Betrachtet man die strafrechtlichen Ausführungen zur Kunstfälschung, so zeigt sich, dass sich die Strafbarkeiten aus den Delikten der Urkundenfälschung und den Strafnormen des Urheberrechts ergeben. Ein Straftatbestand der Kunstfälschung, der sich nicht aus Elementen der Urkundenfälschung oder dem Urheberrecht zusammensetzt, erscheint indessen nur schwer denkbar.

Schöller verweist auf die Rechtslage Frankreichs, wo Straftatbestände existieren, die sich ausdrücklich auf die Fälschung von Kunstwerken beziehen.[1123] Durch diese Normen wird auch eine weitreichendere Möglichkeit der Einziehung von Fälschungen geschaffen.[1124] Betrachtet man die französische Regelung,

---

1122 Vgl. *Anton/Klemmer* 2012, S. 98 ff.

1123 *Schöller*, art info 2008, S. 8

1124 *Schöller*, art info 2008, S. 8; vgl. den Wortlaut der französischen Regelung der strafbewehrten Norm: „*Loi du 9 février 1895 sur les fraudes en matière artistique*
<u>*Article 1:*</u> *Sont punis de deux ans d'emprisonnement et de 75000 euros d'amende, sans préjudice des dommages-intérêts s'il y a lieu:*
1° Ceux qui auront apposé ou fait apparaître frauduleusement un nom usurpé sur une oeuvre de peinture, de sculpture, de dessin, de gravure et de musique;
Ceux qui, sur les mêmes oeuvres, auront frauduleusement et dans le but de tromper l'acheteur sur la personnalité de l'auteur, imité sa signature ou un signe adopté par lui.
<u>*Article 2:*</u> *Les mêmes peines seront applicables à tout marchand ou commissionnaire qui aura sciemment recélé, mis en vente ou en circulation les objets revêtus de ces noms, signatures ou signes.*

so fällt auf, dass sie eine große Ähnlichkeit zur Urkundenfälschung und zu den urheberrechtlichen Strafnormen des deutschen Rechts, insbesondere zu § 107 UrhG, aufweist.[1125] Die französische Norm setzt sich aus Aspekten der Urkundenfälschung, des Urheberrechts und des Betrugs zusammen. Die vergleichende Heranziehung der französischen Norm lässt letztlich keine Strafbarkeitslücken im Umgang mit der Kunstfälschung erkennen. Nur der von *Schöller* angesprochene Fall der Einziehung von erwiesenen Kunstfälschungen wird im französischen Recht anders gehandhabt.[1126] In den Art. 3 ff. des „Loi du 9 février 1895 sur les fraudes en matière artistique" ist eine weitreichende und ausdrückliche Normierung der Einziehung von gefälschten Kunstobjekten zu finden. Nach dem Wortlaut der französischen Norm besteht die Möglichkeit der Einziehung von Kunstfälschungen in jedem Fall. Die Voraussetzung der Gefährlichkeit, die in den deutschen Regelungen vorhanden ist, fehlt in der französischen Norm. Wie dargestellt wurde, ist eine Einziehung von Kunstfälschungen allerdings auch nach deutschem Recht möglich. Somit zeigt sich auch hier keine relevante Lücke gegenüber der französischen Regelung.

Insgesamt wird deutlich, dass ein eigenes Kunststrafrecht nicht notwendig ist.

Article 3: La juridiction qui a statué peut prononcer la confiscation de ces oeuvres ou leur remise au plaignant.
Article 3-1: Elle peut procéder de même, en cas de non-lieu ou de relaxe, lorsqu'il est établi que les oeuvres saisies constituent des faux.
Article 4: La présente loi est applicable aux oeuvres non tombées dans le domaine public, sans préjudice pour les autres de l'application de l'article 423 du code pénal."; zu den genauen Fassungen und dem Wortlaut des Gesetzes siehe: https://www.legifrance.gouv.fr/affichTexte.do?cidTexte=JORFTEXT000000512607&categorieLien=cid (Stand: 15.03.2021).
Siehe hierzu überdies auch die zivilrechtlichen Regelungen der Französischen Republik zum Umgang mit Kunstfälschung innerhalb des Marktes: Décret n°81-225 du 3 mars 1981 sur la répression des fraudes en matière de transactions d'oeuvres d'art et d'objets de collection. Zum Wortlaut des Gesetzes siehe: https://www.legifrance.gouv.fr/affichTexte.do?cidTexte=JORFTEXT000000684875&categorieLien=cid (Stand: 15.03.2021); vgl. hierzu auch die kurzen Ausführungen von *Anton/Klemmer* 2012, S. 97.

1125 Siehe hierzu auch knapp *Schack* 2017, Rn. 58 mit weiteren Literaturhinweisen zur französischen Rechtslage.

1126 *Schöller*, art info 2008, S. 8.

D. Darstellung der empirischen Erkenntnisse zur Kunstkriminalität

Ein weiterer zentraler Aspekt der vorliegenden Arbeit ist die Darstellung der verfügbaren empirischen Erkenntnisse zur Kunstkriminalität. Hierfür werden neben den Daten in der Literatur auch die Polizeilichen Kriminalstatistiken des Bundes und der Länder sowie verschiedene Kunstdatenbanken betrachtet.

I. Methodische Vorgehensweise

Die Untersuchung der vorhandenen empirischen Daten zur Kunstkriminalität wird sich hauptsächlich mit dem Umfang der Kunstkriminalität und ihren einzelnen Erscheinungsformen beschäftigen. Außerdem werden die vorhandenen Daten zu Tätern und Tatverdächtigen einer genaueren Betrachtung unterzogen. Zunächst werden die Daten des Hellfelds umfassend ausgewertet. Darauf aufbauend werden die vorhandenen Informationen zum Dunkelfeld der Kunstkriminalität beleuchtet. Die Untersuchung gliedert sich dabei wie folgt:

- Zunächst soll eine systematische Auswertung der Literatur sowohl zur gesamten Kunstkriminalität als auch zu deren Teilbereichen stattfinden. Insbesondere werden auch die methodischen Herangehensweisen der Publikationen betrachtet, um hierdurch weitere Erkenntnisse gewinnen zu können.
- Im Anschluss daran werden die verfügbaren statistischen Daten, die Rückschlüsse auf den Umfang einzelner Teilbereiche der Kunstkriminalität zulassen, genauer untersucht. Hierbei werden zuerst die Polizeilichen Kriminalstatistiken des Bundeskriminalamtes wie auch die der Landeskriminalämter betrachtet. Neben der Entwicklung der Fallzahlen werden auch die Schadenshöhen sowie die vorhandenen Daten zu den Tatverdächtigen analysiert.
- Neben den amtlichen Statistiken werden Datenbanken ausgewertet, die sich mit der Kunstkriminalität oder einzelnen Teilbereichen beschäftigen. Die einzelnen Datenbanken werden zu diesem Zweck vorgestellt und daraufhin überprüft, ob sie Aussagen zu den verschiedenen Aspekten der Kunstkriminalität zulassen. In diesem Rahmen wurde mittels eines Fragebogens eine Anfrage an die „Datenbank kritischer Werke“ gerichtet. Die Ergebnisse dieser Befragung werden ebenfalls dargestellt.
- Abschließend erfolgt eine Auseinandersetzung mit dem Dunkelfeld der Kunstkriminalität unter Heranziehung der Literatur.

Im Rahmen der Untersuchung wurden Nachfragen des Verfassers bei den jeweiligen herausgebenden Stellen, im Regelfall bei den einzelnen Landeskriminalämtern, zu weiteren Daten angestellt. So wurde beim BKA und bei den LKÄ aller Bundesländer angefragt, ob weitere Daten existieren, die Rückschlüsse auf die Kunstkriminalität oder ihre Teilbereiche ermöglichen. Dem Verfasser wurden dabei von den LKÄ in Hessen, Rheinland-Pfalz und Schleswig-Holstein zusätzliche Daten zur Verfügung gestellt, die über die in der jeweiligen Landes-PKS veröffentlichten Zahlen hinausgingen. Insbesondere konnten aus Hessen aufschlussreiche Informationen zur Kunstfälschung erlangt werden. Diese zusätzlichen Daten fließen in die Gesamtdarstellung mit ein.

II. Betrachtungen und Erschließungsmöglichkeiten des Hellfelds der Kunstkriminalität

Zunächst widmet sich die Untersuchung dem Hellfeld der Kunstkriminalität. Einleitend wird die einschlägige Literatur dargestellt und insbesondere auf Umfang, Täter und Struktur der Kunstkriminalität hin untersucht.

1. Literatur zum Umfang und zur Struktur der Kunstkriminalität und ihren Erscheinungsformen

Einleitend werden Erkenntnisse der einschlägigen Literatur erfasst und dargestellt. Dabei muss zwischen den Publikationen unterschieden werden, die sich der Kunstkriminalität im Gesamten widmen, und jenen, die sich lediglich einzelnen Erscheinungsformen zuwenden.

a) Problematik der Darstellungen des Umfangs und der Struktur der Kunstkriminalität in der nationalen und internationalen Literatur

Grundsätzlich sind bei der Betrachtung des Umfangs der Kunstkriminalität einige Schwierigkeiten zu bedenken, auf die kurz einzugehen ist.

Im Allgemeinen sind konkrete Aussagen über den Umfang der Kunstkriminalität schwierig, da die Terminologie oft nicht einheitlich gebraucht wird. Auch ist bei vielen Publikationen nicht immer klar, welche Definition der Kunstkriminalität oder ihrer Erscheinungsformen zugrunde liegt. Bei Veröffentlichungen, die sich auf die Kunstkriminalität im Ganzen beziehen, werden häufig sehr pauschale Aussagen getroffen. Oft bleibt unklar, welche Erscheinungsformen der Kunstkriminalität berücksichtigt werden und woher die zugrunde gelegten Daten stammen.[1127]

Weiterhin ist zu beobachten, dass die Darstellungen zur Kunstkriminalität häufig dieselben Zahlen zum Umfang des Kriminalitätsfelds anführen. Zumeist ist die Aussage anzutreffen, dass Kunstkriminalität weltweit eine jährliche Schadenssumme von sechs Milliarden USD verursache. Diese Schätzung bezieht sich lediglich auf Vermutungen des FBI, Scotland Yards und Interpols.[1128]

Hieran wird bereits deutlich, dass belastbare Zahlen und Daten zum Umfang der Kunstkriminalität nicht oder nur in geringem Umfang existieren.[1129] Weiterhin ergibt sich hieraus, dass die in der Literatur erschienenen Beiträge nur sehr eingeschränkt aussagekräftige Ergebnisse über den Umfang der Kunstkriminalität generiert haben. Die nachfolgende Betrachtung kann und soll die oft nur oberflächlichen Darstellungen nicht komplett wiedergeben. Vielmehr sollen nur die Publikationen aufgegriffen werden, die sich detailliert mit dem Umfang der Kunstkriminalität auseinandersetzen.

Im Folgenden werden einige Veröffentlichungen zum Umfang der Kunstkriminalität dargestellt. Da eine trennscharfe Unterscheidung zwischen der Kunstkriminalität als solcher und dem illegalen Handel mit Kunst- und Kulturgütern in der Literatur nicht immer erfolgt, sollen beide Aspekte zusammen erörtert werden.

b) *Zum Umfang und zur Struktur der gesamten Kunstkriminalität und des illegalen Handels mit Kunst- und Kulturgütern*

Zunächst werden die Publikationen betrachtet, die sich mit dem Umfang der Kunstkriminalität im Gesamten sowie mit dem Umfang des illegalen Handels mit Kunst- und Kulturgütern beschäftigen.

1127 Siehe insgesamt zu dieser Problematik *Kinzig*, Heinz-FS 2012, S. 130 f.

1128 *Charney* 2009, S. xvii; *Conklin* 1994, S. 4; *Passas/Proulx* 2010, S. 60 f. auch mit weiteren Nachweisen und Zahlen; *Schack* 2017, Rn. 129 ff.; *Knickmeier* 2014, S. 366; *Vogel*, JZ 2010, S. 1144; diese Zahlen werden in den meisten Quellen als wenig profund angesehen, besonders kritisch: *Elmenhorst*, Der Sechs-Milliarden-Mythos, Handelsblatt vom 31.07.2015 (Stand: 15.03.2021); vgl. auch Elmenhorst/Wiese/*Elmenhorst/Wiese* 2018, Einleitung Rn. 3 f.; sowie *Kinzig*, Heinz-FS 2012, S. 129 ff.

1129 So auch *Kinzig*, Heinz-FS 2012, S. 130 f.

aa) Conklin: *Art Crime (1994)*

Conklin geht in seiner Monographie „Art Crime“ in der Einleitung auf den Umfang der Kunstkriminalität ein.[1130] Er verweist zunächst auf die Problematik der internationalen Vergleichbarkeit und Beschreibbarkeit der Kunstkriminalität. Es bestünden internationale Unterschiede in der Qualifizierung der Delikte.[1131] *Conklin* gibt letztlich als Schätzung nicht näher bezeichneter Experten einen Umfang von einer Milliarde USD als jährlichen Schaden für Diebstahl von Kunst und Antiquitäten an und bezieht sich dabei vermutlich auf eine weltweite Schadenssumme.[1132] Genauere Angaben dazu, worauf sich diese Summe bezieht, fehlen allerdings.

Conklin geht im Weiteren auf eine mögliche Dunkelfeldproblematik ein.[1133] Er führt an, dass Fälle von Kunstdiebstahl oft nicht gemeldet würden, da dies einerseits zur Abschreckung von Investoren und Spendern führen würde, andererseits aber weitere Diebe anziehen würde.[1134] *Conklin* vermutet, dass Antiquitätenhändler und private Sammler vor einer Anzeige bei den Strafverfolgungsbehörden zurückschreckten, da sie befürchteten, dass der unklare Ursprung ihrer Kunstgegenstände zum Vorschein treten könne.[1135] Bei Kunstfälschungen und Betrugsdelikten geht er davon aus, dass die entsprechenden Auktionshäuser und Kunsthändler aufgrund der Angst vor negativen Schlagzeilen Delikte nur selten zur Anzeige brächten.[1136]

Conklin stellt abschließend fest, dass trotz der getätigten Schätzungen keine verlässlichen Zahlen und Statistiken zur Kunstkriminalität vorliegen.[1137] Dies führt er unter anderem auf Probleme bei der Erfassung durch staatliche Behörden, hier die US-amerikanischen Behörden und Interpol, zurück.[1138]

1130 *Conklin* 1994, S. 3 ff.
1131 *Conklin* 1994, S. 3.
1132 *Conklin* 1994, S. 4.
1133 *Conklin* 1994, S. 4 f.
1134 *Conklin* 1994, S. 4.
1135 *Conklin* 1994, S. 4.
1136 *Conklin* 1994, S. 4.
1137 *Conklin* 1994, S. 4.
1138 *Conklin* 1994, S. 4 f.

bb) Charney: *„Art Crime in Context" und „Four Art and Their Effect on the Art Trade" (2009)*

In dem Sammelband „Art and Crime", der von *Charney* herausgegeben wurde, widmet sich dieser in seinem einleitenden Beitrag „Art Crime in Context" kurz dem Umfang der Kunstkriminalität.[1139] Er gibt für die Kunstkriminalität, die er dem Umfang nach an die dritte Stelle hinter dem illegalen Drogen- und Waffenhandel einsortiert, einen Schaden von sechs Milliarden USD pro Jahr an.[1140] Diese Zahl führt *Charney* auf Schätzungen des FBI, Scotland Yards und Interpols zurück.[1141] Dabei merkt *Charney* an, dass es sich bei diesem auf Schätzungen basierenden Wert keinesfalls um eine verlässliche Angabe handelt. Als Ursachen hierfür nennt er die Dunkelfeldproblematik sowie unstete Wertentwicklungen auf dem Kunstmarkt, die oft zu schnell schwankenden Preisen führen könnten.[1142]

Problematisch ist auch, dass *Charney* dieser Schätzung keine Definition der Kunstkriminalität zugrunde legt. Es wird nicht ersichtlich, aus welchen Deliktsgruppen sich diese zusammensetzt. *Charney* spricht sehr unterschiedliche Bereiche der Kunstkriminalität an und bezieht selbst Raubgrabungen und den illegalen Handel mit Kulturgütern mit ein.[1143] Dadurch wird seine Beschreibung des Phänomens noch konturloser.

Der angeführte Umfang von einer jährlichen Schadenshöhe von sechs Milliarden USD bleibt also in jener Hinsicht ohne Bezug auf konkrete Delikte, illegale Vorgehensweisen oder Ähnliches.

cc) Anton: *Illegaler Kulturgüterverkehr (2010)*

Die umfangreichste Betrachtung des legalen und illegalen Handels mit Kunst- und Kulturgütern liefert *Anton* in seinem vierbändigen Werk zum Kulturgüterschutz und zur Kunstrestitution.[1144]

Anton wendet sich zunächst dem legalen Markt zu und beschreibt, dass entgegen sonstigen Entwicklungen auf dem Finanzmarkt eine große Nachfrage in allen Bereichen von *„kulturellen Wertobjekten"* bestehe. Dieser Markt werde vom Handel mit Gemälden angeführt.[1145] Dabei wachse simultan auch der illegale

1139 *Charney* 2009, S. xvii ff.
1140 *Charney* 2009, S. xvii.
1141 *Charney* 2009, S. xviv.
1142 *Charney* 2009, S. xviv.
1143 *Charney* 2009, S. xviii ff.
1144 *Anton* 2010, S. 35 ff., mit zahlreichen weiteren Literaturnachweisen.
1145 *Anton* 2010, S. 36.

Handel mit diesen Gegenständen, der hierdurch bereits zum „*zweitgrößte[n] Schwarzmarkt hinter dem illegalen Drogenhandel*" avanciert und somit vor dem illegalen Waffenhandel angesiedelt sei.[1146] Durch die seit dem Zweiten Weltkrieg stetig steigende Nachfrage nach Kunst- und Kulturgütern hätten sich diese zur „*Mangelware*" entwickelt, was zu hohen Verkaufserlösen führe.[1147]

(1) Umfang des legalen Kulturgüterverkehrs

Für den Umfang des legalen privaten Kunsthandels bezieht sich *Anton* auf den Kunsthandel durch Auktionshäuser und den privaten und nicht registrierten Kunsthandel, den er mit Verweis auf die Untersuchung der European Fine Art Foundation auf 54,9 Milliarden USD für das Jahr 2006 taxiert.[1148]

(2) Die Struktur des illegalen Kulturgüterhandels

Den enormen Umfang des weltweiten Handels mit Kunst- und Kulturgütern und dessen stetiges Wachstum führt *Anton* auf einen Anstieg im illegalen Bereich des Kunsthandels zurück.[1149] Die Charakteristik dieses Marktes sieht *Anton* darin, dass er im Gegensatz zu anderen illegalen Märkten hauptsächlich „*finanzstarke, kulturell erfahrene und gebildete Käuferschichten anspricht*".[1150] Darin sei auch die Ursache für das stete Wachstum dieses Marktes zu sehen, der nämlich gerade auf die wirtschaftliche Stärke dieser potentiellen Kunden zurückzuführen sei, bei gleichzeitiger Erschöpfung des legalen Kulturgutes.[1151] Diese Situation, die offenen Märkte und die mangelnde Fähigkeit diverser Staaten, ihre Kunst- und Kulturgüter in hinreichendem Maße zu erfassen, erschwere es, diesen Handel zu kontrollieren und den illegalen Handel zu unterbinden.[1152] Auch *Anton* verortet den illegalen Kunsthandel bei den größten illegalen Märkten:

1146 *Anton* 2010, S. 36 f., dabei bezieht sich *Anton* auf Angaben des deutschen Zolls, wobei sich die angegebene Internetquelle nicht mehr ermitteln lässt und sich diese Einschätzung lediglich auf ein Faltblatt des Auswärtigen Amtes bezieht (www.zoll.de/SharedDocs/Downloads/DE/Publikation/Broschuere/Reise-post/faltblatt_illegaler_kulturguthandel.pdf?__blob=publicationFile&v=12 (Stand: 15.03.2021)). Dort finden sich diese Angaben ohne weitere Nachweise.

1147 *Anton* 2010, S. 38.

1148 *Anton* 2010, S. 43.

1149 *Anton* 2010, S. 44.

1150 *Anton* 2010, S. 44.

1151 *Anton* 2010, S. 44.

1152 *Anton* 2010, S. 45 f.

„Noch vor einigen Jahren wurde festgestellt, dass der illegale Kunsthandel den drittgrößten illegalen Markt innerhalb des internationalen Kriminalitätsrankings nach dem Drogenhandel und Waffenschmuggel darstellt. In zahlreichen Fachbeiträgen wird heute jedoch überwiegend davon ausgegangen, dass der illegale Transfer kultureller Güter als zweitprofitabelster Schwarzmarkt zu qualifizieren und im Transfervolumen allein hinter dem illegalen Drogenmarkt zu platzieren ist.“[1153]

Anton erkennt deutliche Parallelstrukturen zwischen dem illegalen Handel mit Kulturgut und dem illegalen Drogenhandel.[1154] Der Absatz verlaufe jeweils meist aus wirtschaftlich unterdurchschnittlich entwickelten Ländern in Richtung von wirtschaftlich gefestigteren Ländern.[1155] Verknüpft sei der illegale Drogenhandel mit dem illegalen Kunsthandel dadurch, dass Geld, das durch Drogengeschäfte erlangt werde, zur Geldwäsche in Kunstgegenstände angelegt werde.[1156]

(3) Tatobjekte des illegalen Kulturgüterhandels

Anton geht davon aus, dass gestohlenes Kulturgut den größten Teil der Tatobjekte beim illegalen Handel von Kulturgut ausmacht. Dies versucht er durch eine kasuistische Betrachtung des Diebstahls von Kunst- und Kulturgut zu belegen.[1157]

Anton zieht außerdem die Schlussfolgerung, dass der Absatz und die Strukturen zumeist dem organisierten Verbrechen zuzuordnen seien. Die gestohlenen Gegenstände würden häufig auf dem Schwarzmarkt abgesetzt oder sie dienten dazu, Lösegeld von Eigentümer oder Versicherer zu erpressen.[1158] Anhand weiterer Fallbeispiele, etwa aus dem Jahr 2008, als aus einer Düsseldorfer Privatbank auf professionelle Art und Weise Gemälde im Wert mehrerer hunderttausend Euro gestohlen wurden, leitet *Anton* ab, dass die Täter zumeist aus einem professionalisierten Umfeld stammten und in ihrem Vorgehen meist planmäßig vorgingen.[1159] Nicht gänzlich klar ist die Beschreibung des von *Anton* angeführten *„kulturellen Diebstahls“*, den er als essentiellen Bestandteil des illegalen Handels mit Kulturgütern bezeichnet.[1160]

1153 *Anton* 2010, S. 46 f.
1154 *Anton* 2010, S. 47 f.
1155 *Anton* 2010, S. 47 f.
1156 *Anton* 2010, S. 47 f.
1157 *Anton* 2010, S. 67, mit diversen Literaturangaben, 68 ff.
1158 *Anton* 2010, S. 69.
1159 *Anton* 2010, S. 69.
1160 *Anton* 2010, S. 69.

> *„An vorderster Stelle ist somit der kulturelle Diebstahl als individuelle Wegnahme eines fremden beweglichen Kunstwerks in der Absicht, dieses sich oder einem Dritten rechtswidrig zuzueignen, mit dem Makel der Illegalität behaftet. Dieselbe rechtliche Wertung muss auch die Unterschlagung kultureller Wertgegenstände erfahren. Jeder Transfer gestohlener oder unterschlagener Kulturgüter ist grundsätzlich rechtswidrig, unabhängig von der jeweiligen Rechtsordnung als Hehlerei im strafrechtlichen Sinne zu bezeichnen und ohne Auswirkung auf die Rechtsposition der ursprünglich Berechtigten.“*[1161]

Schließlich setzt *Anton* auch *„illegale Raubgrabungen“* ausdrücklich mit diesem sog. kulturellen Diebstahl gleich und konstatiert, sie seien grundsätzlich als illegal zu qualifizieren.[1162] Dies wirft jedoch die Frage auf, inwiefern im Umkehrschluss auch eine legale Raubgrabung möglich wäre. Eine genauere strafrechtliche Begründung unterbleibt bei dieser Einschätzung indessen.

(4) Versuch der Quantifizierung des illegalen Kulturgüterverkehrs

Zu den Schwierigkeiten einer Erfassung des Umfanges dieses Kriminalitätsbereichs bemerkt *Anton*, dass der Diebstahl von Kulturobjekten oft lange nicht aufgedeckt werde. Die Objekte könnten dadurch in den legalen Kunstmarkt eingeschleust werden.[1163] Ferner gebe es in diversen Staaten, aus denen die Gegenstände stammten, keine verwertbaren Statistiken über diesen Deliktsbereich. In westlichen Staaten sei primär der *„Diebstahl von Gemälden, Statuen und sonstigen Gegenständen bildender Kunst aus öffentlichen Museen, Kirchen und Privatsammlungen“* von Relevanz.[1164] Hier führt *Anton* an, dass der Diebstahl aus staatlichen Museen und Kirchen zugenommen habe, ohne hierfür allerdings stichhaltige Zahlen oder Umstände zu nennen.[1165] Die hierbei gestohlenen Gegenstände würden nach einigen Jahren ebenfalls in den legalen Markt eingebracht.[1166] Eine auf Zahlen basierte Einschätzung liefert *Anton* durch einen Blick auf Italien, wo jedes Jahr um die 20.000 Kunst- und Kulturgegenstände gestohlen werden sollen.[1167] Gleichzeitig beziffert er den Umsatz des weltweiten Handels mit gestohlenen Kulturgütern auf *„mehrere“* Milliarden Euro.[1168]

1161 *Anton* 2010, S. 69 f.
1162 *Anton* 2010, S. 69 f.
1163 *Anton* 2010, S. 70.
1164 *Anton* 2010, S. 70.
1165 *Anton* 2010, S. 71.
1166 *Anton* 2010, S. 71.
1167 *Anton* 2010, S. 71.
1168 *Anton* 2010, S. 71.

dd) Müller-Chen: *Grundlagen und ausgewählte Fragen des Kunstrechts (2010)*

In seinem umfangreichen Aufsatz nimmt *Müller-Chen* aus schweizerisch-zivilrechtlicher Sicht Stellung zu diversen Fragen des Kunstrechts und widmet sich dabei auch dem (illegalen) Kunstmarkt.[1169] *Müller-Chen* ordnet dem illegalen Kunsthandel Kunstgüter zu, die gefälscht, gestohlen, geraubt sowie illegal aus- oder eingeführt wurden.[1170] Er legt dem gesamten Umfang des illegalen Kunsthandels ebenfalls eine Schätzung zugrunde und geht von einem Schadenswert von zwei bis sechs Milliarden USD pro Jahr aus.[1171] *Müller-Chen* verweist dabei auf statistischen Zahlen der ARCA (Association for Research into Crimes against Art)[1172], einer privaten Vereinigung, die sich international mit verschiedenen Bereichen der Kunstkriminalität auseinandersetzt.[1173] Demnach belaufen sich die registrierten Diebstahlstaten im Zusammenhang mit Kunst- und Kulturgütern in Italien auf 20.000 und in Russland auf 2.000 verzeichnete Fälle.[1174] Zusätzlich nennt *Müller-Chen* auch die 34.000 Fälle in der Datenbank für „stolen works of art".[1175]

Müller-Chen bringt unter Verweis auf Interpol den illegalen Kunsthandel in Zusammenhang mit Drogenschmuggel, Geldwäsche und Waffenhandel. Er verweist darauf, dass die Drogenkriminalität dieselben Absatzwege zur Verschiebung der bemakelten Kunstwerke verwende oder Gelder aus dem Drogengeschäft zur Geldwäsche in Kunst investiert würden.

Ursachen für ein hohes Dunkelfeld werden dabei in der Unterschätzung der „*volkswirtschaftlichen Bedeutung*" des illegalen Kunsthandels und in unzureichenden Maßnahmen wie etwa der Einführung von sog. Objekt-IDs gesehen. Speziell für die Schweizer Eidgenossenschaft kritisiert er das Fehlen einer auf Kunstdelikte spezialisierten Polizeiorganisation.[1176]

1169 *Müller-Chen*, ZSR 2010, S. 103 ff.
1170 *Müller-Chen*, ZSR 2010, S. 103.
1171 *Müller-Chen*, ZSR 2010, S. 103.
1172 *Müller-Chen*, ZSR 2010, S. 103; vgl. zur Internetpräsenz von ARCA http://www.artcrime.info/ (Stand: 15.03.2021).
1173 http://www.artcrimeresearch.org/who-we-are/ (Stand: 15.03.2021).
1174 *Müller-Chen*, ZSR 2010, S. 105 f.
1175 *Müller-Chen*, ZSR 2010, S. 105 f.
1176 *Müller-Chen*, ZSR 2010, S. 105 f.

ee) Knickmeier: *Der unerlaubte Kunsthandel in der EU (2014)*

Aus einer anderen Perspektive nähert sich *Knickmeier* dem Umfang der Kunstkriminalität – und zwar durch eine Betrachtung des Umfangs des unerlaubten Kunsthandels in der Europäischen Union.[1177] Sie bezieht sich nicht nur auf den illegalen Handel mit Kunst- und Kulturgütern, sondern auf den gesamten Handel von rechtswidrig erlangten Gütern unter dem Aspekt des freien Warenverkehrs innerhalb der Europäischen Union. *Knickmeier* ordnet den illegalen Kunsthandel also in eine Reihe mit dem unerlaubten Handel mit Zigaretten, Alkohol oder sonstigen gefälschten Produkten ein.[1178]

Die Untersuchung *Knickmeiers* nimmt Bezug auf das von der Europäischen Kommission geförderte Projekt *„Fiducia: New European Crimes and Trust-based Policy"*.[1179] Die Grundüberlegung dieses Projektes war die Annahme, dass *„öffentliches Vertrauen für die Regulierung sozialen Verhaltens notwendig ist."*[1180] Das Projekt beinhaltet vier Fallstudien, die sich der Cyberkriminalität, der Kriminalisierung von Migranten sowie dem illegalen Warenhandel und dem Menschenhandel widmen.[1181] In ihrem Beitrag wendet sich *Knickmeier* speziell dem Kunsthandel zu. Die Ergebnisse der Studien wurden dabei aus einer Literaturauswertung sowie aus nationalen und internationalen öffentlichen Datenbanken gewonnen.[1182] *Knickmeier* geht auf die Bestimmung des Kunstmarktes dergestalt ein, dass eine eher vage Auseinandersetzung mit dem Begriff der bildenden Kunst und den verschiedenen Bereichen der Kunstkriminalität erfolgt.[1183] Die Strukturen des Kunstmarktes werden anhand einzelner Fälle des Vertriebs von illegalen oder rechtswidrig erlangten Kunstwerken aufgezeigt. Verdeutlicht werden diese Strukturen am Fall *Beltracchi*.[1184] *Knickmeier* führt weiter an, dass die Strukturen des illegalen Kunsthandels vielfältig und vergleichsweise individuell seien. Der Diebstahl und der Absatz bekannter und *„großer"* Künstler nähmen eine Sonderrolle ein, da die Werke dieser Personen zumeist unverkäuflich seien.[1185] Solche Werke könnten lediglich durch Kunsterpressung wirtschaftlich

---

1177 *Knickmeier* 2014, S. 359.
1178 *Knickmeier* 2014, S. 359.
1179 *Knickmeier* 2014, S. 358 f.; vgl. zum gesamten Projekt: http://fiduciaproject.eu/ (Stand: 15.03.2021).
1180 *Knickmeier* 2014, S. 359.
1181 *Knickmeier* 2014, S. 359.
1182 *Knickmeier* 2014, S. 359.
1183 *Knickmeier* 2014, S. 360 ff.
1184 *Knickmeier* 2014, S. 362.
1185 *Knickmeier* 2014, S. 363.

nutzbar gemacht werden.[1186] *Knickmeier* berichtet in diesem Zusammenhang von einem Interview, das sie mit dem Leiter der Abteilung für Kunstkriminalität des Berliner LKA *René Allonge* im Jahre 2013 führte.[1187] Demnach würden Kunstgegenstände am häufigsten bei Kunsthändlern entwendet. Der entsprechende Absatzmarkt dieser so erlangten Kunstwerke sei lokal geprägt, während sonstiges Diebesgut auch national oder sogar international in den Handel gebracht werden könne.[1188] Die Diebstahlstaten erfolgten in strukturierten Gruppierungen sowie durch Einzeltäter.[1189] Eine ähnliche Aussage sei für den Bereich der Kunstfälschungen aufgrund der geringen Hellfeldzahlen nicht möglich. Dies werde dadurch verstärkt, dass die Kunstfälscher ihre Fälschungen zumeist mittelbar über zwischengeschaltete Personen anböten.[1190] Erschwerend kämen die unterschiedlichen Absatzmöglichkeiten des Kunstmarktes hinzu, zu denen etwa der Internethandel oder Flohmärkte zählten.[1191]

Nach *Knickmeier* könne der grenzübergreifende illegale Handel mit Kunstwerken nur schwer kontrolliert werden, da die meisten Kunstwerke leicht zu bewegen seien. Auch werde vom europäischen Zoll allenfalls stichprobenartig kontrolliert.[1192] Eine Prüfung, ob es sich bei den kontrollierten Werken um Fälschungen oder Diebesgut handle, finde in aller Regel nicht statt.[1193] Eine weitere Schwierigkeit für den Kunsthandel liegt darin, dass Werke vor Auktionen erst kurzfristig eingeliefert würden, was entsprechende Expertisen verhindere. Zumeist bestehe auch sowohl seitens des Käufers als auch des Verkäufers kein gesteigertes Interesse, hinter den Werken liegende Diebstähle oder Fälschungen aufzudecken.[1194]

Knickmeier vermerkt, dass sich aufgrund der beschriebenen Strukturen der Umfang des illegalen Handels nur schwer ausmachen lasse.[1195] Problematisch sei auch, dass bereits der Umfang des legalen Handels von Kunstwerken kaum belastbar bestimmt werden könne. *Knickmeier* kann hier lediglich einen Schätzwert von 6,7 Milliarden Euro Umsatz pro Jahr anführen.[1196] Weiterhin konstatiert sie,

---

1186 *Knickmeier* 2014, S. 363.
1187 *Knickmeier* 2014, S. 363.
1188 *Knickmeier* 2014, S. 363.
1189 *Knickmeier* 2014, S. 363.
1190 *Knickmeier* 2014, S. 363.
1191 *Knickmeier* 2014, S. 363.
1192 *Knickmeier* 2014, S. 363.
1193 *Knickmeier* 2014, S. 363.
1194 *Knickmeier* 2014, S. 363.
1195 *Knickmeier* 2014, S. 364 ff.
1196 *Knickmeier* 2014, S. 364.

dass die einzelnen Bereiche der Kunstkriminalität statistisch nicht erfasst würden – weder die Beschlagnahme von gefälschten oder gestohlenen Kunstwerken noch die Kunstfälschung im Allgemeinen.[1197] Lediglich die Sammelvariable des Diebstahls von Antiquitäten, Kunst und sakralen Gegenständen finde sich in der PKS wieder. *Knickmeier* geht somit für die Kunstfälschung und den Kunstdiebstahl von einem hohen Dunkelfeld aus.[1198] Sie führt dies darauf zurück, dass die Betroffenen, also Geschädigte und Versicherer, die Konflikte außerhalb der Strafverfolgung lösten und entsprechende Zahlungen meist privat abwickelten.[1199] Überdies gäben die Versicherer ihre Zahlen zumeist nicht bekannt.[1200]

Schließlich führt *Knickmeier* Schätzungen staatlicher Strafverfolgungsbehörden sowie sonstiger Datenbanken als Anhaltspunkte für den Umfang des illegalen Kunsthandels an.[1201] Dabei ergibt sich folgendes Bild:

Tabelle 3: Umfang des unerlaubten Kunsthandels nach Schätzungen von Strafverfolgungsbehörden sowie staatlicher und privater Datenbanken nach Knickmeier[a]

• Art Loss Datenbank (London, 2013)	• Insgesamt 300.000 Einträge für gestohlene und geraubte Kunst mit jährlich 10.000 Neueinträgen.
• Interpol-Datenbank (2012)	• Im Jahr 2012 waren in 125 Ländern 40.814 gestohlene Kunstwerke verzeichnet.
• London Stolen Arts der Metropolitan Police (2013)	• Insgesamt 54.000 Kunstwerke.
• Schätzung der UNESCO und des FBI zum Umfang des unerlaubten Kunstmarktes	• Sechs bis acht Milliarden USD.
• Schätzung des RAND Institutes (2011)	• Umsatz des unerlaubten Handels von Kunst- und Antiquitäten sechs Milliarden USD.

[a] Siehe *Knickmeier* 2014, S. 365, 367 f., für die jeweiligen Verweise zu den angegebenen Zahlen.

1197 *Knickmeier* 2014, S. 364.
1198 *Knickmeier* 2014, S. 364.
1199 *Knickmeier* 2014, S. 364.
1200 *Knickmeier* 2014, S. 364.
1201 *Knickmeier* 2014, S. 365.

Abschließend schätzt *Knickmeier* den unerlaubten Kunsthandel – wenig überzeugend – ebenfalls auf ca. sechs Milliarden Euro pro Jahr.[1202]

ff) Schack: *Kunst und Recht (2017)*

In seiner Monographie zum Kunstrecht stellt *Schack* aus zivilrechtlicher Sicht auf den legalen und illegalen Kunstmarkt ab.[1203] Auch er geht von der „*sehr groben*“ Schätzung von einem Schaden von über sechs Milliarden USD pro Jahr aus, wobei er sich auf *Anton* bezieht.[1204] Gehandelt werde auf dem illegalen Kunstmarkt mit Fälschungen, Diebesgut und Hehlerware. Ein zusätzliches Wachstum des illegalen Kunstmarktes sei aufgrund der Tatsache zu verzeichnen, dass durch die zunehmende Anzahl an Exportverboten für Kunst- und Kulturgüter mehr potentiell geeignete Gegenstände geschaffen würden.[1205] Die Kunstgegenstände würden, um ihre illegale Herkunft zu verschleiern, häufig innerhalb des regulären Kunsthandels in hierfür unauffällige Länder geschleust.[1206] Weiterhin bestehe auch die Möglichkeit mittels „*geschickter*“ Restaurierung die Herkunft der Gegenstände zusätzlich zu verbergen.[1207] Weitere Strategien innerhalb des illegalen Kunstmarktes sieht *Schack* in der Verschwiegenheit und besonderen Anonymität, die im Kunsthandel verbreitet sei.[1208] Ebenso führt er an, dass durch abgekartete Auktionen Preise von zweifelhaften Werken in die Höhe getrieben würden, um ihnen so einen vermeintlich hohen Marktwert und eine gewisse Provenienz zu verleihen.[1209]

c) Erkenntnisse zu den einzelnen Erscheinungsformen der Kunstkriminalität in der Literatur

Es finden sich wenige Publikationen, die sich speziell mit dem Umfang einzelner Erscheinungsformen der Kunstkriminalität auseinandersetzen. Für den Kunstdiebstahl gibt es lediglich eine Arbeit von *Werr* aus dem Jahr 1978. *Werr*

1202 *Knickmeier* 2014, S. 366.
1203 *Schack* 2017, Rn. 129 ff.; siehe hierzu *ders.*: Die Bekämpfung von Kunstfälschungen mit rechtlichen Mitteln, *Schack*, KUR 2015, S. 159 ff.
1204 *Schack* 2017, Rn. 129.
1205 *Schack* 2017, Rn. 129.
1206 *Schack* 2017, Rn. 130.
1207 *Schack* 2017, Rn. 130.
1208 *Schack* 2017, Rn. 130.
1209 *Schack* 2017, Rn. 130.

untersucht die PKS des westdeutschen Bundesgebiets sowie einiger Bundesländer. Der Beitrag ist indes inhaltlich überholt und wird daher nicht weiter aufgegriffen.[1210]

Nur für die Kunstfälschung finden sich Veröffentlichungen, die auf den Umfang des Phänomens genauer eingehen. Diese Aussagen basieren jedoch meist auf Vermutungen und Schätzungen. Zurückzuführen ist dies darauf, dass mangels spezifischer strafrechtlicher Tatbestände auch keine verwertbaren Zahlen der Polizeilichen Kriminalstatistiken vorliegen. So ist bisweilen in Presseveröffentlichungen davon die Rede, dass fast ein Drittel aller Kunstwerke auf dem Kunstmarkt gefälscht seien.[1211] Auch der Berliner Kriminalrat *Grüning* bemerkt, dass die fehlenden statistischen Anhaltspunkte die bundesweite Schadenshöhe nicht ermittelbar machten, was zu spekulativen und nicht weiter fundierten Schätzungen führe. *Grüning* veranschlagt eine weltweite Schadenssumme von zwei Milliarden Euro pro Jahr.[1212] Auch *Schack* vermutet, dass bis zu 60 % der Werke auf dem Kunstmarkt Fälschungen sein könnten, wobei auch hier keine weiterführenden Belege für diese Schätzung angeführt werden.[1213]

Letztlich zeigt sich, dass keinerlei seriöse und belastbare Schätzungen zum Umfang der Kunstkriminalität, wie auch der Kunstfälschung, existieren. Die meisten Aussagen hierzu bleiben vage und unbestimmt. *Sandmann* äußert sich in ihrer strafrechtlichen Monographie zur Kunstfälschung nicht zu deren Umfang oder sonstigem Ausmaß. Einer detaillierten Untersuchung des Umfangs der Kunstfälschung im Speziellen widmet sich lediglich *Almeroth*.[1214]

Almeroth widmet sich in seiner Dissertation aus dem Jahre 1986 der Thematik der Kunst- und Antiquitätenfälschung und beleuchtet hierbei auch deren historische Entwicklung sowie den damaligen Umfang und die wirtschaftliche Bedeutung.[1215] Er stellt zunächst fest, dass sich für den Umfang der Kunstfälschung

---

1210 *Werr* 1978, S. 45 ff.

1211 Vgl. *Obermueller*, Fast jedes dritte Kunstwerk auf dem Markt ist gefälscht, Berliner Morgenpost vom 13.12.2015 (Stand: 15.03.2021), wobei hier nur von *„manchen Experten"* die Rede ist.

1212 *Grüning*, Kriminalistik 2013, S. 283.

1213 *Schack* 2017, Rn. 38; siehe hierzu auch insgesamt kritisch *Kinzig*, Heinz-FS 2012, S. 131 f.

1214 *Almeroth*: Kunst- und Antiquitätenfälschung. Eine strafrechtliche, kriminologische und kriminalistische Studie über Techniken der Kunstfälscher und ihrer Absatzpraxis, 1986.

1215 *Almeroth* 1986, S. 4 ff.

kein konkretes Bild aus den amtlichen Statistiken entnehmen lasse.[1216] Dennoch will *Almeroth* *„ungeachtet dieser gegenwärtig schlechten Materiallage doch versuchen, das ungefähre Ausmaß der statistisch erfassten Kunst- und Antiquitätenfälschungen anhand der bei den einschlägigen Straftatbeständen genannten Zahlen zu schätzen“*.[1217] Dazu geht er zunächst auf die allgemeine statistische Entwicklung der einschlägigen Straftatbestände ein, indem er die Kriminalitätsziffern der §§ 263 ff., 267 StGB sowie einiger Normen aus dem UWG heranzieht und deren Werte von 1960 bis 1980 betrachtet.[1218] Davon ausgehend versucht *Almeroth* mittels Schätzung den Anteil der Kunstfälschung zu ermitteln[1219] und kommt zu folgender Überlegung:

> *„Von den Verurteilungen nach § 263 StGB dürften etwa zwei Drittel auf Wirtschaftsbetrügereien entfallen, zu denen im weiteren Sinne auch Kunstbetrug zu rechnen ist. Die Verurteilungsziffer aller Wirtschaftsbetrügereien zusammen liegt daher in der Größenordnung von 34*[1220] *im Jahr 1980. Bedenkt man, dass hiervon rund die Hälfte den Kreditbetrug betrifft, so verbleibt eine Verhältniszahl von ungefähr 17, die neben den Kunstbetrügereien alle anderen Erscheinungsformen des Wirtschaftsbetruges mit Ausnahme des Kreditbetruges enthält. Bei dieser Sachlage könnten Kunstbetrügereien schätzungsweise eine KrZ von 1 oder sogar etwas darüber aufweisen, zumal da bei diesen Delikten eine eher steigende Tendenz zu verzeichnen ist. Dafür könnte auch die beachtliche Zunahme der Verurteiltenziffer bei § 267 StGB sprechen. Obwohl der Anteil der Kunstfälschung angesichts der vielfältigen Erscheinungsformen der Urkundenfälschung auch hier eher gering sein dürfte, ist doch denkbar, dass etwa KrZ 1 erreicht wird.“*[1221]

Almeroth gesteht den Delikten der Kunstfälschung eine höhere Bedeutung zu, als sich dies aus den Statistiken ableiten lässt. Dabei gäben nicht näher benannte Fachleute an, dass etwa 90 % der in Antiquitätenläden und Ähnlichem angebotenen Objekte ge- oder jedenfalls verfälscht seien.[1222] *Almeroth* führt zur Untermauerung der Häufigkeit auch einige konkrete historische Beispiele an, in denen er die Praktiken von Kunstfälschern schildert.[1223]

Der Versuch von *Almeroth*, sich dem Umfang der Kunstfälschung mittels Schätzung aus den Werten und den Entwicklungstendenzen der Kriminalstatistiken

---

1216 *Almeroth* 1986, S. 4 ff.
1217 *Almeroth* 1986, S. 15.
1218 *Almeroth* 1986, S. 15 ff.
1219 *Almeroth* 1986, S. 15 ff.
1220 Zahl der Verurteilten auf 100.000 Strafmündige.
1221 *Almeroth* 1986, S. 16.
1222 *Almeroth* 1986, S. 19.
1223 *Almeroth* 1986, S. 18 ff.

zu nähern, kann als beinahe naiv gewertet werden. Sicherlich mögen, gerade im Hinblick auf die Mutmaßungen zur Struktur des Dunkelfelds, teilweise zutreffende Einschätzungen enthalten sein. Doch ist die den Schätzungen zugrunde gelegte Annahme in keiner Weise zur Bestimmung des Umfanges geeignet.

Der Versuch von *Almeroth* zeigt beispielhaft, dass innerhalb des Bereichs der Kunstfälschung eine Bestimmung des Hellfelds nicht mit den üblichen Kriminalitätsstatistiken möglich ist. Hierzu fehlen eindeutig auf dieses Feld zugeschnittener Straftatbestände. Bereits bloße Annäherungen an den Umfang sind von vornherein methodisch unseriös. Letztlich können aus den Aussagen *Almeroths* keine belastbaren Daten entnommen werden.

d) Ergebnis zur Betrachtung der Literatur zum Umfang der Kunstkriminalität

Letztlich lassen sich für die Beurteilung der Literatur folgende Punkte festhalten:

- Die Ausführungen verlieren sich häufig in der Darstellung von Einzelfällen, was wenig über das gesamte Feld aussagt.[1224] Dabei ist fraglich, inwiefern der Einzelfall zur Beschreibung des Hell- oder Dunkelfelds dienen kann. Zwar lässt ein solcher oft die Vermutung zu, dass sich der in den aufgeklärten Fällen ausgemachte Modus Operandi bei anderen Fällen wiederholen kann. Allerdings ergeben sich hierbei lediglich Mutmaßungen über die gesamten Strukturen. Insgesamt ist unklar, wie ein mögliches Dunkelfeld strukturiert ist. Im weit überwiegenden Teil der Publikationen wird das Dunkelfeld der meisten Bereiche der Kunstkriminalität dennoch als sehr hoch eingeschätzt. Fraglich bleibt, wie das nur geringe Hellfeld aussagekräftige Fakten zum gesamten Bereich liefern soll.
- Oft findet keinerlei definitorische Auseinandersetzung mit der Kunstkriminalität und ihren Erscheinungsformen statt. Daher wird häufig nicht deutlich, welche Definitionen den Begrifflichkeiten zugrunde gelegt werden.
- Wie sich deutlich gezeigt hat, liegen sehr vielen Publikationen dieselben Zahlen zugrunde.[1225] Diese Zahlen sind häufig nicht nachvollziehbar und

---

1224 Als Beispiele lassen sich hierzu etwa die folgenden Publikationen anführen: *Müller-Chen*, ZSR 2010, S. 104-105; *Charney* 2009, S. xviii; *Almeroth* 1986, S. 18 ff.; *Knickmeier* 2014, S. 362; *Anton* 2010, S. 67 ff.; *Tijhuis*, 2009 S. 41 ff.

1225 Vgl. hierzu auch Handreichung KGSG BKM 2017, S. 18.

beruhen oft auf Schätzungen. Somit besitzt eine Vielzahl von Publikationen eine nur sehr geringe Aussagekraft.

- Die häufig vorgenommenen Verweise auf Datenbanken polizeilicher, sonstiger staatlicher oder auch privater Art dürften als nur bedingt zuverlässig eingestuft werden, da in aller Regel den jeweiligen Statistiken bestimmte Erfassungsproblematiken immanent sind. Hier müssten die Aussagekraft sowie die Reichweite der einzelnen Statistiken individuell überprüft werden. Dem häufig angetroffenen alleinigen Verweis auf die Statistiken und Datenbanken kommt ein nur geringer Aussagegehalt zu.
- Für die einzelnen Erscheinungsformen der Kunstkriminalität liegen kaum Publikationen vor, die sich ausführlicher mit der Erschließung des Umfangs beschäftigen. Die bisherigen, häufig sehr kurzen und geschätzten Aussagen, beispielsweise zum Umfang der Kunstfälschung, bleiben zumeist vage. Somit können keinerlei Rückschlüsse auf die tatsächlichen Gegebenheiten vorgenommen werden.

Abschließend muss festgestellt werden, dass sich die in den einzelnen Publikationen genannten Aussagen zum Umfang allenfalls als Indiz werten lassen, ohne dass hierdurch ein verlässlicher Schluss auf den tatsächlichen Umfang oder weitere Aspekte zulässig ist.

2. Die Kunstkriminalität in Kriminalstatistiken

Im Folgenden werden die zentralen Kriminalstatistiken auf ihre Aussagen zum Umfang und zu weiteren Aspekten der Kunstkriminalität hin untersucht. Neben der Polizeilichen Kriminalstatistik des BKA werden dazu die Polizeilichen Kriminalstatistiken der Länder herangezogen. Überdies werden die Fallzahlen der auf Kunstdelikte spezialisierten Dienststelle des LKA Berlin dargestellt werden.

a) Inhalt und Erfassungsmöglichkeiten der Polizeilichen Kriminalstatistiken des Bundes und der Länder

Bevor die Zahlen der Polizeilichen Kriminalstatistiken des Bundes oder der Länder untersucht werden, wird zunächst ein kurzer Blick auf deren allgemeine Aussagekraft geworfen.

Die Polizeiliche Kriminalstatistik, die seit 1953 jährlich vom Bundeskriminalamt herausgegeben wird, ist die am häufigsten zitierte deutsche Kriminalstatistik.[1226] Die in der PKS enthaltenen Informationen werden dem

1226 Siehe allgemein zur Polizeilichen Kriminalstatistik: *Eisenberg/Kölbel* 2017, § 15

Bundeskriminalamt von den Landeskriminalämtern und diesen wiederum von den einzelnen Polizeidienststellen zugeleitet.[1227]

Die Statistiken erfassen die im jeweiligen Berichtsjahr den Strafverfolgungsbehörden bekannt gewordenen Fälle, die den Verdacht einer strafbaren Handlung begründen.[1228] Dem Begriff der strafbaren Handlung werden alle Vergehen und Verbrechen gegen Strafgesetze der Bundesrepublik Deutschland sowie deren Versuche – mit Ausnahme von Staatsschutz- und Verkehrsdelikten – zugerechnet.[1229] Zu den einzelnen Fällen werden Merkmale zur Art der Straftat, deren Begehungsform, Tatort und -zeit sowie die Schadenshöhe erfasst.[1230] Ein Fall wird in der PKS dann als aufgeklärt angesehen, wenn für diesen ein zumindest namentlich bekannter Tatverdächtiger ermittelt wurde.[1231] Nicht berücksichtigt wird jedoch, wie die polizeilich ermittelte Tat im weiteren justiziellen Verlauf behandelt wird. Es wird nicht registriert, ob das spätere Verfahren durch die Staatsanwaltschaft oder das Gericht eingestellt wird oder ob ein Täter verurteilt werden konnte.[1232] Auch das Dunkelfeld erfasst die PKS nicht.

Durch die Erfassungsweise der Taten in der PKS sind einige strukturelle Begrenzungen hinsichtlich der Aussagekraft und der daraus resultierenden Angaben hinzunehmen.[1233] Weitere Einzelheiten zur beschränkten Aussagekraft werden im Verlauf der Darstellung angesprochen.

aa) Erfassung der Kunstkriminalität in der PKS des Bundes

Die zentrale Frage, die sich bei der Suche nach Anhaltspunkten für Erkenntnisse zur Kunstkriminalität in den Kriminalitätsstatistiken stellt, ist, welche Delikte

---

Rn. 14 ff.; *Göppinger* 2008, S. 354 ff.; *Kunz/Singelnstein* 2016, S. 203 ff.; *Schwind* 2016, S. 25 ff.; *Meier* 2021, S. 123 ff.; vgl. auch PKS 2019 – Geschichtliche Entwicklung, S. 4.

1227 Vgl. *Meier* 2021, S. 123; *Göppinger* 2008, S. 354.

1228 *Göppinger* 2008, S. 355; vgl. auch PKS 2019 – IMK-Bericht, S. 7 ff.; siehe hier auch insgesamt zu den einzelnen Begrifflichkeiten PKS 2019 – Richtlinien für die Führung der PKS.

1229 *Göppinger* 2008, S. 355; vgl. auch PKS 2019 – IMK-Bericht, S. 7 ff.

1230 *Göppinger* 2008, S. 355; PKS 2019 – IMK-Bericht, S. 7.

1231 *Göppinger* 2008, S. 355; vgl. auch PKS 2019 – IMK-Bericht, S. 7 f.

1232 *Schwind* 2016, S. 27.

1233 Generell zu den strukturellen Begrenzungen und möglichen Fehlerquellen der Kriminalstatistiken siehe *Eisenberg/Kölbel* 2017, § 15 Rn. 17 ff.; *Meier* 2021, S. 125 ff.; *Göppinger* 2008, S. 357 f.; *Schwind* 2016, S. 26 ff.; zu einigen konkreteren Problematiken in Bezug auf den Diebstahl von Kunstgegenständen siehe *Werr* 1978, S. 46 ff.

überhaupt der Kunstkriminalität zuzurechnen sind und inwiefern diese in der PKS aufgelistet werden.

Bereits bei oberflächlicher Betrachtung der PKS fällt auf, dass die Kunstkriminalität, anders als etwa Rauschgift-, Gewalt- oder Wirtschaftskriminalität, nicht ausdrücklich erwähnt wird.[1234] Mithin können Rückschlüsse zur Kunstkriminalität nur durch die Betrachtung der einschlägigen Tatbestände gezogen werden. Werden erneut die jeweils einschlägigen Straftatbestände für die Erscheinungsformen der Kunstkriminalität herangezogen (vgl. Tab. 2), wird abermals deutlich, dass sich die Kunstkriminalität strafrechtlich auf allgemeine Delikte des Kernstrafrechts verteilt. Hierdurch kann für viele Delikte der Kunstkriminalität kein Rückschluss aus der PKS gezogen werden. Eine Ausnahme bilden die Straftaten um den § 83 KGSG, die seit der PKS 2018 mit vier eigenen Schlüsselzahlen geführt werden.[1235]

Denkbar wäre, dass sich Teile der Kunstkriminalität durch § 243 I 2 Nr. 4 und 5 StGB sowie § 304 I StGB in der PKS wiederfinden. Bei der gemeinschädlichen Sachbeschädigung gem. § 304 I StGB sind die dort beschriebenen Gegenstände der Kunst jedoch nicht ausdrücklich hervorgehoben.[1236] Konkrete Aussagen zum Kunstvandalismus sind daher nicht möglich. In der PKS findet sich allerdings der Diebstahl von „*Antiquitäten, Kunst und sakralen Gegenständen*".[1237] Diese Sammelvariable bezieht sich nicht nur auf § 243 I 2 Nr. 4 und 5 StGB.[1238] Da die Sammelvariable der PKS betreffend den Kunstdiebstahl nicht mit den Begriffen des § 243 I 2 Nr. 4 und 5 StGB identisch ist, soll zunächst eine kurze Auseinandersetzung mit dem Kunstbegriff der PKS erfolgen.

1234 Vgl. hierzu etwa in der PKS 2019 – Jahrbuch Band 4 unter der Überschrift „Ausgewählte Formen der Kriminalität", S. 154 ff.

1235 Vgl. PKS 2018 – Straftatenkatalog aktuell, S. 36, 37, 46; vgl. auch PKS 2019 – Straftatenkatalog aktuell.

1236 Etwa in PKS 2019 – Tabelle 01, hier werden die §§ 303-305a StGB zusammengefasst. Siehe zur genauen Auflistung der Sachbeschädigung auch in Form der gemeinschädlichen Sachbeschädigung auch die Straftatenschlüssel in: PKS 2019 – Straftatenkatalog aktuell, S. 30.

1237 Siehe zu den Erscheinungsformen innerhalb des Straftatenkatalogs: PKS 2019 – Straftatenkatalog aktuell, S. 11, 12 13, 14, 15, 16, 17, 18, 21. Im Weiteren wird teilweise auch untechnisch von „Kunstdiebstahl" gesprochen werden. Dieser Begriff bezieht sich immer auf diese Form des Diebstahls.

1238 Siehe zu dem bereits angeführten ähnlichen Ansatz *Werr* 1978, S. 46 ff.; sowie bei *Kinzig*, Heinz-FS 2012, S. 130.

bb) Die Sammelvariable „Antiquitäten, Kunst- und sakrale Gegenstände“

In der PKS des Bundes und der Länder werden Kunst- und Sakralobjekte unter der Sammelvariablen „*Antiquitäten, Kunst- und sakrale Gegenstände*“ zusammengefasst.[1239] Diese Sammelbezeichnung wird auch in den PKS der Länder aufgegriffen.[1240] In keiner der polizeilichen Statistiken findet jedoch eine detaillertere Auseinandersetzung mit der Sammelvariablen statt.

Der Begriff der „Antiquität“ taucht nur in der PKS auf. Ein direkter Anknüpfungspunkt des Begriffs im Gesetz findet sich im Gegensatz zu den Kunst- und Sakralgegenständen, die in den §§ 243, 304 StGB erwähnt werden, nicht. Was in der PKS konkret unter Antiquität verstanden wird, bleibt jedoch unklar. Allerdings kann auf die bereits im Rahmen der Definition angesprochene Ausführung verwiesen werden. Mithin dürften, je nach festgelegter Untergrenze, Gegenstände erfasst sein, die ein Mindestalter von 70 bis 100 Jahren erreicht haben.

Leicht wird ersichtlich, dass die aus den gesetzlichen Formulierungen bekannten Objektgruppen der Kunst- und Sakralgegenstände (vgl. §§ 243 I 2 Nr. 4, 5 und 304 I StGB) und die, die in der Sammelvariablen auftauchen, nicht deckungsgleich sind. Die Begriffe der Kunstgegenstände der §§ 243 I 2 Nr. 4, 5 und 304 I StGB erfordern einen Öffentlichkeitsbezug in Form einer öffentlichen Ausstellung oder Präsentation. Die sakralen Gegenstände müssen dem Gottesdienst oder einer sonstigen religiösen Verehrung gewidmet sein und überdies aus einer Kirche oder einem sonstigen der Religionsausübung dienenden Raum gestohlen werden.[1241] Diese Voraussetzungen an die Objekte der Tatbestände der §§ 243 I 2 Nr. 4, 5 und 304 I StGB fehlen bei der Erfassung in der PKS. Dies wird zum Beispiel am separat erfassten „*[b]esonders schwere[n] Fall des Diebstahls in/aus Dienst-, Büro-, Fabrikations-, Werkstatt- und Lagerräumen von Antiquitäten, Kunst- und sakralen Gegenständen*“ deutlich.[1242] Die PKS folgt bei der Sammelvariablen „*Antiquitäten, Kunst- und sakrale Gegenstände*“ somit phänomenologischen und nicht normativen Gesichtspunkten. Eine Definition der Begriffe findet sich dennoch nicht; ein Vergleich mit den Tatobjekten der §§ 243 I 2 Nr. 4, 5 und 304 I StGB liegt allerdings nahe.

1239 Vgl. PKS 2019 – Straftatenkatalog aktuell, S. 11, 12 13, 14, 15, 16, 17, 18, 21; vgl. auch *Kinzig*, Heinz-FS 2012, S. 131.

1240 Vgl. etwa PKS Berlin 2018, S. 168 ff.

1241 Vgl. hierzu BGH, U. v. 3. 5. 1966 - 1 StR 506/65, NJW 1966, S. 1419 f.

1242 PKS 2019 – Straftatenkatalog aktuell, S. 17.

cc) *Verwendete Polizeiliche Kriminalstatistiken*

Der nachfolgenden Betrachtung liegen zum einen die Polizeilichen Kriminalstatistiken des Bundes von 1993 bis einschließlich 2019 zugrunde. Zum anderen werden die Polizeilichen Kriminalstatistiken einzelner Bundesländer herangezogen, sofern diese über die PKS des Bundes hinausgehende Straftatenschlüssel oder sonstige die Kunstkriminalität betreffende Umstände enthalten. Soweit einzelne Informationen oder sonstige Veröffentlichungen zum Zeitpunkt der Bearbeitung noch nicht erschienen waren, wurde jeweils die neueste verfügbare Version der Statistik verwendet.[1243] In diesem Rahmen wurde seitens des Verfassers beim BKA und sämtlichen LKÄ angefragt, ob in den einzelnen Bundesländern noch weitergehende Zahlen zu kunstspezifischen Taten geführt werden, die über die standardmäßig veröffentlichten Daten hinausgehen. Die hierdurch erhaltenen Erkenntnisse wurden ebenfalls der nachfolgenden Betrachtung zugeführt. Grundsätzlich sollen die Statistiken des Bundes und der Länder separat betrachtet werden.

b) *Der Kunstdiebstahl in der Polizeilichen Kriminalstatistik des Bundes*

Nachfolgend sollen die vorhandenen Daten aus der Polizeilichen Kriminalstatistik des BKA zum Kunstdiebstahl untersucht werden. Die Statistiken der PKS des Bundes werden ab 1993 berücksichtigt, da von diesem Zeitpunkt an, jedenfalls in weiten Teilen, Aussagen über den Umfang im gesamten Bundesgebiet getroffen werden können.[1244] Bei einigen Erfassungsmodalitäten liegen Daten erst ab dem Erfassungsjahr 1998 vor. In diesen Fällen wurde die Betrachtung ab diesem Jahr vorgenommen.

aa) *Kategorien der Begehungsweise des Diebstahls von Antiquitäten, Kunst- und sakralen Gegenständen in der PKS des Bundes*

In der PKS wird der Diebstahl von Antiquitäten, Kunst- und sakralen Gegenständen in zwei Kategorien eingeteilt: zum einen in eine Begehungsweise ohne erschwerende Umstände, wovon die §§ 242, 247, 248a-c StGB unter dem Straftatenschlüssel (Einfacher Diebstahl von Antiquitäten, Kunst- und sakralen Gegenständen 3**800) umfasst sind, zum anderen in die unter erschwerenden

---

1243 Der Zeitpunkt der Veröffentlichung der verschiedenen Statistiken variiert insbesondere zwischen den einzelnen Bundesländern deutlich.

1244 PKS 2019 – Geschichtliche Entwicklung, S. 6; vgl. auch *Göppinger* 2008, S. 355.

Umständen, was die Regelbeispiele des § 243 StGB sowie die Qualifikationen der §§ 244 Abs. 1 Nr. 1 und 2, 244a StGB umfasst (Schwerer Diebstahl von Antiquitäten, Kunst- und sakralen Gegenständen 4**800).[1245] Wenn im Weiteren von Diebstahl von Antiquitäten, Kunst- und sakralen Gegenständen ohne und unter erschwerende(n) Umstände(n) die Rede ist, so beziehen sich die Angaben auf diese beiden Oberschlüssel. Der Diebstahl insgesamt von Antiquitäten, Kunst- und sakralen Gegenständen wird unter dem Oberschlüssel (***800) erfasst.[1246] Weiterhin findet innerhalb der PKS eine Untergliederung dieser Kategorien statt. Die nachfolgende Tabelle 4 gibt Aufschluss über die gegenwärtig in der PKS verwendete Unterteilung der verschiedenen Begehungsformen des Diebstahls von Antiquitäten, Kunst- und sakralen Gegenständen.[1247]

bb) Fallaufkommen des Diebstahls von Antiquitäten, Kunst- und sakralen Gegenständen

In Tabelle 5 ist das Fallaufkommen des einfachen (3**800) und schweren (4**800) Diebstahls von Antiquitäten, Kunst- und sakralen Gegenständen mit Aufklärungsquote und Steigerungsrate seit 1993 dargestellt. Die versuchten Taten sind mit einbezogen.

Betrachtet man die in Tabelle 5 und Schaubild 1 graphisch dargestellte Entwicklung der Fallzahlen, so zeigt sich, dass trotz einiger Schwankungen beide Formen des Diebstahls seit 1993 eine stabile Größe haben. Dies gilt insbesondere in Anbetracht der geringen Fallzahlen. Die Fallzahlen beider Kategorien des Kunstdiebstahls weisen sehr ähnliche Größen auf und bewegen sich jeweils um die 1.000 erfasste Fälle pro Berichtsjahr. So ergibt sich für den einfachen Diebstahl von Antiquitäten, Kunst- und sakralen Gegenständen (3**800) eine durchschnittliche Anzahl von 1.124 Fällen pro Jahr. Ein leicht geringerer Wert zeigt sich beim schweren Diebstahl von Antiquitäten, Kunst- und sakralen Gegenständen (4**800) mit durchschnittlich 1.011 registrierten Fällen. In den letzten fünf erfassten Jahren lagen die Fallzahlen für beide Kategorien stets deutlich

1245 PKS 2019 – Straftatenkatalog aktuell, S. 11 ff. Bei beiden Schlüsseln handelt es sich um sog. Oberschlüssel, die mehrere Erfassungsschlüssel gruppieren, PKS 2019 – Straftatenkatalog aktuell, S. 11 ff., 45. Zum Begriff des Diebstahls ohne und unter erschwerende(n) Umstände(n), vgl. PKS 2019 – Straftatenkatalog aktuell, S. 11, 14.

1246 PKS 2019 – Straftatenkatalog aktuell, S. 21, 45.

1247 PKS 2019 – Straftatenkatalog aktuell, S. 11 ff.; zu den nicht mehr verwendeten Straftatschlüsseln sowie deren Verwendungszeitraum siehe PKS 2019 – Straftatenkatalog (4-stellig) – Historie bis 2019.

Tabelle 4: Differenzierung des Diebstahls von Antiquitäten, Kunst- und sakralen Gegenständen in der PKS des Bundes mit zugehörigen Straftatenschlüsseln[a]

Schlüssel	Straftat
3800**	Einfacher Diebstahl von Antiquitäten, Kunst- und sakralen Gegenständen
300800	Einfacher Diebstahl von Antiquitäten, Kunst- und sakralen Gegenständen
310800	Einfacher Diebstahl in/aus Dienst-, Büro-, Fabrikations-, Werkstatt- und Lagerräumen von Antiquitäten, Kunst- und sakralen Gegenständen
335800	Einfacher Diebstahl in/aus Wohnungen von Antiquitäten, Kunst- und sakralen Gegenständen
4800**	Schwerer Diebstahl von Antiquitäten, Kunst- und sakralen Gegenständen
400800	Schwerer Diebstahl insg. von Antiquitäten, Kunst- und sakralen Gegenständen
400810	Besonders schwerer Fall des Diebstahls von Antiquitäten, Kunst- und sakralen Gegenständen
400820	Schwerer Diebstahl gemäß §§ 244 Abs. 1 Nr. 1 und 2, 244a StGB von Antiquitäten, Kunst- und sakralen Gegenständen
410800	Schwerer Diebstahl insg. in/aus Dienst-, Büro-, Fabrikations-, Werkstatt- und Lagerräumen von Antiquitäten, Kunst- und sakralen Gegenständen
410810	Besonders schwerer Fall des Diebstahls in/aus Dienst-, Büro-, Fabrikations-, Werkstatt- und Lagerräumen von Antiquitäten, Kunst- und sakralen Gegenständen
410820	Schwerer Diebstahl gemäß §§ 244 Abs. 1 Nr. 1 und 2, 244a StGB in/aus Dienst-, Büro-, Fabrikations-, Werkstatt- und Lagerräumen von Antiquitäten, Kunst- und sakralen Gegenständen
435800[b]	Wohnungseinbruchdiebstahl (ohne TWE) gemäß § 244 Abs. 1 Nr. 3 und Abs. 4 StGB von Antiquitäten, Kunst- und sakralen Gegenständen
436800	Tageswohnungseinbruch von Antiquitäten, Kunst- und sakralen Gegenständen
*****800**	Diebstahl insgesamt von Antiquitäten, Kunst- und sakralen Gegenständen

[a] Eigene Darstellung auf Basis der PKS 2019 – Straftatenkatalog aktuell, S. 11 ff.

[b] Der Wortlaut wurde hier ab dem Erfassungsjahr 2018 der gesetzlichen Änderung des § 244 StGB um den neu eingefügten Abs. 4 ergänzt; vgl. PKS 2018 – Straftatenkatalog aktuell, S. 49.

unter 1.000 Fällen. In den letzten vier Jahren erreichte der einfache Diebstahl (3**800) nicht einmal die Marke von 800 Fällen. Der schwere Diebstahl (4**800) verzeichnete in den letzten drei Jahren jeweils unter 700 Fälle.

Trotz vergleichsweise konstanter Fallzahlen ist eine leicht rückläufige Tendenz der registrierten Taten zu erkennen. Auffällig sind lediglich die hohen Werte beim Diebstahl unter erschwerenden Umständen (4**800) in den Jahren

Tabelle 5: Erfasste Fälle (inkl. Versuch) des einfachen (3**800) und schweren (4**800) Diebstahls von Antiquitäten, Kunst- und sakralen Gegenständen mit Aufklärungsquote seit 1993[a]

EJ	erfasste Fälle (3**800)	SR[b] (An-zahl)	SR (in %)	AQ[c]	erfasste Fälle (4**800)	SR (An-zahl)	SR (in %)	AQ
1993	1182	-	-	26,7	1393	-	-1	18,3
1994	1264	82	6,9	25,8	1447	54	3,9	21,1
1995	1289	25	2,0	25,5	1426	-21	-1,5	18,8
1996	1240	-49	-3,8	30,4	1457	31	2,2	21,8
1997	1267	27	2,2	29,6	1209	-248	-17,0	28,9
1998	1236	-31	-2,4	29,4	1109	-100	-8,3	22,2
1999	1196	-40	-3,2	32,4	979	-130	-11,7	17,5
2000	1118	-78	-6,5	26,4	850	-129	-13,2	25,1
2001	1182	64	5,7	32,2	797	-53	-6,2	25,2
2002	1051	-131	-11,1	30,4	1360	563	70,6	50,4
2003	1008	-43	-4,1	27,3	989	-371	-27,3	19,4
2004	1071	63	6,3	26,7	769	-220	-22,2	20,3
2005	1038	-33	-3,1	26,6	792	23	3,0	20,5
2006	978	-60	-5,8	28,9	728	-64	-8,1	22,3
2007	1294	316	32,3	26,5	709	-19	-2,6	19,9
2008	1289	-5	-0,4	23,6	976	267	37,3	33,6
2009	1169	-120	-9,3	30,5	886	-90	-9,2	31,0
2010	1403	234	20,0	18,5	1008	122	13,8	23,5
2011	1327	-76	-5,4	20,5	1036	28	2,8	17,7
2012	1383	56	4,2	18,7	1547	511	49,3	45,4
2013	1319	-64	-4,6	15,8	1242	-305	-19,7	29,0
2014	1098	-221	-16,8	20,5	1008	-234	-18,4	17,8
2015	865	-233	-21,2	25,0	905	-103	-10,2	24,9
2016	767	-98	-11,3	21,5	716	-189	-20,9	20,0
2017	752	-15	-2,0	19,3	652	-64	-8,9	15,2
2018	775	23	3,6	25,8	628	-24	3,8	25,2
2019	776	1	0,1	20,6	687	59	9,4	16,2

[a] Eigene Darstellung auf Basis der PKS 2019 – Zeitreihen – Übersicht Falltabellen – Grundtabelle ab 1987

[b] Steigerungsrate.

[c] Aufklärungsquote.

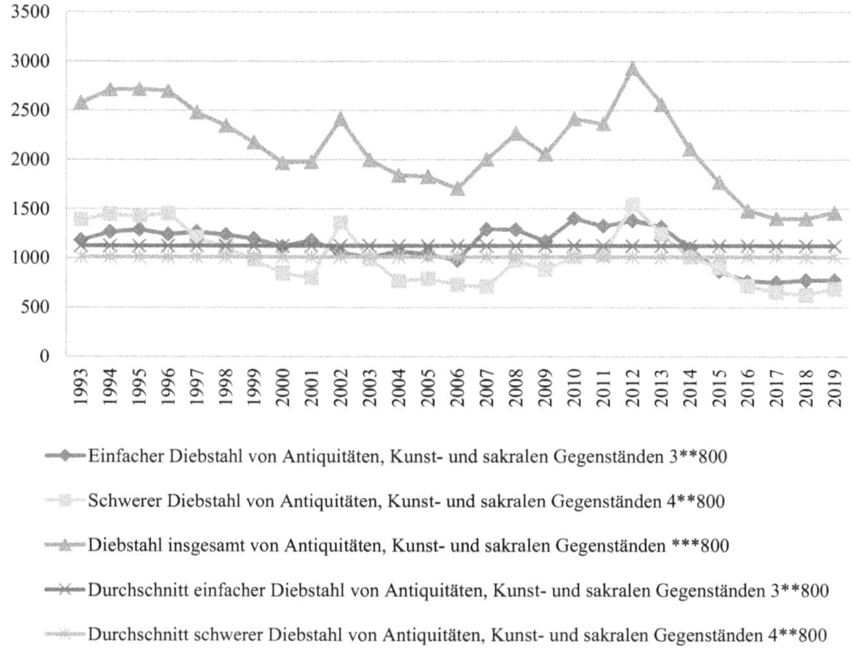

Schaubild 1: Erfasste Fälle des einfachen (3**800) und schweren (4**800) Diebstahls von Antiquitäten, Kunst- und sakralen Gegenständen seit 1993

Eigene Darstellung auf Basis der PKS 2019 Zeitreihen – Übersicht Falltabellen – Grundtabelle ab 1987; teilweise eigene Berechnungen.

2002 und 2012. Im Jahr 2002 war ein Anstieg um 70,6 % gegenüber dem vorausgegangenen Berichtsjahr zu verzeichnen, was einer Zunahme von 563 registrierten Fällen entspricht.[1248] Im Jahr 2012 liegt die Zuwachsrate des Diebstahls unter erschwerenden Umständen (4**800) bei 49,3 % und damit bei einer absoluten Zunahme von 511 registrierten Fällen.[1249] Als Erklärung für diese beiden Anstiege erscheint denkbar, dass Tatverdächtige ermittelt werden konnten, denen eine Vielzahl von Taten zugeordnet wurden. Der enorme Zuwachs kann

1248 PKS 2002, S. 33, 34.

1249 PKS 2012, S. 293.

also durch die Erfassungsmodalitäten der PKS verursacht werden.[1250] Bei den geringen absoluten Fallzahlen werden diese Anstiege außerdem stärker deutlich.

Fraglich ist, inwieweit die dargestellten Zahlen der PKS die tatsächliche Anzahl der Diebstähle von Kunstwerken wiedergeben. Dabei zeigen sich im Wesentlichen die allgemeinen Probleme, die mit der PKS als Hellfeldstatistik einhergehen.[1251] Bei den Diebstahlstatistiken der PKS ist festzuhalten, dass das Anzeigeverhalten der Tatopfer besonders relevant ist: „*Diebstahlsdelikte werden der Polizei in hohem Maße durch Anzeigen der Geschädigten bekannt. Somit sind Veränderungen der Fallzahlen erheblich vom Anzeigeverhalten abhängig.*“[1252]

Auch beim Diebstahl der hier erfassten Gegenstände ist zu vermuten, dass sich die dort bekannt gewordenen Taten primär aus Anzeigen der Geschädigten speisen. Hieraus ließe sich nun schlussfolgern, dass die Anzeigebereitschaft beim Diebstahl dieser Gegenstände vergleichsweise hoch ist. Dabei ist zu unterstellen, dass es sich um jedenfalls subjektiv wertvolle Gegenstände handelt. Das lässt die Annahme zu, dass die in der PKS erfassten Zahlen einen eher großen Bereich des Diebstahls dieser Gegenstände erfassen. Mithin können hier ein vergleichsweise großes Hellfeld und ein geringes Dunkelfeld vermutet werden.

(1) Fallaufkommen des versuchten Diebstahls von Antiquitäten, Kunst- und sakralen Gegenständen

Für den Anteil der versuchten Taten ergibt sich das in der folgenden Tabelle 6 dargestellte Bild.

Insgesamt wurde ein geringer Anteil versuchter Fälle des einfachen Diebstahls erfasst, während der Anteil versuchter Taten des schweren Diebstahls deutlich höher ist. So liegt der Anteil von Versuchstaten beim einfachen Diebstahl (3**800) gewöhnlich bei ca. 2 %, der beim schweren Diebstahl (4**800), jedenfalls innerhalb der letzten Jahre, bei ca. 20 %. Dieser Anteil an erfassten versuchten Taten verhält sich sehr ähnlich zu dem des Diebstahls im Allgemeinen.[1253] So lag der prozentuale Anteil der erfassten Versuche im Jahr 2019 beispielsweise beim Diebstahl ohne erschwerende Umstände (3***00) bei 2,5 %,

---

1250 Vgl. PKS 2019 – Richtlinien für die Führung der Polizeilichen Kriminalstatistik, S. 18 ff.

1251 Vgl. zu diesen Problematiken *Schwind* 2016, S. 54 ff., sowie die obigen Ausführungen und Verweise.

1252 PKS 2017 – IMK-Bericht, S. 13; in den IMK-Berichten der Berichtsjahre 2018 und 2019 findet sich dieser Satz nicht ausdrücklich erneut.

1253 PKS 2019 Zeitreihen – Übersicht Falltabellen – Grundtabelle ab 1987.

Tabelle 6: Erfasste Fälle des versuchten einfachen (3**800) und schweren (4**800) Diebstahls von Antiquitäten, Kunst- und sakralen Gegenständen seit 1993[a]

Erfassungsjahr	Anteil Versuch (3**800) in %	Anteil Versuch (4**800) in %
1993	2,2	10,1
1994	1,1	9,4
1995	2,1	8,2
1996	1,6	8,6
1997	1,4	9,3
1998	3,6	8,1
1999	2,1	9,7
2000	2,0	10,6
2001	1,9	9,7
2002	2,1	9,1
2003	3,4	14,4
2004	2,8	15,7
2005	1,4	15,8
2006	2,1	16,2
2007	2,2	16,8
2008	3,3	17,7
2009	2,9	17,9
2010	2,4	20,1
2011	2,0	13,7
2012	2,7	14,2
2013	3,1	13,5
2014	2,6	18,1
2015	2,4	18,7
2016	2,6	21,1
2017	4,1	18,1
2018	2,8	22,5
2019	2,4	19,1

[a] Eigene Darstellung auf Basis der PKS 2019 – Zeitreihen – Übersicht Falltabellen – Grundtabelle ab 1987.

beim Diebstahl unter erschwerenden Umständen (4***00) bei 22,9 %.[1254] Der sehr niedrige Anteil beim einfachen Diebstahl, wie auch der immer noch eher

1254 PKS 2019 Zeitreihen – Übersicht Falltabellen – Grundtabelle ab 1987.

geringe Anteil beim schweren Diebstahl, dürften insgesamt darauf zurückzuführen sein, dass Versuchstaten einen geringeren Anlass für den Geschädigten bieten, die Tat überhaupt anzuzeigen, ebenso werden diese häufig schlicht nicht bemerkt. Der Vergleich der Zahlen mit dem gesamten Diebstahl der PKS dürfte diese Vermutung stützen. Das führt zu der Annahme, dass der Anteil der Versuchsstrafbarkeiten bei Kunstdiebstahl keine Besonderheiten gegenüber dem Diebstahl im Allgemeinen bzw. strukturell ähnlichen Diebstählen aufweist.

(2) Die Aufklärungsquote des Kunstdiebstahls

Die Aufklärungsquote des einfachen (3**800) sowie des schweren (4**800) Diebstahls von Antiquitäten, Kunst- und sakralen Gegenständen weist gegenüber der Aufklärungsquote des einfachen (3***00) und schweren (4***00) Diebstahls im Allgemeinen kleinere Besonderheiten auf, die im Folgenden dargestellt werden sollen.

In Schaubild 2 zeigt sich, dass die Aufklärungsquoten der beiden Varianten des Diebstahls von Antiquitäten, Kunst- und sakralen Gegenständen im Durchschnitt sehr nahe beieinanderliegen. So liegt der durchschnittliche Wert bei beiden bei ca. 25 %. Im Gegensatz dazu weichen die Aufklärungsquoten des gesamten einfachen Diebstahls und des gesamten Diebstahls unter erschwerenden Umständen deutlich voneinander ab. So liegt die Aufklärungsquote des schweren Diebstahls im Allgemeinen (4***00) durchgängig bei Werten zwischen ca. 10 % und 15 %. Die Werte des einfachen Diebstahls im Allgemeinen (3***00) liegen in den letzten Jahren bei ca. 40 %. Dies dürfte dadurch erklärbar sein, dass die bei ca. 40 % liegende Aufklärungsquote des einfachen Diebstahls insgesamt sämtliche Varianten enthält, wie etwa den Ladendiebstahl, bei denen bei der Anzeige oft bereits ein Tatverdächtiger genannt wird.[1255]

Die ähnlichen Durchschnittswerte der beiden Varianten des Kunstdiebstahls könnten durch deren ähnliche Begehungsweise erklärt werden. Beide Varianten weisen dieselben Tatobjekte auf und dürften daher auch hinsichtlich der Tatbegehung ähnlicher sein, als dies für den gesamten Bereich des Diebstahls gilt. Entsprechend nähern sich auch die Aufklärungsquoten einander an, wie in Schaubild 2 zu sehen ist.

Fraglich ist zudem, warum die Aufklärungsquote des schweren Diebstahls von Antiquitäten, Kunst- und sakralen Gegenständen (4**800) im Durchschnitt um 10 % höher ist als die des gesamten Diebstahls unter erschwerenden

1255 PKS 2019 – Jahrbuch Band 4, S. 60 ff.

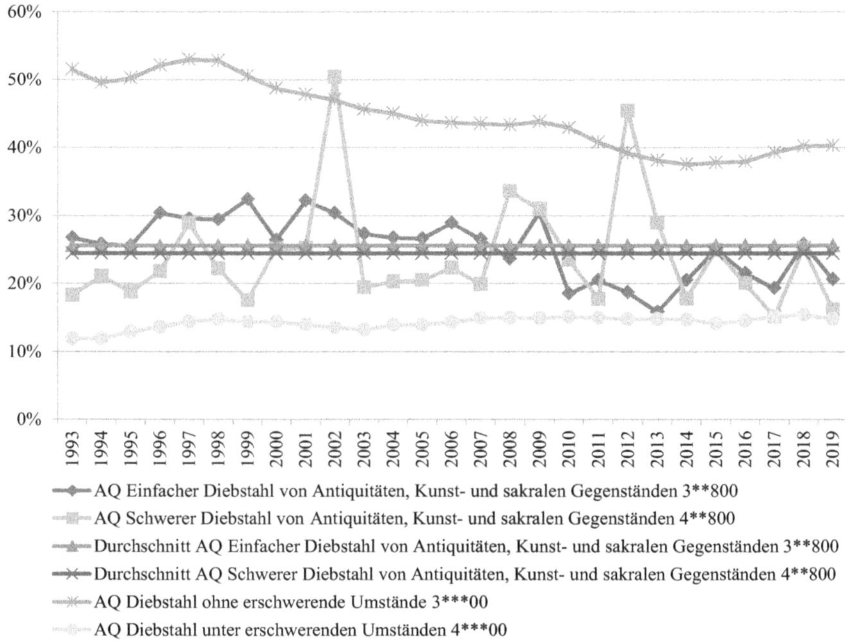

Schaubild 2: Aufklärungsquote des einfachen (3**800) und schweren (4**800) Diebstahls von Antiquitäten, Kunst- und sakralen Gegenständen sowie des Diebstahls ohne (3***00) und unter (4***00) erschwerende(n) Umstände(n) insgesamt seit 1993 in Prozent

Eigene Darstellung auf Basis der PKS 2019 Zeitreihen – Übersicht Falltabellen – Grundtabelle ab 1987; teilweise eigene Berechnungen.

Umständen (4***00). Es kann vermutet werden, dass die Ursache, vor allem bei hochpreisigen Kunstwerken, in einem höheren Ermittlungsaufwand liegt.

Die Auswirkung, die die speziell auf Kunstdelikte ausgerichteten Polizeidienststellen der Landeskriminalämter der Bundesländer Baden-Württemberg, Bayern, Berlin und Hamburg auf die Aufklärungsquote beim Kunstdiebstahl haben können, bleibt ebenfalls fraglich. Der Verdacht liegt nahe, dass in diesen Bundesländern eine höhere Aufklärungsquote zu verzeichnen sein könnte. Zieht man für diese Überlegung beispielhaft die Zahlen aus Bayern heran, so zeigen sich seit 2009 folgende Werte:

Tabelle 7: Erfasste Fälle des schweren Diebstahls von Antiquitäten, Kunst- und sakralen Gegenständen (4**800) mit Aufklärungsquote seit 2009 im Freistaat Bayern[a]

Erfassungsjahr	Anzahl der Fälle (4**800)	Aufklärungsquote in %
2009	73	39,7
2010	118	39,8
2011	122	13,9
2012	210	73,8
2013	282	74,5
2014	84	7,1
2015	98	28,6
2016	72	36,1
2017	81	18,5
2018	82	19,5
2019	73	24,7

[a] Eigene Darstellung auf Basis der PKS Bayern – Tabellen 2009-2019, Schlüsselzahl (4**800); für frühere Erfassungsjahre existieren keine gesondert ausgewiesenen Werte des Diebstahls von Antiquitäten, Kunst- und sakralen Gegenständen.

Hierbei zeigt sich zum einen deutlich, dass die Aufklärungsquote größeren Schwankungen unterworfen ist. So liegen die Werte zwischen 7,1 % im Jahr 2014 und 74,5 % im Vorjahr 2013. Insgesamt ergibt sich eine durchschnittliche Aufklärungsquote von 34,2 %. Die Annahme, dass mit dem Vorhandensein einer speziellen Dienststelle stets eine erhöhte Aufklärungsquote verbunden ist, lässt sich nicht völlig bestätigen. Allerdings sind die Werte, die ab dem Erfassungsjahr 2009 gesondert aufgeführt werden, durchschnittlich höher als im gesamtdeutschen Durchschnitt – teilweise mit bemerkenswerten Aufklärungsquoten von über 70 % in den Berichtsjahren 2012 und 2013. So liegt der Durchschnitt des gesamtdeutschen Wertes beim schweren Kunstdiebstahl nur bei ca. 25 %. Ein klarer Zusammenhang kann hier allerdings nicht nachgewiesen werden. Die teilweise sehr hohen Werte können hier auch auf die bereits erwähnte Aufdeckung von Tatserien zurückgeführt werden.

cc) Schadenshöhe des Kunstdiebstahls in der PKS des Bundes

Die Bedeutung des Diebstahls von Antiquitäten, Kunst- und sakralen Gegenständen lässt sich auch durch eine Betrachtung der in der PKS erfassten Schadenswerte erschließen.

Den Richtlinien zur Führung der PKS 2019 lässt sich folgende Schadensdefinition entnehmen: „*Schaden […] ist grundsätzlich der Geldwert (Verkehrswert) des rechtswidrig erlangten Gutes. […] Falls kein Schaden bestimmbar ist, gilt ein symbolischer Schaden von 1 Euro, dies gilt auch, wenn bei einem vollendeten Vermögensdelikt nur eine Vermögensgefährdung eingetreten ist.*"[1256] Zwar stellt sich hier wiederum die Frage nach dem Verkehrswert des Kunstwerkes, welcher mitunter schwer zu ermitteln ist. Allerdings wird sich in der Praxis für die meisten hier betroffenen Objekte ein Verkehrswert jedenfalls über einen Versicherungswert bilden lassen.[1257]

In der PKS wird der Schaden für die einzelnen Begehungsweisen angegeben; dabei wird der jeweilige Schaden in Bezug auf den einzelnen Fall in eine von neun Schadensklassen eingestuft und eine gesamte Schadenssumme in Euro angegeben.[1258] Die Schadenswerte beziehen sich nur auf die vollendeten Delikte.[1259]

Der Schaden, der durch den Diebstahl von Antiquitäten, Kunst- und sakralen Gegenstände verursacht wird, wird auf zwei verschiedenen Ebenen untersucht. So wird einmal der Umfang des Diebstahls insgesamt von Antiquitäten, Kunst- und sakralen Gegenständen (***800) und in den Kategorien des einfachen (3**800) und schweren (4**800) Diebstahls von Antiquitäten, Kunst- und sakralen Gegenständen betrachtet. Im Anschluss werden die Schadenshöhen der verschiedenen Begehungsweisen (vgl. Tabelle 4) untersucht.

(1) Schadenshöhe des Diebstahls von Antiquitäten, Kunst- und sakralen Gegenständen insgesamt

Die absolute Schadenssumme des Diebstahls von Antiquitäten, Kunst- und sakralen Gegenständen ist in Schaubild 3 dargestellt.

Die erfassten Fälle des einfachen Diebstahls (3**800) weisen, bis auf die deutlichen Steigerungen um das Jahr 2010, einen vergleichsweise konstanten Wert auf. Ein deutlicher Abfall der absoluten Schadenshöhe zeigt sich bei den Begehungsweisen des schweren Diebstahls (4**800). Während die Schadenssumme insgesamt (***800) seit 1993 sieben Mal über 15 Millionen Euro lag, blieb sie – bis auf 2016 – seit 2013 stets unter der Marke von 10 Millionen Euro. Die Schadenshöhe des einfachen Kunstdiebstahls (3**800) liegt dabei vergleichsweise stabil bei Werten um ca. 5 Millionen Euro. Die absolute Schadenshöhe

1256 PKS 2019 – Richtlinien für die Führung der Polizeilichen Kriminalstatistik, S. 8.
1257 Siehe zur Problematik insgesamt auch *Heuer*, NJW 2008, S. 689 ff.
1258 Vgl. etwa die PKS 2019 – Tabelle 07 – Aufgliederung der Straftaten nach Schadenshöhe.
1259 PKS 2019 – Richtlinien für die Führung der Polizeilichen Kriminalstatistik, S. 8.

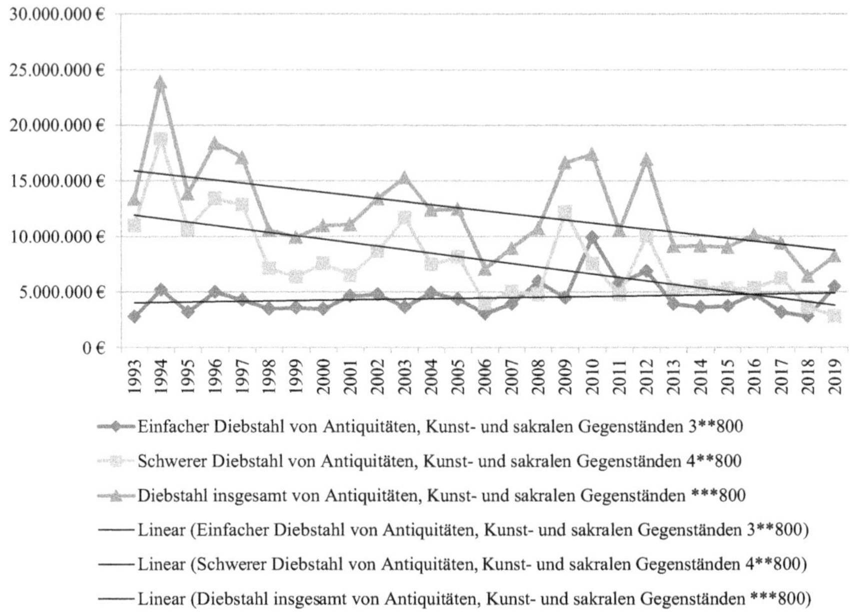

Schaubild 3: Absolute Schadenshöhe in Euro des einfachen (3**800) und schweren (4**800) Diebstahls von Antiquitäten, Kunst- und sakralen Gegenständen und des Diebstahl insgesamt von Antiquitäten, Kunst- und sakralen Gegenständen (***800) seit 1993

Eigene Darstellung auf Basis der PKS 1993-2019; teilweise eigene Berechnungen. Der Umrechnung der Schadenshöhe in Euro wurde der Umrechnungskurs zur Deutschen Mark von 1 EUR = 1,95583 DM zugrunde gelegt. Die Zahlen für das Jahr 1993 erfassen jeweils nur Westdeutschland und Gesamtberlin.

des schweren Kunstdiebstahls (4**800) sinkt im Beobachtungszeitraum, mit einzelnen Ausschlägen nach oben, kontinuierlich. Während Mitte der 90er Jahre die Schadenssumme noch über 10 Millionen Euro lag, nimmt sie in den letzten Berichtsjahren ebenfalls einen Wert um ca. 5 Millionen Euro ein. Ein Zusammenhang mit dem insgesamt geringer werdenden Fallaufkommen ist offensichtlich. Die Entwicklung der durchschnittlichen Schadenshöhe zeigt Schaubild 4.

Die durchschnittliche Schadenshöhe der einzelnen vollendeten Diebstahlstaten zeigt einen ähnlichen Trend wie die absolute Schadenshöhe. So offenbart sich, dass der durchschnittliche Schaden beim schweren Diebstahl von Antiquitäten, Kunst- und sakralen Gegenständen (4**800) im Verlauf sinkt. Bemerkenswert ist der Anstieg im Erfassungsjahr 2009 mit einer durchschnittlichen

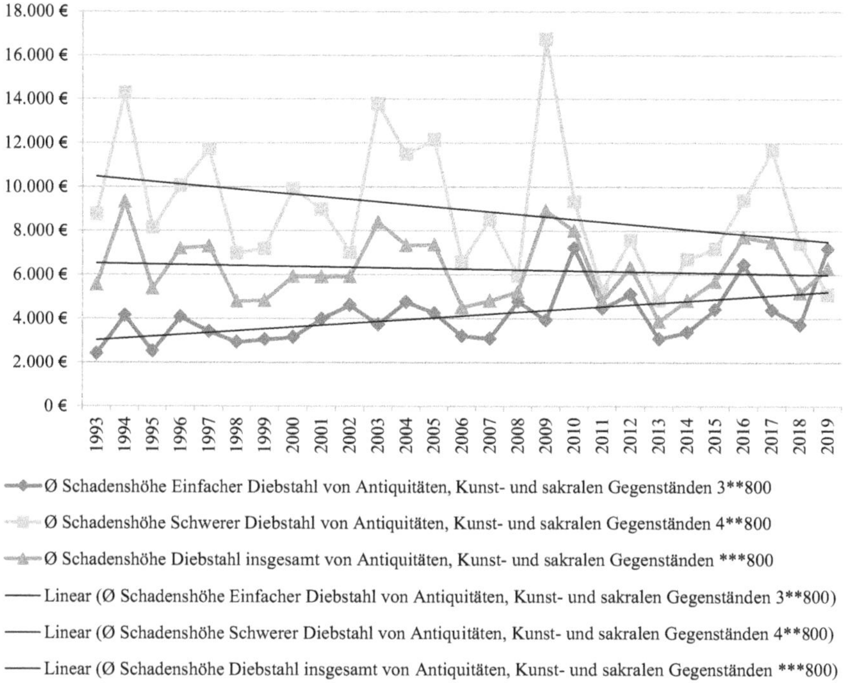

Schaubild 4: Durchschnittliche Schadenshöhe in Euro pro erfasstem Fall des einfachen (3**800) und schweren (4**800) Diebstahls von Antiquitäten, Kunst- und sakralen Gegenständen und des Diebstahl insgesamt von Antiquitäten, Kunst- und sakralen Gegenständen (***800) seit 1993

Eigene Darstellung auf Basis der PKS 1993-2019; teilweise eigene Berechnungen. Bei der Berechnung wurde die jeweilige gesamte Schadenssumme durch die Anzahl der vollendenten Fälle dividiert. Die Zahlen für das Jahr 1993 erfassen jeweils nur Westdeutschland und Gesamtberlin.

Schadenshöhe von über 16.000 Euro. Konstanter erscheint im Kontrast hierzu die durchschnittliche Schadenshöhe des einfachen Diebstahls von Antiquitäten, Kunst- und sakralen Gegenständen (3**800). Wenngleich hier ebenfalls Schwankungen zu erkennen sind, fallen diese deutlich geringer aus. Außerdem zeichnet sich bei einer linearen Betrachtung ein leicht steigender Trend ab. Beim Diebstahl unter erschwerenden Umständen (4**800) ist trotz Schwankungen insgesamt eine leichte Abnahme festzustellen.

(2) Schadenshöhe des Diebstahls von Antiquitäten, Kunst- und sakralen Gegenständen bei den unterschiedlichen Begehungsweisen

Neben dem gesamten Schadensvolumen des Kunstdiebstahls werden nun die Schadenshöhen der verschiedenen Begehungsweisen betrachtet. Die PKS listet für die Erfassungsjahre 2017-2019 folgende Werte auf:

Von den verschiedenen Begehungsweisen des Diebstahls von Antiquitäten, Kunst- und sakralen Gegenständen fallen einige durch besonders hohe durchschnittliche Schadenshöhen auf. Es zeigt sich, dass der Schaden des einfachen Diebstahls in und aus Wohnungen (335800) stets hoch ausfällt und über dem durchschnittlichen Schaden des Diebstahls ohne erschwerende Umstände (3**800) liegt. Ebenso erweisen sich in allen drei Jahren hohe Schadenssummen beim Wohnungseinbruchdiebstahl in beiden aufgeführten Varianten (435800 Wohnungseinbruchdiebstahl (ohne TWE)[1260] gemäß § 244 Abs. 1 Nr. 3 und Abs. 4 StGB von Antiquitäten, Kunst- und sakralen Gegenständen) und (436800 Tageswohnungseinbruch von Antiquitäten, Kunst- und sakralen Gegenständen). Ebenso finden sich hohe Schadenswerte für den schweren Diebstahl insgesamt in und aus Dienst-, Büro-, Fabrikations-, Werkstatt- und Lagerräumen (410800) wie auch in dessen beiden Ausformungen (410810) und (410820), wobei für das Jahr 2017 jeweils besonders hohe Werte vorliegen. Dabei fällt auch auf, dass der schwere Diebstahl gemäß der §§ 244 Abs. 1 Nr. 1 und 2, 244a StGB in und aus Dienst-, Büro-, Fabrikations-, Werkstatt- und Lagerräumen (410820) eher seltener in Erscheinung tritt.

Als Vergleich für die Schadenshöhe kann zum einen eine Studie des Kriminologischen Forschungsinstituts Niedersachsen (KFN) herangezogen werden, die sich mit dem Wohnungseinbruch in fünf Großstädten im Jahre 2010 beschäftigte.[1261] Diese kam zu einem Ergebnis von durchschnittlich 5.987 Euro Schadenshöhe bei einem Median von 1.754 Euro (N = 1.027) für die erfassten Wohnungseinbruchdiebstähle insgesamt.[1262] Weiter wurde in der Untersuchung des KFN auch eine Erhebung der häufigsten Tatobjekte vorgenommen. Demnach waren in 2,6 % der Fälle Antiquitäten und Kunstgegenstände gestohlen worden.[1263] In der PKS 2018 ist für den Wohnungseinbruchdiebstahl (§§ 244

1260 *„Von einem Tageswohnungseinbruch (TWE) ist auszugehen, wenn die Tatzeit zwischen 06:00 und 21:00 Uhr liegt. Lässt sich die Tatzeit nicht auf eine Zeit zwischen diesem Zeitraum bestimmen, liegt kein TWE vor.“* PKS 2019 – Richtlinien – Anlage 3 – Definitionskatalog, S. 12.

1261 *Dreißigacker et al.* 2016, S. 39.

1262 *Dreißigacker et al.* 2016, S. 39.

1263 *Dreißigacker et al.* 2016, S. 39, Abbildung 21.

Tabelle 8: Schadenshöhe des Diebstahls von Antiquitäten, Kunst- und sakralen Gegenständen in den unterschiedlichen (vollendeten) Begehungsweisen der PKS in den Erfassungsjahren 2017-19[a]

Schlüssel	vollendete Fälle 2017	Ø Schaden in € 2017	vollendete Fälle 2018	Ø Schaden in € 2018	vollendete Fälle 2019	Ø Schaden in € 2019
s3800**[b]	721	4.544	753	3.905	757	7.477
300800[c]	575	3.937	610	2.479	591	7.059
310800[d]	55	6.029	61	5.873	71	1.548
335800[e]	91	7.665	82	13.655	95	15.563
4800**[f]	534	12.538	487	7.817	556	5.230
400800[g]	386	9.383	357	5.231	418	2.642
400810[h]	383	9.204	352	5.280	399	2.602
400820[i]	3	41.501	5	1.933	19	3.468
410800[j]	77	24.119	63	8.878	85	12.650
410810[k]	67	24.710	60	8.405	83	12.927
410820[l]	10	20.515	3	17.387	2	1.605
435800[m]	56	19.647	52	23.777	38	12.562
436800[n]	15	10.507	15	12.913	17	18.914
*****800**[o]	1255	7.873	1.240	5.440	1.313	6.518

[a] Eigene Darstellung auf Basis der PKS 2017-2019– Tabelle 07 – Aufgliederung der Straftaten nach Schadenshöhe. Teilweise eigene Berechnungen (gerundet). Schadenshöhe jeweils in Euro bereinigt um die mit einem Euro festgesetzten Fälle.

[b] 3**800 Einfacher Diebstahl von Antiquitäten, Kunst- und sakralen Gegenständen.

[c] 300800 Einfacher Diebstahl von Antiquitäten, Kunst- und sakralen Gegenständen.

[d] 310800 Einfacher Diebstahl in/aus Dienst-, Büro-, Fabrikations-, Werkstatt- und Lagerräumen von Antiquitäten, Kunst- und sakralen Gegenständen.

[e] 335800 Einfacher Diebstahl in/aus Wohnungen von Antiquitäten, Kunst- und sakralen Gegenständen.

[f] 4**800 Schwerer Diebstahl von Antiquitäten, Kunst- und sakralen Gegenständen, 400800 Schwerer Diebstahl insg. von Antiquitäten, Kunst- und sakralen Gegenständen.

[g] 400800 Schwerer Diebstahl insg. von Antiquitäten, Kunst- und sakralen Gegenständen.

[h] 400810 Besonders schwerer Fall des Diebstahls von Antiquitäten, Kunst- und sakralen Gegenständen.

[i] 400820 Schwerer Diebstahl gemäß §§ 244 Abs. 1 Nr. 1 und 2, 244a StGB von Antiquitäten, Kunst- und sakralen Gegenständen.

[j] 410800 Schwerer Diebstahl insg. in/aus Dienst-, Büro-, Fabrikations-, Werkstatt- und Lagerräumen von Antiquitäten, Kunst- und sakralen Gegenständen.

(wird fortgeführt)

Tabelle 8: Fortsetzung

[k] 410810 Besonders schwerer Fall des Diebstahls in/aus Dienst-, Büro-, Fabrikations-, Werkstatt- und Lagerräumen von Antiquitäten, Kunst- und sakralen Gegenständen.

[l] 410820 Schwerer Diebstahl gemäß §§ 244 Abs. 1 Nr. 1 und 2, 244a StGB in/aus Dienst-, Büro-, Fabrikations-, Werkstatt- und Lagerräumen von Antiquitäten, Kunst- und sakralen Gegenständen.

[m] 435800 Wohnungseinbruchdiebstahl (ohne TWE) gemäß § 244 Abs. 1 Nr. 3 und Abs. 4 StGB von Antiquitäten, Kunst- und sakralen Gegenständen.

[n] 436800 Tageswohnungseinbruch von Antiquitäten, Kunst- und sakralen Gegenständen.

[o] ***800 Diebstahl insgesamt von Antiquitäten, Kunst- und sakralen Gegenständen.

I Nr. 3 und IV, 244a StGB (435*00)) sowie für den einfachen Diebstahl in/aus Wohnungen (335*00) ein durchschnittlicher Schadenswert pro vollendetem Fall von 4.897 Euro sowie 1.828 Euro erfasst.[1264]

Weiterhin bietet sich ein Vergleich der Schadenshöhen des Kunstdiebstahls mit denen des Diebstahls im Allgemeinen an. In der nachfolgenden Tabelle 9 sind durchschnittliche Schadenshöhen einiger Schlüsselzahlen des Diebstahls aus dem Erfassungsjahr 2019 dargestellt.

Im Vergleich mit den durchschnittlichen Schadenshöhen des Diebstahls im Allgemeinen wird deutlich, dass der Schaden des Kunstdiebstahls in den ähnlichen Kategorien stets höher ist. Insbesondere sind auch die Schadenshöhen bei den Kategorien des einfachen Diebstahls in/aus Wohnungen und den verschiedenen Formen des Wohnungseinbruchsdiebstahls deutlich höher, als beim Diebstahl im Allgemeinen. Für das Erfassungsjahr 2019 konnte beim allgemeinen Wohnungseinbruchsdiebstahl (435*00) und beim Tageswohnungseinbruchsdiebstahl (436*00) ein Schaden von 6.656 Euro bzw. 5.200 Euro ermittelt werden. Im selben Erfassungsjahr lag der Schaden bei den gleichen Kategorien des Kunstdiebstahls bei 12.562 Euro (435800) bzw. bei 18.914 Euro (436800). Aber auch die allgemeinen Erfassungskategorien weisen beim Kunstdiebstahl stets einen deutlich höheren durchschnittlichen Schaden auf als beim Diebstahl im Allgemeinen. So konnte für den einfachen Diebstahl von Antiquitäten, Kunst- und sakralen Gegenständen (3**800) für 2019 eine durchschnittliche Schadenshöhe von 7.477 Euro festgestellt werden. Der Diebstahl ohne erschwerende Umstände (3***00) im Allgemeinen wies dagegen nur eine durchschnittlich Schadenshöhe von 548 Euro auf.

1264 PKS 2019 – Tabelle 07 – Aufgliederung der Straftaten nach Schadenshöhe (eigenen Berechnung).

Tabelle 9: Schadenssummen ausgewählter Schlüsselzahlen des Diebstahls im Allgemeinen 2019

Schlüssel	Straftaten	vollendete Fälle	Ø Schaden in € (bereinigt)
3*00**	Diebstahl ohne erschwerende Umstände §§ 242, 247, 248a-c StGB	999.939	548
310*00	Einfacher Diebstahl in/aus Dienst-, Büro-, Fabrikations-, Werkstatt- und Lagerräumen	31.774	1.620
335*00	Einfacher Diebstahl in/aus Wohnungen	42.013	2.014
4*00**	Diebstahl unter erschwerenden Umständen §§ 243-244a StGB	614.667	2.735
410*00	Schwerer Diebstahl in/aus Dienst-, Büro-, Fabrikations-, Werkstatt- und Lagerräumen	38.631	5.027
435*00	Wohnungseinbruchdiebstahl §§ 244 Abs. 1 Nr. 3 und Abs. 4, 244a StGB	47.679	6.656
436*00	Tageswohnungseinbruchdiebstahl §§ 244 Abs. 1 Nr. 3 und Abs. 4, 244a StGB	19.852	5.200

[a] Eigene Darstellung auf Basis der PKS 2019– Tabelle 07 – Aufgliederung der Straftaten nach Schadenshöhe. Teilweise eigene Berechnungen. Schadenshöhe jeweils in Euro (gerundet) bereinigt um die mit einem Euro festgesetzten Fälle.

Insgesamt zeigt sich somit, dass die durchschnittlichen Schadenshöhen im Bereich des Diebstahls von Antiquitäten, Kunst- und sakralen Gegenständen deutlich über den hier dargestellten durchschnittlichen Werten des Diebstahls im Allgemeinen liegen. Die verschiedenen erfassten Varianten des Wohnungseinbruchdiebstahls sowie des Diebstahls aus Wohnungen von Antiquitäten, Kunst- und sakralen Gegenständen erweisen sich als besonders schadensträchtig.

dd) Angaben zu den Tatverdächtigen des Diebstahls von Antiquitäten, Kunst- und sakralen Gegenständen innerhalb der PKS des Bundes von 1993 bis 2019

In der PKS werden für den Kunstdiebstahl auch Eigenschaften der Tatverdächtigen erfasst. Dazu gehören Daten zum Geschlecht, zum Umstand, ob allein gehandelt wurde, ob der Tatverdächtige bereits in Erscheinung getreten war, sowie der Anteil nichtdeutscher Tatverdächtiger.

Weitere in der PKS erfasste Umstände zu den Tatverdächtigen, wie etwa Alkoholeinfluss oder der Konsum harter Drogen[1265], sollen nicht betrachtet werden.

1265 Vgl. PKS 2019 – Tabelle 22 – Sonstige Angaben zum Tatverdächtigen.

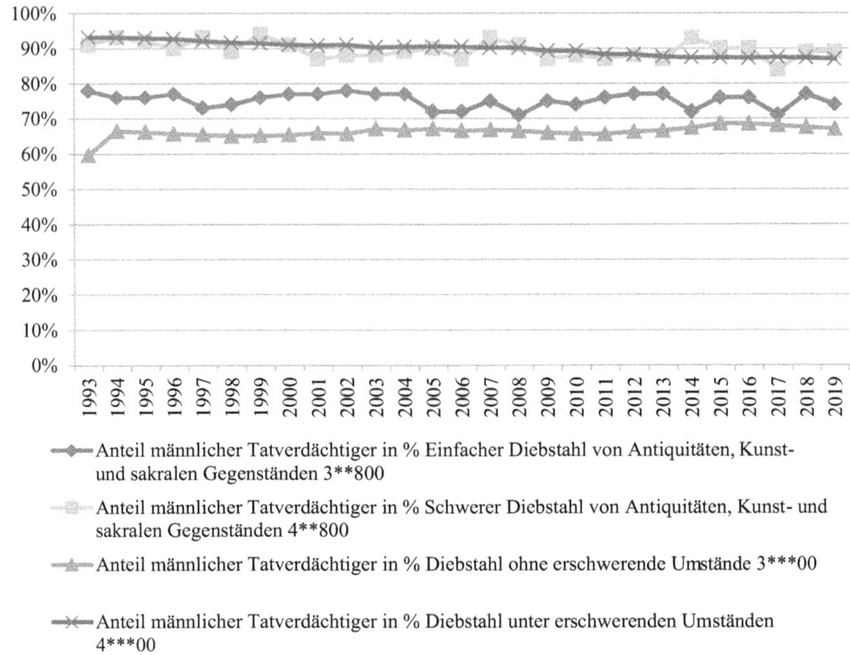

Schaubild 5: Verteilung der Tatverdächtigen nach Geschlecht beim einfachen (3**800) und schweren (4**800) Diebstahl von Antiquitäten, Kunst- und sakralen Gegenständen und dem Diebstahl ohne (3***00) und unter (4***00) erschwerende(n) Umstände(n) seit 1993 in Prozent

Eigene Darstellung auf Basis der PKS 1993-2019, teils eigene Berechnungen.

Weiterhin soll auch der Gebrauch oder das Mitführen von Schusswaffen nicht weiter ausgeführt werden, da dies in quantitativer Hinsicht jeweils zu vernachlässigen ist.[1266]

(1) Geschlecht der Tatverdächtigen

Betrachtet man zunächst die erfassten Tatverdächtigen im Hinblick auf deren Geschlecht, ergibt sich das in Schaubild 5 dargestellte Bild.

1266 So finden sich in der PKS 2019 – Tabelle 01 – Grundtabelle keine Fälle, in denen mit einer Schusswaffe gedroht oder mit dieser sogar geschossen wurde.

Sowohl für den einfachen (3**800) und schweren (4**800) Diebstahl von Antiquitäten, Kunst- und sakralen Gegenständen zeigt sich, dass der Anteil der männlichen Tatverdächtigen sehr konstant bleibt; ebenso erweist sich, dass der Anteil an männlichen Tatverdächtigen beim Diebstahl unter erschwerenden Umständen bei den Kunstgegenständen im Beobachtungszeitraum durchgehend über dem des einfachen Diebstahls liegt und sich dort relativ konstant bei einem Wert um 90 % einpendelt. Beim einfachen Kunstdiebstahl (3**800) zeigt sich durchgehend ein Wert zwischen 70 % und 80 %, während der Anteil des einfachen Diebstahls im Allgemeinen (3***00) zwischen 60 % und 70 % liegt. Vergleicht man die geschlechtliche Verteilung des Diebstahls von Antiquitäten, Kunst- und sakralen Gegenständen mit der des Diebstahls insgesamt (3***00 und 4***00), fallen zwischen beiden dargestellten Formen keine wesentlichen Abweichungen auf.

(2) Alleinhandelnde Tatverdächtige

Der Anteil der alleinhandelnden Tatverdächtigen am Diebstahl von Antiquitäten, Kunst- und sakralen Gegenständen sowie am Diebstahl insgesamt wird im nachfolgenden Schaubild 6 veranschaulicht.

Die beiden Erfassungsmodalitäten des Diebstahls von Antiquitäten, Kunst- und sakralen Gegenständen und des Diebstahls im Allgemeinen unterscheiden sich hauptsächlich durch den jeweils geringeren Anteil an alleinhandelnden Personen beim Kunstdiebstahl. Der Anteil der alleinhandelnden Tatverdächtigen liegt beim Diebstahl ohne erschwerende Umstände (3***00) bei ca. 80 %. Die Werte des einfachen Kunstdiebstahls (3**800) liegen mit teils größeren Schwankungen stets darunter. Der Diebstahl unter erschwerenden Umständen (4***00) zeigt einen Anteil alleinhandelnder Tatverdächtiger der zwischen 56,8 % und 43,6 % liegt. Die Werte des schweren Kunstdiebstahls (4***80) weisen zumeist Ähnlichkeiten in der Höhe auf, zeigen aber auch deutliche Schwankungen, etwa mit 25,8 % im Jahr 2002 oder 63,6 % im Jahr 2009.

Teilweise nähern sich die Werte der jeweiligen Erfassungsformen des Kunstdiebstahls und des Diebstahls im Allgemeinen beinahe vollständig an und lassen die gleichen Bewegungen innerhalb der langfristigen Entwicklung erkennen. Das lässt die Schlussfolgerung zu, dass die fluktuierenden Abweichungen beim Kunstdiebstahl erneut auf die geringen Fallzahlen zurückzuführen sind.

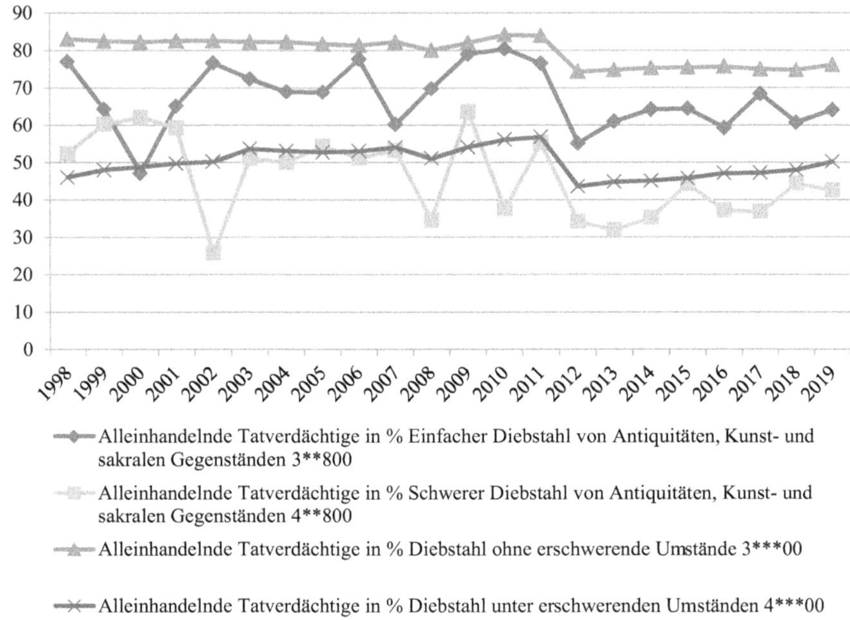

Schaubild 6: Verteilung der alleinhandelnden Tatverdächtigen beim einfachen (3**800) und schweren (4**800) Diebstahl von Antiquitäten, Kunst- und sakralen Gegenständen und dem Diebstahl ohne (3***00) und unter (4***00) erschwerende(n) Umstände(n) seit 1998 in Prozent

Eigene Darstellung auf Basis der PKS 1998-2019. Die Darstellung in der PKS beginnt hier erst mit dem Erfassungsjahr 1998.

(3) Anteil der bereits als Tatverdächtige in Erscheinung getretenen Personen

Weiterhin gibt die PKS Auskunft darüber, ob die Tatverdächtigen „*als Tatverdächtige bereits in Erscheinung getreten*" sind.[1267] Die PKS gibt zu diesem Merkmal an, dass die Ausweisung als bereits in Erscheinung getreten nicht mit einer Vorbestrafung gleichgesetzt werden kann.[1268] Dieses Merkmal ist unabhängig von der Tatsache, ob der Tatverdächtige bereits einer gleichartigen Straftat verdächtigt wurde. Hierin besteht der Unterschied zum sog. Mehrfachverdächtigen,

1267 PKS 2019 – Jahrbuch Band 3, S. 115.
1268 PKS 2019 – Jahrbuch Band 3, S. 115.

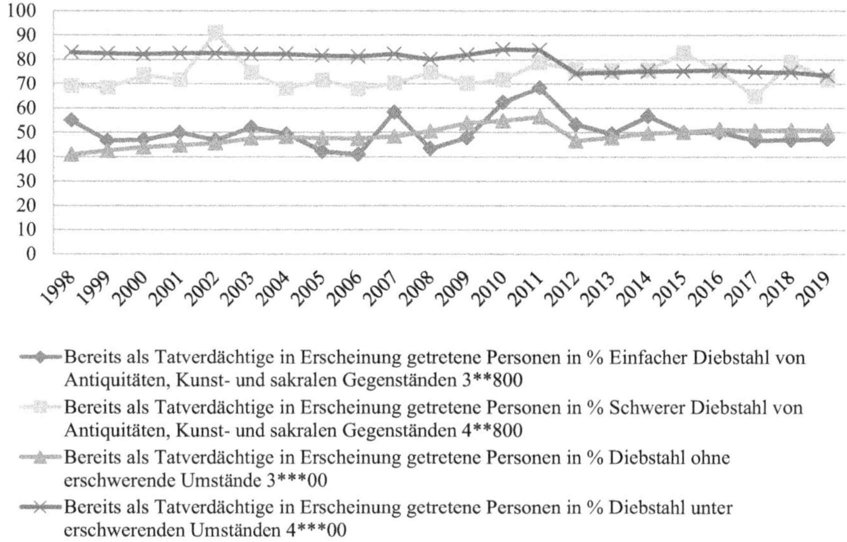

Schaubild 7: Anteil der bereits als Tatverdächtige in Erscheinung getretenen Personen beim einfachen (3**800) und schweren (4**800) Diebstahl von Antiquitäten, Kunst- und sakralen Gegenständen und dem Diebstahl ohne (3***00) und unter (4***00) erschwerende(n) Umstände(n) seit 1998 in Prozent

Eigene Darstellung auf Basis der PKS 1998-2019. Die Darstellung in der PKS beginnt hier erst mit dem Erfassungsjahr 1998.

der in einem Berichtsjahr mindestens zweimal im gleichen Deliktsbereich polizeilich in Erscheinung getreten ist.[1269]

Die seit 1998 separat geführten Werte zeigt Schaubild 7.

Der prozentuale Anteil der bereits als Tatverdächtige in Erscheinung getretenen Personen weist für beide Formen des Diebstahls von Antiquitäten, Kunst- und sakralen Gegenständen einen jeweils relativ konstanten Anteil auf. Beim einfachen Kunstdiebstahl (3**800) bewegt sich der Anteil bereits als Tatverdächtige in Erscheinung getretener Personen ebenso wie beim Diebstahl ohne erschwerende Umstände (3***00) bei um die 50 %. Beim schweren Kunstdiebstahl (4**800), wie auch beim Diebstahl unter erschwerenden Umständen (4***00), bewegt sich der Wert zwischen 70 % und 80 %.

1269 PKS 2018 – Jahrbuch Band 3, S. 115.

Der Anteil bereits als Tatverdächtige in Erscheinung getretener Personen liegt beim Diebstahl unter erschwerenden Umständen für den gesamten Zeitraum seit 1998 deutlich über dem des einfachen Diebstahls.

Der Anteil der bereits als Tatverdächtige in Erscheinung getretenen Personen liegt beim Diebstahl im Allgemeinen und beim Diebstahl von Antiquitäten, Kunst- und sakralen Gegenständen ebenfalls sehr dicht beieinander. Die vereinzelten Ausschläge und Abweichungen beim Kunstdiebstahl dürften erneut mit den geringeren Fallzahlen zu erklären sein.

(4) Nichtdeutsche Tatverdächtige

Bei der Betrachtung der in der PKS registrierten Taten fallen in Bezug auf den Anteil nichtdeutscher Tatverdächtiger für den einfachen (3**800) und schweren (4**800) Diebstahl von Antiquitäten, Kunst- und sakralen Gegenständen einige Aspekte auf. Zunächst zeigt sich in Schaubild 8, dass der Anteil der nichtdeutschen Tatverdächtigen bis auf für die Berichtsjahre 2008 und 2010 beim schweren Kunstdiebstahl (4**800) stets sichtbar unter den jeweiligen Werten der Diebstahlstaten im Allgemeinen (4***00) zurückbleibt. Noch deutlicher bleibt der einfache Kunstdiebstahl (3**800) unter den Werten des Diebstahls ohne erschwerende Umstände (3***00) zurück. So lag der Wert bei den Taten insgesamt in den letzten fünf Jahren zwischen 35 % und 40 %, während sich der einfache Kunstdiebstahl nahe der 15 %-Marke bewegte. Die Entwicklung des Anteils an nichtdeutschen Tatverdächtigen verläuft bei beiden betrachteten Formen des Diebstahls ähnlich. Jedoch verzeichnet nur der schwere Diebstahl von Antiquitäten, Kunst- und sakralen Gegenständen (4**800) im Jahr 2008 einen sprunghaften Anstieg, der sich im Jahr 2010 wiederholt. Die deutlicheren Schwankungen dürften dabei insbesondere auf die Fluktuation zurückzuführen sein, die aus den vergleichsweise niedrigen Fallzahlen resultiert.

(5) Kunstdiebstahl als Tat von Spezialisten?

Die Daten der PKS zu den Tatverdächtigen des Kunstdiebstahls weisen große Ähnlichkeit zu denen des gewöhnlichen Diebstahls auf. Bei manchen Begehungsweisen des Kunstdiebstahls zeigen sich jedoch hohe durchschnittliche Schadenswerte. Diese hohen Schadenswerte, insbesondere bei den Einbruchdiebstählen, lassen alleine allerdings nicht den Schluss zu, dass es sich bei den üblichen Taten des Kunstdiebstahls um die Taten von „Spezialisten" handelt.

Zu vermuten ist stattdessen, dass Kunstgegenstände in den meisten Fällen als „Beifang" gewöhnlicher Diebstahlstaten angesehen werden können. Die höheren Schadenssummen können damit erklärt werden, dass Einbruchdiebstähle eher

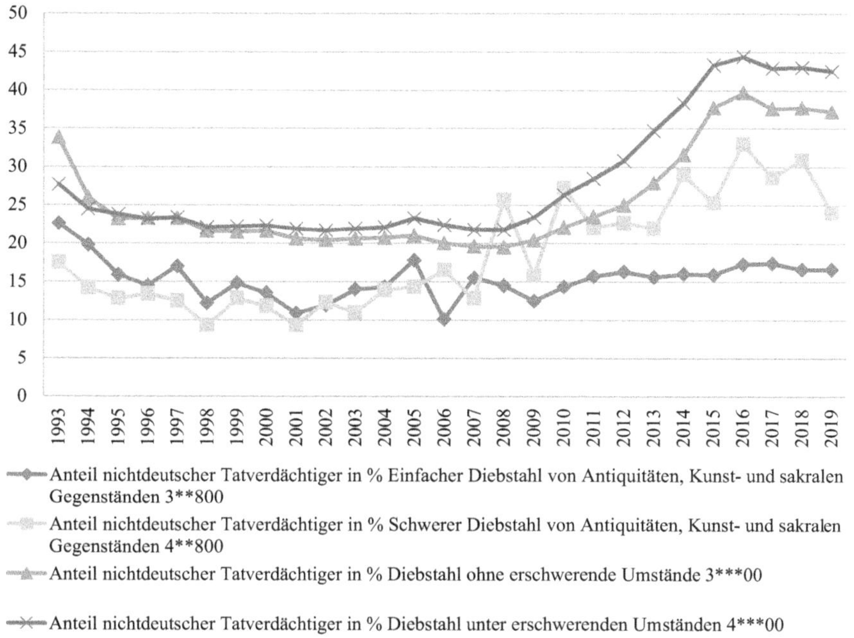

Schaubild 8: Anteil der nichtdeutschen Tatverdächtigen beim einfachen (3**800) und schweren (4**800) Diebstahl von Antiquitäten, Kunst- und sakralen Gegenständen und dem Diebstahl ohne (3***00) und unter (4***00) erschwerende(n) Umstände(n) seit 1993 in Prozent

Eigene Darstellung auf Basis der PKS 2019 Zeitreihen – Übersicht Falltabellen – Grundtabelle ab 1987.

in „lohnenderen" Gebäuden stattfinden, in denen tendenziell mehr Kunstgegenstände anzutreffen sein dürften. Auch ist zu bedenken, dass Kunstgegenstände oft einen höheren Wert haben und daher auch bei ungezielten Diebstahlstaten hohe Schadenssummen verursachen können. Insgesamt ist somit zu vermuten, dass es sich bei den meisten Fällen des Kunstdiebstahls nicht um die Tat von „Spezialisten", sondern um ungezielte Diebstähle handelt. Spektakuläre und schadensträchtige Kunstdiebstähle, wie sie einleitend präsentiert wurden, dürften damit Ausnahmefälle darstellen.

Tabelle 10: Schlüsselzahlen und erfasste Tatbestände des KGSG in der PKS des Bundes seit 2018[a]

Schlüsselzahl	Straftat
727000	Straftaten nach dem Kulturgutschutzgesetz (KGSG)
727100	Illegale Ausfuhr von Kulturgut § 83 Abs. 1 Nr. 1, 2 und Abs. 2 KGSG
727200	Illegale Einfuhr von Kulturgut § 83 Abs. 1 Nr. 3 KGSG
727300	Illegaler Handel mit Kulturgut § 83 Abs. 1 Nr. 4, 5 und Abs. 5 KGSG
727400	Beschädigung, Zerstörung oder Veränderung von Kulturgut § 83 Abs. 3 KGSG

[a] Eigene Darstellung auf Basis der PKS 2018 – Straftatenkatalog aktuell, S. 36 f.; PKS 2019 – Straftatenkatalog aktuell, S. 37.

c) *Delikte des KGSG in der Polizeilichen Kriminalstatistik des Bundes seit 2018*

In diesem Abschnitt werden nun die Delikte des KGSG in der PKS des Bundes untersucht. Wie angeführt, werden die seit dem Inkrafttreten des KGSG im Jahr 2016 existierenden Tatbestände des § 83 KGSG erstmals für das Erfassungsjahr 2018 mit verschiedenen Schlüsselzahlen erfasst.[1270]

Die seit dem Erfassungsjahr 2018 hinzugefügten Schlüsselzahlen gliedern sich in die in Tabelle 10 aufgelisteten Tatbestände. Für die erfassten Straftaten des KGSG findet keine Schadenserfassung statt.[1271]

Wie Tabelle 11 zeigt, fällt die Anzahl der für das erste Erfassungsjahr registrierten Fälle ausgesprochen niedrig aus.

Insgesamt wurden im Berichtsjahr 2018 lediglich sechs Fälle und sieben Tatverdächtige erfasst. Für die illegale Ausfuhr von Kulturgut (727100) ebenso wie für den Zerstörungs- und den Beschädigungstatbestand (727400) wurden keine Fälle registriert.

Im zweiten Erfassungsjahr 2019 zeichnet sich der Deliktsbereich des KGSG ebenfalls durch sehr geringe Fallzahlen aus. Insgesamt sind 28 Straftaten nach dem Kulturgutschutzgesetz registriert worden. Dabei entfallen 13 Taten auf die

1270 PKS 2018 – Straftatenkatalog aktuell, S. 36 f.; PKS 2019 – Straftatenkatalog aktuell, S. 37.

1271 PKS 2018 – Straftatenkatalog aktuell, S. 36 f.; PKS 2019 – Straftatenkatalog aktuell, S. 37.

Tabelle 11: Erfasste Fälle des KGSG in der PKS des Bundes 2018[a]

Schlüsselzahl	Erf. Fälle (vollendet/ davon Versuche)	AQ in %	TV insgesamt (insg./männl)	Nichtdeut. TV in %	Alleinhand. TV	Bereits in Erscheinung getretene TV
727000	6/2	100	7/6	42,9	4	1
727100	0/0	/	/	/	/	/
727200	1/0	100	1/1	100	1	1
727300	5/2	100	6/5	33,3	4	/
727400	0/0	/	/	/	/	/

[a] Eigene Darstellung auf Basis der PKS 2018 – Tabelle 01 – Grundtabelle; Tabelle 22 – Sonstige Angaben zum Tatverdächtigen.

Tabelle 12: Erfasste Fälle des KGSG in der PKS des Bundes 2019[a]

Schlüsselzahl	Erf. Fälle (vollendet/ davon Versuche)	AQ in %	TV insgesamt (insg./männl.)	Nichtdeut. TV in %	Alleinhand. TV	Bereits in Erscheinung getretene TV
727000	28/0	92,9	15/13	33,3	12	7
727100	13/0	100	1/1	100,0	1	1
727200	2/0	50	1/1	0,0	1	0
727300	12/0	91,7	12/10	33,3	9	6
727400	1/0	100	1/1	0,0	1	0

[a] Eigene Darstellung auf Basis der PKS 2019 – Tabelle 01 – Grundtabelle; Tabelle 22 – Sonstige Angaben zum Tatverdächtigen.

illegale Ausfuhr von Kulturgut gem. § 83 I Nr. 1, 2 und Abs. 2 KGSG sowie 12 auf den illegalen Handel mit Kulturgut gem. § 83 I Nr. 4, 5 und V KGSG. Im Gegensatz zur ersten Erfassung im Jahr 2018 wurden für alle Schlüsselzahlen Taten registriert. Zwar ist die Anzahl der erfassten Taten im Vergleich zum Vorjahr leicht angestiegen, jedoch bleibt der Deliktsbereich quantitativ unbedeutend.

Für die niedrige Anzahl registrierter Taten kann es mehrere Erklärungen geben. Sie kann mit Startschwierigkeiten bei der Anwendung der neuen und vergleichsweise komplexen Normen des KGSG zusammenhängen oder auf eine möglicherweise noch geringe Sensibilität für die neuen Straftatbestände hindeuten.

Im Vergleich zum Ausmaß des illegalen Handels mit Kunst- und Kulturgütern, das in der Literatur angenommen wird, sind die in der PKS erfassten Zahlen bemerkenswert gering. Obwohl mit einem beträchtlichen Dunkelfeld zu rechnen ist – jedenfalls für die illegale Einfuhr und den illegalen Handel – bleibt das Hellfeld äußerst klein.[1272]

d) Kriminalstatistiken der Länder zum Kunstdiebstahl und zu sonstigen Bereichen der Kunstkriminalität

Neben der bundesweiten PKS existieren solche Statistiken auch auf Länderebene.[1273] Dabei werden teils unterschiedliche und über die PKS des Bundes hinausgehende Aussagen zu Teilbereichen der Kunstkriminalität getroffen. So finden sich beispielsweise zusätzliche länderspezifische Schlüsselzahlen des Kunstdiebstahls, die u.a. zusätzliche Tatorte des Kunstdiebstahls erfassen. In geringerem Umfang finden sich auch weitere Bereiche der Kunstkriminalität durch zusätzliche Schlüssel wieder. Die länderspezifischen Schlüsselzahlen sind teilweise jedoch hinsichtlich der erfassten Fallzahlen bedeutungslos. Die Schlüsselzahlen mit vernachlässigbarem Fallaufkommen werden daher nicht separat dargestellt.[1274]

Die nachfolgend zugrunde gelegten Daten der jeweiligen PKS der Länder wurden teilweise auf Anfrage von den LKÄ zur Verfügung gestellt. Zunächst wird auf die Fallzahlen zur Kunstkriminalität des Landes Berlin eingegangen.

aa) Fallzahlen der auf Kunstkriminalität spezialisierten Dienststelle des LKA Berlin

Dem Verfasser wurden im Rahmen der im weiteren Verlauf noch detailliert betrachteten Experteninterviews mit der auf Kunstkriminalität spezialisierten Dienststelle des LKA Berlin (LKA 444) deren Fallzahlen zur Verfügung gestellt

---

1272 Vgl. zum Dunkelfeld die Literatur unter D.) III.).

1273 Siehe hierzu auch die Auswertung und das Vorgehen von *Werr* 1978, S. 46 ff.

1274 Als Beispiel können die sechs zusätzlichen Schlüsselzahlen der PKS des Landes Berlin angeführt werden. Dort sind zusätzlich unter anderem der „*Diebstahl von Antiquitäten, Kunst- und sakralen Gegenständen als Trickdiebstahl*", der „*[s]chwer[e] Diebstahl in/aus Lauben von Antiquitäten, Kunst- und sakralen Gegenständen*" sowie verschiedene Varianten des Wohneinbruchdiebstahls „*von Antiquitäten, Kunst- und sakralen Gegenständen in/aus Villa/Einfamilienhaus*" erfasst (vgl. PKS Berlin 2018). Im Regelfall wurden für diese zusätzlichen Schlüssel allerdings keine ohne nur einzelne Fälle erfasst (vgl. PKS Berlin 2014-2018).

(Tabelle 13). Die Zahlen wurden hierfür seitens der Dienststelle aus der PKS entnommen und zeigen die Fallzahlen, die von der spezialisierten Dienststelle im jeweiligen Erfassungsjahr bearbeitet wurden. Neben den Fallzahlen wurden auch die zugehörigen Aufklärungsquoten von der Dienststelle zur Verfügung gestellt (Tabelle 14).

Es zeigt sich zunächst, dass die Fallzahlen großen Schwankungen unterliegen. Deutlich sichtbar wird, dass sich die bearbeiteten Fälle auf den einfachen und den schweren Diebstahl konzentrieren sowie insbesondere auch auf die Vermögens- und Fälschungsdelikte. So lagen die Fallzahlen des einfachen Diebstahls zwischen 2013 und 2017 im Mittel bei 64 Fällen. Die durchschnittliche Anzahl an erfassten Fällen des schweren Diebstahls lag im gleichen Zeitraum bei 40. Bei den Vermögens- und Fälschungsdelikten finden sich große Schwankungen, die von 49 bis zu 225 registrierten Fällen reichen. Von den Kategorien der Vermögens- und Fälschungsdelikte nimmt jeweils der Betrug die mit Abstand größte Rolle ein.

Die „konkreten Fälschungsdelikte", nämlich die Urkundenfälschung und die urheberrechtlichen Delikte, weisen eher geringere Fallzahlen auf. So lagen die

Tabelle 13: Fallzahlen der auf Kunstkriminalität spezialisierten Dienststelle des LKA Berlin (LKA 444) 2013-2017[a]

Delikte	2013	2014	2015	2016	2017
Raub / Räuber. Erpressung	1	3	0	1	0
Einfacher Diebstahl	104	72	55	60	27
Schwerer Diebstahl	44	50	34	49	22
Vermögens- und Fälschungsdelikte davon:[b]	79	49	225	105	222
Betrug	56	40	213	64	209
Veruntreuung	1	0	0	4	3
Unterschlagung	17	6	7	8	4
Urkundenfälschung	5	3	4	19	6
Hehlerei	7	17	9	20	9
Urheberrechtsgesetz	0	0	0	19	32
Sonst. Delikte	18	26	19	49	48
Straftaten gesamt	246	200	333	264	319

[a] Eigene Darstellung auf Basis der PKS Berlin 2013-2017. Die Zahlen wurden von der Dienststelle des LKA Berlin (LKA 444) zur Verfügung gestellt.

[b] Mehrfache Erfassungen sind möglich.

Urkundenfälschungen im Berichtszeitraum zumeist deutlich unter 10 erfassten Fällen pro Jahr. Verstöße gegen das Urheberrecht konnten in drei der fünf Erfassungsjahre keine erfasst werden, in den anderen beiden Jahren allerdings immerhin 19 und 32 Fälle. Unter dem Begriff Vermögens- und Fälschungsdelikte werden aber auch weniger fälschungsspezifische Delikte erfasst, wie etwa der Betrug, bei denen nicht zweifelsfrei nachzuvollziehen ist, inwieweit Fälschungen konkret betroffen sind. Ein Betrug ist etwa auch durch den Verkauf gestohlener Ware denkbar. Bei der Kunstfälschung ist auch zu berücksichtigen, dass bei vielen erfassten Kunstfälschungen eine Urkundenfälschung häufig schwer feststellbar sein wird, da hierfür auch der Ursprung und dementsprechend der eigentliche Fälscher ermittelt werden müssen. Folglich ist in Anbetracht der konkreten Zahlen der Dienststelle zu vermuten, dass die Kunstfälschung in den häufigsten Fällen durch Betrugsdelikte zutage tritt. Es zeigt sich insgesamt, dass dem Betrug im Bereich der Kunstkriminalität für die Fallzahlen der Berliner Dienststelle eine vergleichsweise große quantitative Bedeutung zukommt.

Zudem konnten seitens der Dienststelle in Berlin auch die zugehörigen Aufklärungsquoten zu den Delikten zur Verfügung gestellt werden, siehe Tabelle 14.

Tabelle 14: Aufklärungsquote der auf Kunstkriminalität spezialisierten Dienststelle des LKA Berlin (LKA 444) 2013-2017 zu den aufgeführten Fällen in Prozent[a]

Delikte	2013	2014	2015	2016	2017
Raub / Räuber. Erpressung	100,00	0,00	entf.	100,00	entf.
Einfacher Diebstahl	43,20	47,22	38,18	31,67	40,74
Schwerer Diebstahl	34,10	40,00	17,65	12,24	40,91
Vermögens- und Fälschungsdelikte davon:[b]	79,75	83,67	96,00	93,33	97,30
Betrug	82,10	92,50	97,18	96,88	99,52
Veruntreuung	100,00	entf.	entf.	100,00	100,00
Unterschlagung	82,30	50,00	85,71	100,00	75,00
Urkundenfälschung	40,00	33,30	50,00	73,68	33,30
Hehlerei	71,40	76,47	111,11	85,00	77,78
Urheberrechtsgesetz	entf.	entf.	entf.	100,00	100,00
Straftaten gesamt	56,50	57,50	78,10	63,20	87,70

[a] Eigene Darstellung auf Basis der PKS Berlin 2013-2017. Die Zahlen wurden von der Dienststelle des LKA Berlin (LKA 444) zur Verfügung gestellt.

[b] Mehrfache Erfassungen sind hierbei möglich.

Betrachtet man die Aufklärungsquoten, so sind diese bemerkenswert hoch. Es zeigt sich bereits bei den Diebstahlsdelikten ein deutlich über den oben angeführten Aufklärungswerten liegender Wert. Hiervon ausgenommen ist nur der schwere Diebstahl in den Erfassungsjahren 2015 und 2016. Bemerkenswert sind die Aufklärungsquoten im Bereich der Vermögens- und Fälschungsdelikte, die in den letzten drei Berichtsjahren teils deutlich über 90 % lagen. Besonders hinsichtlich der doch vergleichsweise hohen Fallzahlen für den Betrug sind die teilweise an 100 % grenzenden Werte herausragend. Die Aufklärungsquote für den Betrug im Gesamten lag in Berlin beispielsweise in den Erfassungsjahren 2016 bei 56,3 % und 2017 bei 55,0 %.[1275]

Bei den hohen Aufklärungsquoten der spezialisierten Dienststelle in Berlin sind auch mögliche Verzerrungen zu bedenken. Beispielsweise könnte oft bereits bei der Anzeige auch ein konkreter Tatverdächtiger genannt werden. Allerdings dürfte ein Teil der hohen Aufklärungsquote auf die Spezialisierung der Dienststelle zurückzuführen sein.

Obwohl anhand der von der Dienststelle bearbeiteten und erfassten Fälle keine Rückschlüsse auf die allgemeine Verteilung der verschiedenen Erscheinungsformen der Kunstkriminalität möglich sind, lassen die Zahlen doch zumindest eine Betrachtung der Struktur der Kunstfälschungsdelikte zu. Deutlich wurde, dass die erfassten Vermögens- und Fälschungsdelikte hohe Fallzahlen im Verhältnis zum Kunstdiebstahl aufweisen.

bb) Polizeiliche Kriminalstatistik des Landes Rheinland-Pfalz

In der Polizeilichen Kriminalstatistik des Landes Rheinland-Pfalz sind zusätzliche Schlüsselzahlen des Kunstdiebstahls enthalten, die sich auf Tatorte beziehen, die gewöhnlich eine besondere Nähe zu Kunstgegenständen aufweisen (Tabelle 15).[1276] Wie auch in der PKS des Bundes orientieren sich die Schlüsselzahlen an phänomenologischen und nicht an normativen Gesichtspunkten.

In der PKS des Landes Rheinland-Pfalz werden die zusätzlichen Kategorien des Diebstahls „*in/aus Schloss, Museum, Kunstgalerie usw.*“ und „*in/aus Kirchen*“ erfasst. Die Kategorien werden jeweils in den einfachen Diebstahl und den Diebstahl unter den verschiedenen erschwerenden Umständen unterteilt. Für die beiden Tatorte wird durch weitere Schlüsselzahlen nochmals unterschieden, ob es

1275 Schlüsselzahl 510000 PKS Berlin (Betrug §§ 263, 263a, 264, 264a, 265, 265a, 265b StGB); PKS Berlin 2017, S. 174.

1276 Ähnliche, wenngleich unpräzisere, Schlüsselzahlen finden sich auch in der PKS des Saarlandes, die hier allerdings nicht gesondert angeführt werden soll.

Tabelle 15: Zusätzliche Kategorien des Diebstahls von Antiquitäten, Kunst- und sakralen Gegenständen der Kriminalstatistik des Landes Rheinland-Pfalz[a]

Schlüsselzahl	Straftat
360*00	Einfacher Diebstahl in/aus Kirchen
360010	Diebstahl in/aus Kirche von sonstigem Gut
360810	Diebstahl in/aus Kirche von Antiquität, Kunst-, sakralem Gegenstand
365*00	Einfacher Diebstahl in/aus Schlössern, Museen, Kunstgewerben[b] usw.
365010	Diebstahl in/aus Schloss, Museum, Kunstgalerie usw. von sonstigem Gut
365810	Diebstahl in/aus Schloss, Museum, Kunstgalerie usw. von Antiquität, Kunst-, sakralem Gegenstand
460*00	Schwerer Diebstahl in/aus Kirchen
460010	Besonders schwerer Fall des Diebstahls in/aus Kirche von sonstigem Gut
460810	Besonders schwerer Fall des Diebstahls in/aus Kirche von Antiquität, Kunst-, sakralem Gegenstand
465*00	Schwerer Diebstahl in/aus Schlössern, Museen, Kunstgalerien usw.
465010	Besonders schwerer Fall des Diebstahls in/aus Schloss, Museum, Kunstgalerie usw. von sonstigem Gut
465810	Besonders schwerer Fall des Diebstahls in/aus Schloss, Museum, Kunstgalerie usw. von Antiquität, Kunst-, sakralem Gegenstand

[a] Eigene Darstellung auf Basis der PKS Rheinland-Pfalz 2018 – Tabelle 01 – Grundtabelle.

[b] Der Begriff „*Kunstgewerbe*“ findet sich nur bei der Schlüsselzahl 365*00. Bei den anderen Schlüsselzahlen ist von „*Kunstgalerie[n]*“ die Rede.

sich bei den Tatobjekten um „*sonstige[s] Gut*“ oder um „*Antiquität[en], Kunst-, sakral[e] [Gegenstände]*“ handelt.[1277] Diese Untergliederung erlaubt somit im Zusammenhang mit den ebenfalls in der Statistik angegebenen Erscheinungsformen einen groben Überblick über das Verhältnis des Kunstdiebstahls aus Kirchen, Museen, Kunstgalerien etc. zum Kunstdiebstahl insgesamt. Für die Fallzahlen der in Tabelle 15 aufgeführten Delikte ergibt sich folgendes Bild:

1277 PKS Rheinland-Pfalz 2018 – Tabelle 01 – Grundtabelle.

Tabelle 16: Anzahl der erfassten Fälle (vollendet/davon versucht) des Diebstahls aus Kirchen und Schlössern, Museen, Kunstgalerien usw. des Landes Rheinland-Pfalz 2014-2019[a]

Schlüsselzahl[b]	Erf. Fälle 2014	Erf. Fälle 2015	Erf. Fälle 2016	Erf. Fälle 2017	Erf. Fälle 2018	Erf. Fälle 2019
360*00	42/0	41/6	42/2	43/2	40/2	30/0
360010	37/0	33/6	32/2	33/1	38/2	25/0
360810	5/0	8/0	10/0	10/1	2/0	5/0
365*00	7/0	4/0	5/0	7/0	8/0	9/0
365010	7/0	4/0	5/0	5/0	6/0	6/0
365810	0/0	0/0	0/0	2/0	2/0	3/0
460*00	100/39	142/52	137/57	103/45	77/31	60/21
460010	92/39	131/49	123/50	91/44	71/30	54/21
460810	8/0	11/3	14/7	12/1	6/1	6/1
465*00	8/2	9/4	7/4	1/0	9/4	10/3
465010	8/2	9/4	7/4	1/0	9/4	10/3
465810	0/0	0/0	0/0	0/0	0/0	0/0

[a] Eigene Darstellung auf Basis der PKS Rheinland-Pfalz 2014 bis 2019, jeweils Tabelle 01 – Grundtabelle.

[b] Vgl. zu den Delikten Tabelle 15.

Betrachtet man die Zahlen in Tabelle 16 aus den Berichtsjahren seit 2014, fällt auf, dass die erfassten Diebstähle zumeist auf das „*sonstige Gut*" gerichtet sind. Die Schlüsselzahlen, die sich auf Antiquitäten, Kunst und sakrale Gegenstände richten, weisen deutlich weniger Fälle auf.

Bei dem für die Kunstkriminalität einschlägigen Diebstahl in und aus „*Schlössern, Museen, Kunstgalerien usw.*" überrascht, dass in dieser Kategorie des Kunstdiebstahls nur sehr wenige Taten erfasst sind. In den letzten beiden Erfassungsjahren 2018 und 2019 finden sich für Straftaten mit der spezifischen Schlüsselzahl *658** nur jeweils zwei bzw. drei erfasste Fälle des einfachen Diebstahls von Antiquitäten, Kunst- und sakralen Gegenständen.

Insgesamt zeigt sich, dass die in Rheinland-Pfalz separat erfassten Fälle des Diebstahls von Antiquitäten, Kunst und sakralen Gegenständen „*in/aus Schloss, Museum, Kunstgalerie usw.*" sowie „*in/aus Kirchen*" quantitativ keine nennenswerte Rolle spielen. Obwohl für den Kunstdiebstahl in und aus diesen Tatorten eine gewisse Relevanz zu vermuten gewesen wäre, liegen kaum Fallzahlen vor.

cc) Polizeiliche Kriminalstatistik des Landes Hessen

In der Polizeilichen Kriminalstatistik Hessen ist neben den bekannten Delikten des Kunstdiebstahls ein Alleinstellungsmerkmal zu finden, namentlich der „*Verkauf von Kunstfälschungen*" (51890060), der als Schlüsselzahl enthalten ist.[1278] Diese Kategorie soll folgend näher betrachtet werden.

(1) Verkauf von Kunstfälschungen

Im Straftatenkatalog der PKS des Landes Hessen finden sich im Abschnitt „Vermögens- und Fälschungsdelikte" die Kategorie „*Betrug*" mit den Delikten der §§ 263-265b StGB, die Unterkategorie „*sonstiger Betrug*" und unter der Schlüsselzahl 51890000 der „*sonstige weitere Betrug*".[1279] Dieser wiederum untergliedert sich beispielsweise in Fälle des „*Wechselfallenschwindels*" und unmittelbar danach unter der Schlüsselzahl 51890060 in den „*Verkauf von Kunstfälschungen*".[1280] Zusätzlich wird dort aufgeführt, dass es sich bei der hier zugrunde gelegten Straftat um § 263 StGB handelt und dass eine separate Schadenserfassung vorgenommen wird.[1281]

Die Kategorie „*Verkauf der Kunstfälschungen*" (51890060), die von 2008 bis 2018 geführt wurde, findet keine Berücksichtigung in der veröffentlichten Grundtabelle der PKS Hessen.[1282] Sämtliche der nachfolgenden Betrachtungen des Umfangs und der Schadenshöhe sowie der den weiteren Ausführungen zugrunde gelegten Daten wurden auf Nachfrage des Verfassers vom Hessischen Landeskriminalamt zur Verfügung gestellt.

(2) Fallaufkommen des Verkaufs von Kunstfälschungen

Für den Umfang des Verkaufs von Kunstfälschungen wurden unter der Schlüsselzahl 51890060 seit dem Erfassungsjahr 2008 die folgenden Fallzahlen ermittelt.

Wie die Zahlen in Tabelle 17 deutlich machen, sind für den Verkauf von Kunstfälschungen nur sehr wenige Fälle erfasst. Zumeist wird nur ein Fall pro Erfassungsjahr registriert. Für die Berichtsjahre 2011 bis 2013 wurde sogar kein einziger Fall polizeilich erfasst. Nur im Berichtsjahr 2009 wurden immerhin 16 Fälle inklusive eines Versuches erfasst. Seit 2014 wurde bis zur letzten Erfassung

---

1278 Vgl. PKS Hessen 2018 – Straftatenkatalog, S. 6.

1279 PKS Hessen 2018 – Straftatenkatalog, S. 6.

1280 PKS Hessen 2018 – Straftatenkatalog, S. 6.

1281 PKS Hessen 2018 – Straftatenkatalog, S. 6.

1282 PKS Hessen 2018 – Tabelle 01 – Grundtabelle. Seit 2019 wird die Schlüsselzahl „*Verkauf der Kunstfälschungen*" (51890060) nicht mehr geführt.

Tabelle 17: Anzahl der erfassten Fälle (vollendet/davon versucht) mit Aufklärungsquote und Anzahl der Tatverdächtigen des Verkaufs von Kunstfälschungen des Landes Hessen 2008-2018[a]

Erfassungsjahr	Erf. Fälle (vollendet / davon versucht)	AQ in %	Gesamtzahl d. ermitt. Tatverd.
2008	1/1	100	1
2009	16/1	93,8	2
2010	2/1	150	3
2011	0/0	/	/
2012	0/0	/	/
2013	0/0	/	/
2014	1/0	100	1
2015	1/0	100	1
2016	1/0	100	4
2017	1/0	100	1
2018	1/0	100	/

[a] Eigene Darstellung auf Basis der PKS Hessen 2008-2018 – Tabelle 01; unveröffentlichte Daten.

im Jahre 2018 jeweils nur ein Fall bekannt. Der Verkauf von Kunstfälschungen wird seit dem Berichtsjahr 2019 nicht mehr separat ausgewiesen. Auf Nachfrage beim LKA Hessen wurde mitgeteilt, dass der Grund hierfür in den zu geringen Fallzahlen liege.

(3) Schadenshöhe des Verkaufs von Kunstfälschungen

Für die Schadenshöhe wurden die folgenden Werte ermittelt. Dabei ist zu bedenken, dass auch hier die Schadenssumme nur für das vollendete Delikt erfasst wird.[1283]

Bemerkenswert sind die für den vollendenten Verkauf von Kunstfälschungen registrierten Vermögensschäden, die bei einem Fall im Jahre 2010 die Summe von 550.000 Euro und im Jahre 2018 die exorbitante Summe von 37.550.000 Euro erreichen. Obwohl diese extrem hohe Schadenssumme vermuten lässt, dass es sich im Jahr 2018 um einen prominenten Fall der Kunstfälschung handelt, konnten keine Pressemitteilungen oder ähnliche Quellen ausfindig gemacht werden.

1283 Vgl. PKS Hessen 2018 – Tabellenerläuterung, S. 1; PKS Hessen – Jahrbuch 2018, S. 11.

Tabelle 18: Schadenshöhe des Verkaufs von Kunstfälschungen (nur vollendete) in Hessen 2008-2018[a]

Erfassungsjahr	Erf. Fälle (vollendet)	Vermögensschaden in Euro (gesamt)
2008	0	0
2009	15	186.653[b]
2010	1	550.000
2011	0	0
2012	0	0
2013	0	0
2014	1	13.000
2015	1	15.000
2016	1	35.000
2017	1	5.000
2018	1	37.550.000

[a] Eigene Darstellung auf Basis der PKS Hessen 2008-2018 – Tabelle 07, unveröffentlichte Daten.

[b] Unter Berücksichtigung der für das Jahr 2009 erfassten Schadensklassen ergibt sich, dass ein Fall mindestens einen Schaden von 180.873 Euro verursachte, vgl. PKS Hessen 2009 – Tabelle 07, Daten unveröffentlicht.

Durch Rückfrage des Verfassers beim LKA Hessen konnte in Erfahrung gebracht werden, dass dem Fall ein Verkauf eines gefälschten Gemäldes zugrunde lag. Im Konkreten handelte es sich um ein gefälschtes Werk *Rubens'*, welches vermeintlich der bayerischen Staatsgemäldesammlung gehörte. Als Tatort wurde das südhessische Griesheim angegeben. Weitere Informationen lagen dem LKA Hessen nicht vor. Die Erfassungsweise des Schadens in der PKS Hessen lässt den Rückschluss zu, dass es zu einer tatsächlichen Zahlung, jedenfalls eines Teils des Betrages, gekommen sein muss.[1284] Die Schadenshöhe wird nämlich nur für vollendete Delikte erfasst.[1285] Vollendet ist ein Betrug, wenn zumindest teilweise ein Vermögensschaden eingetreten ist.[1286] Bei Betrugsstraftaten, bei denen es nur zu einer Vermögensgefährdung kommt, wird nur ein symbolischer Schaden von einem Euro angenommen.[1287] Genauere Aussagen können nicht getroffen werden.

1284 PKS Hessen – Jahrbuch 2018, S. 11.
1285 PKS Hessen – Jahrbuch 2018, S. 11.
1286 NK-StGB/*Kindhäuser* 2017, § 263, Rn. 378.
1287 PKS Hessen – Jahrbuch 2018, S. 11.

Die extrem hohen Vermögensschäden des Verkaufs von Kunstfälschungen erinnern an die aufgezeigten Fallbeispiele der Kunstfälschung. Insbesondere im Vergleich mit dem Fall *Beltracchi* legen die hohen Schadenssummen die Vermutung nahe, dass es sich bei den Tätern um „Spezialisten“ handelt. Die sehr hohen einzelnen Schadenssummen machen Gelegenheitstaten unwahrscheinlich, da bei diesen Verkaufspreisen von einer gewissen Qualität der Fälschungen auszugehen ist. Ebenfalls bedarf es bei derartigen Schadenssummen auch eines entsprechend liquiden Abnehmers. Da die registrierten Fälle alle vollendet sind und ein Vermögensschaden eingetreten sein muss, ist von einer gewissen Professionalität der Täter auszugehen.

e) Jahresberichte zur Wirtschaftskriminalität des LKA Baden-Württemberg 2011 bis 2014

Eine ausdrückliche Erwähnung der Kunstkriminalität als Kriminalitätsfeld findet sich in den Jahresberichten zur Wirtschaftskriminalität des Landes Baden-Württemberg für die Jahre 2011 bis 2014.[1288] In diesen Berichten werden die registrierten Fallzahlen sowie die Höhe des hierdurch entstandenen Schadens angegeben. Dabei werden in den einzelnen Jahresberichten in einer kurzen Darstellung auf jeweils herausragende Fälle eingegangen und Erläuterungen zu aktuellen Entwicklungen im Deliktsfeld gemacht.

Die Jahresberichte zur Wirtschaftskriminalität enthalten ab dem Jahr 2015 keine statistischen Daten zur Kunstkriminalität mehr. Hier findet sich lediglich unter der Rubrik „*Fälle im Fokus*“ eine nähere Beschreibung der Geschehnisse um die Fälschung diverser Plastiken im Stile *Alberto Giacomettis*.[1289] Diese Darstellung von Einzelfällen wird auch im darauffolgenden Jahr 2016 beibehalten.[1290] Für 2016 wird die Wiedererlangung einer Plastik des Heiligen Johannes aufgegriffen, die nach 37 Jahren durch einen Fahndungserfolg der Kunstermittler des LKA gelang.[1291] Eine Fortsetzung dieser statistischen Angaben zur Kunstkriminalität findet sich nicht.

1288 Vgl. Wirtschaftskriminalität BW 2011, S. 8, Wirtschaftskriminalität BW 2012, S. 12, Wirtschaftskriminalität BW 2013, S. 14, Wirtschaftskriminalität BW 2014, S. 12.

1289 Wirtschaftskriminalität BW 2015, S. 28 f.; zum Fall der Giacometti-Fälschungen siehe: *Maak*, Die Gangster von Mainz, FAZ vom 21.08.2009 (Stand: 15.03.2021); sowie auch Wirtschaftskriminalität BW 2011, S. 9.

1290 Vgl. Wirtschaftskriminalität BW 2016, S. 21.

1291 Wirtschaftskriminalität BW 2016, S. 21.

Die in den Berichten von 2011 bis 2014 veröffentlichten Zahlen ergeben das folgende Bild:

Tabelle 19: Entwicklung der registrierten Straftaten der Kunstkriminalität in Baden-Württemberg 2011-2014[a]

Erfassungsjahr	Registrierte Straftaten	Entwicklung zum Vorjahr	Schadenshöhe (Euro)	Entwicklung zum Vorjahr
2011	607	-	4.331.893	-
2012	668	+ 10,05 %	4.150.605	- 4,18 %
2013	538	- 19,46 %	2.044.034	- 50,75 %
2014	499	- 7,25 %	4.600.773	+ 125,08 %

[a] Eigene Darstellung auf Basis der Wirtschaftskriminalität BW 2011, S. 8, Wirtschaftskriminalität BW 2012, S. 12, Wirtschaftskriminalität BW 2013, S. 14, Wirtschaftskriminalität BW 2014, S. 12.

Die registrierten Straftaten der Kunstkriminalität in Baden-Württemberg belaufen sich im ersten Erfassungsjahr 2011 auf 607 erfasste Fälle. Im Jahr 2012 steigen die Fallzahlen gegenüber dem Vorjahr um ca. 10 %. Für die Jahre 2013 und 2014 zeigt sich jeweils ein Rückgang der registrierten Straftaten. Die Schadenshöhen liegen in den Erfassungsjahren 2011, 2012 und 2014 zwischen ca. 4,1 und 4,6 Millionen Euro. Nur die Schadenshöhe im Jahr 2013 ist mit ca. 2,0 Millionen Euro klar unterhalb der restlichen Werte. Eine deutliche Entwicklung der Anzahl der registrierten Straftaten kann aufgrund der wenigen Zahlen nicht ausgemacht werden.

Die zur Kunstkriminalität in Baden-Württemberg veröffentlichten Zahlen müssen in mehrfacher Hinsicht äußerst kritisch betrachtet werden. Ihre Aussagekraft ist durch einige Aspekte eingeschränkt. Zunächst stellt sich die Frage, welche Delikte überhaupt zur Kunstkriminalität gezählt werden. Eine genaue Aufschlüsselung der erfassten Taten oder aber auch nur der genauen Strafnormen findet nicht statt. Es wird lediglich darauf hingewiesen, dass die wesentlichen Bereiche der Kunstkriminalität die Deliktsfelder des Diebstahls, des Betrugs, der Unterschlagung, der Hehlerei sowie der Urheberrechtsverletzungen seien.[1292] Dieser Umstand mindert die Aussagekraft der Zahlen erheblich. Da lediglich für vier Berichtsjahre Daten vorliegen und diese sich keinen genauen

1292 Vgl. Wirtschaftskriminalität BW 2011, S. 8, Wirtschaftskriminalität BW 2012, S. 12, Wirtschaftskriminalität BW 2013, S. 14, Wirtschaftskriminalität BW 2014, S. 12.

Delikten zuordnen lassen, können die Fallzahlen auch nicht mit den anderen Statistiken verglichen werden.

f) Ergebnis zur Kunstkriminalität in Kriminalstatistiken

Die dargestellten Daten zur Kunstkriminalität in den Kriminalstatistiken zeigen, dass einige Erscheinungsformen der Kunstkriminalität statistisch erfasst sind. Manche Erscheinungsformen und Begehungsweisen sind nur in einzelnen Bundesländern in den Polizeilichen Kriminalstatistiken erfasst. Im Unterschied zu den Schätzungen in der Literatur liefern die gezeigten Daten aus den polizeilichen Statistiken ein deutlich konkreteres Bild – jedenfalls im Bereich des Kunstdiebstahls. Festzuhalten ist überdies, dass der Diebstahl von Antiquitäten, Kunst- und sakralen Gegenständen geringe Fallzahlen aufweist. Für die anderen erfassten Bereiche wie die Kunstfälschung oder die Delikte des KGSG wurden ebenfalls sehr wenige Fallzahlen registriert.

aa) Ergebnis zum Diebstahl von Antiquitäten, Kunst- und sakralen Gegenständen

Für den Diebstahl von Antiquitäten, Kunst- und sakralen Gegenständen lassen sich folgende Aussagen treffen.

(1) Begehungsweisen und Fallaufkommen des Diebstahls von Antiquitäten, Kunst- und sakralen Gegenständen

Seit 1993 ist für die in der PKS des Bundes erfassten Begehungsweisen des Kunstdiebstahls eine abnehmende Tendenz der Fallzahlen auszumachen. Für den einfachen Diebstahl von Antiquitäten, Kunst- und sakralen Gegenständen (3**800) scheint der Tiefpunkt der Fallzahlen allerdings erreicht. Insgesamt – insbesondere gemessen an der Gesamtzahl der Diebstahlstaten – sind die Fallzahlen des Kunstdiebstahls jedoch sehr niedrig. Die Aufklärungsquoten bei beiden betrachteten Formen des Kunstdiebstahls sind relativ ähnlich hoch.

Die in einigen Ländern zusätzlich verwendeten Schlüssel zur spezifischeren Erfassung des Kunstdiebstahls zeigen in den Bundesländern Berlin und Rheinland-Pfalz kaum quantitative Relevanz.

(2) Schaden

Der Schaden, der durch den Diebstahl von Antiquitäten, Kunst- und sakralen Gegenständen verursacht wird, entwickelt sich – entsprechend den sinkenden Fallzahlen – rückläufig. Bemerkenswert sind die durchschnittlichen Schadenshöhen, die durch den Kunstdiebstahl verursacht werden. Ein hoher durchschnittlicher

Schadenswert zeigte sich sowohl beim Diebstahl ohne erschwerende Umstände (3**800) als auch beim Diebstahl unter erschwerenden Umständen (4**800) von Antiquitäten, Kunst- und sakralen Gegenständen. Besonders hohe Schadenswerte konnten bei den erfassten Begehungsweisen des Kunstdiebstahls in und aus Wohnungen ausgemacht werden.

(3) Täterbezogene Ergebnisse

Die täterbezogenen Daten, die sich für den Kunstdiebstahl der PKS entnehmen lassen, enthalten nur ein unvollständiges Täterbild. Zusammenfassend kann für diesen Bereich festgehalten werden, dass sich die untersuchten Aspekte zumeist nur geringfügig von den Werten des allgemeinen Diebstahls unterscheiden. Die dargestellten Abweichungen, etwa innerhalb der geschlechtlichen Verteilung, wie auch die des Anteils der nichtdeutschen Tatverdächtigen, lassen keine deutlichen Charakteristika erkennen.

Aus dieser Ähnlichkeit und der Höhe des verursachten Schadens ist, auch im Kontrast zu den Fällen der Kunstfälschung, zu vermuten, dass es sich beim Kunstdiebstahl in vielen Fällen nur um einen „Beifang" der gewöhnlichen Diebstahlskriminalität handelt. Eine besondere Spezialisierung oder Professionalisierung der Täter auf Kunstobjekte kann aus den vorhandenen Daten nicht abgeleitet werden. Im Vergleich dazu deuten die Daten der Kunstfälschung aus Hessen stark darauf hin, dass diese Taten von „Spezialisten" betrieben werden. Die Schadenssummen legen einen gewissen Professionalisierungsgrad der Täter nahe, insbesondere da die Opfer in solchen Fällen über hohe Summen getäuscht werden.

bb) Ergebnis zur Kunstfälschung nach der PKS des Landes Hessen und den Fallzahlen der Dienststelle Berlin

Für den Bereich der Kunstfälschung muss deutlich darauf hingewiesen werden, dass die vorhandenen Zahlen gering sind und sich auch in ihrer Erfassungsweise unterscheiden. So erfassen die dargestellten Statistiken für Berlin alle in der spezialisierten Dienststelle bearbeiteten Fälle, während die Zahlen in Hessen nur den Betrug durch den Verkauf von Kunstfälschungen erfassen. In Hessen werden die Fälschungen also indirekt durch den Betrug erfasst, während in Berlin auch andere Delikte, die sich auf die Herstellung der Fälschungen beziehen, erfasst werden. Entsprechend sind die beiden verfügbaren statistischen Erfassungen nur sehr eingeschränkt vergleichbar. Insbesondere für Hessen zeigten sich sehr geringe Fallzahlen von zumeist nur einem Fall pro Berichtsjahr. Durch die Betrachtung der verschiedenen Delikte konnten nur anhand der Fallzahlen der Berliner Dienststelle bedingt Aussagen über die Struktur des Bereichs der Kunstfälschung getroffen werden. Ein deutlicher Schwerpunkt lag bei den Betrugsdelikten, was sich mit der Annahme deckt, dass der Betrug ein wesentliches Delikt bei der strafrechtlichen Erfassung der Kunstfälschung darstellt.

Die von 2008 bis 2018 erfasste hessische Schlüsselzahl des Verkaufs von Kunstfälschungen wies nur sehr geringe Fallzahlen auf. Diesen stehen hohe Schadenssummen entgegen. Dieser Umstand legt nahe, dass es sich bei den Tatverdächtigen um spezialisierte Personen handelt.

cc) Ergebnis zu den Delikten des KGSG in der PKS des Bundes

Die Delikte des KGSG werden seit 2018 in der PKS des Bundes und der Länder erfasst. Sie weisen ausgesprochen niedrige Fallzahlen auf. Aufgrund der sehr geringen Werte ist davon auszugehen, dass eine hohe Zahl von Fällen nicht erfasst wurde. Hierfür dürften mehrere Gründe verantwortlich sein. Die Neueinführung der Delikte könnte für eine geringe Bekanntheit der Tatbestände sprechen. Für die ersten beiden Erfassungsjahre könnten sich Anlaufschwierigkeiten bei der statistischen Erfassung ergeben. Insgesamt bleibt der Aussagegehalt der erfassten Fallzahlen für die beiden Berichtsjahre 2018 und 2019 gering.

3. Kunstkriminalität in Datenbanken

Wie bereits die Literaturauswertung zeigte, spielen Datenbanken beim Umgang mit der Kunstkriminalität eine zunehmende Rolle. Diese staatlichen und privaten Datenbanken erfassen national und international verschiedene Aspekte der Kunstkriminalität. Die meisten Datenbanken, wie etwa das Art Loss Register, registrieren Kunstobjekte und andere Wertgegenstände, um im Falle eines Diebstahls das Wiederauffinden der Gegenstände zu erleichtern.[1293]

Dieser Abschnitt wird sich mit den größten Datenbanken beschäftigen, die verschiedene Aspekte der Kunstkriminalität erfassen. Die Datenbanken werden im Folgenden vorgestellt. Dabei soll ihre Bedeutung für den jeweiligen Bereich der Kunstkriminalität dargestellt werden. Im Rahmen der Auseinandersetzung mit den verschiedenen Datenbanken zur Kunstkriminalität wurde Ende 2018 vom Verfasser eine kurze Befragung der „Datenbank kritischer Werke“ des Bundes deutscher Kunstversteigerer e.V. durchgeführt. Die Ergebnisse dieser schriftlichen Befragung werden ebenfalls in diesem Abschnitt dargestellt.

1293 *Schack* 2017, Rn. 532.

a) Art Loss Register

Die wahrscheinlich bekannteste und nach eigenen Angaben größte private Datenbank, die der Registrierung und dem Wiederauffinden von abhandengekommenen Antiquitäten, Kunst- und sonstigen Wertgegenständen dient, ist das 1991 in London gegründete Art Loss Register.[1294] Die von wirtschaftlichen Interessen getragene Datenbank bietet nach eigener Auskunft folgende Dienstleistungen an:

> *„Its range of services includes item registration, search and recovery services to collectors, the art trade, insurers and worldwide law enforcement agencies. These services are efficiently delivered by employing state of the art IT technology and a team of specially trained professional art historians.“*[1295]

Im Art Loss Register sind nach eigenen Angaben ca. 500.000 Objekte gelistet.[1296] Das Art Loss Register richtet das Augenmerk auf gestohlene bzw. durch sonstige Straftaten abhandengekommene Objekte und deren Wiederauffindung.[1297]

In der Art-Loss-Datenbank können verschiedenste Gegenstände eingetragen werden.

> *„The range of items which can be registered on the database is huge, including paintings, drawings, sculpture, antiquities, furniture, jewellery, watches and clocks, musical instruments, silverware, coins and medals, ceramics, religious items, arms and armour, tapestries, classic cars, toys and collectibles.“*[1298]

Das Art Loss Register bietet durch die Möglichkeit der Registrierung von verschiedenen Objekten einen wirkungsvollen Mechanismus für die Zurückerlangung von abhandengekommenen Gegenständen. Durch den Abgleich eines Objektes mit dem Art Loss Register besteht für Händler die Möglichkeit, eine kriminelle Herkunft des Gegenstandes (jedenfalls teilweise) auszuschließen. Aussagen zur Kunstkriminalität im Hinblick auf Umfang, Struktur oder Täter lassen sich aus den zur Verfügung stehenden Daten allerdings nicht gewinnen. Die Bedeutung dieser Datenbank zeigt aber, dass die Registrierung in dieser

---

1294 *Schack* 2017, Rn. 532; http://www.artloss.com/about-us/our-company (Stand: 15.03.2021); vgl. insgesamt zum Art Loss Register, etwa zu den Zielen und den systematischen Suchprogrammen, auch: *Jackson*, KUR 2006, S. 123 ff.; bzw. *Seegers*, KUR 1999, S. 289 ff. zur Darstellung einiger aufgeklärter Fälle wie auch zu zusammenfassenden Beschreibung der Aufklärungen in den 1990er Jahren.

1295 http://www.artloss.com/about-us/our-company (Stand: 15.03.2021).

1296 http://www.artloss.com/services/searching (Stand: 15.03.2021).

1297 http://www.artloss.com/services/searching (Stand: 15.03.2021).

1298 http://www.artloss.com/services/troubleshooting#anchor2 (Stand: 15.03.2021).

Datenbank ein bestehendes Bedürfnis des Kunstmarktes nach Absicherung sowohl vor Diebstahl als auch vor dem Kauf rechtswidrig erlangter Kunstobjekte zu befriedigen scheint.

b) *Interpol – works of art*

Interpol führt online unter der Rubrik „*crimes*" das Deliktsfeld der „*cultural heritage crimes*" auf.[1299] Dort werden die Bedeutung und die Problematik des insbesondere internationalen Handels mit rechtswidrigem Kunst- und Kulturgut betont.[1300] Um dem entgegenzuwirken und das Wiederauffinden gestohlener Kunst- und Kulturgegenstände zu ermöglichen, unterhält Interpol eine Datenbank, worin nach eigenen Angaben Beschreibungen und Bilder von rund 50.000 abhandengekommenen Gegenständen enthalten sind.[1301] Für den Diebstahl von Kunst- und Kulturgütern nennt Interpol als häufigste Tatorte und -objekte:

> „*The majority of art thefts are carried out from private homes but museums and places of worship are also common targets. The type of objects stolen varies from country to country but generally speaking, paintings, sculptures, statues and religious items are very sought after by thieves.*"[1302]

Es ergeben sich jedoch keine nennenswerten Erkenntnisse über Umfang oder Struktur der Kunstkriminalität sowie den Kunst- und Kulturgüterdiebstahl und den illegalen Handel mit Kulturgütern im Besonderen. Auch aus der erkennbaren Entwicklung, dass die Anzahl der in der Interpoldatenbank erfassten Objekte steigt, können keine klaren Rückschlüsse gezogen werden.[1303] Vielmehr ist zu vermuten, dass die Registrierung der gestohlenen Objekte verbessert wird und sich derartige Datenbanken einer größeren Beliebtheit und Bekanntheit erfreuen. So waren nämlich im Jahre 2010 noch ca. 35.000 Objekte[1304] erfasst,

---

1299 Vgl. https://www.interpol.int/Crime-areas/Works-of-art/Works-of-art (Stand: 15.03.2021); siehe insgesamt zur Tätigkeit von Interpol im Rahmen des illegalen Kulturgütertransfers, *Kind*, KUR 2010, S. 166 ff.

1300 Vgl. https://www.interpol.int/Crimes/Cultural-heritage-crime/Stolen-Works-of-Art-Database (Stand: 15.03.2021).

1301 https://www.interpol.int/Crimes/Cultural-heritage-crime/Stolen-Works-of-Art-Database (Stand: 15.03.2021).

1302 https://www.interpol.int/Crimes/Cultural-heritage-crime/The-issues-cultural-property#pt-3 (Stand: 15.03.2021).

1303 Vgl. *Kind*, KUR 2010, S. 167; *Knickmeier* 2014, S. 265 ff.; https://www.interpol.int/Crimes/Cultural-heritage-crime/Stolen-Works-of-Art-Database (Stand: 15.03.2021).

1304 *Kind*, KUR 2010, S. 167.

im Jahr 2012 bereits knapp 41.000 Objekte.[1305] Gegenwärtig (Stand: Juli 2020) enthält die Datenbank rund 50.000 Objekte.[1306] Ein Anstieg des tatsächlichen Umfangs des Diebstahls einschlägiger Gegenstände ist hieraus kaum ableitbar. Allerdings wird auch durch diese Datenbank deutlich, dass ein Bedarf zur Bekämpfung des illegalen Handels und des Diebstahls von Kunst- und Kulturgütern besteht.

c) Datenbank kritischer Werke des Bundesverbandes deutscher Kunstversteigerer e.V.

Eine weitere Datenbank, die eine etwas anders gelagerte Schutzrichtung aufweist, ist die des Bundesverbandes deutscher Kunstversteigerer e.V.[1307] Sie wurde auf Initiative der gegenwärtig 38 Mitglieder (Stand: Juli 2020) im Jahr 2005 geschaffen und soll Werke aufnehmen, deren Echtheit von Mitgliedern des Verbandes bezweifelt werden. Hierzu schreibt der Verband selbst:

> *„Der Aufbau der Datenbank erfolgt in Zusammenarbeit mit zahlreichen Kunstnachlässen, Autoren von Werkverzeichnissen und Archiven, um ein solides Fundament zu schaffen. Daneben sind alle Mitglieder des BDK an der Pflege und dem Aufbau der Datenbank beteiligt. Wird ein Werk in einem Haus aus begründeten Zweifeln an der Echtheit abgelehnt, wird es in der Datenbank hinterlegt. Die Kommunikation und der Informationsaustausch unter den Auktionshäusern und Kunsthändlern ist der beste Schutz gegen Fälschungen. Hierfür soll diese Datenbank als Plattform dienen.“*[1308]

Die Datenbank kritischer Werke stellt eine vereinsinterne Datenbank zur gegenseitigen Absicherung der Vereinsmitglieder vor Kunstfälschungen dar. Ein direkter Einblick in die Datenbank ist nicht möglich. Um weitere Informationen über den Umfang der in der Datenbank enthaltenen Werke sowie die Zusammenarbeit mit Behörden zu erhalten, übersandte der Verfasser am 9. September 2018 einen kurzen Fragebogen an die Projektleitung, der am 11. Oktober 2018 schriftlich beantwortet wurde. Die Antworten dieser Kurzbefragung werden nachfolgend wörtlich wiedergegeben.

1305 *Knickmeier* 2014, S. 265 ff.

1306 https://www.interpol.int/Crimes/Cultural-heritage-crime/Stolen-Works-of-Art-Database (Stand: 15.03.2021).

1307 Vgl. hierzu: http://www.kunstversteigerer.de/datenbank-kritischer-werke (Stand: 15.03.2021).

1308 Vgl. http://www.kunstversteigerer.de/datenbank-kritischer-werke (Stand: 15.03.2021).

Frage 1: In welchen Fällen bzw. bei welchen Verdachtsmomenten wird ein Werk der Datenbank hinzugefügt?

In der Regel stellen Auktionshäuser Werke in die Datenbank ein, wenn ihnen an der Signatur, am Malstil oder auch am Motiv Ungereimtheiten auffallen. Zudem werden häufig auch Experten zu den betreffenden Künstlern nach einer Einschätzung befragt.

Außerdem werden auch Werke durch das Bundeskriminalamt, durch die Landeskriminalämter sowie durch Experten an die Datenbank gemeldet oder auch eigenständig eingestellt. Hier gelten dann die gleichen Kriterien wie bei den Auktionshäusern.

Frage 2: Werden lediglich Fälschungen erfasst oder auch Werke, die möglicherweise einen anderen illegalen Ursprung haben?

Es werden lediglich Fälschungen erfasst. Für Werke mit anderem illegalem Ursprung gibt es eigene Datenbanken.

Frage 3: Werden die erfassten Werke im Hinblick auf ihre Wahrscheinlichkeit Fälschungen zu sein kategorisiert?

Das Formular, das zur Erstellung eines Eintrags verwendet wird, bietet die Möglichkeit einen Text zu verfassen, in dem auch solche Kategorisierungen vorgenommen werden können.

Frage 4: Wie viele Werke befinden sich gegenwärtig in der Datenbank?

Derzeit [Mitte Oktober 2018] befinden sich 5.611 Werke in der Datenbank.

Frage 5: Gibt es eine Statistik zur Entwicklung der Anzahl der Werke seit der Gründung der Datenbank?

Es wird keine Statistik im herkömmlichen Sinn geführt, aber es lässt sich natürlich nachvollziehen, wie viele Werke in den Jahren seit Gründung der Datenbank bzw. seit Einrichtung der Projektstelle eingestellt wurden. Es wird jedoch nicht vermerkt, wie viele Werke wieder entfernt werden (die Zahl dürfte jedoch sehr gering sein).[1309]

Frage 6: Lässt sich eine Aussage respektive eine Schätzung tätigen, wie hoch der Anteil der Werke ist, die in der Datenbank erfasst werden, gegenüber der Gesamtzahl der durch die Mitglieder gehandelten Werke?

Nein, aber größere Auktionshäuser handeln im Jahr ca. 10.000 Lose.

1309 Die Entwicklung der Anzahl wurde dem Verfasser nicht mitgeteilt.

Frage 7: Wie lange verbleiben Werke in der Datenbank? Gibt es die Möglichkeit, dass diese wieder gelöscht werden?

Die Werke verbleiben für immer in der Datenbank. Falls bei einem Werk festgestellt wird, dass es doch keine Fälschung ist, kann es natürlich aus der Datenbank wieder entfernt werden.

Frage 8: Mit welcher Häufigkeit wird versucht, erfasste Werke erneut einzuliefern?

Der Projektleitung ist ein solcher Vorgang nicht bekannt.

Frage 9: Findet hinsichtlich der erfassten Werke ein Austausch mit weiteren Datenbanken oder der Polizei statt?

Ein Teil der erfassten Werke wurde von Polizeibehörden an die Datenbank gemeldet. Zudem haben bestimmte Landeskriminalämter Zugriff auf die Datenbank. Es gibt außerdem vereinzelt Anfrage von der Polizei, ob bestimmte Werke in der Datenbank verzeichnet sind. Mit weiteren Datenbanken findet kein Austausch statt.

d) Lost-Art-Datenbank des Deutschen Zentrums Kulturgutverlust

Im Kontext von abhandengekommenen Kunst- und Kulturgegenständen wird häufig auch auf die deutsche Lost-Art-Datenbank verwiesen, die vom Deutschen Zentrum Kulturgutverlust in Kooperation mit Bund und Ländern betrieben wird.[1310]

Nach eigenen Angaben befasst sich die Lost-Art-Datenbank mit

„der Erfassung von Kulturgütern, die infolge der nationalsozialistischen Gewaltherrschaft und der Ereignisse des Zweiten Weltkriegs verbracht, verlagert oder – insbesondere jüdischen Eigentümern – verfolgungsbedingt entzogen wurden“.[1311]

Ziel und Zweck der Lost-Art-Datenbank sind ausschließlich auf die Restitution und Rückführung von ebenjenen Gegenständen gerichtet. Eine strafrechtliche Relevanz dieser Taten besteht aufgrund von Verjährung nicht mehr. Die Lost-Art-Datenbank enthält daher keine relevanten Aspekte, die der Kunstkriminalität zuzurechnen sind.

1310 Siehe hierzu https://www.kulturgutverluste.de/Webs/DE/Start/Index.html (Stand: 15.03.2021); sowie auch *Schack* 2017, Rn. 532, 502 ff.

1311 http://www.lostart.de/Webs/DE/LostArt/Index.html (Stand: 15.03.2021).

e) *Ergebnis zur Kunstkriminalität in Datenbanken*

Der Erkenntnisgewinn, der sich zum Umfang, zur Struktur und auch zur Entwicklung der unterschiedlichen Bereiche der Kunstkriminalität aus den angeführten Datenbanken ergibt, ist eher gering. Neben dem recht unterschiedlichen Adressatenkreis der Datenbanken ist auch die zum Teil erforderliche kostenpflichtige Anmeldung problematisch. Schwierigkeiten bei der Aussagekraft bereitet auch der Umstand, dass nicht alle Werke prophylaktisch registriert werden oder im Falle eines Verbrechens nicht nach allen Objekten dort gesucht wird. Abschließend ist festzuhalten, dass die Datenbanken keine verlässlichen Aussagen über den Umfang, die Täter oder sonstige Aspekte der Kunstkriminalität oder deren einzelne Erscheinungsformen zulassen. Allerdings lässt sich an der Existenz der unterschiedlichen Datenbanken erkennen, dass ein konkretes Bedürfnis nach diesen besteht.

Die Datenbanken, die der Registrierung zur Wiederauffindung von gestohlenen Kunstgegenständen dienen und Vermisstmeldungen von Gegenständen enthalten, zeigen, dass der Diebstahl von Kunstwerken, besonders international, einen gewissen Umfang hat. Auch werden durch die Datenbanken weitere Bedürfnisse der Benutzer deutlich. Zum einen besteht ein Bedürfnis nach Absicherung, was durch die vorsorgliche Eintragung der Gegenstände ermöglicht wird. Zum anderen ist für den Kunsthandel wichtig, dass Kunstobjekte auf ihre legale Herkunft hin überprüft werden können. Das Art Loss Register verdeutlicht zudem, dass dem Bedürfnis, gestohlene Objekte wiederzuerlangen bzw. diese vorsorglich in die Datenbank aufzunehmen, auch eine wirtschaftliche Dimension zukommt.

Insbesondere zeigt auch die Datenbank kritischer Werke, dass ein Bedürfnis nach einer Absicherung vor Kunstfälschungen auf dem (deutschen) Kunstmarkt besteht. Deutlich wird, dass Kunstfälschungen für den Kunsthandel ein Problem darstellen. Die in der Datenbank erfasste Anzahl von Werken, die immerhin 5.611 Objekte beträgt, offenbart doch, dass die Einlieferung von Fälschungen im deutschen Kunsthandel keine allzu seltene Erscheinung ist.

4. Kunstkriminalität und Kunstversicherung

Für weitere Erkenntnisse zu Umfang und sonstigen Aspekten der Kunstkriminalität erscheint es denkbar, Informationen über die Versicherungen von Kunstobjekten zu gewinnen.[1312]

1312 Vgl. zu Kunstversicherungen bezogen auf den US-amerikanischen Markt im

Allerdings treten hierbei diverse Schwierigkeiten auf. Zum einen könnte nur ein kleines Spektrum der Kunstkriminalität überhaupt betrachtet werden. Problematisch ist auch, dass viele Kunstwerke gar nicht versichert sind. Selten sind beispielsweise Sammlungen von Museen versichert, die der öffentlichen Hand gehören.[1313] Dieser Umstand kann im Wesentlichen auf zwei Ursachen zurückgeführt werden: Einerseits sind die Versicherungsprämien, die gewöhnlich am Verkehrswert der jeweiligen Objekte ausgerichtet sind, häufig derart hoch, dass diese für öffentliche Sammlungen kaum erschwinglich sind.[1314] Andererseits ist die öffentliche Hand grundsätzlich ein sog. Selbstversicherer.[1315] Das bedeutet, dass die öffentliche Hand ihren Schaden im Fall des Verlustes selbst trägt.[1316]

Die zentrale praktische Schwierigkeit, Rückschlüsse auf die Kunstkriminalität anhand entsprechender Versicherungen zu ziehen, liegt in der Unverfügbarkeit der Daten. Für diese Thematik sind keine relevanten, frei zugänglichen Zahlen vorhanden. Fünf Anfragen des Verfassers an große deutsche Versicherungsgesellschaften, die auf statistische Auswertungen der Kunstversicherungen gerichtet waren, blieben gänzlich unbeantwortet. Ursache hierfür dürfte sein, dass die Versicherungsgesellschaften aus strategischen Erwägungen heraus kein Interesse am Bekanntwerden entsprechender Zahlen haben.

5. Ergebnis zum Hellfeld der Kunstkriminalität

Beim Versuch das Hellfeld der Kunstkriminalität zu erschließen wurde deutlich, dass die bisherige Literatur nur sehr unzureichende Versuche unternommen hat, sich dem Hellfeld der Kunstkriminalität anzunähern. Die dortigen Ausführungen erschöpfen sich überwiegend in unfundierten Schätzungen und kasuistischen Darstellungen. Eine klare Unterscheidung zwischen den einzelnen Erscheinungsbereichen, wie auch zwischen Hell- und Dunkelfeld, erfolgt zumeist nicht.

Die umfangreichste und, soweit ersichtlich, einzig verlässliche Quelle bietet für einige Teilbereiche der Kunstkriminalität die PKS des Bundes sowie die

---

Zusammenhang mit dem Diebstahl von Kunstobjekten: *Straus* 2009, S. 87 ff.; siehe generell zu zivilrechtlichen Aspekten der Versicherung von Kunstgegenständen mit diversen Literaturnachweisen: *Schack* 2017, Rn. 584 ff.; *Ebling/Bullinger* 2019, S. 204 ff.

1313 *Schack* 2017, Rn. 586.

1314 *Schack* 2017, Rn. 586.

1315 *Schack* 2017, Rn. 586.

1316 *Schack* 2017, Rn. 586.

einzelner Bundesländer. Hier zeigte sich insbesondere, dass der Kunstdiebstahl in der PKS vergleichsweise differenziert verzeichnet ist; weiter differenzierende Schlüssel fanden sich in den Statistiken einiger Bundesländer. Der Kunstdiebstahl erweist sich im Hellfeld als konstante Kriminalitätserscheinung mit eher geringer Größe. Es wurde deutlich, dass die erfassten Taten des Kunstdiebstahls gegenüber dem allgemeinen Diebstahl einen verhältnismäßig hohen Schaden verursachen. Bei den zusätzlichen Kategorien einzelner Bundesländer offenbarte sich, dass vermeintlich einschlägige Schlüsselzahlen, wie der Kunstdiebstahl aus Kirchen, Schlössern und Museen, aus quantitativer Sicht keine nennenswerte Rolle spielen.

Die in der PKS erfassten Tatverdächtigen weisen gegenüber denen des Diebstahls im Allgemeinen keine großen Abweichungen auf. Für Tatverdächtige des Kunstdiebstahls kann daher vermutet werden, dass es sich zumeist nicht um spezialisierte Täter handelt. Ein Großteil der registrierten Fälle deutet darauf hin, dass Kunstgegenstände vermutlich ungezielt als „Beifang" gestohlen werden.

Weitere Erscheinungsformen der Kunstkriminalität werden nur in geringem Maße in den Statistiken erfasst. Lediglich in der PKS des Landes Hessen ist die Kunstfälschung in Form des Verkaufs von Kunstfälschungen ausdrücklich aufgenommen. Die nur singulären Taten weisen bemerkenswert hohe Schadenssummen auf. Bezüglich der Tatverdächtigen ergibt sich aus den wenigen registrierten Fällen der Kunstfälschung gegenüber dem Kunstdiebstahl ein anderes Bild. Die extremen Schadenshöhen lassen einen hohen Professionalisierungsgrad der Täter im Hinblick auf die Qualität der Fälschung wie auch der Auswahl der Opfer wahrscheinlich erscheinen.

Weiterhin finden sich seit dem Berichtsjahr 2018 die Delikte des KGSG in den PKS wieder. Für sie wurden ebenfalls nur sehr geringe Fallzahlen registriert.

Der Ansatz, Erkenntnisse zum Hellfeld der Kunstkriminalität aus den einschlägigen Datenbanken zu erlangen, ist deshalb unergiebig, da die einzelnen Erfassungsmodalitäten recht unterschiedlich und nicht immer klar bestimmbar sind. Die Datenbanken können allenfalls Anhaltspunkte für die Entwicklung der Kunstkriminalität liefern. Jedenfalls wird durch die Datenbanken deutlich, dass seitens des Kunstmarktes und von Privatpersonen ein Bedürfnis nach dem Schutz vor Kunstdiebstahl bzw. Kunstfälschungen besteht. Der Versuch, Informationen über die Versicherungsgesellschaften zu erlangen, blieb ergebnislos.

Insgesamt ist festzuhalten, dass zwar deutlich mehr Daten zu den einzelnen Erscheinungsformen der Kunstkriminalität zu finden sind, als dies die Betrachtung der Literatur vermuten ließ. Allerdings bleiben diese vorhandenen Zahlen fragmentarisch und können nur einzelne Aspekte der Kunstkriminalität – besonders den Kunstdiebstahl – belastbar wiedergeben.

III. Überlegungen zum Dunkelfeld der Kunstkriminalität

Die vorangegangene Betrachtung des Hellfelds der Kunstkriminalität offenbart eine immense Diskrepanz zu den Dunkelfeldschätzungen der Literatur. Die ausgesprochen hohen Schätzungen, die das Deliktsfeld doch immerhin als drittumsatzstärksten Kriminalitätsbereich angeben,[1317] werfen die Frage nach dem Verhältnis von Hell- und Dunkelfeld im Bereich der Kunstkriminalität auf. Im Nachfolgenden sollen die sich daraus ergebenden Fragestellungen erörtert werden.

1. Allgemeine Überlegungen zum Dunkelfeld innerhalb der Kunstkriminalität

Bei Aussagen über das Dunkelfeld der Kunstkriminalität ist festzuhalten, dass diese sich lediglich auf Vermutungen und Indizien aus dem abgebildeten Hellfeld stützen. Belastbare Daten der Dunkelfeldforschung liegen für diesen Bereich nicht vor. Auch in der Literatur kursieren lediglich Schätzungen.

Das geringe bis sehr geringe Hellfeld lässt vermuten, dass damit ein ebenfalls eher niedriges Dunkelfeld verbunden ist und die Kunstkriminalität insgesamt ein kleineres Deliktsfeld darstellt. Eine Auseinandersetzung mit der Dunkelfeldproblematik macht jedoch zunächst eine differenzierte Betrachtung der unterschiedlichen Erscheinungsformen der Kunstkriminalität erforderlich. In der folgenden Darstellung werden diese einzeln hinsichtlich ihres Dunkelfelds untersucht. Die Ausführungen beschränken sich auf die auch in den statistischen Erfassungen registrierten Erscheinungsformen.

2. Überlegungen zum Dunkelfeld des Kunstdiebstahls

Beim Kunstdiebstahl lässt sich vermuten, dass die Mehrheit der Fälle im Hellfeld liegt. Dies könnte bereits rein strukturell mit dem Diebstahl als solchem zusammenhängen. So ist beim Diebstahl der Erfolg leichter bemerkbar als beispielsweise bei betrügerischen Handlungen. Die Anzeige eines erkannten Diebstahls erhöht außerdem die Chance auf Wiederbeschaffung und ist für die Schadensregulierung durch Versicherungen erforderlich. Eine gegenteilige Position vertritt zum Beispiel *Knickmeier*, die davon ausgeht, dass das Dunkelfeld beim Kunstdiebstahl hoch sei, da die Diebstähle nicht erkannt würden und die Beteiligten

1317 Vgl. hierzu *Charney* 2009, S. xvii; *Vogel*, JZ 2010, S. 1145; *Knickmeier* 2014, S. 364.

versuchten „*eine Lösung außerhalb der öffentlichen Strafverfolgung zu finden*".[1318] Diese Ansicht beruht auf einer reinen Vermutung und erscheint nicht plausibel.

Die Gründe für die geringen Zahlen müssen indessen nicht in einem großen Dunkelfeld liegen. Vielmehr ist beim Kunstdiebstahl von niedrigen absoluten Zahlen auszugehen. Ursächlich für die geringen Fallzahlen könnte der Umstand sein, dass Kunstobjekte, entgegen der verbreiteten Ansicht, kein attraktives Diebesgut sind.[1319] Wenngleich die Werte für Kunstobjekte steigen und der Markt für Kunstobjekte entsprechend groß ist, ist der Verkauf von gestohlenen Kunstobjekten doch häufig mit gewissen Schwierigkeiten verbunden.[1320] Kunstgegenstände haben im Gegensatz zu beispielsweise Geld oder Edelmetallen keinen direkten wirtschaftlich umsetzbaren Wert. Der Absatz von gestohlenen Kunstwerken, deren Wert häufig sehr individuell bestimmbar ist, wird sich zumeist schwierig gestalten. Der Verkauf ist auch deshalb unattraktiv, da mit gestohlenen Werken deutlich unter dem wirklichen Verkehrswert liegende Preise zu erzielen sind. Diese Problematik dürfte sich mit zunehmendem Wert des Kunstobjektes verstärken.

Darüberhinausgehende Aussagen über das Verhältnis von Hell- und Dunkelfeld im Bereich des Kunstdiebstahls sind nicht möglich. Die Betrachtung der verfügbaren Statistiken des Hellfelds und die sich hieraus ergebenden Annahmen unter Berücksichtigung der Struktur des Diebstahls lassen am ehesten die Schlussfolgerung zu, dass es sich beim Kunstdiebstahl um ein Deliktsfeld mit geringen Fallzahlen handelt. Die angeführten Überlegungen deuten auf ein dem geringen Hellfeld entsprechendes geringes Dunkelfeld hin.

3. Überlegungen zum Dunkelfeld der Kunstfälschung

Für den Bereich der Kunstfälschung wurden die teils exorbitanten Schätzungen bereits angeführt. Erinnert sei nochmals an *Schack*: „*Man schätzt, dass 60 % aller Kunstgegenstände auf dem Markt gefälscht sind, und auch der Rest ist nur selten absolut authentisch*".[1321] Auch die Presse spricht teils davon, dass bis zu einem Drittel der Kunstwerke auf dem Markt gefälscht

---

1318 *Knickmeier* 2014, S. 364.

1319 Vgl. hierzu exemplarisch *Müller-Chen*, ZSR 2010, S. 105, mit weiteren Nachweisen; wie auch *Schack* 2017, Rn. 481 ff.

1320 Zur steigenden Preisentwicklung auf dem Kunstmarkt siehe *Schack* 2017, Rn. 100 ff.

1321 *Schack* 2017, Rn. 38; vgl. auch *Schöller*, Kriminalistik 1993, S. 674 ff.; *Knickmeier 2014*, S. 364 f.

seien.[1322] Diese Aussagen basieren zumeist auf Schätzungen, die nicht weiter untermauert werden.[1323]

Dabei zeigt sich eine sehr deutliche Diskrepanz zwischen den geäußerten Schätzungen und den Werten, der PKS Hessen und der Berliner Dienststelle. Entsprechend stellt sich auch hier die Frage, ob das niedrige Hellfeld auf ein geringes Dunkelfeld schließen lässt, oder ob sich nur ein sehr geringer Teil der Taten im Hellfeld abzeichnet.

Zunächst ist anzumerken, dass die Erschließung des Hellfelds für den Bereich der Kunstfälschung keinen flächendeckenden Eindruck vermitteln kann. Mithin sind auch die wenigen verfügbaren Zahlen hierzu kritisch zu sehen.

Der tatbestandliche Erfolg einschlägiger Delikte der Kunstfälschung (Urkunden- und Urheberdelikte und die nachgelagerten Betrugsdelikte) ist im Gegensatz zu den Diebstahlsdelikten weniger offensichtlich. Allein deswegen kann aber noch nicht zwingend auf ein großes Dunkelfeld geschlossen werden.

Eine Ursache des vermuteten großen Dunkelfelds der Kunstfälschung wird im Kunstmarkt selbst gesehen.[1324] Ein zunehmender Umfang des Kunstmarktes sowie die diversen unterschiedlichen Absatzmöglichkeiten begünstigten Kunstfälschungen. Auch die zunehmende Bedeutung des Onlinehandels mit Kunst könnte den Handel mit Fälschungen erleichtern.[1325] Eine weitere Ursache für ein großes Dunkelfeld wird in der mangelnden Motivation zur Aufklärung von potentiellen Kunstfälschungen durch die einzelnen Akteure des Kunstmarktes vermutet.[1326] Eine Beschreibung des Problems liefert *Schack*:

> *„Solange (vermutlich sehr viele) Fälschungen unerkannt bleiben, sind alle zufrieden. Die Fälscher und Händler haben ihren Gewinn eingestrichen, und die ‚Aura' des Kunstwerkes ist für den Käufer wie für das Publikum intakt. Sobald der Verdacht einer Fälschung auftaucht, entsteht Streit unter den Kunstsachverständigen. Das ist einerseits Lebenselixier, birgt aber die Gefahr, sich mit einer falschen Expertise zu blamieren. Im Regen steht auch der Käufer, der einer Fälschung aufgesessen ist; besonders leidet die Reputation öffentlicher Museen, wenn die Fälschung mit Steuergeldern erworben wurde.“*[1327]

1322 Siehe hierzu den Beitrag *Obermueller*, Fast jedes dritte Kunstwerk auf dem Markt ist gefälscht, Berliner Morgenpost vom 13.12.2015 (Stand: 15.03.2021).

1323 Vgl. hierzu die kritischen Stimmen: *Kinzig*, Heinz-FS 2012, S. 130 ff.; *Grüning*, Kriminalistik 2013, S. 281 ff.

1324 Vgl. zu dieser Einschätzung etwa *Schack* 2017, Rn. 121.

1325 *Müller-Chen*, ZSR 2010, S. 105; vgl. auch *Schack* 2017, Rn. 121.

1326 Siehe hierzu exemplarisch: *Schack*, KUR 2015, S. 159 f.; *Kunth* 2007, S. 132; *Müller-Chen*, ZSR 2010, S. 83.

1327 *Schack* 2017, Rn. 46.

Deutlich wird an dieser Kritik, die hauptsächlich auf ein verschwiegenes Zusammenspiel aller Akteure des Kunstmarktes hinweist, dass niemand ein Interesse am Bekanntwerden von Fälschungen hat. Mithin seien Kunstfälschungen aufgrund der Verschwiegenheit der Beteiligten nur schwer auszumachen.[1328]

Die Erklärungsversuche, die sich auf die Größe und Unübersichtlichkeit des Kunstmarkts wie auch auf die fehlende Kooperation der Beteiligten bei der Aufklärung von Kunstfälschungen beziehen, erscheinen grundsätzlich schlüssig. Dass der Handel mit Kunstfälschungen über den vielschichtigen Kunstmarkt weitgehend unentdeckt ablaufen kann, erscheint denkbar. Ebenso ist auch die finanzielle Motivation nachvollziehbar, aufgrund der das Bekanntwerden möglicher Kunstfälschungen nicht gewünscht wird. Über die Vermutungen hinaus sind jedoch keine weiteren belastbaren Befunde vorhanden. Das Dunkelfeld der Kunstfälschung bleibt letztlich schillernd.

4. Überlegungen zum Dunkelfeld des illegalen Handels mit Kulturgütern

Eine beträchtliche Diskrepanz zwischen den in der Literatur angegebenen Schätzungen und den in der PKS registrierten Fallzahlen liegt auch für den Bereich des illegalen Handels mit Kulturgütern vor.[1329] Auch für diesen Bereich sind belastbaren Aussagen über das Verhältnis von Hell- und Dunkelfeld kaum möglich. Es bleibt zu bedenken, dass in der Literatur dem illegalen Handel mit Kulturgütern zumeist auch der gesamte Handel mit rechtswidrig erlangten Kunst- und Kulturgütern zugerechnet wird. Dieser umfasst häufig weitere, über die Delikte des KGSG hinausgehende Tathandlungen.

Führt man sich hier erneut die Fallzahlen der Delikte des KGSG aus den Jahren 2018 und 2019 vor Augen, so ist selbst bei zurückhaltender Schätzung anzunehmen, dass das Dunkelfeld gegenüber dem sehr geringen Hellfeld erheblich größer sein dürfte.

Da die gesetzliche Novellierung der gesamten Regelungen erst kurze Zeit zurückliegt und die Gesetzesanwendung noch Schwierigkeiten bereiten kann, sind verlässliche Aussagen über das Vorkommen dieser Delikte nicht möglich.

1328 Diese Begründung wird generell in der Literatur als Ursache bzw. als verstärkender Umstand für das als groß eingeschätzte Dunkelfeld der Kunstfälschung angegeben; vgl. *Kinzig*, Heinz-FS 2012, S. 137 ff.; *Schack*, KUR 2015, S. 159 f.; *Schack* 2017, Rn. 46 ff.; *Kunth* 2007, S. 132; *Müller-Chen*, ZSR 2010, S. 83; vgl. auch *Schöller*, Kriminalistik 1993, S. 676 ff.

1329 Vgl. hier: *Anton* 2010, S. 35 ff., mit zahlreichen weiteren Literaturnachweisen.

Allerdings ist zu vermuten, dass den Delikten um die illegale Einfuhr von Kulturgütern und das rechtswidrige Inverkehrbringen eine deutlich größere Rolle im Dunkelfeld zukommt. Die Straftaten dürften nur schwer zu entdecken sein, da hierfür ein hohes Maß an Kontrollen erforderlich wäre. Detaillierte Erkenntnisse zum Dunkelfeld innerhalb des illegalen Handels mit Kulturgütern sind zwar nicht vorhanden. Auch aufgrund der vielfachen politischen Beachtung erscheint ein solches jedoch als sehr wahrscheinlich.

IV. Ergebnis zu den empirischen Erkenntnissen zur Kunstkriminalität

Nach der Betrachtung der empirischen Erkenntnisse können abschließend folgende Punkte festgehalten werden:

- Die Kunstkriminalität und ihre Erscheinungsformen werden in der Literatur nur unzureichend behandelt. Auch aus den Polizeilichen Kriminalstatistiken von Bund und Ländern ergeben sich keine umfassenden Daten. Das klarste Bild ergibt sich für die verschiedenen Varianten des Kunstdiebstahls. Zu den Bereichen der Kunstfälschung und den Delikten des KGSG liegen kaum Daten vor.
- Der Kunstdiebstahl nimmt im Hellfeld den größten Bereich der Kunstkriminalität ein. Die vorhandenen Zahlen zum Kunstdiebstahl zeigen dennoch einen eher kleinen Deliktsbereich. Bemerkenswert sind die damit einhergehenden hohen Schadenssummen. Die nur sehr unvollständigen verfügbaren Zahlen zur Kunstfälschung offenbaren ein konstantes Vorkommen für das Land Berlin. Für das Land Hessen liegen nur singuläre Fälle für den Verkauf von Kunstfälschungen bei gleichzeitig enormen Schadenssummen vor. Für die Delikte des KGSG sind lediglich sehr geringe Fallzahlen auszumachen, die demnach nur bedingt aussagekräftig sind.
- Als problematisch bei der Bestimmung des Umfangs der Kunstkriminalität erwies sich der Umstand, dass sich die Kunstkriminalität insgesamt aus sehr unterschiedlichen Tatbeständen zusammensetzt. Eine umfangreichere Erfassung ist, wie die Statistiken einzelner Länder belegen, grundsätzlich durch zusätzliche Schlüssel denkbar.
- Die in der PKS erfassten Daten zu den Tatverdächtigen des Kunstdiebstahls zeigen keine wesentlichen Abweichungen gegenüber dem Diebstahl im Allgemeinen. Daher kann vermutet werden, dass Kunstobjekte beiläufig oder zufällig gestohlen werden und die Taten seltener von spezialisierten Tätern vorgenommen werden. Bei der Kunstfälschung ergeben sich bei den geringen

Fallzahlen enorme Schadenshöhen. Diese deuten darauf hin, dass diese Taten von spezialisierten Tätern mit entsprechender Expertise begangen werden.

- Den Datenbanken konnten keine belastbaren Daten zum Umfang und zu den Tätern entnommen werden. Deutlich wurde indes, dass beim Handel und bei Privatpersonen für die Bereiche des Kunstdiebstahls und der Kunstfälschung ein Bedarf nach Absicherung vor diesen Taten besteht.
- Insgesamt zeigen sich für alle im Hellfeld erfassten Erscheinungsformen der Kunstkriminalität große Diskrepanzen zwischen den vorliegenden und den in der Literatur und von sonstigen Stellen geschätzten Zahlen. Dabei muss hinsichtlich des Dunkelfelds zwischen den einzelnen Erscheinungsformen unterschieden werden. Es ist zu vermuten, dass das Dunkelfeld des Kunstdiebstahls im Verhältnis zu dessen Hellfeld geringer ist, als dies in den Bereichen der Kunstfälschung und des illegalen Handels mit Kulturgütern der Fall ist. In den letzten beiden Bereichen spricht viel für ein großes Dunkelfeld.

E. Die polizeiliche Verfolgungspraxis von Kunstkriminalität

Der nachfolgende Abschnitt der Untersuchung ist der polizeilichen Strafverfolgung der Kunstkriminalität gewidmet. Hier werden die Ergebnisse der vom Verfasser durchgeführten Interviews (bzw. schriftlichen Befragungen) mit den auf Kunstkriminalität spezialisierten Dienststellen der LKÄ und des BKA dargestellt.

In der Bundesrepublik Deutschland existieren nur in den Landeskriminalämtern in Baden-Württemberg, Bayern, Berlin und Hamburg und dem Bundeskriminalamt spezialisierte Dienststellen, die sich ausschließlich mit Fällen der Kunstkriminalität beschäftigen.[1330] Die durchgeführten Interviews und schriftlichen Befragungen sollen einen Überblick über die Kunstkriminalität aus polizeilicher Sicht geben.

I. Ziel der empirischen Betrachtung

Die empirische Untersuchung der polizeilichen Verfolgungspraxis von Kunstkriminalität mittels Interviews und schriftlicher Befragungen verfolgt folgende Ziele:

- Das zentrale Ziel der Erhebung ist, einen Einblick in die Arbeit der wenigen Behörden zu erhalten, die sich in Deutschland der polizeilichen Verfolgung von Kunstkriminalität widmen.
- Der Einblick in die polizeiliche Praxis soll außerdem den Zugang zu kriminologischen Informationen zur Kunstkriminalität ermöglichen. Durch die Interviews und schriftlichen Befragungen sollen weitere Erkenntnisse über den Umfang, Täter und Opfer gewonnen werden.
- Die Untersuchung der polizeilichen Praxis soll außerdem einen Vergleich mit den bisher in dieser Arbeit gewonnenen theoretischen Ergebnissen ermöglichen. Hierbei wird etwa der Frage nachgegangen, inwieweit die bestehenden

---

1330 Daneben existiert nach Auskunft des BKA noch eine Dienststelle des LKA Hessen, die sich ausschließlich mit archäologischen und paläontologischen Objekten beschäftigt. Außerdem werden im Zollkriminalamt in Köln im Fachgebiet B 331 „Verbote und Beschränkungen" als Zentralstelle des Zolls Delikte des KGSG mit Grenzübertritt bearbeitet. Diese beiden Einrichtungen wurden in den durchgeführten Interviews nicht berücksichtigt, da sie sich nur mit Teilbereichen der Kunstkriminalität befassen.

Normen für den alltäglichen polizeilichen Umgang mit der Kunstkriminalität ausreichen.

II. Methodische Vorgehensweise

Zu Beginn wird das methodische Vorgehen bei der empirischen Erhebung erörtert. Die nachfolgenden Ausführungen beziehen sich zunächst nur auf die Interviews, die mit den Experten der Landeskriminalämter geführt wurden. Die Methodik der schriftlichen Befragung der Dienststelle des BKA wird im Anschluss beschrieben.

1. Auswahl des Experteninterviews als methodisches Vorgehen

Die Zielsetzung, die polizeiliche Verfolgungspraxis der Kunstkriminalität zu untersuchen, legt das Experteninterview als Methode der Wahl nahe. Wie dargestellt, gibt es in Deutschland nur sehr wenige Behörden und Einrichtungen, die sich mit der Kunstkriminalität beschäftigen. Folglich sind entsprechend wenige Personen in diesem Bereich tätig. Diese Personen sind zugleich diejenigen, die den unmittelbarsten Kontakt zur polizeilichen Verfolgungspraxis der Kunstkriminalität haben. Die Methode des Experteninterviews bietet den Vorteil, sowohl in systematisierender als auch in explorativer Form eingesetzt werden zu können.[1331]

Die systematisierende Form des Experteninterviews dient einer *„möglichst weitgehenden und umfassenden Erhebung des Sachwissens der Experten bezüglich des Forschungsthemas.“*[1332] Diese Methode eignet sich somit für das Ziel, möglichst umfassend Informationen über die polizeiliche Verfolgungspraxis der Kunstkriminalität zu erhalten. Die geringe Zahl der Experten für diesen Bereich ermöglicht eine relativ vollständige Informationsgewinnung.

Zum anderen enthält das durchgeführte Experteninterview auch explorative Elemente.[1333] Diese explorative Form ermöglicht eine erste Orientierung im Untersuchungsfeld.[1334] Durch diese Methode kann eine große Breite an Informationen erlangt werden, die noch nicht gezielt zur Schließung konkreter *„Informationslücken“* dienen.[1335] Vielmehr sollen hierdurch die Orientierung für

---

1331 *Bogner/Littig/Menz* 2014, S. 23 ff.
1332 *Bogner/Littig/Menz* 2014, S. 24.
1333 *Bogner/Littig/Menz* 2014, S. 23 f.
1334 *Bogner/Littig/Menz* 2014, S. 23 f.
1335 *Bogner/Littig/Menz* 2014, S. 24.

einen tieferen Zugang zur Thematik und eine Sondierung des Untersuchungsfelds ermöglicht werden.[1336] Diese Art der Experteninterviews wurde vorliegend für die Bereiche verwendet, in denen bislang noch wenige Informationen vorliegen.

2. Leitfaden und Durchführung der Interviews mit den LKÄ

Aufgrund der systematisierenden bzw. explorativen Zielsetzung wurden die Experteninterviews als teilstrukturierte Interviews mithilfe eines Leitfadens durchgeführt.[1337] Im Weiteren sollen die Auswahl der Interviewpartner, der Leitfaden und die Durchführung der Interviews beschrieben werden.

a) Auswahl der Interviewpartner

Die geringe Anzahl an Dienststellen führte dazu, dass von vornherein nur wenige Experten für die vorliegende Erhebung zur Verfügung standen. Der Verfasser beschränkte die Auswahl der Experten auf die Dienststellen, die sich mit dem gesamten Spektrum der Kunstkriminalität auseinandersetzen. Daher wurde die Dienststelle des LKA Hessen, die sich nur mit archäologischen und paläontologischen Objekten befasst, nicht berücksichtigt. Ebenso wurde auch das Zollkriminalamt in Köln, das nur Delikte des KGSG mit Grenzübertritt bearbeitet, nicht Teil der Erhebung.

Die konkrete Auswahl der Experten wurde von den angefragten Behörden getroffen. Die Behörden achteten darauf, erfahrene Personen für das jeweilige Interview auszuwählen. Bei allen vom Verfasser geführten Interviews war stets der gegenwärtige Leiter der Dienststelle, teilweise zusätzlich der stellvertretende Leiter, am Interview beteiligt. Daneben waren langjährige Sachbearbeiter für die Interviews vorgeschlagen worden. In Berlin wurde zusätzlich der ehemalige Leiter der Dienststelle für das Gruppeninterview hinzugezogen, der langjährige Erfahrung auf dem Gebiet der Kunstkriminalität vorweisen kann. In Bayern standen zwei und in Berlin und Baden-Württemberg jeweils drei Experten als Interviewpartner zur Verfügung. Insgesamt waren somit acht Experten an den Interviews beteiligt. Die Qualifikation als Experten ergab sich aus deren Funktionen und Tätigkeiten als Beamte oder Tarifbeschäftigte in den auf Kunstkriminalität spezialisierten Dienststellen.

1336 *Bogner/Littig/Menz* 2014, S. 24.
1337 Vgl. *Bogner/Littig/Menz* 2014, S. 27 ff.

b) Leitfaden und Methodik der Interviews

Der den Interviews zugrunde gelegte Leitfaden ist an der systematisierenden, explorativen Zielsetzung der Interviews ausgerichtet.[1338]

Die Fragen des Leitfadens waren als nichtstandardisierte Fragen konzipiert.[1339] Im Gegensatz zu standardisierten Fragen wird hierbei auf eine vorgegebene Kategorisierung der Antworten verzichtet.[1340] Dieses Konzept wurde gewählt, da eine genaue Vergleichbarkeit der Antworten nicht Teil des Untersuchungsziels war.[1341] Stattdessen sollte durch die Interviews und die gewählte Art der Fragen ein möglichst breites Maß an Informationen gewonnen werden. Die einzelnen Fragen waren somit offen formuliert und nicht kategorisierend.[1342] Durch die offene Fragestellung konnten die Interviewpartner ihre Antworten völlig selbstständig formulieren.[1343]

Da das systematisierende Experteninterview einer möglichst umfassenden Erhebung von Expertenwissen dient, bedarf es für diese Art des Interviews eines ausführlichen Leitfadens.[1344]

Der Leitfaden gliederte sich in die folgenden sechs Bereiche:

1. Fragen zu den Interviewpartnern
2. Fragen zur Organisation der Polizeidienststelle
3. Allgemeine Fragen zur Kunstkriminalität
4. Fragen zu den unterschiedlichen Deliktsbereichen der Kunstkriminalität
5. Zusammenarbeit mit Gerichten und Staatsanwaltschaften
6. Sonstiges

Einleitend wurden den Interviewpartnern kurze Fragen zu ihrer Funktion und der Länge ihrer Tätigkeit im Bereich der Verfolgung von Kunstkriminalität wie auch zu generellen Anforderungen an ihre Tätigkeit gestellt. Daran schloss sich ein ebenfalls kürzerer Abschnitt von allgemeinen Fragen zur Organisation der Dienststelle an.

Der dritte und vierte Abschnitt bildete den Schwerpunkt der Interviews. Der dritte Abschnitt widmete sich allgemeinen Fragen zu Umfang,

---

1338 Vgl. *Bogner/Littig/Menz* 2014, S. 23 f.
1339 Vgl. *Atteslander* 2010, S. 144 f.
1340 Vgl. *Atteslander* 2010, S. 144 f.
1341 Vgl. *Atteslander* 2010, S. 144 f.
1342 Vgl. *Atteslander* 2010, S. 146 ff.; *Gläser/Laudel* 2010, S. 131.
1343 Vgl. *Atteslander* 2010, S. 146 f.
1344 Vgl. *Bogner/Littig/Menz* 2014, S. 23 f.

Kenntniserlangung und polizeilicher Arbeit im Bereich der Kunstkriminalität. Im vierten Abschnitt wurden Aspekte der einzelnen Erscheinungsformen von Kunstkriminalität betrachtet. Der Schwerpunkt lag auf den Deliktsbereichen der Kunstfälschung und des Kunstdiebstahls. Daran angeschlossen finden sich kürzere und eher explorativ ausgerichtete Fragen zur Kunsterpressung und zu den Delikten des KGSG.

Der fünfte Abschnitt thematisiert die Zusammenarbeit der Dienststellen mit Gerichten und Staatsanwaltschaften. Der sechste Abschnitt „*Sonstiges*" greift Aspekte auf, die im Leitfaden keine Erwähnung fanden, von den Interviewpartnern aber als relevant eingestuft wurden.

Der genaue Wortlaut der einzelnen Fragen ist den jeweiligen Antworten vorangestellt.

c) Durchführung der Interviews

Die Interviews bei den Landeskriminalämtern in Bayern, Berlin und Baden-Württemberg wurden vom Verfasser persönlich am 29. August, am 5. September sowie am 11. September 2018 in der genannten Reihenfolge in den jeweiligen Räumlichkeiten der Dienststellen durchgeführt. Die Interviews nahmen 2 Stunden 37 Minuten, 2 Stunden 13 Minuten sowie 1 Stunde und 45 Minuten in Anspruch. Wie erwähnt, standen in Bayern zwei und in Berlin und Baden-Württemberg jeweils drei Experten als Interviewpartner zur Verfügung. Der Leitfaden mit den Fragen wurde den Interviewpartnern mindestens eine Woche zuvor übermittelt. Im Wesentlichen bestand das Interview in der Beantwortung der im Leitfaden vorgegebenen Fragen in der dort aufgeführten Reihenfolge. Die Interviewpartner wurden dazu angehalten, weitere, ihrer Ansicht nach relevante Umstände und Erfahrungen anzuführen, die über die vorgegebenen Fragen hinausgingen.

Die Ausgestaltung als Gruppen- oder Einzelinterviews wurde den jeweiligen Dienststellen freigestellt. Die Interviews in Baden-Württemberg und Berlin wurden als Gruppeninterviews abgehalten. Bei den Gruppeninterviews wurden die Fragen jeweils an alle Beteiligten gestellt. Dies erwies sich als positiv, da hier die anderen Interviewten Ergänzungen zu einzelnen Fragen geben konnten. Das Interview in Bayern wurde jeweils einzeln mit den beiden Beamten durchgeführt. Die ersten drei Abschnitte des Leitfadens wurden allerdings auch hier als Gruppeninterview durchgeführt.

Die Interviews wurden jeweils mittels eines Diktiergeräts aufgezeichnet und anschließend vom Verfasser transkribiert. Bei der Erstellung des Transkriptes wurde versucht, dieses möglichst nah am Wortlaut der aufgezeichneten

Gespräche zu halten. Bei der Transkription wurden lediglich Sprechfehler, wie beispielsweise Wortdopplungen, korrigiert.

Die erstellten Transkripte wurden den Interviewpartnern zur Autorisierung übersandt, wobei die Möglichkeit bestand, seitens der Polizeien inhaltliche Berichtigungen vorzunehmen. Hiervon wurde nur in geringem Ausmaß Gebrauch gemacht.

Das Interview mit der Dienststelle des LKA Hamburg wurde als schriftliche Befragung durchgeführt, da sich eine Terminfindung mit der dortigen Dienststelle als schwierig erwies. Allerdings ist die schriftliche Befragung mit einigen strukturellen Einschränkungen und Schwierigkeiten verbunden.[1345] Als nachteilig bei dieser Art der Befragung erwies sich, dass die Fragen restlos eindeutig formuliert werden mussten, da bei missverstandenen Fragen der Interviewer nicht korrigierend und erklärend eingreifen konnte.[1346] Weiterhin bestand die Gefahr, dass Fragen nicht vollständig oder überhaupt nicht beantwortet werden.[1347] Diese der schriftlichen Befragung immanenten Schwachstellen realisierten sich bei der konkreten Umsetzung jedoch nur bedingt. Die Fragen wurden von der Dienststelle in der weit überwiegenden Anzahl der Fälle zielführend beantwortet. Weiterhin wurde auch die Mehrheit der Fragen beantwortet. Ungünstig war einzig, dass zumeist kürzere Antworten gegeben wurden, als dies bei den persönlichen Interviews der Fall war.

3. Strukturelle Einschränkungen und Problematiken des Experteninterviews

Grundsätzlich ist die Methode des Experteninterviews – wie jedes methodische Vorgehen – mit strukturellen und konzeptionellen Einschränkungen und Schwierigkeiten verbunden.[1348]

Eine Beschränkung ergab sich im Konkreten dadurch, dass bestimmte Informationen von den Dienststellen aus strategischen Erwägungen nicht zur Verfügung gestellt werden konnten. Das betraf hauptsächlich Angaben zum Umfang der personellen Besetzung der Dienststellen.

Strukturelle Einschränkungen ergaben sich, wenn subjektive Eindrücke geschildert wurden, da diese Angaben nur unzureichend belegt werden konnten.

1345 Siehe hierzu *Atteslander* 2010, S. 157 f.

1346 Vgl. *Atteslander* 2010, S. 157.

1347 Vgl. *Atteslander* 2010, S. 157.

1348 Siehe hierzu insgesamt: *Flick* 2007, S. 218.

Dieser Umstand erschwerte auch die Vergleichbarkeit zwischen den einzelnen Interviews.

Eine weitere Schwierigkeit zeigte sich darin, dass die Befragten ähnliche Aspekte bei teilweise sehr unterschiedlichen Fragen ansprachen. Bei der Auswertung wurde versucht, solche Aspekte soweit wie möglich zusammenzufassen.

4. Methodik der Auswertung

Die Auswertung der Interviews erfolgte anhand der jeweils angefertigten und von den einzelnen Behörden autorisierten Transkripte. Die Auswertung der Experteninterviews wurde unter Berücksichtigung der strukturierenden Inhaltsanalyse nach *Mayring* durchgeführt.[1349] Im Wesentlichen orientierte sich die Auswertung an den Kategorien des Ausgangsmaterials, die sich aus den Fragen des Leitfadens ergaben.[1350] Die wesentlichen Kategorien der Auswertung bestimmten sich durch eine induktive Definition der jeweiligen Kategorien.[1351] Durch die induktive Kategorienbildung wird eine möglichst „*gegenstandsnahe Abbildung des Materials*" ermöglicht.[1352] Bei der vorliegenden Auswertung wurden die zentralen Kategorien also innerhalb eines Verallgemeinerungsprozesses aus dem Material selbst abgeleitet.[1353]

Die Wiedergabe des ausgewerteten Materials orientierte sich an der inhaltlichen Strukturierung.[1354] Ziel einer inhaltlichen Strukturierung ist es, „*bestimmte Themen, Inhalte, Aspekte aus dem Material herauszufiltern und zusammenzufassen*".[1355] Die Strukturierung fand jeweils als Zusammenfassung der verschiedenen Antworten für die einzelnen Fragen statt.

Manche Fragen blieben auch unbeantwortet. Betroffen waren insbesondere die abschließenden offengehaltenen Fragen. Sofern die Nichtbeantwortung keinen eigenen Erklärungswert hatte, wurden diese nicht in der Auswertung dargestellt. Wenn einzelne Dienststellen für eine konkrete Frage keine Antwort gaben, wurde dies nicht hervorgehoben, vielmehr wurde die Dienststelle in der Auswertung der einzelnen Frage nicht angegeben. Die Reihenfolge der Antworten

---

1349 Vgl. hierzu insgesamt: *Mayring* 2015.
1350 *Mayring* 2015, S. 85.
1351 Vgl. *Mayring* 2015, S. 85 f.
1352 *Mayring* 2015, S. 86.
1353 Vgl. *Mayring* 2015, S. 85.
1354 Vgl. *Mayring* 2015, S. 99 ff., 103.
1355 *Mayring* 2015, S. 103.

richtet sich nach deren thematischer Ordnung und der jeweiligen Ausführlichkeit, in der die einzelnen Fragen von den Dienststellen beantwortet wurden.

5. Methodisches Vorgehen bei der Befragung des BKA

Neben den Interviews mit den spezialisierten Dienststellen der LKÄ wurde eine kurze schriftliche Befragung der auf Kunstkriminalität spezialisierten Fachdienststelle des Bundeskriminalamtes in Wiesbaden durchgeführt. Durch die Befragung sollte die Funktion der Fachdienststelle des BKA für die verschiedenen Erscheinungsformen der Kunstkriminalität in Erfahrung gebracht werden.

Da die Fachdienststelle in der überwiegenden Zahl der Fälle nicht selbst ermittelnd tätig wird, konnte der ursprüngliche Leitfaden nicht für diese Befragung verwendet werden. Um Erkenntnisse zu den Aufgaben, den Tätigkeiten und weitere Informationen zur Kunstkriminalität zu erhalten, wurde daher ein kürzerer Fragebogen explizit für die Fachdienststelle des BKA erstellt. Da die Befragung deutlicher kürzer war, wurde auf ein persönliches Interview verzichtet.

Die Fragen an das BKA waren ebenfalls offen formuliert und nicht kategorisierend. Wie bei den Interviews der LKÄ hatte die Befragung eine systematisierende und explorative Zielsetzung. Durch die offenen Fragen sollten möglichst umfangreiche Antworten ermöglicht werden.

Die Durchführung der Befragung erfolgte nach einer offiziellen Anfrage beim BKA durch die Übersendung des Fragebogens. Die Fragen wurden von den Mitarbeitern der Fachdienststelle schriftlich beantwortet. Wie viele Personen bei der Beantwortung der Fragen mitgewirkt hatten, wurde dem Verfasser nicht mitgeteilt. Der Fragebogen wurde Anfang September 2018 via E-Mail an das BKA übermittelt und Ende Oktober 2018 beantwortet. Die Ergebnisse der Befragung werden im Anschluss an die Experteninterviews dargestellt.

III. Experteninterviews mit den auf Kunstkriminalität spezialisierten Dienststellen der Landeskriminalämter

Der nachfolgende Abschnitt gibt die durch die einzelnen Experteninterviews mit den Dienststellen der Landeskriminalämter in Baden-Württemberg, Bayern, Berlin und Hamburg gewonnenen Erkenntnisse wieder. Die Darstellung orientiert sich an der Reihenfolge der Fragen innerhalb des Leitfadens.

1. Fragen und Daten zu den Interviewpartnern

Der erste Fragenblock diente dazu, Informationen zu den Interviewpartnern zu gewinnen. Die weiteren Fragen sollten in Erfahrung bringen, ob spezielle Voraussetzungen für die Arbeit in der Dienststelle erforderlich sind.

Frage 1: Name und Dienstgrad? Seit wann sind Sie bei der auf Kunstkriminalität spezialisierten Dienststelle beschäftigt?

Die Namen der Interviewten werden hier nicht angeführt, da nicht alle Experten mit der Nennung ihres Namens einverstanden waren. Bis auf eine Person bekleideten alle Interviewpartner den Dienstgrad eines Kriminalhauptkommissars bzw. in Berlin eines Gewerbehauptkommissars. Die andere Person war tarifbeschäftigt. Die Interviewten der Dienststellen waren von unterschiedlichem Dienstalter. Bei jedem Interview war zumindest eine Person anwesend, die bereits seit längerer Zeit im Bereich der Kunstkriminalität tätig war. In Berlin war ein Interviewpartner seit 2010, in Bayern seit 2002, in Stuttgart seit 2004 sowie in Hamburg seit 2009 in der jeweiligen Dienststelle tätig. In den Dienststellen in Baden-Württemberg, Bayern und Berlin war jeweils der Leiter der Dienststelle anwesend.

Frage 2: Gibt es spezielle Voraussetzungen, die für die Arbeit im Rahmen der Dienststelle für Kunstkriminalität erforderlich sind?

In allen Bundesländern gaben die Befragten an, dass für die Tätigkeit im Bereich der Kunstkriminalität außer den laufbahnrechtlichen Bestimmungen keine weiteren Voraussetzungen an die Bewerber gestellt würden.

Frage 3: Werden spezielle Fortbildungen angeboten?

Bei der Frage nach einschlägigen Weiterbildungen wurde darauf hingewiesen, dass es keine polizeiinternen kunstspezifischen Fortbildungen gebe. Die Dienststellen in Hamburg und München nannten allerdings besondere Fortbildungen des BKA, die sich zwar nicht auf Fachwissen zu kunstspezifischen Aspekten bezögen, aber auf den Umgang mit Datenbanken und weiteren Fahndungsmöglichkeiten im Bereich der Kunst- und Kulturgutkriminalität.

Die Berliner Dienststelle führte an, dass sich viele Kollegen auch im Privaten fortbildeten, etwa durch Museumsbesuche oder durch private Speziallehrgänge. Weiterhin wurde auf Fachtagungen hingewiesen, wodurch ein direkter Austausch mit den Kollegen der anderen Bundesländer möglich sei. Die Fachtagungen fänden alle zwei bis drei Jahre statt.

2. Fragen zur Organisation der Polizeidienststelle

Der zweite Fragenabschnitt diente der Erschließung der Struktur, der Größe und der organisatorischen Eingliederung der Dienststellen. In diesem Zusammenhang wurde auch die Koordination der einzelnen Dienststellen untereinander sowie eine Spezialisierung auf Ebene der Staatsanwaltschaft erörtert. Ziel dieses Abschnittes war es, den organisatorischen Rahmen der einzelnen Dienststellen abstecken zu können.

Frage 4: Seit wann existiert Ihre auf Kunstkriminalität spezialisierte Dienststelle?

Die Kunstdienststelle des LKA Bayern wurde 1978 gegründet, die in Baden-Württemberg im Jahr 1982. Deutlich später ins Leben gerufen wurden die Dienststellen in Hamburg, die 2005 geschaffen wurde, sowie die des LKA Berlin, die im Jahre 2008 gegründet wurde.

Die Nachfrage, ob es für die jeweiligen Gründungen einen konkreten Anlass gegeben habe, wurde jeweils mit einem aufkommenden Bedarf beantwortet. Sowohl in Baden-Württemberg als auch in Bayern wurde angegeben, dass für die Gründungen der Dienststellen das vermehrte Aufkommen von Diebstählen aus Kirchen jedenfalls mitauslösend gewesen sei. Seitens des LKA Bayern wurde ausgeführt, dass bereits einige Jahre vor der Schaffung der Dienststelle ein über Bayern verteiltes großes Vorkommen von Diebstählen aus Kirchen, etwa von Heiligenfiguren, beobachtet worden sei. Dies habe schließlich zur Einrichtung einer SoKo bzw. Arbeitsgruppe geführt, die wiederum in der Gründung der Dienststelle gemündet habe.

Die Ursache für die Gründung der Dienststelle des LKA Berlin sei ebenfalls ein aufkommendes Bedürfnis nach einer spezialisierten Dienststelle gewesen. Erste Überlegungen zur Gründung einer solchen Dienststelle habe es bereits in den 70er Jahren gegeben. Der konkrete Bedarf ergebe sich in Berlin aus der hohen Dichte an Museen, Sammlern sowie sonstigen Experten.

Frage 5: In welchen Bereich ist die Polizeidienststelle eingegliedert?

Im LKA Baden-Württemberg ist die auf Kunstkriminalität spezialisierte Dienststelle in der Abteilung 3 in der Wirtschaftskriminalität eingegliedert. Das LKA Bayern ordnet die Dienststelle der Kunstkriminalität dem Dezernat 62 „Sonderermittlungen" und dort dem Sachgebiet 622 Sonderermittlungen/Kunst/NSG zu. In diesem Sachgebiet würden neben den Kunstdelikten auch Sonderermittlungen bearbeitet. Ebenso würden dort nationalsozialistische Gewaltverbrechen aufgearbeitet. Im LKA Berlin findet sich die Dienststelle der Kunstkriminalität in der Abteilung 4 wieder, die sich mit organisierter Kriminalität befasst. Dort ist sie dem LKA 44 zugeordnet, das sich im Speziellen mit den dort auftretenden Eigentumsdelikten beschäftigt. Die Hamburger Dienststelle ist im Bereich der schweren Eigentumsdelikte eingegliedert.

Frage 6: Wie viele Beamte sind in der Dienststelle beschäftigt?

Zwei der vier Dienststellen gaben aus strategischen Gründen keine Zahlen zur Stärke der Besetzung an. Da die bekannten Stärkezahlen Rückschlüsse auf die Stärkezahlen der anderen Dienststellen zulassen, sollen auch die bekanntgegebenen Zahlen der anderen Dienststellen nicht genannt werden. Dies erfolgt aus Rücksicht und aufgrund der Zusicherung, die Anzahl der Beamten der beiden Dienststellen nicht zu erwähnen.

Frage 7: Gibt es eine Koordination oder Zusammenarbeit mit den anderen auf Kunstkriminalität spezialisierten Dienststellen?

Die Zusammenarbeit zwischen den einzelnen Dienststellen – insbesondere zwischen den spezialisierten Dienststellen in Baden-Württemberg, Bayern, Berlin und Hamburg – wird sowohl als notwendig wie auch durchgehend als sehr eng und vertrauensvoll beschrieben. Ein Experte in Berlin führte dazu an:

> *„Das ist eigentlich eine ausschließlich sehr, sehr gute Zusammenarbeit, das kann man definitiv sagen, weil die Kriminalitätsform sich ja nicht nur auf Berlin beschränkt. Wir sind gezwungen wirklich auch mit dem Bundesgebiet national und auch international eng zusammenzuarbeiten. Da haben sich natürlich gewisse Verfahrensabläufe eingeschliffen, aber auch Informationswege und wir stehen wirklich in engem Austausch insbesondere mit München und mit Stuttgart.“*

Die Zusammenarbeit werde im Rahmen einer regelmäßig stattfindenden Kunstfahndertagung intensiviert.

Der Austausch bzw. die Zusammenarbeit mit den Bundesländern, in denen keine ausschließlich auf Kunstkriminalität spezialisierte Dienststelle existiere, gestalte sich positiv. So gebe es in jedem Bundesland Ansprechpartner für die Kunstfahndung und speziell für die vom BKA betreute Fahndungsdatenbank.

Seitens des LKA Bayern wurde außerdem die Zusammenarbeit mit der Zentralstelle des BKA hervorgehoben. Diese werde zwar nur in einer geringen Anzahl von Fällen selbst ermittelnd tätig, sie spiele jedoch gerade in der Funktion als Zentralstelle eine bedeutsame Rolle. Die Zentralstelle des BKA sei Single Point of Contact gegenüber Europol und Interpol. Ihr komme daher eine besondere Stellung zu, der intereuropäische und internationale Austausch verlaufe ausschließlich über das BKA. Das LKA Berlin führte überdies eine gute Zusammenarbeit mit den Behörden in Österreich und Teilen der Schweiz an.

Frage 8: Setzt sich die Spezialisierung auf Ebene der Staatsanwaltschaft fort?

Alle befragten Dienststellen gaben an, dass eine fachliche Spezialisierung der Staatsanwaltschaften im Bereich der Kunstkriminalität nicht vorliege. Insbesondere wurde angemerkt, dass keine zentrale Staatsanwaltschaft für dieses Kriminalitätsphänomen existiere. Einzig in Bayern bzw. in München sei ein spezieller Bereich der Staatsanwaltschaft München für die Kunstdelikte der Dienststelle des LKA Bayern zuständig.

> *„Wir haben [in München] einen speziellen Bereich bei der Staatsanwaltschaft, der nur für uns zuständig ist. Man muss schon sagen, sobald wir einen Fall übernehmen, werden wir das meistens über unsere StA in München abarbeiten. Was aber auch dadurch bedingt ist, dass das Gros der Fälle, die wir bearbeiten, in München stattfindet.“*

Frage 9: Wenn nein, wäre dies aus Ihrer Sicht notwendig/sinnvoll? Könnte man das aus Ihrer Sicht verbessern?

Obwohl die Befragten keine zwingende Notwendigkeit sahen, wurde doch einstimmig die Sinnhaftigkeit einer Spezialisierung von Staatsanwälten auf den Deliktsbereich der Kunstkriminalität hervorgehoben.

Es wurde angesprochen, dass durch die Zusammenarbeit mit wechselnden und nicht spezialisierten Staatsanwälten die Besonderheiten einzelner Bereiche der Kunstkriminalität häufig neu dargelegt werden müssten. Hier wurden beispielsweise die Besonderheiten der nebenstrafrechtlichen Delikte des Urheberrechts wie auch das neu geschaffene KGSG angeführt. Vom LKA München wurde angesprochen, dass eine gewisse kunsthistorische Kenntnis des Staatsanwaltes die Besprechungsgrundlage vereinfache. Das LKA Berlin führte aus, dass sich die Personalrotation innerhalb der Staatsanwaltschaft entsprechend negativ bemerkbar mache. Eine Spezialisierung einzelner Staatsanwaltschaften werde hierdurch zusätzlich erschwert.

Weiterhin wurde vom LKA Berlin angemerkt, dass weitere Besonderheiten im Bereich der Kunstkriminalität darin bestünden, dass etwa auch zivilrechtliche Komponenten im Rahmen justizieller Rechtsbehelfe der Verfahren eine Rolle spielen könnten. Eine Spezialisierung sei somit wünschenswert.

Zwischenergebnis – Fragen zur Organisation der Polizeidienststelle

Bei den Antworten zum zweiten Fragenkomplex wurden große Ähnlichkeiten zwischen den einzelnen Dienststellen evident. Am deutlichsten wurde die Ähnlichkeit jeweils zwischen den Stadtstaaten Berlin und Hamburg sowie den Flächenstaaten Baden-Württemberg und Bayern. So lagen die Gründungsjahre jeweils nah beieinander. Bei den Dienststellen in Baden-Württemberg und Bayern wurden außerdem dieselben Gründungsmotive genannt. Nur die

Eingliederung der einzelnen Dienststellen in die Strukturen der Landeskriminalämter erfolgte in relativ unterschiedlichen Bereichen. Die Angabe der Stärkeanzahl wurde in zwei der vier befragten Dienststellen mit Verweis auf strategische Aspekte verweigert, weshalb aus Rücksicht hierauf auch keine Aussagen zu den anderen beiden Dienststellen getroffen werden sollen. Die Zusammenarbeit zwischen den Dienststellen wurde durchgehend als sehr eng und vertrauensvoll beschrieben, wobei hier mehrfach die gemeinsam abgehaltene Kunstfahndertagung angeführt wurde. Eine spezialisierte Staatsanwaltschaft existiert in keinem der Bundesländer, wenngleich nach den Angaben des LKA Bayern dort eine enge Zusammenarbeit mit der örtlich zuständigen Staatsanwaltschaft besteht. Die Einrichtung einer spezialisierten bzw. Schwerpunktstaatsanwaltschaft wurde zwar nicht als zwingend erforderlich angesehen, jedoch von allen Dienststellen als sehr wünschenswert eingestuft.

3. Allgemeine Fragen zur Kunstkriminalität und zur Zuständigkeit der Dienststellen

Der dritte Abschnitt der Fragen war auf das Deliktsfeld der Kunstkriminalität im Allgemeinen ausgerichtet. Hier sollten neben einer definitorischen und phänomenologischen Beschreibung der Kunstkriminalität aus polizeilicher Sicht auch Fragen zur üblichen Kenntniserlangung und Zuständigkeit der Dienststellen gestellt werden. Weiterhin wurden Fragen nach dem quantitativen Umfang der Kunstkriminalität erörtert.

Frage 10: Was wird unter Kunstkriminalität aus polizeilicher Sicht verstanden?

Die Dienststellen der Landeskriminalämter Baden-Württemberg und Bayern legten der Kunstkriminalität keine feststehende Definition zugrunde. Die Kunstkriminalität wird dort als Oberbegriff der verschiedenen Erscheinungsformen verstanden. Als Erscheinungsformen wurden Kunstdiebstahl sowie die entsprechenden Anschlussdelikte wie Hehlerei etc. genannt, darüber hinaus Fälschungen sowie der illegale Handel mit Kulturgut.

Die Hamburger Dienststelle beschrieb die Kunstkriminalität als die Summe sämtlicher Deliktsbereiche, die im Zusammenhang mit Kunstgegenständen, Kulturgütern und Antiquitäten stehen.

Eine ausführliche Definition der Kunstkriminalität wurde von der Dienststelle des LKA Berlin gegeben.

Das LKA Berlin wies darauf hin, dass eine solche Definition bereits zur Bestimmung der Zuständigkeit der Dienststelle verwendet werde. Weiterhin wurde hervorgehoben, dass der Begriff der „Kunstdelikte" dem gesamten

Phänomen der Kunstkriminalität zugrunde gelegt werde. Unter diesem Begriff sei allerdings kein originäres Kriminalitätsphänomen zu verstehen, sondern er sei vielmehr ein Sammelbegriff, der Eigentums- und Vermögensstraftaten mit der Zielrichtung Kunst zusammenfasse. Unter dem zugrunde gelegten Begriff der „Kunstdelikte" würden die nachfolgenden Straftaten zusammengefasst:

> *„Straftaten, die auf Erlangung, Handel oder Zerstörung von/mit Kunstgegenständen, Antiquitäten, sakralen Gegenständen oder Kulturgütern angelegt sind oder bei deren Begehung notwendigerweise Gegenstände benutzt werden oder entstehen, die den Anschein authentischer Kunstgegenstände oder Antiquitäten erwecken."*

Dieser Phänomenbereich der „Kunstdelikte" bestehe dabei aus den „klassischen" Phänomenen des Kunstdiebstahls, sprich dem einfachen und schweren Diebstahl aus Museen, Kunsthandlungen, Gewerbeobjekten, Privathaushalten, öffentlichen Einrichtungen usw.; ferner aus der Kunsthehlerei, bezogen auf gestohlene Kunst, Kriegsbeute, Kulturgüter und Artefakte aus Raubgrabungen. Überdies träten Kunstdelikte in der Form von Kunstfälschungen auf. Dabei handle es sich um Betrug, Urkundenfälschung und Urheberrechtsverletzungen. Schließlich kämen selten auch Kunstdelikte in Form der Sachbeschädigung an Kunst vor.

Diese Definition ist nach den Ausführungen der Dienststelle des LKA Berlin dazu geeignet, das Gros jener Fälle zu erfassen, die in das Interesse der Dienststelle fallen. So merkte das LKA Berlin an:

> *„Unter dieser Begrifflichkeit können wir alles bearbeiten und treffen also auch einen Großteil der Fälle, die uns interessieren. Es ist schon schwierig für die Kollegen auf der Straße – ohne einen Vorwurf zu machen – zu erkennen: Ist das Kunst? Ist das etwas für das Landeskriminalamt? Gehört das hier hin? Deshalb proklamieren wir auch eine ganz offene Informationszuwendung an uns. Wir wollen, dass die Kollegen mehr melden und sich nicht scheuen zum Hörer zu greifen, und sind auch sehr übernahmefreudig bei den Ermittlungen."*

Dieses Vorgehen habe sich in der Praxis bewährt.

> *Frage 11: Was wird aus Ihrer bzw. polizeilicher Sicht als Kunst bzw. Antiquität aufgefasst, sprich welche Gegenstände fallen in Ihren Aufgabenbereich? Gibt es hier praktische Grenzfälle?*

Die Dienststellen der Landeskriminalämter Baden-Württemberg und Bayern verwenden keine abschließende Definition der Gegenstände, die in den Aufgabenbereich der Dienststellen fallen.

Die Dienststelle des LKA Hamburg beschrieb Kunstgegenstände im Sinne ihrer Zuständigkeit als Gegenstände, die zum einen als Kunst deklariert sind und bei denen es sich um individualisierbare Objekte handelt. Eine Wertgrenze existiere nicht. Weiterhin würden unter dem Begriff der Antiquität Gegenstände ab einem Alter von 100 Jahren erfasst. Bei Büchern geschehe dies nur unter engen Voraussetzungen. Den Kulturgütern werde die entsprechende Definition des KGSG zugrunde gelegt.

Die Dienststelle des LKA Berlin gab eine vergleichsweise ausdifferenzierte Definition der Gegenstände an, die in das Raster der Dienststelle kämen. So würden dort als Kunstgegenstände Objekte aufgefasst, bei denen es sich um solche der (ab)bildenden Kunst handle, insbesondere Unikate, limitierte Stücke und Exponate besonderer Bedeutung von Personen der Kunstgeschichte oder zeitgenössischen Künstlern. Bei dieser Beschreibung handle es sich um einen zugrunde gelegten Arbeitsbegriff, mit dem die Dienststelle operiere. Grundsätzlich seien somit Objekte erfasst, die von Künstlern geschaffen wurden.

Hervorgehoben wurde in diesem Zusammenhang die Einzigartigkeit der Objekte:

> *„Der Vorteil für unsere Ermittlungsarbeit ist natürlich immer, wenn es sich in diesem Zusammenhang um sogenannte Unikate handelt. Wenn man Stücke hat, die so einmalig auf der Welt sind, mit dem großen Vorteil, dass die auch durch die Täter nicht irgendwo verändert werden. […] Das ist im Grunde der Schwerpunkt, auf den wir auch setzen. Stücke, die in ihrer Einmaligkeit so fahndungsgeeignet sind, dass man sie später in ihrer Originalität wieder zurückerlangen kann und aufgrund ihrer Originalität auch eindeutig identifizieren und [der Straftat] zuordnen kann.“*

Daher könnten auch Objekte, die nicht „*klassisch*“ als Kunstwerke zu definieren seien, von der Dienststelle bearbeitet werden, wenn es sich dabei um Unikate handle. Eine Abgrenzung sei gelegentlich bei antiquarischen Objekten vorzunehmen. Unter Antiquitäten würden üblicherweise Gegenstände verstanden, die das Alter von 100 Jahren überschritten hätten. Hier würden gelegentlich Einzelfallentscheidungen getroffen. Als „*zweischneidig*“ wurden beispielsweise Musikinstrumente bezeichnet, die ein solches Alter überschritten hätten, aber noch bespielt würden. Fraglich sei bei diesen etwa, inwieweit ihnen nur die Rolle eines bloßen „*Werkzeuges*“ zukomme oder ob sie aufgrund sonstiger bedeutender Umstände eine besondere museale Bedeutung innehätten.

Als weiteres Beispiel wurde der Diebstahl der Münze „Big Maple Leaf“ aus dem Berliner Bode-Museum im Jahre 2017 angeführt. Die zum damaligen Zeitpunkt zehn Jahre alte Münze sei zwar weder ein Kunstobjekt noch eine Antiquität gewesen, allerdings wurde der Fall dennoch von der Dienststelle bearbeitet. Anknüpfungspunkte waren die Tatsachen, dass sie aus einem Museum entwendet wurde und gleichzeitig ein Unikat darstellte.

Frage 12: Erreichen Sie sämtliche Fälle, die unter die Kunstkriminalität fallen, oder lediglich solche, in welchen Ihre Expertise benötigt wird?

Unterschiedlich wurde die Frage beantwortet, ob sämtliche Fälle der Kunstkriminalität an die jeweiligen Dienststellen herangetragen werden.

Die Dienststelle des LKA Bayern bearbeite nur Kunstdelikte ab einem Wert von 3.000 Euro. Die Wertgrenze gelte auch für Diebstähle von sakralen Gegenständen aus Kirchen und Kapellen. Als weitere Einschränkung wurde angeführt, dass durch das LKA Bayern nur Diebstähle bearbeitet würden, wenn aus öffentlichen Museen oder öffentlichen Sammlungen gestohlen werde. Diebstahlsdelikte wie auch die Anschlussdelikte aus dem privaten Bereich würden nicht bearbeitet. Ausnahmen gebe es insoweit, dass beispielsweise vom Innenministerium spezielle Fälle zugewiesen werden könnten – dies sei jedoch nicht der Normalfall.

Die Dienststelle des LKA Baden-Württemberg berichtete diesbezüglich, dass wohl nicht alle kunstspezifischen Fälle an die Dienststelle herankämen. Insbesondere könne der Fall auftreten, dass etwa im Rahmen von Wohnungseinbruchdiebstählen entwendete Kunstgegenstände kriminalistisch nicht von der Dienststelle bearbeitet würden, sondern lediglich die Kunstfahndung übernommen werde.

Die Hamburger Dienststelle erreichten nur solche Fälle, die von anderen Ermittlungsdienststellen an diese herangetragen oder die direkt bei der Dienststelle angezeigt würden. Dabei ist die Besonderheit anzumerken, dass die Dienststelle für die Bearbeitung von Kunstfälschungen nicht originär zuständig ist. Die Zuständigkeit liege hier im Bereich des Betrugsdezernates. In Einzelfällen, zumeist wenn direkt bei der Dienststelle Anzeige erstattet werde, bearbeite man auch Fälle im Bereich der Kunstfälschung.

Die Dienststelle des LKA Berlin versuche, was auch dem weiten definitorischen Verständnis der Kunstkriminalität des LKA Berlin geschuldet sei, einen möglichst großen Anteil der verschiedenen Delikte im Bereich der Kunstkriminalität an sich zu ziehen.

Frage 13: Wie erfahren Sie üblicherweise von diesen Fällen?

Alle Dienststellen stimmten darin überein, dass unterschiedliche Kanäle der Kenntniserlangung über die einzelnen Straftaten der Kunstkriminalität existierten. Die Stuttgarter Dienststelle führte beispielsweise an:

> *„Das ist ganz unterschiedlich […]. Zum einen treten die Dienststellen vor Ort an uns heran, aber [wir bekommen] auch mal Hinweise aus dem Handel oder auch von*

Sammlern, denen irgendetwas komisch vorkommt. Anonyme Hinweise gab es auch schon, die eingegangen sind.“

Als eine verbreitete Art der Kenntniserlangung komme in allen Bereichen regelmäßig die Meldung durch andere Polizeistellen vor, die den Erstkontakt mit der einschlägigen Tat gehabt hätten. Ausführlich beschrieb die Dienststelle des LKA Berlin das Verfahren bei interner Kenntniserlangung. So gebe es für die Berliner Polizeibehörden ein sog. Zuständigkeitsregister, woraus sich für jeden Polizeibeamten einsehbar die Zuständigkeit der Berliner Fachdienststelle für Delikte der Kunstkriminalität ergebe.

Ebenso wurde von allen Dienststellen die Anzeige durch die Betroffenen als häufige Form der Kenntniserlangung genannt. Auch die Anzeige durch Experten und Auktionshäuser wurde hervorgehoben.

Frage 14: Existieren Abgrenzungsschwierigkeiten etwa zum Urheberrecht oder zu sonstigen Bereichen?

Es zeigte sich, dass in der praktischen polizeilichen Arbeit unter diesem Gesichtspunkt keine Probleme auftreten.

Frage 15: Aus welchen Deliktsbereichen setzt sich die Kunstkriminalität in der polizeilichen Praxis zusammen? Welche Deliktsgruppen werden hauptsächlich im Rahmen der Kunstkriminalität bearbeitet?

Die Antworten der Dienststellen waren bei dieser Frage sehr ähnlich. Im Wesentlichen bestehe das Deliktsfeld aus den beiden Bereichen Kunstdiebstahl und Kunstfälschung. Als spezifische Delikte wurden einerseits Diebstahl, Hehlerei und Unterschlagung angeführt. Andererseits wurden Urheberrechtsverletzungen, Urkundenfälschungen und Betrug genannt. Insbesondere die Dienststellen der Landeskriminalämter in Bayern und Baden-Württemberg führten zusätzlich die Delikte des KGSG an. Von der Hamburger Dienststelle wurden, wie erörtert, keine Delikte bearbeitet, die in den Bereich der Kunstfälschungen fallen. Entsprechend wurden hier allein die Bereiche des Diebstahls in einfacher wie in schwerer Form, die Unterschlagung, die Sachbeschädigung sowie die Hehlerei angeführt.

Die Befragten der Dienststelle des LKA Berlin erläuterten:

„Überwiegend im Eigentumsbereich ist der Großteil der Vorfälle, die wir bearbeiten: Es sind Eigentumsdelikte, Diebstahl, auch Unterschlagung, auch Hehlerei von Kunstwerken. Aber auch der Fälschungsbereich. Wir sind so im Bereich von 40, 45 manchmal auch über 50 % – jeweils jahresabhängig – von Kunstfälschungen. Der Vorteil ist eine enge Verzahnung mit dem Kunstmarkt, mit Experten, mit Auktionshäusern und Ähnlichem, die uns

als Ansprechpartner bei der Polizei mittlerweile auch kennen, soweit ich es einschätzen kann, auch schätzen und entsprechend auch die Informationen direkt an uns herantragen."

Beim LKA Bayern wurde die gegenüber den Delikten der Kunstfälschung deutlich geringere Anzahl von Kunstdiebstählen darauf zurückgeführt, dass sich die Zuständigkeit der Dienststelle nur auf Kunstdiebstähle aus öffentlichen Museen und öffentlichen Sammlungen erstrecke.

Insbesondere die Dienststelle des LKA Baden-Württemberg hob die zunehmende quantitative Bedeutung der Delikte des novellierten Kulturgutschutzgesetzes hervor: *„KGSG-Delikte steigen seit der Novellierung, aber auch schon davor. Sagen wir so, seit das Interesse größer geworden ist an Kulturgut und Kulturgutschutz, hat man da auch mehr Fälle als in den Jahren davor."*

Frage 16: Wie viele Fälle werden von Ihnen insgesamt pro Jahr bearbeitet? Führen Sie eine eigene Statistik/Zusammenfassung über die bearbeiteten Fälle und die Art der Fälle?

Die befragten Dienststellen der Landeskriminalämter in Bayern und Baden-Württemberg verwiesen darauf, dass die Anzahl von ihnen bearbeiteter Fälle nicht gesondert erfasst werde. Die Delikte flössen ohne gesonderte Erfassung in die jeweilige Landes-PKS ein. Das LKA Bayern verwies darauf, dass fehlende Schlüsselzahlen die Erfassung erschwerten. Die Dienststelle des LKA Bayern gab dennoch eine grobe Schätzung ab, nach der man Fallzahlen im niedrigen dreistelligen Bereich bearbeite. Diese Schätzung enthalte allerdings keine Aussage über die Besonderheiten der einzelnen Fälle.

Die Dienststelle in Hamburg gab an, ca. 30-40 Fälle im Jahr zu bearbeiten. Hierin seien allerdings auch Ermittlungsanfragen und Amtshilfeersuche enthalten. Bei den Statistikeingaben verwende man eine eigene Schlüsselzahl, welche anzeige, dass die Tat im Zusammenhang mit Kunstgegenständen, Antiquitäten oder Kulturgütern stehe.

Einzig die Dienststelle des LKA Berlin verfügt über eine genaue Auflistung ihrer bearbeiteten Fallzahlen. Die zur Verfügung gestellten Zahlen wurden bereits dargestellt.

Zwischenergebnis – allgemeine Fragen zur Kunstkriminalität und zur Zuständigkeit

Insgesamt ergibt sich der Eindruck, dass die Definition des Deliktsbereichs der Kunstkriminalität im polizeilichen Alltag unproblematisch ist. Dieser Umstand zeigt sich bereits darin, dass die Dienststellen in Baden-Württemberg und Bayern im Rahmen ihrer Arbeit keine feststehende Definition zu Grunde legen. Eine elaborierte Definition wird nur von der Dienststelle Berlin verwendet. Auch die Begriffe „Kunst" bzw. „Antiquitäten" werden lediglich von der Berliner Dienststelle ausführlicher definiert, wobei dort neben der Klassifikation als

Objekte der bildenden Kunst auch auf die individuelle Bestimmbarkeit maßgeblich Wert gelegt wird. Antiquarische Objekte wurden seitens der Dienststellen in Berlin und Hamburg einheitlich über das Alter von mindestens 100 Jahren bestimmt.

Bei der Frage, ob sämtliche Fälle im Bereich der Kunstkriminalität zu den Dienststellen gelangten, wurden von den Dienststellen in Bayern und Hamburg Einschränkungen genannt. In Bayern bestand diese in der festgesetzten Wertgrenze von 3.000 Euro, in Hamburg in der mangelnden Zuständigkeit für Kunstfälschungen.

Es zeigte sich, dass die Kenntniserlangung über recht unterschiedliche Wege verläuft und dass zwischen den einzelnen Deliktsbereichen zu unterscheiden ist. Im Allgemeinen handelt es sich nach der Beschreibung der Dienststellen bei der Kunstkriminalität aber um Anzeigedelikte. Die Anzeigen stammen hauptsächlich von Betroffenen bzw. auch von Experten und Auktionshäusern.

Bei der Zusammensetzung der Kunstkriminalität wurden primär die Delikte des Kunstdiebstahls und der Kunstfälschung angeführt. Das Verhältnis der beiden Bereiche zueinander wurde unterschiedlich beurteilt. Allerdings wurde einheitlich auf Schwankungen des Umfangs beider Bereiche hingewiesen. Zur Quantität der Fälle im Bereich der Kunstkriminalität wurden außer von der Berliner Dienststelle lediglich Schätzungen angestellt.

4. Fragen zu den unterschiedlichen Deliktsbereichen der Kunstkriminalität

Der vierte Abschnitt des Fragebogens stellte den größten Teil der Befragung dar. Er zielte darauf ab, die Fragen des dritten Abschnitts zu den einzelnen Erscheinungsformen der Kunstkriminalität zu konkretisieren. Unterteilt wurde der Abschnitt in die Bereiche Kunstfälschung, Kunstdiebstahl, Kunsterpressung sowie illegaler Handel mit Kulturgut und Delikte des KGSG. Die Fragen an die Dienststellen wurden möglichst ähnlich gestellt, um hierdurch eine gewisse Vergleichbarkeit herzustellen. Die Abschnitte wurden in je acht Kategorien unterteilt und so gewählt, dass die jeweiligen Bereiche möglichst umfangreich erschlossen werden konnten. Die Fragen zu den beiden Deliktsbereichen der Kunstfälschung und des Kunstdiebstahls wurden in folgende Kategorien unterteilt:

- Allgemein
- Umfang/Schaden/Objekte(/Orte)
- Kenntniserlangung/Aufklärungsquote (AQ)/Dunkelfeld
- Polizeiliche Arbeit / Rechtliche Bewertung
- Täter/Opfer

- Prävention
- Entwicklungen und Veränderungen
- Sonstiges

Für die beiden Deliktsbereiche Kunsterpressung und illegaler Handel mit Kulturgütern wurden anders ausgestaltete Fragen gewählt. Die Fragen zur Kunsterpressung verfolgten den Zweck, überhaupt das Vorhandensein derartiger Fälle in Erfahrung zu bringen. Auch die Fragen zum illegalen Handel mit Kulturgut sollten das Vorhandensein und die Struktur der Erscheinungsform erschließen.

a) Kunstfälschung

Bei der nachfolgenden Betrachtung ist zu beachten, dass der Dienststelle in Hamburg keine originäre Zuständigkeit für Kunstfälschung zukommt. Mithin sind die Aussagen der Hamburger Dienststelle im folgenden Abschnitt nur bedingt aussagekräftig.

aa) Allgemein

> *Frage 17: Wann liegt aus Ihrer Sicht ein für Sie (kunst-)polizeilich relevanter Fall von Kunstfälschung vor?*

Eine konkrete Definition der Kunstfälschung erfolgte durch die Dienststelle des LKA Berlin. Sie geht dann von einer Kunstfälschung aus, wenn über die Urheberschaft eines Kunstwerkes getäuscht wird. Die Täuschung geschehe, indem die Signatur oder ein Monogramm falsch gesetzt werde. Diese Täuschung diene zumeist der Vorbereitung eines Betrugs. Sie müsse mit dem Vorsatz verbunden sein, die Fälschung in den Verkehr zu bringen. Diese Kette bilde im Wesentlichen den Ablauf der relevanten Fälschungstaten ab. Weiter hieß es:

> *„Ich glaube es ist wichtig zu sagen, bzw. es dürfte bekannt sein, dass die Kunstfälschung keine eigene Strafrechtsnorm ist, sondern eine Zusammensetzung aus mindestens zwei Tatbeständen. Wir haben auf der einen Seite die Urkundenfälschung und wenn es dann wissentlich vorsätzlich in den Verkehr gebracht wird, dann haben wir noch eine Betrugshandlung mit dazu. Nachranging natürlich das Urheberrecht, so es denn tangiert ist. Dieses Konglomerat besteht und die Kunstfälschung, die ist einfach definiert, die ist für uns immer dann gegeben, wenn jemand […] ein Kunstwerk erschafft und über die Urheberschaft täuscht, beispielsweise die Signatur oder das Monogramm falsch setzt, nachahmt, um über die Täuschung dann den Betrug einzuleiten. Dann ist für uns praktisch die Urkundenfälschung erfüllt. Kommen dann die Komponenten hinzu, vorsätzliches Inverkehrbringen in dem Wissen, dass das eine Fälschung ist, dann ist man sehr schnell im Betrugsbereich mit drin.“*

Die Dienststelle des LKA Bayern betonte erneut ihre eingeschränkte Zuständigkeit ab einer Schadensgrenze von 3.000 Euro. Die Kunstfälschung wurde ebenfalls als Zusammensetzung mehrerer Delikte beschrieben. Auch wurde darauf hingewiesen, dass die Kunstfälschung nur dann zutage trete, wenn sie mittels eines Betrugs in den Rechtsverkehr gelange.

Die Hamburger Dienststelle verfügt, wie erwähnt, über keine originäre Zuständigkeit für Kunstfälschungen. Eine Kunstfälschung werde aber dann als polizeilich relevante eingestuft, wenn ein Kunstobjekt erwiesenermaßen als Fälschung identifiziert und zum Kauf angeboten werde.

Alle Dienststellen verwiesen darauf, dass die Delikte, die der Herstellung von Fälschungen zuzuordnen seien, also Urkundenfälschungen oder urheberrechtliche Verstöße, für die polizeiliche Ermittlung erst relevant würden, wenn die Fälschungen mittels eines Betrugs in Umlauf gebracht werden.

bb) Umfang, Schaden und Objekte

Frage 18: Wie viele Fälle von Kunstfälschung werden von Ihnen pro Jahr etwa bearbeitet?

Die anschließende Frage nach der pro Jahr bearbeiteten Anzahl von Fällen im Bereich der Kunstfälschung konnte von den Dienststellen in Baden-Württemberg und Bayern nicht beantwortet werden. Beide Dienststellen verwiesen auf statistische Unzulänglichkeiten. Es wurde betont, dass sich durch die Verteilung der Kunstfälschung auf verschiedene Straftatbestände nur schwer eine Aussage über das jährliche Fallaufkommen treffen lasse. Die bearbeiteten Fallzahlen flössen in die Polizeilichen Kriminalstatistiken der jeweiligen Bundesländer ein, ohne dass die Kunstdelikte gesondert erfasst würden.

Die fehlende originäre Zuständigkeit der Dienststelle Hamburg für Kunstfälschung schlägt sich auch in einer sehr geringen Fallanzahl nieder. Die Anzahl der bearbeiteten Fälle im Jahre 2018 betrug daher lediglich 4 Fälle.

Die Dienststelle des LKA Berlin erfasst ihre Fallzahlen zur Kunstfälschung ausführlich. Auf die zur Verfügung gestellten Zahlen wurde bereits eingegangen.[1356]

Frage 19: Lassen sich im Bereich der Kunstfälschung Aussagen zur Schadenshöhe der einzelnen Fälle machen? Beziehen sich die Fälschungen häufiger auf „teurere“ oder „günstigere“ Fälschungen? In welchem Preisrahmen bewegen sich die Fälschungen?

Alle Befragten versicherten, dass in diesem Bereich eine sehr große Schadensspanne existiere. Maßgeblich sei, um welche Art von Fälschungen es sich handle. Als Beispiel für günstigere Fälschungsgegenstände wurden Druckgraphiken

1356 Zu den dargestellten Zahlen siehe S. 184 ff.

angeführt, die zumeist in höherer Auflage in Verkehr gebracht würden. Hierzu führte die Dienststelle in Berlin aus:

> *„Die [Druckgraphiken] werden dann in Tausender-Auflagen unters Volk gebracht. Die gehen über die Auktionshäuser, die gehen über eBay, gehen über kleine Verkaufsstellen und Ähnliches und dann sind Sie im unteren dreistelligen Preissegment und die wirklichen Kunstfälschungen, so wie es der Fall Beltracchi offenbart hat, da sind Sie im mehrstelligen Millionenbereich, so dass es da direkt keine Eingrenzung gibt.“*

Die Dienststelle in Stuttgart äußerte außerdem, dass bei niedrigpreisigen Fälschungen das Interesse daran, ob es sich um eine Fälschung handle oder nicht, geringer sein könnte. Die Experten der Dienststelle in Stuttgart nannten ebenfalls eine große Preisspanne:

> *„Wir fangen da zum Teil bei fünfzig Euro an und hören auf bei Millionen. Also das ist schon bunt gemischt. Die Giacometti-Fälschungen zum Beispiel waren extrem hochwertig und da waren die Preise in schwindelerregender Höhe.“*

Seitens der Dienststelle des LKA München wurden Beispiele angeführt, in denen gefälschte Skulpturen bis zu 300.000 Euro gehandelt wurden. Die Dienststelle in Hamburg konnte aufgrund der geringen Fallzahlen keine validen Aussagen treffen.

Frage 20: Welche Arten von Kunstwerken werden am häufigsten gefälscht?

Übereinstimmend wurde angegeben, dass die Art der Fälschungen in Bezug auf Gattung, Stil, die Epoche oder Künstler sich sehr stark an der Nachfrage des Marktes orientiere.

Laut den Dienststellen der Landeskriminalämter Bayern und Berlin würden häufiger Fälschungen von Künstlern der sog. „*zweiten Reihe*“ gefunden. In der Dienststelle in München wurde beispielsweise geäußert: „*Gerne nimmt man auch Vertreter der zweiten Reihe. Denn es ist immer schwer einen van Gogh für so und so viele Millionen abzusetzen.*“ Die Befragten der Dienststelle des LKA Berlin führten aus, dass auch der Umstand ausgenutzt werde, dass die Œuvres der Künstler der „*zweiten Reihe*“ aufgrund unvollständiger oder fehlender Werkverzeichnisse oft kaum erschlossen seien.

Fälschungen kämen in vielen verschiedenen Formen vor, am häufigsten seien klassische Gemälde. Oft seien aber auch Druckgraphiken, Skulpturen und andere Werke betroffen. Hierbei wurde von allen Dienststellen hervorgehoben, dass sich ein breites Spektrum von Fälschungen zeige. Die Art der Fälschungen richte sich stets an der Nachfrage des Marktes aus.

Seitens des LKA Berlin wurde angeführt, dass gegenwärtig häufig gefälschte Collagen anzutreffen seien, da diese sehr hochpreisig am Markt gehandelt würden. Weiterhin nannten die Dienststellen in Bayern und Baden-Württemberg Werke der Pop-Art als beliebte Fälschungsobjekte.

Laut der Dienststelle des LKA Bayern seien außerdem häufig Fälschungen der klassischen Moderne anzutreffen. Darunter fänden sich sehr oft Fälschungen der Künstlergruppe der *Blaue Reiter* und der Künstlergruppe die *Brücke*. Überdies wurde angemerkt, dass Fälschungen von Werken lebender Künstler weniger häufig vorkämen, obwohl auch diese immer wieder zu beobachten seien.

cc) Kenntniserlangung, Aufklärungsquote und Dunkelfeld

Frage 21: Wie erlangen Sie zumeist Kenntnis von einem Fall der Kunstfälschung?

Die Dienststelle des LKA München stellte ausführlich dar, dass die Kenntniserlangung im Bereich der Kunstfälschung häufig über die Anzeigen von Experten erfolge. Dabei wurde folgendes Beispiel angeführt:

> *„Immer wieder sind es die Experten, die Anzeige erstatten. Sie sagen, jetzt fragt schon wieder einer zu dem gleichen Kunstwerk nach einer Expertise. Eine Expertin aus Berlin zum Beispiel. Der Eigentümer probiert jetzt bei einem anderen Auktionshaus, das zu verkaufen und auch dieses Auktionshaus fragt wieder bei der Expertin nach dem gleichen Werk.“*

Gleichwohl entstehe aber auch der Eindruck, dass nicht alle Experten Unstimmigkeiten zur Anzeige brächten, da dies für sie mit Unannehmlichkeiten einhergehe, wie etwa der Notwendigkeit der Abgabe einer Zeugenaussage vor Gericht. Anzeigen seien auch darauf zurückzuführen, dass der Eigentümer eines Kunstwerkes erst beim Verkauf bemerke, dass er einer Fälschung aufgesessen sei. Insgesamt wurde hervorgehoben, dass die Dienststelle vom Großteil ihrer bearbeiteten Fälle durch Strafanzeige Kenntnis erhalte.

Auch seitens der Dienststelle des LKA Stuttgart wurde die Anzeige durch Experten und durch Privatleute genannt.

Die Dienststelle des LKA Hamburg führte an, dass die wenigen Fälle, die direkt an die Dienststelle herangetragen würden, durch Anzeige bekannt würden. Dies geschehe zumeist durch Auktionshäuser und Kunsthändler.

Die Dienststelle des LKA Berlin berichtete, dass auch in Auktionskatalogen der Berliner Auktionshäuser Recherche betrieben werde. Die dort gelisteten Werke würden daraufhin überprüft, ob sie der Dienststelle bereits aus vorangegangenen Ermittlungen bekannt seien. In diesem Zusammenhang gestalte sich der Kontakt mit den Auktionshäusern gut.

Frage 22: Wie hoch ist die Aufklärungsquote, wenn Sie einen solchen Fall erhalten?

Die Dienststelle des LKA Bayern machte erneut darauf aufmerksam, dass die Fallzahlen der Dienststelle nicht separat erfasst würden. Hervorgehoben wurde aber, dass die Herkunft der Fälschung anhand verschiedener Stationen zurückverfolgt werde. Problematisch sei, wenn die Fälschungen angeblich vom Flohmarkt kämen, aus einem Dachbodenfund herrührten oder von nicht mehr existierenden Kunsthändlern stammten. In diesen Fällen gelange man oft nicht an den Fälscher, was die Ermittlungen erheblich erschwere. Insgesamt wurde darauf hingewiesen, dass sich die einzelnen Fälle oft sehr unterschieden, so dass eine allgemeine Aussage nur schwer möglich sei.

Auch die Dienststelle des LKA Baden-Württemberg betonte, dass keine eigene Statistik geführt werde, aber die Frage nach dem Ursprung der Fälschung besonders relevant sei. Oft bleibe unklar, wer der Fälscher sei. Wenn die Fälschung bereits einige Zeit auf dem Markt gewesen sei, könne nur schwer rekonstruiert werden, von wem sie letztlich stamme.

Die Dienststelle des LKA Berlin erfasst spiegelbildlich zu den Fallzahlen auch die entsprechende Aufklärungsquote. Die konkreten Zahlen wurden innerhalb der Darstellung zum Umfang der Kunstkriminalität aufgezeigt.[1357] Betont wurde weiter, dass sich im Bereich der Kunstfälschung durchgehend eine sehr hohe Aufklärungsquote eingestellt habe. Bei der Auswertung der Zahlen sei aber zu berücksichtigen, dass teilweise einheitliche Taten oder Serientaten separat erfasst würden.

Die Hamburger Dienststelle konnte mangels größerer Fallzahlen keine aussagekräftigen Angaben zur Aufklärungsquote im Bereich der Kunstfälschung machen.

Frage 23: Wie schätzen Sie das Verhältnis von bekanntgewordenen zu nicht bekanntgewordenen Fällen innerhalb der Kunstfälschung ein? Was sehen Sie hier jeweils als Ursachen?

Die Antworten aller Dienststellen waren im Hinblick auf den Umfang des Dunkelfelds zurückhaltend. Auf eine Schätzung zum Verhältnis oder zur Größe des Dunkelfelds wurde verzichtet. In diesem Zusammenhang wurde außerdem darauf hingewiesen, dass Schätzungen nur schwerlich möglich und somit unseriös seien.

Einstimmig hielt man allerdings fest, dass ein Dunkelfeld existiere, ohne dass dabei konkrete Werte genannt wurden. Die Dienststellen in Baden-Württemberg und Berlin bezeichneten dieses als „*groß*“ bzw. als „*sehr hohes Dunkelfeld*“.

Seitens der Dienststelle des LKA Bayern wurde auf die Nachfrage nach möglichen Ursachen für das Dunkelfeld angeführt, dass die Größe und das Verlangen des Marktes nach Kunst als Anlage- und Wertobjekt den Handel mit

1357 Siehe diese unter D. II. 2. d) aa) (1).

Fälschungen begünstigten. Dabei seien Kunstwerke im Umlauf, die nicht immer ausreichend auf ihre Echtheit hin untersucht würden. Angesprochen wurde in diesem Zusammenhang die Datenbank kritischer Werke, durch die eine Vernetzung zwischen einzelnen Händlern und Auktionshäusern in Bezug auf mögliche Fälschungen stattfinde. Es könne vermutet werden, dass dies bisweilen dazu führe, dass zweifelhafte Werke nicht bis zur Polizei gelangten, da die Auktionshäuser nicht wüssten, wer der Fälscher sei.

Die Hamburger Dienststelle äußerte sich in diesem Zusammenhang dahingehend, dass man von einem hohen Dunkelfeld ausgehe. Dies führe man auf den Umstand zurück, dass qualitativ hochwertige Fälschungen nur schwer als solche ausgemacht werden könnten.

dd) Polizeiliche Arbeit und rechtliche Bewertung

Frage 24: Worin besteht bei Fällen der Kunstfälschung die Hauptarbeit Ihrer polizeilichen Ermittlung?

Eine sehr ausführliche und elaborierte Darstellung des Vorgehens bei Kunstfälschung lieferte die Dienststelle des LKA Berlin. Die polizeiliche Arbeit orientiere sich am sog. Viersäulenmodell. Dieses ziele in seinen unterschiedlichen Schritten darauf ab, durch verschiedene Herangehensweisen den Nachweis darüber zu führen, dass es sich bei dem Objekt tatsächlich um eine Fälschung handle.

Die erste Säule stütze sich auf eine umfassende kunsthistorische Untersuchung. Im Rahmen dieses Vorgehens werde etwa die Malweise, die Einordnung im Œuvre, die Verwendung der Farben, die Signatur, die Motivwahl etc. aus kunsthistorischem Blickwinkel analysiert. Dabei sei man auf die Hilfe anerkannter Experten angewiesen, die gegebenenfalls auch ihre Erkenntnisse als Gutachter, jedenfalls als sachverständige Zeugen, vor Gericht vortragen könnten.

Als zweite Säule komme eine materialtechnische Untersuchung zum Zuge. Bei hochpreisigen Werken werde diese direkt angewendet. Dabei würden primär Farbpigmente, Bindemittel, Leinwände oder verwendete Klebstoffe untersucht. In diesem Zusammenhang gebe es keine abschließende Anzahl an möglichen Untersuchungsansätzen. Wichtig sei ein innovatives Vorgehen. Die materialtechnischen Untersuchungen könnten aufgrund der guten Ausstattung des LKA in vielen Bereichen im Hause erledigt werden. Darüber hinaus wende man sich auch an externe Institute. Die technischen Möglichkeiten der Analyse von Kunstwerken hätten sich insbesondere seit den 80er Jahren sehr weit fortentwickelt. Es sei nur schwer denkbar, dass Fälschungen durch das Raster dieser Untersuchungsmöglichkeiten fielen.

Die dritte Säule konzentriere sich auf die Untersuchung der Provenienz der einzelnen Objekte.

> *„Was wir dann als dritten Punkt machen bei den Ermittlungen, ist die Überprüfung der Provenienz, der Herkunft. Was ist zugesichert worden im Auktionshaus? Wo soll dieses Werk in welcher Zeit gewesen sein? Wer will es besessen haben? Wo ist es publiziert worden? Und, und, und."*

Dabei recherchiere man in Archiven, befrage Experten und ziehe kunsthistorische Publikationen zurate. Viele der so überprüfbaren Umstände seien auch deshalb wichtig, da hierdurch später auf die häufig schwer beweisbaren subjektiven Aspekte eines im Raume stehenden Betrugs geschlossen werden könne. Oft lasse sich die objektive Seite der Kunstfälschung und eines möglichen Betrugs einfacher klären als die subjektiven Komponenten.

Die vierte Säule basiere auf einer Überprüfung der gegenwärtigen Eigentums- und Besitzverhältnisse und konzentriere sich auch auf die Person, die das Objekt eingeliefert habe. Die Überprüfung richte sich unter anderem darauf, um wen es sich beim Einlieferer handle, ob es also der Eigentümer selbst sei oder nur ein *„vorgeschobener Dritter"*.

Bei einer gründlichen Bearbeitung dieser vier Säulen sei es schwer vorstellbar, dass der Täter unerkannt bleibe. Schließlich wurde darauf hingewiesen, dass dieser Ablauf zur Überprüfung der Echtheit eines Objektes auch von Sammlern, Auktionshäusern etc. durchgeführt werden könne. Hier sei insoweit Prävention möglich, als eine sorgfältige, hieran angelehnte Überprüfung die Möglichkeit eines Betrugs erheblich reduziere.

Die übrigen Dienststellen in Baden-Württemberg, Bayern und Hamburg schilderten, weniger ausführlich, dasselbe Vorgehen.

Frage 25: Wo liegen aus polizeilicher Sicht die größten praktischen Schwierigkeiten im Umgang mit dem Bereich der Kunstfälschung?

Die Dienststelle des LKA Berlin äußerte, dass gelegentlich Schwierigkeiten bei Fällen mit neuzeitlichen Werken aufträten. In vielen Fällen sei kein Zugriff auf ein Netzwerk verschiedener Experten ebenso wie auf die gängigen Werkverzeichnisse möglich. Bei Künstlern der sog. zweiten oder dritten Reihe gebe es weniger bzw. keine Experten sowie zumeist nur eine geringe Anzahl einschlägiger Publikationen. Bei neuerer Kunst, die mit heute noch gängigen Mitteln angefertigt worden sei, komme es auch zu Schwierigkeiten bei den materialtechnischen Untersuchungen. Der Nachweis der Fälschung sei in diesen Fällen schwierig. Dieses Problem zeige sich beispielsweise bei gefälschten Kollagen, in denen Papier verwendet werde, das zu Lebzeiten des Künstlers hergestellt wurde.

Dieser Nachweis sei besonders schwierig bei Kunstwerken, die um die 60er und 70er Jahre entstanden seien bzw. dies vorgäben.

Darüber hinaus wurde auch ausgeführt, dass eine ständige technische und methodische Weiterentwicklung der Untersuchungsmethoden erforderlich sei. Ein Problem sei hierbei, dass bei der Aburteilung von Fälschungsfällen offengelegt werden müsse, wie die Überführung des angeklagten Fälschers gelang. Schwierigkeiten bereite der Umstand, dass sich die Täter im Bereich der Fälschung unter anderem deshalb technisch stets weiterentwickelten. Man versuche entsprechend die eigene Weiterentwicklung auf diversen Wegen zu erreichen; so arbeite man mit Universitäten und sonstigen Wissenschaftlern eng zusammen.

Die Dienststelle des LKA Bayern führte ebenfalls das Fehlen einschlägiger Experten und vollständiger Werkverzeichnisse bei Fälschungen moderner Kunst an. Weiterhin wurde die Schwierigkeit angesprochen, den Nachweis der subjektiven Elemente des Betrugs hinsichtlich der Kenntnis der Fälschungsumstände zu erbringen. Eine Widerlegung von Schutzbehauptungen sei in diesem Bereich zentral, setze aber eine entsprechend umfassende und umfangreiche Ermittlung voraus.

Frage 26: Wo liegen aus polizeilicher Sicht die größten rechtlichen Schwierigkeiten bzw. Unzulänglichkeiten im Umgang mit dem Bereich der Kunstfälschung?

Die Dienststelle des LKA Berlin sprach in diesem Kontext erneut die subjektiven Elemente des Betrugs an. Oft sei beispielsweise fraglich, ob bereits ein vollendeter Betrug vorliege bzw. ob die Tat schon in das strafbare Versuchsstadium eingetreten sei. Bei einer häufig anzutreffenden Konstellation würden zunächst gefälschte Gemälde in ein Auktionshaus eingeliefert, worauf zu klären sei, ob der Vorsatz bestand, diese Gemälde auch zu verkaufen. Häufig werde in diesem Fall vom Einlieferer die Schutzbehauptung geäußert, man habe nur testen wollen, ob es sich bei dem eingelieferten Werk um ein Original handle. Obwohl in solchen Situationen der Verdacht eines Betrugs nahe liege, werde das Verfahren von den Staatsanwaltschaften häufig eingestellt, wenn beispielsweise noch kein Einlieferungsvertrag aufgesetzt oder unterschrieben worden sei. In diesen Fallkonstellationen sei eine Betrugsabsicht nicht immer klar erkennbar. Hier wirke sich speziell für den Bereich der Kunstfälschung aus, dass es sich um eine vergleichsweise „*intelligente Form der Kriminalität*“ handle. Die Befragten stellten die Vermutung auf, dass die Täter sich dieses Umstandes wohl zumeist bewusst seien und auch wüssten, wie lange sie sich im straflosen Vorbereitungsstadium befänden. Einen Anhaltspunkt für einen Eintritt in das Versuchsstadium sähen die Staatsanwaltschaften häufig im Unterschreiben eines solchen Einlieferungsvertrages.

Weiterhin äußerte man die Einschätzung, dass die strafrechtlichen Normen, mit denen gegen die Kunstfälschung vorgegangen werden könne, „*gut und praktikabel*" seien. Man sehe in diesem Zusammenhang nicht die Notwendigkeit einer eigens für die Kunstfälschung gestalteten Strafnorm. Die bestehenden Normen der Urkundenfälschung, des Urheberrechts und schließlich des Betrugs seien ausreichend.

Die Dienststelle des LKA Baden-Württemberg äußerte sich positiver zur Schaffung einer separaten Strafnorm für die Kunstfälschung. Vergleichbar zu den Normen der Geldfälschung könne man so die Möglichkeit schaffen, dass ein gefälschtes Werk immer eingezogen werden könne.

Drei der vier Dienststellen kritisieren, dass die gesetzlichen Voraussetzungen bzw. die Umsetzung der Einziehung von gefälschten Kunstwerken unzureichend seien. Nur die Dienststelle in Hamburg erwähnte die Problematik nicht. Durchgehend wurde die Kritik geäußert, dass in gewissen Konstellationen erwiesene Kunstfälschungen an den zumeist gutgläubigen Erwerber zurückgegeben werden müssten. Dies stelle in mehrerlei Hinsicht ein Problem dar. Es sei zum einen zu befürchten, dass die Fälschungen erneut in böser Absicht dem Markt zugeführt würden. Andererseits würden die Fälschungen teilweise auch ohne böse Absicht, zum Beispiel von Erben, erneut in den Markt eingebracht. Könne eine Fälschung nicht eingezogen werden, gebe es aber die Möglichkeit, die Fälschung als solche zu kennzeichnen bzw. ihre strafrechtlich relevanten Merkmale zu entfernen.

Gemälde oder Graphiken könnten mittels Stempelung oder durch das Anbringen sonstiger Hinweise als Fälschung markiert werden. Außerdem bestehe auch die Möglichkeit, dass der betroffene Eigentümer beispielsweise die Signatur entfernen lasse, die eine Urkundenfälschung begründe. Ebenso würden schriftliche Verpflichtungen vom Eigentümer angefordert, dass das einschlägige Objekt von ihm wie auch seinen Rechtsnachfolgern nicht mehr als Original in Umlauf gebracht werde. Die so behandelten Werke würden zusätzlich in Datenbanken der Polizei erfasst, um diese im Falle eines bösgläubigen Wiedereinbringens in den Markt zuordnen zu können.

Die Befragten der Dienststelle Berlin äußerten erneut, dass auch in diesen Fällen die gesetzlichen Grundlagen ausreichten, diese allerdings uneinheitlich angewandt würden. Hierbei wurde auch die Möglichkeit angesprochen, in gewissen Fällen mit dem Angeklagten übereinzukommen, entsprechende Fälschungen zu vernichten. Ferner wurde seitens der Berliner Experten betont, dass man dazu übergehe, solche Objekte innerhalb der allgemeinen Gefahrenabwehr polizeirechtlichen einzuziehen. Dies geschehe unter der Prämisse, dass von jedem gefälschten Kunstwerk grundsätzlich auch eine Gefahr für den Rechtsverkehr ausgehe. Man habe in Berlin bundesweit erste Schritte gewagt, indem man sich der polizeirechtlichen Maßnahmen bedient habe. Dieses Vorgehen sei insoweit auch von der Rechtsprechung bestätigt worden.

In diesem Zusammenhang wurde seitens der Dienststelle des LKA Bayern überdies Folgendes angeführt: Stiftungen, als Beispiel wurde die Polke-Stiftung genannt, würden im Falle von Fälschungen nach dem Ende des gerichtlichen Verfahrens einen Anspruch aus § 98 UrhG anstreben, um so eine Herausgabe der Fälschungen durchsetzen zu können. Man versuche auch bei Unmöglichkeit der Einziehung den Rechteinhaber auf diese Möglichkeit hinzuweisen.

Frage 27: Gehen die Fälle der Kunstfälschung, die Sie bearbeiten, stets mit einem Kunstbetrug einher?

Alle Dienststellen äußerten, dass die weit überwiegende Anzahl der bearbeiteten Fallkonstellationen der Kunstfälschung durch Betrug zutage trete.

Die Dienststelle Berlin beschrieb, dass die Herstellung von Fälschungen im Verborgenen stattfinde. Das überwiegende Motiv sei dabei finanzieller Natur. Der Betrug stelle dann das Moment dar, in dem die Fälschung an die Öffentlichkeit trete. Die Kunstfälschung hänge also in der Praxis mit dem Betrug zusammen. Allerdings wurde auch auf Fälle hingewiesen, in denen eine bloße Urkundenfälschung begangen werde. In Einzelfällen komme es vor, dass Personen allein für private Zwecke strafrechtlich relevante Fälschungen anfertigten. Derartige Fälle beobachte man ebenfalls mit Interesse, da es sich auch hier letztlich um eine problematische Situation handle. Auch bei diesen Fälschungen, die zunächst nicht für den Markt angefertigt würden, bestehe stets das Risiko, dass sie dennoch in den Rechtsverkehr gelangen könnten. Dies könne sowohl nachträglich in böser Absicht als auch gutgläubig geschehen. Man versuche auch derartigen Konstellationen entgegenzuwirken und diese Fälschungen polizeirechtlich einzuziehen.

Seitens der bayerischen Dienststelle wurde angemerkt, dass eine bloße Urkundenfälschung oder ein Verstoß gegen das Urheberrecht zumeist nur dann gegeben sei, wenn entweder nur ein versuchter Betrug vorliege oder aber ein solcher bereits in der noch straflosen Vorbereitung „*stecken*“ bleibe. Weiterhin trete diese Konstellation auch dann ein, wenn man bei weiteren Ermittlungen im Rahmen von Durchsuchungen etwa bereits signierte Fälschungen finde.

ee) Täter und Opfer im Bereich der Kunstfälschung

Frage 28: Welche Aussagen lassen sich über die Täter im Bereich der Kunstfälschung anstellen? Gibt es hier relevante Gemeinsamkeiten?

Von den Dienststellen Baden-Württembergs und Berlins wurde geäußert, dass es sich bei der Kunstfälschung zumeist um Täter fortgeschrittenen Alters handle. Die Dienststelle Berlins gab an, dass die Täter überwiegend über 40 Jahre alt seien.

Von der Münchner Dienststelle wurde angeführt, es handle sich oft um Männer über 50 Jahre. Das Deliktsfeld sei sehr männlich dominiert. In diesem Kontext sei aber stets zu bedenken, dass nicht in jedem ermittelten Fall auch der eigentliche Fälscher festgestellt werden könne und dass auch bezüglich des Alters oft unklar sei, wie lange ein gefasster Täter bereits Fälschungen anfertige.

Beide Dienststellen bekräftigten, dass man im Bereich der Kunstfälschung häufig auf intellektuelle und versierte Täter treffe, die zum Teil Kunstliebhaber seien und oft eine fundierte kunsthistorische Bildung besäßen.

Die Berliner Dienststelle beschrieb die Täter wie folgt: *„Also die Tatverdächtigen, die sich in dem Bereich tummeln, verfügen über einen gewissen intellektuellen Vorsprung, sie sind gebildet und befassen sich mit der Kunst."*

So wurde aus Bayern berichtet, dass sich dies etwa darin zeige, dass man auf einschlägige Literatur bei den Tätern stoße. Diese seien teilweise gut über die Praktiken und Lebensumstände des gefälschten Künstlers informiert.

> *„Das heißt, man findet bei solchen Fälschern dann zuhause Literatur. Der hat Literatur zum Künstler gelesen. Der hat genau gewusst, wo der Künstler gelebt hat. Wann er welche Motive gemalt hat. Oder die Mittäter lesen sich teilweise auch ein. Die haben Biographien zum [Künstler] geschrieben und diese dem Kunstwerk mitgegeben, so werden auch Kurzexpertisen mitgegeben. […] Die erkundigen sich auch, mit welcher Technik der Künstler gemalt hat. Das sind also die guten Kunstfälscher."*

Von der Dienststelle in Bayern wurde auch angemerkt, dass nicht alle Fälscher über eine breite Sachkenntnis verfügten. Meist sei eine besondere Spezialisierung auf unterschiedliche Kunstgegenstände zu beobachten. Diese Spezialisierung etwa auf Drucke oder sonstige Graphiken hänge häufig auch mit der beruflichen Expertise des Fälschers zusammen.

Seitens der Dienststelle Berlins wurde im Hinblick auf die Motivation der Täter auch angeführt, dass man im Bereich der Kunstfälschung häufig Personen antreffe, die es beispielsweise nicht geschafft hätten, sich als Künstler zu etablieren. Man höre in diesem Zusammenhang von den Tätern häufig als Erklärung, dass man dem Kunstmarkt *„eins auswischen"* wolle. Primär rühre die Motivation allerdings aus der reinen Absicht her, sich finanziell zu bereichern.

Frage 29: Lassen sich ebenso Aussagen über die Opfer der Kunstfälschungsdelikte treffen? Wer wird aus Ihrer Sicht häufig Opfer dieser Taten?

Text Flush Left Von allen Dienststellen wurde auf eine große Unterschiedlichkeit der potentiellen Opfer hingewiesen.

Nach den Ausführungen der Dienststelle des LKA Berlin ist eine gewisse Gemeinsamkeit der Opfer darin zu sehen, dass aufgrund der finanziellen Motive der Täter primär vermögendere Personen in Betracht kommen. Naturgemäß seien Personen häufiger betroffen, die eine besondere Kunstaffinität hätten. Gelegentlich sei zu beobachten, dass die Täter versuchten, eine gewisse „*Betriebsblindheit*" dieses Personenkreises auszunutzen. Ferner beobachte man seit den 80er Jahren, dass Kunst vermehrt als Spekulationsobjekt diene. Unter den Käufern von Kunst gebe es daher nicht nur Kunstliebhaber, sondern auch Spekulanten, die das Kunstobjekt kauften, ohne es gesehen zu haben. Die Spekulanten versuchten die Kunstobjekte hierdurch dem Markt zu entziehen, um sie später gewinnbringend wieder zu veräußern. Zur Rechtfertigung höre man in diesem Zusammenhang von den Tätern bisweilen: „*Das sind doch nur Reiche*".

Auch zählten gelegentlich prominente Personen zu den Geschädigten. Dies bringe dann die Besonderheit mit sich, dass diese Personengruppe ein deutlich geringeres Interesse an der strafrechtlichen Verfolgung habe, da dies oft mit der Aussage als Zeuge vor Gericht verbunden sei.

Von der Dienststelle Bayern wurde noch hervorgehoben, dass Personen leichter zu einem Opfer des Kunstbetrugs würden, wenn sie sich nicht für die Herkunft der Objekte interessierten. Als kritische Absatzform wurde generell der Verkauf über das Internet angeführt, der die früher verbreitetere Form des Absatzes über Zeitungsannoncen ersetzte. Museen und Galerien ebenso wie der gesamte Kunsthandel prüften insgesamt die Kunstobjekte gewissenhafter, was diese seltener zu Opfern von Kunstfälschungen machte.

ff) Prävention

Frage 30: Welche Möglichkeiten der Prävention sehen Sie in diesem Bereich?

Als zentrales Ziel der Prävention nannten die Dienststellen, die Problematik der Kunstfälschung generell bekannt und publik zu machen sowie die Zusammenarbeit mit den spezialisierten Dienststellen weiter zu verbessern. Ebenso sollte auch der Handel mit Kunstwerken nur über den seriösen Fachhandel abgewickelt werden. Im Einzelnen wurden die folgenden Aspekte hervorgehoben.

Die Dienststelle Berlin führte an, dass die Zusammenarbeit mit dem gesamten Kunstmarkt wichtig sei. Man habe zu Beginn versucht, sich den einzelnen Akteuren des Kunstmarktes, etwa Auktionshäusern, Experten und Sammlern, bekannt zu machen und sich dabei um persönlichen Kontakt und die Schaffung eines Vertrauensverhältnisses bemüht. Hierbei habe die Dienststelle den jeweiligen Akteuren, denen es oftmals besonders auf ihre Reputation ankomme, verständlich machen können, dass man als Polizei sehr vertraulich mit den erhaltenen Informationen umgehe. Man versuche zunächst, ein von Offenheit und Vertrauen geprägtes Gesprächsklima herzustellen, um zu zeigen, dass die Polizei in diesen Fällen auch dem Kunstmarkt mehr nützen als schaden könne. Als Beispiel nannten die Befragten, dass bei früherem Vorgehen häufiger Durchsuchungen bei Auktionshäusern durchgeführt worden seien, was entsprechend zu einem distanzierten Verhältnis geführt habe. Derartiges versuche man durch einen engen persönlichen Kontakt und Vertrauen zu vermeiden.

Die Berliner Dienststelle nannte auch Präventionsmöglichkeiten bei der Kunstfälschung selbst. Man versuche zu erreichen, dass zurückgegebene Kunstfälschungen nicht mehr in den Markt eingebracht werden könnten. Dazu verwende man Datenbanken, auf die die Polizeien aller Bundesländer zugreifen könnten. Die Fälschungen würden außerdem nicht nur in polizeiinterne Datenbanken überführt. Konkret verwende man zwei Datenbanken, die der Öffentlichkeit zugänglich seien. Zum einen sei dies die Datenbank kritischer Werke – dort würden Werke erfasst, bei denen es sich nicht zwingend um erwiesene Fälschungen handle, sondern vielmehr um solche, die eben kritisch auf ihre Originalität untersucht werden müssten. Federführend für die vom Bund deutscher Kunstversteigerer eingerichtete Datenbank sei das Auktionshaus Van Ham. Dort führe man bereits einen Datenbankbestand von mehreren tausend Werken. Durch diese Datenbank könne verhindert werden, dass der Täter den Versuch unternehme, ein möglicherweise gefälschtes Werk bei Ablehnung durch ein Auktionshaus bei einem weiteren Auktionshaus einzuliefern. Dies erfordere aber ein sorgfältiges Vorgehen der Auktionshäuser.

Zum anderen verwende man das Art Loss Register in London, das von der Versicherungswirtschaft und von Kunsthändlern finanziert werde. Dies sei eine für die Polizeiarbeit sehr effektive Datenbank, die allerdings nur erwiesene Fälschungen aufnehme. Ein Vorteil sei, dass es sich hierbei um eine internationale Datenbank handle. So glichen auch die großen internationalen Auktionshäuser wie Sotheby's oder Christie's ihre Kataloge mit Hilfe des Art Loss Registers ab. Man wünsche sich allerdings, dass Fälschungen, die durch den Abgleich der Datenbanken erkannt würden, von den Auktionshäusern auch der Polizei gemeldet würden. Hier sehe man noch Verbesserungsbedarf.

Die Dienststelle des LKA Bayern führte in diesem Zusammenhang aus, dass man es als positiv bewerte, wenn Fälle der Kunstfälschung publik gemacht würden, um hierdurch mögliche Opfer zu sensibilisieren. Ferner wurde darauf verwiesen, dass Kunstobjekte nur im seriösen Kunsthandel gekauft werden sollten und gerade nicht bei berufsfremden Personen. Insbesondere sei der Handel mit solchen Objekten über das Internet sehr problematisch. In präventiver Hinsicht sei zu erwähnen, dass auch der Kunsthandel direkt bei den jeweiligen Landeskriminalämtern anfragen könne, ob sich das Objekt in einer der dort geführten Listen oder Datenbanken befinde.

Die Dienststelle des LKA Stuttgart meinte, es sei wesentlich, dass sich der Käufer hinreichend informiere. Wenngleich eine Garantie für die Echtheit eines Kunstwerkes nie gänzlich gegeben werden könne, so sei diese im seriösen Kunstmarkt deutlich wahrscheinlicher.

gg) Entwicklungen und Veränderungen

Frage 31: Sind im gesamten Bereich der Kunstfälschung Entwicklungen oder Veränderungen wahrnehmbar?

Die Dienststellen in Berlin und Stuttgart äußerten zu dieser Frage, dass man sich im Bereich der Kunstfälschung mit einer stetigen Entwicklung auf Seiten der Täter konfrontiert sehe.

Die Dienststelle des LKA Stuttgart betonte, dass sich die Qualität vieler Fälschungen parallel zur technischen Entwicklung verbessere. Exemplarisch wurde beschrieben, dass mit modernen Druckern hochwertige Fälschungen produziert werden könnten. Weiterhin sei auch die Tendenz auszumachen, dass sich die Fälscher detailliertes Wissen aus kunsthistorischen Publikationen zu Nutze machten. Beispielsweise werde publiziertes Wissen zu bestimmten Herstellungsmethoden wie etwa zu verwendeten Farbpigmenten genutzt, um dieses gezielt bei Fälschungen anzuwenden. Je leichter Informationen über solche Herstellungstechniken erlangt werden könnten, umso mehr gereiche dies dem Fälscher zum Vorteil.

Die Dienststelle Berlins ging in ihren Ausführungen darauf ein, dass sich die Entwicklung auch an der Nachfrage und neuen Absatzmöglichkeiten des Schwarzmarkts orientiere. In diesen Bereichen seien keine klaren Regeln und keine abschließenden Tendenzen zu erkennen.

> *„Was jetzt ihre Zielrichtung ist, bei dem was sie fälschen wollen, da gibt es keine Stagnation, sondern man guckt immer, wie man noch weiter Fälschungen in den Verkehr bringen kann. Da sind sie auch sehr erfinderisch bei, da gibt es keine Regeln und nichts Abschließendes. Das wird sich immer weiterentwickeln."*

Die Befragten der Berliner Dienststellen sprachen von einem „Wettlauf zwischen den potentiellen Tatverdächtigen und den Ermittlungsbehörden".

Diesbezüglich wurden einige Praktiken und Strategien der Fälscher ausgeführt, die man erst seit kürzerer Zeit beobachte. Die Täter seien bemüht, die Taten möglichst weit von Berlin entfernt vorzunehmen und dabei auch international zu agieren. Sie verfolgten damit den Zweck, mögliche Tatzusammenhänge für die Ermittlungsbehörden zu verschleiern. Weiterhin sei neben dem offiziellen Kunsthandel auch der sog. Private Sale wie auch der Secondary Market relevant, da sich hier viel im Verborgenen abspielen könne.

Probleme bereite auch die Konstellation, in der eine Kunstfälschung als Sicherheit etwa für ein Bankdarlehen hingegeben werde. Dies sei zunächst für die Ermittlungsbehörden schwer einsehbar. Vielfach komme es in diesen Fällen zu Problemen mit den Verjährungsfristen. Der Schaden trete nämlich häufig erst nach Jahren ein, wenn die Sicherheit fällig werde und das hingegebene Kunstwerk nicht verkauft werden könne. Diese Taten wurden als „*Königsdisziplin*" im Bereich der Kunstfälschung angesehen. Weiterhin beobachte man, dass Kunstwerke dem Markt entzogen würden mit der Intention, hierdurch den Marktpreis zu beeinflussen. Dies sei insofern problematisch, als hier häufig Zollfreilager Verwendung fänden. Dies erschwere es den Ermittlungsbehörden, Einblick in die Vorgänge zu erhalten. Generell sei auch die Diskretion des Kunstmarktes für die Behörden besonders schwierig, wenngleich diese auch verständlich sei. Man habe aber durch erworbenes Vertrauen eine Verbesserung in der Zusammenarbeit mit dem Kunstmarkt feststellen können.

Die Dienststelle des LKA Bayern gab an, dass man hinsichtlich der Art der gefälschten Objekte seit Beginn der 2000er Jahre keine allzu großen Veränderungen beobachte. Beliebte Fälschungsobjekte seien nach wie vor Werke der klassischen Moderne. Ebenso würden Skulpturen gefälscht, wenngleich ihre Zahl hinter jener der Gemälde zurückbleibe. Sakrale Kunst sei in den letzten Jahren, anders als zu Zeiten der Gründung der Dienststelle, weniger „*en vogue*", was diese entsprechend weniger anfällig für Fälschungen mache.

hh) Sonstiges

Frage 32: Gibt es sonstige Ihrer Ansicht nach erwähnenswerte Aspekte zur Fälschung von Kunstwerken?

Zur Frage nach sonstigen erwähnenswerten Aspekten des Bereichs der Kunstfälschung wurden seitens der Dienststellen keine weiteren Punkte angeführt.

b) Kunstdiebstahl

Den nächsten zentralen Teil der Befragung bildete der Abschnitt zum Kunstdiebstahl. Hierbei wurden weitgehend die gleichen Fragen wie zur Kunstfälschung aufgegriffen. Lediglich einige Teilfragen wurden an die Besonderheiten von Diebstahlsdelikten angepasst.

aa) Allgemein

Frage 33: Wann liegt aus Ihrer Sicht ein für Sie (kunst-)polizeilich relevanter Fall von Kunstdiebstahl vor?

Die Dienststelle des LKA Bayern legte bei Kunstdiebstählen erneut eine Wertgrenze von 3.000 Euro für ihre Zuständigkeit zugrunde. Ebenfalls sei die Zuständigkeit auf den Diebstahl aus öffentlichen Museen und Sammlungen oder Ausstellungen beschränkt. Die Wertgrenze von 3.000 Euro gelte auch für Diebstähle aus Kirchen und Kapellen.

Die Stuttgarter Dienststelle führte aus, dass man sich meistens mit der Eintragung ausschreibungsfähiger Kunstwerke in die Fahndungsdatenbanken beschäftige. Man befasse sich nicht mit allen in Baden-Württemberg anfallenden Fällen des Kunstdiebstahls. Eine kriminalistische Untersuchung des Tatortes komme eher ausnahmsweise in herausragenden Fällen in Betracht. Die meisten Fälle des Kunstdiebstahls würden von den örtlichen Dienststellen bearbeitet.

Die Hamburger Dienststelle gehe in der Regel dann von einem polizeilich relevanten Fall des Kunstdiebstahls aus, wenn ein als Kunst deklarierter und individualisierbarer Gegenstand entwendet werde. Eine Wertgrenze existiere nicht.

Die Dienststelle Berlin gab an, dass man keine Einschränkung bei der Zuständigkeit im Sinne von Wertgrenzen oder Ähnlichem habe. Vielmehr bearbeite man sämtliche Fälle im Bereich der Eigentumsdelikte, bei denen die Zielrichtung Kunst erkennbar sei. Hierunter fielen beispielsweise auch die Fälle, in denen ein Gemälde aus einem Krankenhaus gestohlen werde. Ebenso treffe man regelmäßig auf Fälle, bei denen zum Beispiel Bronzen aus Parkanlagen gestohlen, Gemälde bei Vorbesichtigungen von Auktionen entwendet oder etwa Kunstwerke von Speditionen unterschlagen würden. Man verfolge grundsätzlich das Ziel, all diese Fälle zu bearbeiten, da von allen Tätern die Absicht verfolgt werde, das Kunstwerk in Geld umzusetzen. Zum Verkauf der Kunstobjekte müsse der Täter in irgendeiner Form an den Markt herantreten – dies sei das Einfallstor der Ermittlungsbehörden. Das sei sogleich auch der Umstand, weshalb man sich grundsätzlich für jeden Fall in diesem Bereich interessiere. Eine Einschränkung der Bearbeitung dieser Fälle beraube die Ermittlungsbehörden der Fähigkeit, sich einen Gesamtüberblick über das Phänomen zu bilden, um so auch sämtliche Nischen des Bereichs überblicken zu können. Mithin verfolge man die Philosophie, möglichst alle Fälle an sich zu ziehen und zu bearbeiten.

bb) Umfang, Schaden und Objekte

Frage 34: Wie viele Fälle von Kunstdiebstahl werden von Ihnen pro Jahr etwa bearbeitet?

Die von der Dienststelle Berlin zur Verfügung gestellten Daten wurden bereits aufgezeigt.[1358]

Die Dienststelle des LKA Bayern gab erneut zur Antwort, dass die Zahlen nicht separat erfasst würden und somit keine Differenzierung zwischen den einzelnen Tatbeständen möglich sei.

Die Dienststelle in Stuttgart verwies auf die Zahlen, die in der PKS des Landes Baden-Württemberg separat als Diebstahl im Zusammenhang mit Kunstgegenständen aufgeschlüsselt würden. Hierbei wurden auch Ausführungen zu den allgemeinen Schwierigkeiten der statistischen Erfassung des Kunstdiebstahls gemacht. Insbesondere wurde auf die Verzerrung der Durchschnittswerte durch einen extrem hohen Schadensposten bei einzelnen Fällen hingewiesen. Ebenso sei nicht immer eindeutig, wie sich die von einem Täter begangenen Serientaten in den statistischen Fallzahlen niederschlügen. Generell wurde angemerkt, dass trotz der normalen jährlichen Schwankungen und möglichen Verzerrungen bei der statistischen Darstellung eine vergleichsweise gleichbleibende Anzahl an Kunstdiebstählen festzustellen sei. Eine konkrete Anzahl konnte allerdings nicht genannt werden.

Die Dienststelle in Hamburg konnte für das Jahr 2018 eine Anzahl von 13 Fällen im Bereich des Kunstdiebstahls nennen.

Frage 35: Lassen sich im Bereich des Kunstdiebstahls Aussagen zur Schadenshöhe der einzelnen Fälle machen? Beziehen sich die Kunstdiebstähle häufiger auf teurere Werke?

Die Dienststelle in München betonte erneut, dass grundsätzlich nur Diebstahlstaten über einer Wertgrenze von 3.000 Euro bearbeitet würden. Gleichzeitig sei ein großes Schadensspektrum zu beobachten, welches bis zu mehreren hunderttausend Euro reiche. Bei Diebstahl aus Museen sei regelmäßig mit einem höheren Schaden zu rechnen, da die dortigen Exponate zumeist einen höheren Wert hätten.

Die Dienststelle in Hamburg gab an, dass sich die Schadenshöhe der Fälle, die man im Jahr 2018 bearbeitet habe, im Bereich von unter 1.000 Euro bis hin zu fünfstelligen Eurobeträgen bewege.

Die Berliner Dienststelle vermerkte, dass man die gelegentlich bei Kunstfälschungen erreichten Schadenswerte in Millionenhöhe deutlich seltener im Rahmen des Kunstdiebstahls beobachte:

„Also im Bereich der Kunstfälschung haben wir auch von Millionenbeträgen gesprochen. Im Fall des Diebstahls eher weniger, da fangen wir wieder mit den niedrigpreisigen Werken

---

1358 Siehe S. 184 ff.

an, gehen aber auch schon in den Hunderttausender-Bereich hinein. Aber die Erträge, die im Bereich der Fälschung entstehen, die haben wir beim Diebstahl eigentlich nicht. Ausreißer gibt es natürlich immer: wenn es Einbrüche in Museen gibt und ein Großteil der Werke mitgenommen worden ist, dann explodiert natürlich die Schadenssumme in dem Moment exorbitant. Aber das alltägliche Geschäft liegt im Tausender- bis Zehntausender-Bereich."
Frage 36: Handelt es sich Ihrer Einschätzung nach hier häufig um gezielte Diebstähle oder werden eher bei Gelegenheit Kunstobjekte gestohlen?

Die Ermittler der Stuttgarter Dienststelle äußerten, dass es schwierig sei, Taten nach gezielt und beiläufig gestohlener Kunst zu kategorisieren. Bei Einbrüchen in Privathaushalte sei schwer zu differenzieren, ob gestohlene Kunstwerke gezielt entwendet oder lediglich bei Begehung der Tat entdeckt würden. Man vermute indessen, dass sich dies etwa gleich verteile.

In der Dienststelle des LKA Bayern äußerte man sich dahingehend, dass es sich bei der überwiegenden Anzahl der Fälle um Gelegenheitstaten handle. Als Beispiel wurde die Konstellation angeführt, dass günstige Gelegenheiten durch den Täter ausgenutzt würden, etwa wenn ein ungesichertes Kunstwerk entdeckt werde. Auftragsdiebstähle seien der Dienststelle nicht bekannt geworden, wenngleich man ihr Vorhandensein nicht ausschließen könne.

Die Hamburger Dienststelle gab an, dass man es sowohl mit gezielten als auch bei Gelegenheit durchgeführten Diebstählen zu tun habe, Letztere seien jedoch häufiger.

Seitens der Befragten der Dienststelle Berlin hieß es, dass man sich primär für jene Täter interessiere, die sich auf Kunst spezialisiert hätten. Gleichfalls habe man aber auch Taten, in denen die Kunst als „*Beifang*" gestohlen werde. Diese Fälle seien für die Dienststelle ebenfalls interessant, da hier bisweilen Fehler durch den Täter beim Absatz der Kunst gemacht würden. Man interessiere sich daher für die gesamte Täterstruktur.

Häufig verzeichne man Gelegenheitstaten; ein Teil der Taten im Bereich des Kunstdiebstahls sei der Beschaffungskriminalität zuzuordnen. Diese Taten seien wiederum von einer eigenen Charakteristik geprägt. So trügen sich diese bisweilen in Teilen Berlins zu, in denen vermehrt Antiquitätengeschäfte zu finden seien. Dort fielen dann häufig Tatorte und Absatzmärkte dieser Täter zusammen. Derartige Taten seien vergleichsweise gut aufzuklären, da die Täter nicht gut vorbereitet seien und somit auch nicht spurenvermeidend agierten. Ferner verstrickten sich diese Täter beim Absatz des Diebesgutes häufig in Widersprüche, da sie nicht mit den Absatzgepflogenheiten vertraut seien. Diese Taten seien auch für berufserfahrene Händler einfach zu erkennen, die dann die Ermittlungsbehörden einschalten könnten und auch mit anderen Händlern zumeist gut vernetzt seien.

Anders verhalte es sich allerdings in Tatkonstellationen, in denen in Museen eingebrochen werde. Hier wurden exemplarisch Einbrüche in das Bode- oder das Brücke-Museum angeführt. In diesen Konstellationen, in denen Millionenwerte gefährdet seien und die Täter entsprechend zielgerichtet vorgingen, bemühten sie sich deutlich stärker, Spuren und Zeugen zu vermeiden. Diese Fallkonstellationen seien im Kontrast deutlich fordernder.

Frage 37: Welche Orte sind am häufigsten Tatort des Kunstdiebstahls?

Die Dienststelle des LKA Baden-Württemberg gab an, dass klare Tendenzen bei den Tatorten des Kunstdiebstahls abstrakt schwer auszumachen seien. Zwar beobachte man gelegentlich Häufungen, allerdings ließe sich hieraus keine klare Entwicklung über einen längeren Zeitraum ableiten.
Das LKA Bayern äußerte, dass man aufgrund der eingeschränkten Zuständigkeit, welche sich, wie erwähnt, nur auf öffentliche Museen und Sammlungen erstrecke, keine verlässlichen Angaben über die Tatortverteilung bezogen auf den Diebstahl aus Privathaushalten sowie privaten Galerien etc. machen könne.

Die Hamburger Ermittler antworteten, dass die am häufigsten betroffenen Orte von Kunstdiebstahl Wohnungen mit privaten Sammlungen sowie Orte mit Verbindung zum Kunsthandel seien.

Die Befragten der Dienststelle in Berlin gaben an, dass dies nicht eindeutig bestimmbar sei. Allerdings sei der Diebstahl aus Privatwohnungen und -häusern doch relativ verbreitet. Grundsätzlich würden von den Tätern generell Örtlichkeiten bevorzugt, die es ermöglichten, schnell zu entkommen. Insbesondere sei auch viel Kunst im öffentlichen Raum wie etwa in Wartezimmern von Behörden, in Krankenhäusern sowie auch Bronzestatuen in Parkanlagen oder auf Friedhöfen betroffen. Grundsätzlich sei das Phänomen vielschichtig, der Großteil stamme aber aus Einbrüchen.

Frage 38: Welche Arten von Kunstwerken werden am häufigsten gestohlen?

Die Dienststelle des LKA Bayern gab zur Antwort, dass man dies nur schwer einschränken könne. Grundsätzlich kämen alle Objekte in Betracht, die in Museen ausgestellt würden. Häufig seien dies Objekte, die bei Gelegenheit ergriffen werden könnten. Dabei wurde erneut darauf hingewiesen, dass sich die Zuständigkeit der Dienststelle in Bayern auf öffentliche Einrichtungen beschränke.

Die Dienststelle des LKA Baden-Württemberg äußerte ebenfalls, dass nur schwerlich Aussagen zu den häufigsten Diebstahlsobjekten gemacht werden könnten. Vergleichbar mit der Kunstfälschung seien all jene Objekte betroffen, die auf dem Markt gefragt seien. Man sei gerade vermehrt mit Fällen konfrontiert, die sich auf Bronzen bezögen. Zumeist habe man es dabei allerdings mit

Buntmetalldiebstahl zu tun. Dieser richte sich allein auf den Materialwert der Skulptur, wodurch sich gewisse strukturelle Unterschiede zu den sonst üblichen Kunstdiebstählen ergäben.

Seitens der Dienststelle in Hamburg wurden als die am häufigsten betroffenen Objekte Gemälde und Skulpturen angegeben.

Die Dienststelle des LKA Berlin nannte exemplarisch Gemälde, Skulpturen, Porzellan, Teppiche oder auch (Silber-)Besteck. Teilweise stehe nicht der kunsthistorische Wert im Vordergrund, sondern bisweilen auch der reine Materialwert. Hier wurde ebenfalls das Phänomen der Bronzediebstähle aus dem Stadtgebiet angesprochen. Man beobachte hier ein teils wellenartiges Vorkommen, bei dem Tätergruppierungen in einer Nacht mehrere Bronzen entwendeten. Der Schaden sei dabei insofern hoch, als die Bronzen oft unwiederbringlich verloren seien, da häufig die zugrunde liegenden Gussformen nicht mehr vorhanden seien. Insgesamt gaben die Befragten an, dass man nicht klar sagen könne, welche Objekte allgemein am häufigsten gestohlen würden. Der Schwerpunkt liege aber auf Objekten, die sich gut und schnell absetzen ließen.

cc) Kenntniserlangung, Aufklärungsquote und Dunkelfeld

> *Frage 39: Wann gelangt ein Kunstdiebstahl an Sie als kunstspezialisierte Ermittler? Kommen sämtliche Kunstdiebstähle zu Ihnen? Wie erlangen Sie zumeist Kenntnis von einem Fall des Kunstdiebstahls?*

Die Hamburger Dienststelle berichtete, dass nach der Anzeigeerstattung der Vorgang zumeist an die Dienststelle weitergeleitet werde. In Einzelfällen werde ein Vorgang auch von einer örtlich zuständigen Ermittlungsdienststelle endbearbeitet. Dies geschehe, wenn dieser entweder mangels Kapazität von der spezialisierten Dienststelle abgelehnt werden müsse oder die Sonderzuständigkeit der Dienststelle nicht bekannt sei.

Die Dienststelle in Berlin gab an, dass man grundsätzlich eine ähnliche Kenntniserlangung beobachte wie bei den anderen Delikten. Man habe es auch hier primär mit Anzeigedelikten zu tun. Dies führe man auf die größere Bereitschaft der Geschädigten zur Anzeige zurück und den Umstand, dass es sich bei Diebstahlsfällen häufig auch um Versicherungsfälle handle. Für die Versicherung bräuchten die Geschädigten zumeist eine Bearbeitungsnummer oder einen Sachbearbeiter seitens der Polizei, um Akteneinsicht nehmen zu können. Somit sei in diesen Konstellationen die Anzeigebereitschaft erhöht.

Von der Dienststelle des LKA Stuttgart wurde ebenfalls vorgebracht, dass im Bereich des Kunstdiebstahls häufiger angezeigt werde, da dies oft im Zusammenhang mit bestehenden Versicherungen erforderlich sei. Man vermute, dass das

Anzeigeverhalten im Diebstahlsbereich größer sei als beispielsweise im Bereich des Betrugs.

> *„Ich denke mal, dass das Anzeigeverhalten im Diebstahlsbereich höher sein dürfte als im Betrugsbereich. Zum einen merkt man es einfach, wenn etwas weg ist – die Fälschung bemerken viele nicht. Manchmal gibt es das auch, dass jemand nicht unbedingt sagen will, dass man eine Fälschung hat. Sondern auch froh ist, dass das ohne viel Aufsehen läuft: „Ich krieg mein Geld wieder und die Fälschung geht an den nächsten über". Ich denke mal, deshalb ist die Anzeigebereitschaft im Diebstahlsbereich deutlich höher."*

Die Dienststelle in München gab zur Antwort, dass man durch Anzeigen auf Kunstdiebstähle aufmerksam werde. Diese Anzeigen kämen zumeist von den Museen, dem bischöflichen Ordinariat oder von anderen Polizeidienststellen.

> *Frage 40: Wie hoch ist die Aufklärungsquote, wenn Sie einen solchen Fall erhalten?*

Die Dienststelle in Berlin konnte konkrete Zahlen der bearbeiteten Fälle präsentieren, welche bereits dargestellt wurden.[1359] Die sehr hohe Aufklärungsquote der Kunstdiebstähle der Dienststelle müsse in Relation zu den gesamten Diebstahlsdelikten in Berlin gesetzt werden. Die Dienststelle habe pro Jahr um die einhundert Fälle und könne diese aufwendig bearbeiten.

> *„Die werden ganz intensiv beackert. Wie eine Mordkommission bearbeiten wir das dann in Richtung des Kunstwerkes, also mit sehr viel Ermittlungsaufwand. Aber man sieht an den Zahlen, dass es sich lohnt. Wenn man dann wirklich eine Münze wie das Bode-Museum dabeihat, und es schafft den Fall aufzuklären... […]. An den statistischen Zahlen sieht man eindeutig, dass sich dieser Ermittlungsaufwand, der hier betrieben wird, definitiv lohnt."*
> Die Münchner Dienststelle sprach, ohne konkrete Zahlen zu nennen, davon, dass man sehr viele Fälle in diesem Bereich aufklären könne. Die überwiegende Anzahl der Fälle von Museumsdiebstählen werde aufgeklärt. *„Also von den Fällen, die ich bearbeitet habe, konnte ich sehr viele klären. Von den Diebstählen aus Museen, die ich bearbeitet habe, wurde die überwiegende Anzahl geklärt."*

Die Stuttgarter Dienststelle äußerte, dass man bei der Aufklärungsquote des Kunstdiebstahls innerhalb der letzten Jahre einen gleichbleibend hohen Wert erreicht habe.

> *Frage 41: Wie schätzen Sie das Verhältnis von bekanntgewordenen zu nicht bekanntgewordenen Fällen innerhalb des Kunstdiebstahls ein? Was sehen Sie hier jeweils als Ursachen?*

Die Dienststelle des LKA Bayern, deren Aufgabenfeld sich auf die öffentlichen Einrichtungen beschränkt, äußerte, dass das Dunkelfeld von Diebstählen

1359 Siehe S. 184 ff.

in Museen wahrscheinlich sehr gering sei. Dies führe man auf den Umstand zurück, dass die einschlägigen Versicherungen für die Schadensregulation nur im Falle einer Anzeige aufkämen.

Diese Einschätzung teilt im Wesentlichen auch die Stuttgarter Dienststelle. Zwar gebe es wohl auch hier ein Dunkelfeld. Dieses sei jedoch, so schätze man, niedriger als das im Bereich des Betrugs.

Eine ähnliche Einschätzung traf auch die Dienststelle Hamburg. Man vermute, dass ein Dunkelfeld existiere, ohne freilich Aussagen über dessen Höhe treffen zu können. Denkbare Ursachen für das Vorhandensein dieses Dunkelfelds sehe man in der Nichtanzeige entsprechender Taten, bei Fällen, in denen kein Versicherungsschutz bestehe. Weiterhin könne die Nichtanzeigebereitschaft auch darauf zurückzuführen sein, dass der jeweilige Diebstahl gar nicht erst bemerkt werde.

Ebenso führte die Berliner Dienststelle aus, dass man das Dunkelfeld beim Kunstdiebstahl deutlich kleiner als bei der Kunstfälschung einschätze:

> *„Also ich würde sagen, ja es ist deutlich geringer. Das zeigen auch die Erfahrungswerte aus den Vorgängen, die wir so haben. Die Zusammenarbeit mit den Einbruchskommissariaten in den jeweiligen Bezirken ist ja relativ gut. Selbst wenn die Kunst wirklich nur ein Beifang gewesen sein sollte für die Täter, bekommen wir das dann auch immer wieder mit.“*

Es gebe allerdings auch Konstellationen, in denen der Geschädigte einen Diebstahl nicht bemerke. Beispielsweise wenn Kunst gestohlen werde, die in Kellern gelagert sei, weshalb deren Verlust nicht sofort auffalle. Weiterhin wurde auch ein konkreter Fall geschildert, in dem eine Pflegekraft über einen gewissen Zeitraum unter Ausnutzung des Vertrauensverhältnisses zu dementen Patienten oder mittels ihrer Stellung im Krankenhaus Diebstähle beging. Dabei konzentrierte sich die Person auf den Diebstahl von Kunst und Antiquitäten. Aufgrund der körperlichen Einschränkungen der Opfer habe sich die Ermittlung kompliziert gestaltet. Dies sei ein Beispiel für Konstellationen, in denen Faktoren eine Rolle spielten, die auch seitens der Ermittlungsbehörden nur schwer zu beeinflussen seien.

dd) Polizeiliche Arbeit und rechtliche Bewertung

> *Frage 42: Worin besteht bei Fällen des Kunstdiebstahls die Hauptarbeit Ihrer polizeilichen Ermittlung?*

Die Berliner Dienststelle nannte als zentralen Ausgangspunkt beim Kunstdiebstahl zunächst den Tatort. Hier sei eine präzise kriminalistische Erschließung wesentlich. Auch Zeugenermittlungen sein notwendig. Daran schließe sich der ebenfalls zentrale Punkt der Fahndung an. Wichtig sei, von dem gestohlenen

Objekt schnell fahndungsgeeignete Abbildungen zu erlangen. Vorteilhaft bei der Fahndung von gestohlenen Kunstwerken sei, dass man hier nicht auf besondere Persönlichkeitsrechte des Objektes Rücksicht nehmen müsse. Somit sei eine sehr freizügige Veröffentlichung der Fahndung möglich, welche bis zu gezielter Presse- und Medienarbeit reiche. Dabei werde abgewogen, ob durch die Fahndung nicht ein gegenteiliger Effekt erzielt werde, welcher etwa in einer Zerstörung des Objektes durch den Täter liegen könne.

Im Bereich der Fahndung sei in den letzten Jahren innovativ gearbeitet worden, so dass man sehr schnelle Informationskanäle zu den Absatzmärkten habe: Es gebe ein polizeiliches Netzwerk in Form eines Meldedienstes. Durch diesen würden etwa die Bundespolizei, der Zoll sowie die Polizeien der einzelnen Länder in Kenntnis gesetzt. Allerdings wolle man in diesen Fällen nicht nur die passive Fahndung unterstützen, sondern gezielt auch die aktive Fahndung vorantreiben; hierfür komme eine gezielte Medienberichterstattung in Betracht. Weiterhin verwende man auch E-Mail-Verteiler, durch die man gezielt bestimmte Einrichtungen anspreche. So werde beispielsweise im Falle des Diebstahls einer Bronze der Schrotthandel gezielt mittels eines solchen Verteilers angeschrieben. Ebenso habe man auch Erfolge erzielen können, indem man bei Diebstählen von Kunstwerken, zum Beispiel Gemälden, gezielt den Kunsthandel angeschrieben habe. Man sei trotz der Erfolge stets bemüht, dieses Vorgehen weiterzuentwickeln.

Zentral sei somit auch, das Werk als solches dem Kunstmarkt gegenüber „*unanbringbar*“ zu machen und dabei insbesondere diejenigen darüber zu informieren, die mit diesen Werken in Form von Handel oder Auktionen täglichen Umgang hätten. Hier sei es die Absicht, diese bösgläubig zu machen und dahingehend zu beeinflussen, dass bei Auffindung dieser Werke zwei Schritte zu vollziehen seien. Zum einen gelte es, keinen Handel mit dem einschlägigen Objekt zu treiben und zum anderen die Polizei zu verständigen. Man versuche hier ganz bewusst gegenüber dem Handel auch als Polizei keine Drohkulisse aufzubauen, sondern das Vorgehen als Miteinander auszugestalten. Es handle sich letztlich um ein „*Geben und Nehmen*“, was der Handel auch wisse und schätze. Deshalb könne man eine gute Zusammenarbeit feststellen.

Die Münchner Dienststelle berichtete ebenso, dass man zunächst eine kriminalistische Analyse des Tatortes durchführe, um eine erste Einschätzung des Vorgehens des Täters zu erhalten. Ebenfalls betonte man die Bedeutung der genauen Beschreibung der Gegenstände. Weiterhin würden sämtliche Personen, Zeugen wie auch der Geschädigte vernommen. Man versuche gezielt durch Presseveröffentlichungen Hinweise sowohl zum Täter als auch zur Beute zu erhalten. Bisweilen helfe es auch, eine entsprechende Belohnung auszusetzen. Auch fahnde man teilweise über (Online-)Veröffentlichungen in Fachzeitschriften nach den Werken. Man versuche dabei durch gezielte Veröffentlichungen das Fachpublikum anzusprechen, falls diesem das jeweilige Tatobjekt angeboten werde.

Auch die Hamburger Dienststelle äußerte sich dahingehend, dass hier zunächst die Spurensicherung, die Zeugenermittlung sowie die Einleitung von Fahndungsmaßnahmen zentrale Aspekte seien. Weiterhin wurden das anschließende Erkennen von Serien sowie das Aufspüren der Handelswege der Diebstahlsobjekte genannt.

Die Dienststelle des LKA Baden-Württemberg beschrieb, dass eine gute Erfassung des Objektes in den Datenbanken wichtig sei. Besonders komme es darauf an, dass hochwertige Photographien der Objekte zur Verfügung stünden. Anschließend sei eine Beobachtung des Marktes erforderlich.

Frage 43: Wo liegen aus polizeilicher Sicht die größten praktischen Schwierigkeiten im Umgang mit dem Bereich des Kunstdiebstahls?

Die Dienststelle des LKA Berlin schilderte, dass man teilweise mit erschreckend schnellen Absatzpraktiken konfrontiert sei. Dies sei besonders im Bereich des Diebstahls von Bronzen zu beobachten. Hier versuche man nicht nur den Fall aufzuklären, sondern insbesondere auch das Kunstwerk zu erhalten. Dies gestalte sich oft schwierig, da dieses häufig wegen des Materials entwendet und zügig eingeschmolzen werde.

Nach Ansicht der Münchner Dienststelle stehe man vor großen praktischen Schwierigkeiten, wenn die gestohlenen Objekte ins Ausland gebracht würden.

Frage 44: Wo liegen aus polizeilicher Sicht die größten rechtlichen Schwierigkeiten im Umgang mit dem Bereich des Kunstdiebstahls?

Die Dienststelle des LKA Berlin äußerte, dass der Kunstdiebstahl rechtlich sehr klar definiert und gefasst sei. Rechtliche Schwierigkeiten habe man in diesem Bereich nicht. Die gesetzlichen Grundlagen seien als Arbeitsgrundlage sehr gut. Dabei wurde betont, dass der Diebstahl von Kunstobjekten seitens der Justiz grundsätzlich als gewöhnlicher Fall des Diebstahls behandelt werde.

Rechtliche Probleme ergäben sich vielmehr in anderen, spezifischeren Bereichen. So wurde hier exemplarisch die Problematik der legendierten Kontrolle angeführt und die damit einhergehende unstete Rechtsprechung, welche Unsicherheit in die Ermittlungen bringe.

Die Dienststelle des LKA München merkte an, dass es sich beim Diebstahl von Kunstwerken erschwerend auf die Ermittlungen auswirke, dass es sich bei einem gewöhnlichen Diebstahl nicht um eine Katalogtat im Sinne des § 100a StPO handle. Dies versperre den Rückgriff auf diverse strafprozessuale Maßnahmen.

Die Stuttgarter Dienststelle führte in diesem Zusammenhang an, dass sich im Bereich des Diebstahls von Kunstwerken auch die Verjährungsfristen der einzelnen Straftaten problematisch auswirken könnten. Hier sei es teils schwierig einen Nachweis darüber zu führen, wie lange das Objekt jeweils im Besitz einer Person gewesen sei.

ee) Täter und Opfer im Bereich des Kunstdiebstahls

Frage 45: Welche Aussagen lassen sich über die Täter im Bereich des Kunstdiebstahls treffen? Gibt es hier relevante Gemeinsamkeiten zwischen den Tätern?

Im Kontrast zum Bereich der Kunstfälschung habe man es gelegentlich mit jugendlichen Tätern zu tun, insbesondere im Bereich der Beschaffungskriminalität, so die Berliner Dienststelle. Der Deliktsbereich sei männlich dominiert. In den verurteilten Fällen der vergangenen Jahre zeige sich, dass man es mit vielen Einzeltätern zu tun habe, die serienmäßig handelten. Auch ein kürzlich abgeurteilter Fall habe dies veranschaulicht. Hier sei ein Einzeltäter zu sechs Jahren Haft verurteilt worden, der nachts in Berliner Wohngebieten in Wohnungen eingedrungen sei, um dort gezielt Kunst und Antiquitäten zu stehlen. Er habe diese auch selbst abgesetzt, was bezogen auf die anschließende Täuschung über die Eigentumsverhältnisse zusätzlich einen Betrug darstelle. Seltener seien hier ältere Täter vertreten. Dies dürfte auch den sportlicheren Ansprüchen bei Einbruchsdelikten geschuldet sein.

Die Dienststelle des LKA Bayern berichtete von einer ähnlichen, teilweise aber auch von einer abweichenden Tätertypologie. Im Gegensatz zum Bereich der Kunstfälschung beobachte man seitens der Täter seltener eine Affinität zur Kunst. Man habe es meistens mit Gelegenheitstätern zu tun, die Geld benötigten. Meist handle es sich um mehrere Täter, die zusammenarbeiteten und arbeitsteilig vorgingen. Der Bereich sei sehr männlich dominiert und bis auf wenige Einzelfälle gebe es keine Täterinnen. Weiterhin habe man bei Diebstahlstaten aus Museen vereinzelt beobachten können, dass Mitarbeiter in Taten involviert gewesen seien. Dies habe sich dadurch gezeigt, dass aus Magazinen gestohlen oder aber mit Insiderwissen gehandelt wurde. Diese Fälle seien allerdings aufgrund der in Museen vorhandenen Alarmsysteme und des Wachpersonals selten. Ebenso schwierig sei auch der Absatz der aus Museen gestohlenen Werke.

Die Dienststelle des Hamburger LKA berichtete von einer großen Bandbreite der Täter. So gebe es Täter, welche als Gelegenheitstäter einzustufen seien, jedoch reichten die Täterprofile bis zu bandenmäßig organisierten Vorgehensweisen. Auch seien Auftragstäter zu beobachten. Ebenso groß sei die mutmaßliche Bandbreite an tätereigenem Kunstsachverstand. So liege bei einigen Tätern ein hoher Grad an Kunstsachverstand vor, bei anderen Tätern fehle ein solcher indes gänzlich.

Frage 46: Lassen sich Aussagen über die Opfer des Kunstdiebstahls treffen? Wer wird aus Ihrer Sicht häufig Opfer dieser Taten?

Da sich die Zuständigkeit der Münchner Dienststelle lediglich auf die erwähnten öffentlichen Einrichtungen beschränkt, konnte hier keine umfassende Stellungnahme erfolgen.

Die Stuttgarter Ermittler äußerten, dass sich der Diebstahl von Kunstwerken auf jenen Kreis an Personen beschränke, die sich mit Kunst umgeben. Dabei seien Privatleute häufiger Opfer. Hier sehe man sich mit Wohnungseinbruchdiebstählen konfrontiert, in denen die Kunstobjekte auch beiläufig entwendet würden. Gezielte Einbrüche in Museen seien selten.

Die Dienststelle des LKA Hamburg gab als häufige Opfer des Kunstdiebstahls zum einen Privatpersonen an, aber auch den Kunsthandel und kulturbewahrende Einrichtungen, wie beispielsweise Museen.

Die Berliner Dienststelle ging ebenfalls darauf ein, dass Opfer vor allem jene Personen seien, die sich aus einem Interesse heraus mit Kunst umgäben. Oftmals handle es sich dabei um wohlsituierte, ältere Menschen, die Kunstwerke zuhause hätten. Ebenso seien Künstler betroffen, wenn in ihre Galerien oder Ateliers eingebrochen werde.

ff) Prävention

Frage 47: Welche Möglichkeiten der Prävention sehen Sie in diesem Bereich?

Die bayerische Dienststelle äußerte, dass mittels Kunstsicherung Prävention betrieben werden könne. Dies könne in Form von Diebstahlsschutzmaßnahmen oder der generellen Sicherung von Kunstobjekten in Museen geschehen. Als mögliche Maßnahmen nannte man Videoüberwachung sowie die mechanische oder sensorische Sicherung von Kunstwerken.

Die Dienststelle in Hamburg verwies ebenfalls auf die Verbesserung der Sicherungen von Kunstobjekten etwa bei Ausstellungen.

Auch seitens der Berliner Dienststelle wurde besonders auf die Möglichkeiten der technischen Prävention hingewiesen. Hier wurden ebenfalls Maßnahmen wie Überwachungsanlagen, Videoaufzeichnungen, Alarmanlagen in Museen oder Abstandshalter angeführt. Allerdings sei bei der Diebstahlsprävention auch ein Augenmerk auf den Schutz von Kunstobjekten bei Privatleuten zu richten. Eine ordentliche Dokumentation des Bestandes von privaten Kunstobjekten, die im Schadensfall den Ermittlungsbehörden übergeben werden könne, sei eine wirksame präventive Maßnahme.

Viele Überschneidungen gebe es in diesem Zusammenhang mit der regulären Prävention von Einbruchdiebstählen, in welchen nicht zwingend Kunst die Zielrichtung des Täters sei. Gerade bei Personen, die hochwertige Kunst besäßen, sehe man einen hohen Präventionsbedarf, wofür eine spezielle Präventionsabteilung des LKA Berlin Beratung anbiete. Die Inanspruchnahme derartiger Beratung fördere man gerne seitens der Dienststelle.

Auch von der baden-württembergischen Dienststelle wurde auf den Bereich der technischen Prävention verwiesen. Außerdem arbeite man im präventiven Rahmen auch mit dem Ministerium für Wissenschaft, Forschung und Kunst zusammen.

gg) Entwicklungen und Veränderungen

Frage 48: Sind im gesamten Bereich des Kunstdiebstahls Entwicklungen oder Veränderungen wahrnehmbar?

Die Dienststelle des LKA Bayern erläuterte, dass man im Bereich des Diebstahls eine gleichbleibend niedrige Anzahl von Fällen beobachte, freilich wieder unter Berücksichtigung der eingeschränkten Zuständigkeit. Jedoch verzeichne man gerade in der Umgebung von Kirchen und Friedhöfen einen Anstieg an Diebstählen von Bronzefiguren. Diese seien zumeist allein auf den Materialwert gerichtet.

Die Berliner Dienststelle führte aus, dass man es für nicht unwahrscheinlich halte, dass die Diebstahlszahlen in den nächsten Jahren anstiegen. Kunstobjekte würden aufgrund niedriger Zinserträge oder auch wegen anderer investiver Geschäfte vermehrt gekauft. Zwar könne man im Vergleich der letzten fünf bis sechs Jahre für Berlin einen solchen Trend noch nicht bestätigten, doch halte man dies in den kommenden Jahren für denkbar.

Die Stuttgarter Dienststelle gab hier an, dass sich die Anzahl der Kirchendiebstähle, derentwegen die Dienststelle einst ins Leben gerufen wurde, heute sehr verringert habe. Allerdings sei der Tiefpunkt in diesem Bereich wohl bereits erreicht.

hh) Sonstiges

Frage 49: Gibt es sonstige Ihrer Ansicht nach erwähnenswerte Aspekte zum Diebstahl von Kunstwerken?

Auch im Bereich des Kunstdiebstahls wurden seitens der Interviewten keine Ausführungen zu sonstigen erwähnenswerten Punkten angestellt.

c) *Kunsterpressung*

Frage 50: Sehen Sie sich Fällen der Kunsterpressung, sprich mit derartigen Konstellationen, in denen Kunstwerke entwendet werden und unter Androhung der Zerstörung gegen ein Lösegeld angeboten werden, häufig konfrontiert?

Alle Dienststellen gaben an, dass ihnen Kunsterpressung in der alltäglichen Arbeit quasi gänzlich unbekannt sei und man allenfalls Einzelfälle kenne.

Die bayerische Dienststelle äußerte, dass man keine eigene Erfahrung mit einem Fall aus diesem Phänomenbereich habe, sondern dies lediglich aus der Presse kenne. Man wisse aus der eigenen Praxis nur von einem Fall, der Tendenzen zu diesem Bereich gehabt habe. Bei diesem Fall habe die Polizei im Rahmen eines Diebstahls nicht sämtliche Gegenstände wiedererlangen können. Daraufhin versuchte man über Mittäter und sonstige Mittelsmänner an die gestohlenen Werke heranzukommen. Die Mittäter wiederum erklärten sich bereit, sich unter Zusicherung einer Belohnung für die Wiederbeschaffung der Gegenstände einzusetzen. Allerdings habe es sich hier um keine klassische Erpressungssituation gehandelt.

Auch die Stuttgarter Dienststelle gab zu dieser Frage an, noch nie mit einem Fall der Kunsterpressung konfrontiert worden zu sein. Man könne sich vorstellen, dass in diesem Bereich ein Dunkelfeld existiere, ohne dies freilich belegen zu können.

Ebenso erklärte die Hamburger Dienststelle, dass man in diesem Bereich bislang keinen Fall bearbeitet habe.

Die Berliner Dienststelle äußerte sich auf die Frage des Fallaufkommens dahingehend, dass man derartige Fälle schon bearbeitet habe, diese zahlenmäßig allerdings „*sehr, sehr gering*“ seien. Man führe dies auf die Struktur dieses Phänomens zurück. Denn diese bedinge, dass man eine Art Kontakt herstellen müsse, was stets das Risiko einer Entdeckung berge. Man habe vor einigen Jahren selbst einen solchen Fall bearbeitet. Damals sei in eine Steuerberaterkanzlei in Berlin eingebrochen und dort seien vier Kunstwerke entwendet worden. Unklar sei gewesen, ob den Tätern der Verkauf der Objekte nicht gelungen sei oder sie von Beginn an planten das Einbruchsopfer zu erpressen. Man sei dann durch das Opfer von den Vorgängen in Kenntnis gesetzt worden. Bei der geplanten Übergabe seien die Kunstwerke durch einen Zugriff der Polizei sichergestellt worden. Sonst seien kaum Fälle bekannt, wenngleich man ein Dunkelfeld nicht ausschließen könne.

Die Berliner Ermittler führten weiter aus, dass Artnapping durchaus als „*erwünschte*“ Folge der polizeilichen Arbeit auftreten könne:

„Grundsätzlich könnte man ja von polizeilicher Sicht, wenn man es positiv darstellt, sagen, dass es im Grunde die Folge eines erfolgreichen Konzeptes ist: die Sachen im Markt unanbringbar zu machen. […]. Könnte sein, dass das Artnapping dann so ein plötzlich aufpoppender Nebenkriegsschauplatz wird für Täter, die wissen, ‚ich habe jetzt das Kunstwerk, ich weiß aber, ich bekomme es hier nirgends mehr los. Ich hab auch nicht die Verbindungen es ins Ausland zu transferieren.' In den Fallzahlen drückt sich das aber nicht aus."

Bezogen auf das Dunkelfeld im Bereich des Artnappings wurde geäußert, dass deren Anzahl weltweit bei eventuell vier bis fünf Fällen pro Jahr liege, weshalb man insgesamt von eher geringen Zahlen ausgehe. Weiterhin sei der bereits erwähnte Fall der Frankfurter *Schirn* ein gutes Beispiel. Zwar habe man in dieser Fallkonstellation versucht, die Strafverfolgungsbehörden aus dem Fall herauszuhalten, dieser sei aber schließlich dennoch der Polizei bekannt geworden. Allerdings könne es in diesen Konstellationen passieren, dass die Ermittlungsbehörden zu spät eingeschaltet würden.

Für Versicherungen sei das Eingehen auf eine Kunsterpressung sehr problematisch. Werde ein solcher Fall nämlich publik, könne dies zu Nachahmungen führen. Man vermute daher, dass Versicherungen am Rückkauf von Kunstwerken bei Erpressungen kein Interesse hätten.

d) Illegaler Handel mit Kulturgut und die Delikte des KGSG

Bei der Frage nach der generellen Relevanz der Delikte im Bereich des Kulturgutschutzes ergaben sich Unterschiede zwischen den Dienststellen in Berlin und Hamburg einerseits und in Stuttgart und München andererseits. Die Dienststellen der beiden Stadtstaaten verwiesen auf nur geringe Fallzahlen. Die Dienststellen der Flächenstaaten gaben eine größere Relevanz dieses Deliktsbereichs an.

Frage 51: Haben Sie regelmäßig mit Delikten im Bereich des illegalen Handels mit Kulturgut zu tun? Falls ja, mit wie vielen Fällen haben Sie hier etwa pro Jahr zu tun?

Die Dienststelle Berlin erklärte, dass man vor allem durch die Zentralstellenfunktion mit diesem Deliktsbereich zu tun habe. So stoße man entweder im Rahmen eigener Ermittlungen auf diese Fälle oder werde von der Senatsverwaltung informiert, wenn Anhaltemeldungen bei der Ausfuhr einschlägiger Gegenstände erfolgt seien. Die Behörden oder die Senatsverwaltung würden die Dienststelle im Anschluss an den Erlass einer Anhalteverfügung in Kenntnis setzen. Werde also deutsches Kulturgut ausgeführt, ohne dass alle Formalitäten eingehalten seien, ziehe dies den Verdacht der Hehlerei auf sich. Aufgrund dieser Verdachtslage werde dann ermittelt.

Teils könne sich das Deliktsfeld schwierig gestalten, da man leicht in einen politisch und diplomatisch relevanten Bereich mit ausländischen Kulturgütern gerate. Dies könne aber sogleich auch einen guten Ausgang nehmen, wenn die wiedererlangten Objekte dann im Rahmen von Staatsbesuchen an den Ursprungsstaat zurückgegeben werden könnten. In Berlin habe man in diesem Bereich aber keine *„große[n] Verurteilungen"*. Dies sei im Süden Deutschlands anders. Berlin sei nicht der klassische Markt zum Absatz solcher Objekte.

Die bayerische Dienststelle stellte zunächst fest, dass sie für die Kulturgutdelikte in Bayern nicht ausschließlich zuständig sei. Diese Fälle erledigte grundsätzlich die Kriminalpolizei bei der Länderpolizei. Dennoch verhalte es sich realiter so, dass man diverse Fälle bearbeite und somit regelmäßig mit den Delikten aus dem Bereich des Kulturgutschutzes zu tun habe.

In der Stuttgarter Dienststelle äußerte man sich dahingehend, dass man sich regelmäßig mit Fällen im Bereich des KGSG beschäftige. Hinsichtlich der Fallanzahl sei eine Erfassung schwierig, zumal die statistische Berücksichtigung des illegalen Handels mit Kulturgütern erst ab dem Jahr 2018 in der PKS erfolge. Die Aussagekraft dieser Zahlen sei allerdings zunächst noch gering, man müsse die weitere Entwicklung in den kommenden Jahren abwarten.

Des Weiteren verwies die Stuttgarter Dienststelle auf die Problematik der Fristenregelungen des KGSG wie auch auf die strafrechtliche Verjährung als solche. Gerade bei den Kulturgütern sei eine Beweisführung über die Eigentumslage im Hinblick auf verschiedene historische Verstrickungen oft schwierig. Die Recherche in diesem Bereich gestalte sich zumeist sehr zeitintensiv. Dabei wirke sich die neue Rechtslage erschwerend aus, da viele rechtliche Aspekte noch nicht gänzlich geklärt seien. Außerdem wisse der *„einfache Kunde"* nicht immer ausreichend über die nunmehr geltende Rechtslage Bescheid.

Die Dienststelle des LKA Hamburg gab an, im Bereich des illegalen Handels mit Kulturgütern durchschnittlich drei bis fünf Fälle im Jahr zu bearbeiten.

Frage 52: Gibt es hier Veränderungen oder sonstige Entwicklungen seit dem Bestehen des Kulturgutschutzgesetzes 2016?

Die Berliner Dienststelle führte zu dieser Frage zunächst aus, dass eine öffentliche Kontroverse zu diesem Gesetz vorliege, wodurch der Fokus weniger auf die eigentliche Intention des Gesetzes gerichtet sei. Dies habe freilich keinen Einfluss auf die polizeiliche Arbeit. Den Unterschied zur früheren Gesetzeslage bewerte man allerdings als eher gering. Dies sei darauf zurückzuführen, dass Berlin nicht der klassische Absatzmarkt für jene Gegenstände sei. In Berlin habe man es in der Praxis meist mit Einzelartefakten zu tun. Ein Vorteil sei diesbezüglich die große Berliner Museumslandschaft, wodurch man leicht Verbindung mit einschlägigen Experten herstellen könne. Ebenso könne man über die

Senatskanzlei für kulturelle Angelegenheiten Anfragen an die vermutlichen Herkunftsländer stellen und habe kurze Wege zu Botschaften.

Die jeweiligen Beweisführungsverfahren seien allerdings teilweise sehr schwer zu führen. In diesem Zusammenhang seien die Rechtsnachfolgen von Staaten oft schwer bestimmbar, insbesondere bei antiken Objekten. Entsprechende Folge sei, dass man die beschlagnahmten Objekte wieder herausgeben müsse. Weiterhin trete bisweilen das Problem auf, dass den jeweiligen Staatsanwaltschaften die Regelungen des KGSG nur wenig vertraut seien.

Die Stuttgarter Dienststelle beurteilte die Gesetzesänderung in Form der Einführung des KGSG als positiv. Die Struktur des Gesetzes habe sich gegenüber der alten Gesetzeslage verbessert, ebenso schätze man auch das Vorhandensein von Definitionen innerhalb des Gesetzes. Die Begriffsbestimmungen in § 2 KGSG seien eine positive Veränderung gegenüber den zuvor vorhandenen Regelungen.

Die Dienststelle in München stellte einleitend fest, dass man Veränderungen zu der früheren Rechtslage erkennen könne. Die Rechtslage bis 2016 sei schwierig und kaum durchsetzbar gewesen. Man habe zu Zeiten der alten Rechtslage deutlich weniger in diesem Bereich bearbeitet, jedenfalls habe man kaum Fälle der Rückführung gehabt. Mit dem nunmehr geltenden Kulturgutschutzgesetz habe man eine festere Rechtsgrundlage, die überdies auch richtige Definitionen der zentralen Begriffe anführe. Dies bewirke, dass man in diesem Bereich mehr Fälle verzeichne, was man unter anderem darauf zurückführe, dass die gesetzlichen Bestimmungen präziser ausgeführt seien. Wenngleich das Aufkommen der bearbeiteten Fälle ansteige, würden dennoch viele Fälle eingestellt, da man oft die Tatbestandsmäßigkeit nicht nachweisen könne. Dies sei häufig auf den Umstand zurückzuführen, dass das präsumtive Herkunftsland keinen ausreichenden Nachweis über die Herkunft führen könne. In diesem Falle bleibe zumeist nur eine Hehlerei zu verfolgen, was allerdings wiederum den Nachweis des Grunddeliktes erforderlich mache. Insgesamt beobachte man aber einen Anstieg der Fälle in diesem Bereich.

Frage 53: Welche Delikte werden in diesem Bereich am häufigsten verwirklicht?

Auf die Frage nach der Häufigkeit der einzelnen Delikte des KGSG nannte die bayerische Dienststelle das illegale Inverkehrbringen von Kulturgütern und die damit verbundene Verletzung der Sorgfaltspflichten. Dieser Deliktsbereich gestalte sich dabei in der Praxis als sehr komplex, da der Nachweis über die Herkunft aus einem Land innerhalb der relevanten Fristen schwierig sei.

Die baden-württembergische Dienststelle machte hinsichtlich der Häufigkeit der Delikte des KGSG keine konkrete Aussage. Angeführt wurde, dass es sich bei den Delikten im Bereich des Imports und des Exports häufig um Delikte und

Tatkonstellationen handle, bei denen die Zuständigkeit des Zolls gegeben sei. Man sei aber am häufigsten mit dem Deliktsbereich um das rechtswidrige Inverkehrbringen nach § 83 I Nr. 4 KGSG konfrontiert.

Frage 54: Welche Gegenstände sind hier am häufigsten betroffen?

Die Münchner Dienststelle äußerte, dass eine Antwort auf diese Frage sehr schwierig sei. Sehr häufig treffe man Münzen als Tatobjekte an, allerdings seien diese nur von den Regelungen des KGSG erfasst, wenn ihnen ein archäologischer Wert zukomme. Handle es sich nicht um Einzelstücke oder archäologisch besonders wertvolle Münzen, komme ihnen kein Schutz durch das KGSG zu.

Die Stuttgarter Dienststelle ging hier erneut auf die starke Abhängigkeit von der Bedarfslage der entsprechenden Absatzmärkte ein. Derzeit beobachte man im Rahmen der Ermittlungen einen Trend zu klassischen Antiken. Ebenso sei man häufig mit Gegenständen aus vorderasiatischen, nordafrikanischen oder auch ostasiatischen Gebieten konfrontiert. Hieran anknüpfend Unterschlagungsdelikte oder Hehlerei nachzuweisen, sei sehr schwierig.

Die Hamburger Dienststelle gab an, mit archäologischen Antiken der verschiedensten Epochen und unterschiedlichster geographischer Herkunft konfrontiert zu sein.

Frage 55: Wie schätzen Sie in diesem Bereich das Verhältnis zwischen Hell- und Dunkelfeld ein? (Gehen Sie in solchen Fällen von einem hohen Dunkelfeld aus?) Was sehen Sie hier jeweils als Ursachen?

Die Münchner Dienststelle verwies zunächst auf die grundsätzlichen Schwierigkeiten von Aussagen über das Dunkelfeld. So gebe es selbst im Bereich des Hellfelds noch keine belastbaren Daten, da eine statistische Erfassung erst ab diesem Jahr (2018) durchgeführt werde. Allerdings gehe man von einem extrem hohen Dunkelfeld aus – insbesondere, da durch offene Grenzen die potentiellen Wege zur illegalen Ein- und Ausfuhr sehr vielfältig seien. Es bleibe abzuwarten, welches Resultat sich aus den neu eingeführten Schlüsselzahlen des Deliktsbereichs ergebe.

Auch die Hamburger Dienststelle geht von einem sehr hohen Dunkelfeld in diesem Bereich aus. Hierfür wurden unterschiedliche Ursachen genannt. Zum einen handle es sich bei den Delikten im Bereich des Kulturgüterschutzes um Kontrolldelikte. Mithin würden mehr Delikte erkennbar, wenn entsprechend die Kontrolldichte angehoben werde. Ein weiterer Aspekt sei in diesem Zusammenhang, dass bei diesen Delikten zumeist der Händler wie auch der Käufer profitierten und sich gegebenenfalls beide strafbar machten. Dies könne dazu führen, dass jeweils keine gegenseitige Anzeige erstattet werde. In diesem

Zusammenhang wurde angeführt, dass bei den einschlägigen Objekten oft der Nachweis einer örtlichen Zuordnung schwierig sei. Diese Problematik setze sich auch in der Frage fort, wann diese aus dem Ursprungsland verbracht worden seien, da dieser Nachweis unabdingbar für eine Strafbarkeit sei.

Die Stuttgarter Dienststelle machte in diesem Zusammenhang darauf aufmerksam, dass viele Objekte nie gelistet würden und daher nirgends auftauchten. Dies lasse den Rückschluss auf ein hohes Dunkelfeld zu.

Frage 56: Sehen Sie in diesem Bereich Entwicklungen oder Veränderungen?

Die Münchner Dienststelle führte erneut an, dass man durch die Gesetzesänderung deutlich andere Ansatzpunkte habe, was sich durch einen Anstieg des Fallaufkommens bemerkbar mache. Weiterhin beobachte man eine Entwicklung dahingehend, dass die Täter insgesamt überlegter vorgingen. Insbesondere sei das Vorgehen organisiert und arbeitsteilig, wenngleich man das Vorgehen in diesem Deliktsbereich noch nicht als organisierte Kriminalität bezeichnen wolle.

Die Stuttgarter Dienststelle berichtete in diesem Zusammenhang ebenfalls davon, dass man in diesem Deliktsbereich organisierte Strukturen beobachte, insbesondere bei jenen mit Grenzübertritt. Weiterhin stelle man fest, dass der Bereich mehr in die Öffentlichkeit rücke, was zu einem vermehrten Unrechtsbewusstsein in diesem Feld führe. Man hoffe, dass sich dieser Trend fortsetze. Dabei sehe man nämlich, dass der illegale Handel mit Kulturgut eigentlich noch einen Randbereich darstelle, gerade auch gegenüber den Bereichen der Kunstfälschung und des Kunstdiebstahls. Dies erachte man deshalb als bedauerlich, da in diesem Bereich viel illegales Geld generiert werde.

Die Hamburger Dienststelle ging in diesem Zusammenhang auch darauf ein, dass man eine Tathäufung im Vergleich zur Situation von vor etwa vier bis fünf Jahren beobachte.

e) Zwischenergebnis zu den unterschiedlichen Deliktsbereichen

Zunächst erweist sich bei einer vergleichenden Betrachtung der vier behandelten Bereiche der Kunstkriminalität, dass alle Dienststellen mit den Bereichen der Kunstfälschung und des Kunstdiebstahls konfrontiert sind. Ebenso zeigte sich, dass die Delikte des KGSG in erster Linie in den Flächenstaaten Baden-Württemberg und Bayern auftreten und ihnen dort eine zunehmende Bedeutung zukommt. Die Kunsterpressung hat in der Praxis keine Relevanz

Insgesamt offenbarte sich beim Vergleich der beiden zentralen Bereiche, der Kunstfälschung und des Kunstdiebstahls, eine in weiten Teilen unterschiedliche Struktur. Unterschiede zeigten sich beim Umfang, der Schadenshöhe sowie bei den unterschiedlichen Einschätzungen zum Verhältnis von Hell- und Dunkelfeld und den durchschnittlichen Tätern.

Der Bereich um den illegalen Handel mit Kulturgütern ist in der Praxis weniger präsent als die zuvor genannten Bereiche. Durch die neuen Regelungen des KGSG hat die Bedeutung des illegalen Handels mit Kulturgütern zugenommen und scheint mehr in das Bewusstsein der Strafverfolgungsbehörden gerückt zu sein.

5. Zusammenarbeit mit Staatsanwaltschaften und Gerichten

Frage 57: Wie gestaltet sich die Zusammenarbeit mit Gerichten und Staatsanwaltschaften im Rahmen der Kunstkriminalität? Worin liegen hier Schwierigkeiten? Sehen Sie in diesem Bereich Verbesserungsmöglichkeiten? Wenn ja, wo?

Die Berliner Dienststelle äußerte sich zur Zusammenarbeit mit den Staatsanwaltschaften dahingehend kritisch, dass sich die Personalrotation innerhalb der Staatsanwaltschaft wie auch der Polizei hinderlich auf einzelne Verfahren auswirke. Den Ermittlungen und dem Verfahren sei es zumeist sehr dienlich, wenn seitens des entsprechenden Staatsanwaltes Interesse an der spezifischen Materie bestehe. Die Personalrotation der Staatsanwaltschaft verhindere jedoch oft, dass Erfahrung im Bereich der Kunstkriminalität entstehen könne. Dieses System stehe einer Spezialisierung entgegen. Sei ein Staatsanwalt an der Materie interessiert, wirke sich dies positiv aus. Der gegenteilige Zustand könne sich jedoch nachteilig auf die Ermittlungen und das Verfahren auswirken. So komme es vor, dass man in der Zusammenarbeit mit der Staatsanwaltschaft, „*mit dem Gefühl rausgehe [...] nicht durchgedrungen*" zu sein. So werde in diesen Situationen die Ernsthaftigkeit des jeweiligen Falles nicht erkannt bzw. eine Strafbarkeit abgelehnt.

Insgesamt betrachte man die Zusammenarbeit grundsätzlich als zufriedenstellend, wenngleich stets Verbesserungspotential vorhanden sei. Als konkreter Verbesserungsvorschlag wurde daher geäußert, dass man sich einen konkreten Ansprechpartner wünsche, der sich länger mit der Materie beschäftigt habe und über entsprechende Kenntnis verfüge.

Die Stuttgarter Dienststelle führte ebenfalls an, dass sich das Fehlen einer Schwerpunktstaatsanwaltschaft nachteilig auswirke. So passiere es, dass Staatsanwälte mit diversen gesetzlichen Aspekten nicht vertraut seien. Gerade die Regelungen des KGSG seien deutlich weniger präsent, als man sich dies wünsche.

Ähnlich äußerte sich hier auch die Dienststelle des LKA Hamburg. Zum einen träten Schwierigkeiten im Zusammenhang mit der generell komplexen Rechtslage des KGSG auf, die die Beweisführung erschwerten. Dies setze sich sodann darin fort, dass weder bei der Hamburger Staatsanwaltschaft noch bei den Gerichten in diesem Kontext besondere Erfahrungswerte vorlägen. Als Verbesserungsmöglichkeit könne man sich insgesamt einen besseren Austausch zwischen den Staatsanwaltschaften der Bundesländer vorstellen. Ebenso erachte man eine besondere Unterrichtung in der Rechtslage sowie deren Auslegung für sinnvoll.

Die Münchner Dienststelle führte zunächst an, dass man mit der Staatsanwaltschaft sehr gut zusammenarbeite. Man führe das darauf zurück, dass dieser Bereich sehr lange Verfahrensdauern habe. So habe man bereits Verfahren gehabt, die deutlich über zehn Jahren andauerten. Dies sei unter anderem auf die Problematik der Begutachtung zurückzuführen. So dauere bereits das einzelne Gutachten vergleichsweise lange in seiner Anfertigung, wobei meistens mehrere Gutachten und Gegengutachten zu den Objekten angefertigt würden. Auch würden bisweilen Gutachter und Gutachten abgelehnt, was ebenfalls zu einer Verlängerung des Verfahrens beitrage.

Frage 58: Haben Sie Vorschläge, wie die Kunstkriminalität noch effektiver bekämpft werden könnte?

Zur Frage nach allgemeinen Vorschlägen, wie sich die Kunstkriminalität effektiver bekämpfen ließe, erläuterte die Berliner Dienststelle ihren Ansatz, sich um den persönlichen Kontakt mit den Kunstexperten zu bemühen. Die Kunstexperten, welche zumeist aufgrund ihrer Qualifikation oder in ihrer Funktion als Nachlassverwalter oder Verwandter des Künstlers stilkritische Einschätzungen vornähmen, hätten zumeist auch ein entsprechendes Fälschungsarchiv aufgebaut. Diese Fälschungsarchive versuche man im Rahmen der Untersuchungen auszuwerten und auch die dort gewonnenen Erkenntnisse in der Datenbank kritischer Werke wie auch im Art Loss Register einzubringen. Die Zusammenarbeit sei in diesem Bereich in den letzten Jahren besser und immer enger geworden. Der Kontakt zu diesen Experten sei in den meisten Fällen bereits vorhanden. Man bemühe sich ein vertrauensvolles Verhältnis zu schaffen und darauf aufzubauen. Diese Experten seien nämlich auch diejenigen, von denen oft die ersten Hinweise an die Polizei herangetragen würden, da sie zumeist damit betraut seien, Auskunft zur Authentizität eines Objektes zu geben. In kritischer Vorausschau richte man den Blick auf die technische Fortentwicklung. Hier müsse es den Ermittlungsbehörden gelingen, mit den Straftätern Schritt zu halten, da die Entwicklungen in diesem Bereich sonst zum Problem werden könnten. Auch ergäben sich hier zunehmend Problemfelder, etwa im Bereich des Darknets.

Die Hamburger Dienststelle sprach hier eine höhere Priorisierung des Deliktsbereichs bei den Ermittlungsbehörden der Bundesländer im Gesamten an. Als Konsequenz erachte man eine Aufstockung des Ermittlungspersonals für sinnvoll.

Zwischenergebnis – Zusammenarbeit mit Staatsanwaltschaften und Gerichten

Die Zusammenarbeit zwischen den Dienststellen und den Staatsanwaltschaften wurde überwiegend als positiv beschrieben, allerdings stets mit dem Hinweis, dass man sich eine bessere Spezialisierung der Staatsanwaltschaften wünsche. Geäußert wurde der Wunsch, bei den Staatsanwaltschaften einen festen Ansprechpartner zu haben, um entsprechend fundiert die Ermittlungen durchführen zu können. Weiterhin wurde von drei der vier befragten Dienststellen die Komplexität der Regelungen des KGSG und die damit einhergehende Problematik als weitere generelle Schwierigkeit in diesem Kontext angeführt.

Um die Effektivität der Bekämpfung der Kunstkriminalität zu verbessern, wurde bei der Dienststelle Berlin primär die Intensivierung der Zusammenarbeit mit verschiedenen Stellen des Kunstmarktes genannt. Auch wurden mehrfach die Bedeutung des technischen Schritthaltens wie auch die ausreichende personelle Besetzung der Dienststellen hervorgehoben.

6. Sonstiges

Der sechste Abschnitt sollte mittels einer Auffangfrage solche Aspekte aufgreifen, welche nach Ansicht der Interviewpartner bislang keine Berücksichtigung fanden, aber nach deren Einschätzung dennoch relevant sind. Hier gaben die Interviewpartner keine weiterführenden Antworten.

7. Ergebnis zur Befragung der auf Kunstkriminalität spezialisierten Dienststellen

Die durchgeführten Interviews erwiesen sich insgesamt als sehr ergiebig. Wie auch aus der Zusammenfassung der erlangten Erkenntnisse deutlich hervortritt, wurden seitens der einzelnen Dienststellen zumeist ähnliche Probleme und Erklärungen angeführt. Die Einschätzungen der Befragten deckten sich zu weiten Teilen mit den Erkenntnissen, die bei der rechtlichen und empirischen Untersuchung der Kunstkriminalität gewonnen werden konnten.

Im Einzelnen lassen sich folgende Ergebnisse der Befragung der auf Kunstkriminalität spezialisierten Dienststellen festhalten:

- Die größten Ähnlichkeiten ergaben sich jeweils zwischen den Dienststellen der Stadtstaaten Berlin und Hamburg und der Flächenstaaten Baden-Württemberg und Bayern. Die Dienststellen der Flächenstaaten wurden aufgrund von Kirchendiebstählen um 1980 gegründet. Die Dienststellen der Stadtstaaten entstanden zwischen 2005 und 2008 aufgrund eines allgemein aufkommenden Bedarfs nach einer spezialisierten Dienststelle.

- Die Zusammenarbeit zwischen den einzelnen Dienststellen wurde einheitlich als eng und vertrauensvoll beschrieben. Eine regelmäßig stattfindende Kunstfahndertagung dient dem vertieften Austausch.
- Eine auf Kunstkriminalität spezialisierte Staatsanwaltschaft existiert in keinem der Bundesländer. Die Schaffung einer spezialisierten Staatsanwaltschaft wurde einstimmig als wünschenswert, aber nicht als zwingend notwendig angesehen.
- Eine ausführliche Definition der Kunstkriminalität wird lediglich von der Dienststelle in Berlin verwendet. Die Dienststelle definierte die Kunstkriminalität wie folgt:

  „Straftaten, die auf Erlangung, Handel oder Zerstörung von/mit Kunstgegenständen, Antiquitäten, sakralen Gegenständen oder Kulturgütern angelegt sind oder bei deren Begehung notwendigerweise Gegenstände benutzt werden oder entstehen, die den Anschein authentischer Kunstgegenstände oder Antiquitäten erwecken."

- Die Dienststellen der Länder Baden-Württemberg und Berlin sind ohne Einschränkung für alle Fälle der Kunstkriminalität zuständig. Die Dienststelle in München bearbeitet Kunstdelikte ab einer Wertgrenze von 3.000 Euro. Kunstdiebstahl wird von ihr nur bearbeitet, wenn er in Kirchen oder öffentlichen Sammlungen begangen wurde. Die Dienststelle in Hamburg ist nicht originär für Kunstfälschung zuständig.
- Zum Umfang der Kunstkriminalität konnte einzig die Dienststelle in Berlin belastbare Zahlen angeben. Die wesentlichen Erscheinungsformen der Kunstkriminalität stellen die Kunstfälschung, der Kunstdiebstahl und in den Flächenstaaten die Delikte des KGSG dar.
- Die Objekte der Kunstfälschungen sind vielfältig und orientieren sich an der Nachfrage auf dem Kunstmarkt. Häufig von Fälschung betroffen sind Künstler der sog. „zweiten Reihe" sowie die Werke von Künstlern der klassischen Moderne. Bei den Tatobjekten des Kunstdiebstahls ist ein breites Spektrum ohne klaren Schwerpunkt auszumachen. In beiden Bereichen findet sich eine große Spanne bei den Schadenssummen.
- Die kriminalpolizeiliche Kenntniserlangung von Kunstkriminalität geschieht auf vielfältige Weise und unterscheidet sich nach den jeweiligen Delikten. Insgesamt besteht die Kunstkriminalität hauptsächlich aus Anzeigedelikten. Kunstdiebstähle werden zumeist von den Betroffenen angezeigt. Kunstfälschungen werden den Ermittlungsbehörden häufig durch die Anzeige von Experten oder Auktionshäusern bekannt.
- Bei der Kunstfälschung liegt ein wesentlicher Teil der polizeilichen Arbeit in der technischen Untersuchung der einschlägigen Objekte. Beim Kunstdiebstahl ist sowohl die Ermittlung am Tatort wie auch die anschließende Fahndung von Bedeutung. Für beide Bereiche spielen die einschlägigen Datenbanken eine zunehmende Rolle.

- Die rechtliche Situation wurde für den Kunstdiebstahl und die Kunstfälschung insgesamt als gut und ausreichend angesehen. Starke Kritik erfuhr die Einziehungspraktik bei erwiesenen Kunstfälschungen, insbesondere bei jenen im Eigentum Dritter.
- Die Täter der Kunstfälschung haben oft ein eher fortgeschrittenes Alter und weisen häufig Sachverstand für Kunst auf. Die Täter des Kunstdiebstahls handeln häufig nicht gezielt, Kunstgegenstände werden meist nur bei Gelegenheit entwendet.
- Die Kunsterpressung hat in der polizeilichen Praxis keine Bedeutung.
- Der illegale Handel mit Kulturgütern spielt in erster Linie in den Flächenstaaten Baden-Württemberg und Bayern eine Rolle. Durch die neuen Regelungen des KGSG hat die Bedeutung des illegalen Handels mit Kulturgütern in der Praxis zugenommen. Das Dunkelfeld wird in diesem Bereich als groß eingeschätzt.

IV. Befragung des BKA zu Kunst- und Kulturgüterkriminalität

Neben den vier Dienststellen unterhält das Bundeskriminalamt in Wiesbaden ebenfalls einen Fachbereich, der sich mit dem Bereich der Kunst- und Kulturgüterkriminalität beschäftigt. Durch die schriftliche Befragung des Fachbereichs des BKA sollte dessen Funktion und Tätigkeit bei der polizeilichen Verfolgung der Kunstkriminalität in Erfahrung gebracht werden.

1. Schriftliche Befragung des BKA

Die Ergebnisse der schriftlichen Befragung sind nachfolgend aufgeführt. Die Antworten des BKA sind wörtlich wiedergegeben.

Frage 1: Wie viele Beamte sind bei Ihnen im Bereich der Kunst- und Kulturgüterkriminalität beschäftigt?

Das BKA macht grundsätzlich keine Angaben zu dem in den unterschiedlichen Fachbereichen eingesetzten Personal.

Frage 2: Seit wann existiert im BKA ein spezialisierter Bereich für diese Deliktsgruppen?

Der Fachbereich im BKA besteht seit Mitte der 70er Jahre. Die Diebstahlsserien von sakralen Gegenständen und Skulpturen im süddeutschen Raum führten damals zur Gründung der Fachdienststelle und zur Anlage einer Fahndungskartei, die mittlerweile in eine hochmoderne digitale Verbund-Bilddatenbank überführt wurde.

Frage 3: Inwiefern beschäftigt sich das BKA mit Fällen im Bereich der Kunstkriminalität? Wie gestaltet sich in diesem Bereich die Arbeit des BKA?

Grundsätzlich ist Polizeiarbeit aufgrund der föderalen Struktur Deutschlands Angelegenheit der einzelnen Bundesländer. Das BKA befasst sich daher mit solchen Fällen im Rahmen seiner Zentralstellenaufgabe für Deutschland und gleichzeitig als nationales Zentralbüro von Interpol. In der Abteilung SO (Schwere und Organisierte Kriminalität) im Referat SO11 – Eigentumskriminalität ist der Sachbereich Kunst mit Kunst- und Kulturgutkriminalität zuständig.

Zum Aufgabenbereich gehören:

- Sammeln und Auswerten von Informationen
- Betreuung und Entwicklung der nationalen Datenbank
- Koordination und Unterstützung von Ermittlungsverfahren der Länder
- Zusammenarbeit mit Experten
- Gremien- und Tagungsarbeit
- Bearbeitung von Sachverhalten des Diebstahls, der Hehlerei, des Betrugs, des illegalen Handels von Kunst- und Kulturgut inklusive archäologischer Objekte

Im Rahmen der Unterstützung von Ermittlungsbehörden im In- und Ausland bei Bewertung und Überprüfung von Kunstwerken und Kulturgut auf Authentizität (Fälschung) und illegale Herkunft (zum Beispiel Diebstahl) werden unabhängige Experten verschiedenster Fachrichtungen konsultiert und Recherchen in einschlägigen Datenbanken wie der

- NNSACH-Kunst (nationale polizeiliche Verbund-Datenbank für gestohlene oder anderweitig abhanden gekommene sowie unter dubiosen Umständen angebotene Kunstgegenstände und Kulturgüter),
- PSYCHE (Protection System Cultural Heritage), internationale Datenbank des Generalsekretariats von Interpol in Lyon/Frankreich, und der
- Datenbank für Kriegsverluste und jüdische Verluste (LOSTART)

durchgeführt. Gleichzeitig werden Informationen ausgewertet, um Strukturen erkennen und Ermittlungsverfahren initiieren zu können. Im Einzelfall werden aufgrund der besonderen Bedeutung und der internationalen Dimension eines Sachverhalts Ermittlungsverfahren auch im BKA durchgeführt, so zuletzt das Ermittlungsverfahren wegen Inverkehrbringens gefälschter Kunstwerke von Malern der Russischen Avantgarde.

Frage 4: Wie verläuft im Bereich der Kunstkriminalität der internationale und nationale Austausch mit anderen Polizeibehörden?

An der Spitze der polizeilichen Organisationsstruktur in den Bundesländern stehen die Landeskriminalämter (LKÄ), die den Informationsaustausch zwischen den sachbearbeitenden Dienststellen vor Ort und dem Bundeskriminalamt (BKA) gewährleisten. Das BKA ist nicht nur Zentralstelle der deutschen Kriminalpolizei, sondern gleichzeitig auch für Deutschland das Nationale Zentralbüro (NZB) der IKPO-Interpol und stellt das Bindeglied zu den Nationalen Zentralbüros anderer Staaten und dem Interpol-Generalsekretariat in Lyon/Frankreich dar; ebenso wie zu der europäischen Polizeiorganisation Europol in Den Haag/NL. Deutschland ist international fest eingebunden in die bestehenden internationalen polizeilichen Organisationen und leistet dort aktive Beiträge. Dabei ist insbesondere zu Europol anzumerken, dass das derzeitige Mandat die Bearbeitung von Kunst- und Kulturgutkriminalität (illegaler Handel mit Kulturgütern einschließlich Antiquitäten und Kunstgegenständen) einschließt. Der internationale Dienstverkehr verläuft im Rahmen dieser Organisationen (zum Beispiel unter Nutzung des Interpol-Telekommunikationsnetzes oder des SIENA-Nachrichtensystems von Europol). Daneben sind jedoch auch direkte bilaterale Kontakte zwischen den beteiligten Ländern, in denen die jeweiligen Zentralen eingebunden sind, wichtig für die Zusammenarbeit.

Frage 5: Welche Entwicklungen und Veränderungen sind im Bereich der Kunstkriminalität zu beobachten?

In Deutschland ist eine Verschiebung des Schwerpunktes weg von den sakralen Gegenständen, die in den 70er und 80er Jahren in großem Umfang gestohlen wurden, hin zu Gemälden und archäologischen Objekten zu vermerken. Die Ursache ist in der nachlassenden Nachfrage bzw. des schwindenden Interesses der jüngeren Sammlergeneration bzw. der Erben bestehender Sammlungen zu sehen. Ebenfalls stark zugenommen haben in allen Bereichen Fälschungen, die in ihrer Ausführung immer professioneller geworden und schwieriger zu erkennen sind. Gefälscht wird von der archäologischen Keilschrifttafel über Bronzeskulpturen hin zu Gemälden/Grafiken/Zeichnungen alles, was bei den Käufern nachgefragt ist.

Frage 6: Werden Sie im Bereich der Kunstkriminalität als BKA selbst ermittelnd tätig und, falls ja, unter welchen Voraussetzungen?

Gemäß den Bestimmungen des Grundgesetzes liegt die Polizeihoheit in den Bundesländern, was auch den föderativen Charakter unseres Landes widerspiegelt. Das bedeutet auch, dass in aller Regel die Ermittlungen durch die Länderbehörden durchgeführt werden. Das Gesetz zur Einrichtung des Bundeskriminalamtes (BKAG) definiert dessen Rolle in erster Linie als Zentralstelle für den kriminalpolizeilichen Nachrichtenaustausch und den internationalen Dienstverkehr. In ausgewählten Einzelfällen übernimmt das BKA selber die

Ermittlungen. Alle Straftaten im Zusammenhang mit der illegalen Ein- und Ausfuhr von Kunstgegenständen fallen in die Zuständigkeit der Zollbehörden.

Frage 7: Inwiefern beschäftigt sich das BKA mit Fällen im Bereich der Kulturgüterkriminalität? Wie gestaltet sich in diesem Bereich die Arbeit des BKA?

Siehe unter Kunstkriminalität.

Frage 8: Wie verläuft im Bereich der Kulturgüterkriminalität der internationale und nationale Austausch mit anderen Polizeibehörden?

Siehe unter Kunstkriminalität.

Frage 9: Welche Entwicklungen und Veränderungen sind im Bereich der Kulturgüterkriminalität zu beobachten?

Vorausschickend ist festzustellen, dass es sich bei Kulturgutkriminalität wie bei Rauschgiftkriminalität – abgesehen von Diebstählen – um ein Kontrolldelikt handelt. Nur wenn der Markt beobachtet und/oder Vorfälle angezeigt werden, wird die Kriminalität als solche registriert. Der illegale Handel mit archäologischen Objekten fand schon lange vor den Irakkriegen zu Beginn der 90er Jahre statt, er geriet jedoch erst durch die öffentlichkeitswirksame Plünderung des Nationalmuseums des Irak in den Fokus der Aufmerksamkeit auch der Ermittlungsbehörden. Fortan durchgeführte Kontrollen von Auktionsangeboten, Internetmarktplätzen sowie auf Messen – in Zusammenarbeit mit Experten – generierten daraufhin einen Anstieg der Fallzahlen. Deutschland ist vor allem als Markt- und Transitstaat bedeutend. Der illegale Handel mit archäologischem Kulturgut ist seit dem Beginn des Irakkrieges in den 1990er Jahren bis heute verstärkt im Fokus.

Frage 10: Inwieweit hat sich der Umgang der Kulturgüterkriminalität seit der Einführung des KGSG im Jahre 2016 verändert?

Aufgrund seiner jahrzehntelangen Expertise war das BKA intensiv am Gesetzgebungsprozess sowohl des Kulturgüterrückgabegesetzes von 2007, dessen Evaluierung 2013 als auch des Kulturgutschutzgesetzes von 2016 beteiligt. Seit Inkrafttreten am 06.08.2016 ist unter anderem die Einfuhr von illegal aus ihren Herkunftsländern verbrachten Kulturgütern verboten. Überwiegend handelt es sich dabei um archäologische Objekte aus Raubgrabungen oder Plünderungen. Zudem sind die Verkäufer von Kulturgut nunmehr an strengere Sorgfaltspflichten gebunden.

Frage 11: Werden Sie im Bereich der Kunstkriminalität als BKA selbst ermittelnd tätig und, falls ja, unter welchen Voraussetzungen?

Siehe unter Kunstkriminalität.

Frage 12: Existieren sowohl zur Kunstkriminalität als auch zur Kulturgüterkriminalität von Ihnen geführte Statistiken, etwa in Form der von den einzelnen Länderpolizeien zusammengefassten Daten respektive der von Ihnen im BKA bearbeiteten Fälle?

Die Zahlen zur Kunstkriminalität können der Polizeilichen Kriminalstatistik entnommen werden; seit 2018 sind für die neu beschlossenen Straftatbestände des KGSG neue Schlüsselzahlen für die PKS eingeführt worden. Meldungen nach diesem Schlüssel werden jedoch erst im Mai 2019 vorliegen. Es ist hier jedoch anzumerken, dass Fälle des illegalen Handels mit Kulturgut oder der Hehlerei mit Kunstgegenständen/Kulturgut nicht enthalten sind, da es dafür bis 2018 keine Spezifikation innerhalb der PKS gab. Die Fälle wurden statistisch unter Hehlerei-Sachverhalten erfasst.

Frage 13: Welche Bereiche Ihrer Arbeit im Hinblick auf die Auseinandersetzung mit Kunst- und Kulturgüterkriminalität, die in den vorangegangenen Fragen keine Erwähnung fanden, halten Sie in diesem Kontext noch für erwähnenswert?

Weitere Ausführungen wurden hier seitens der Befragten nicht gemacht.

2. Ergebnis der Befragung des BKA

Für die Befragung der Fachstelle des BKA für Kunst- und Kulturgüterkriminalität lassen sich folgende Ergebnisse festhalten:

- Die zentrale Aufgabe der Fachstelle des BKA konzentriert sich auf das Sammeln und Auswerten von Informationen sowie die Koordination von Ermittlungsverfahren der Länder im Bereich der Kunstkriminalität.
- Einen weiteren zentralen Bestandteil der Fachstelle bilden die Betreuung und Entwicklung der nationalen Datenbanken.
- Die Fachstelle des BKA ist für den Kontakt und die Koordination der internationalen Zusammenarbeit im Bereich der Kunstkriminalität und des illegalen Handels mit Kulturgütern zuständig.
- Die von der Fachstelle beobachtete Entwicklung der Kunstkriminalität zeigt eine Verschiebung des Schwerpunktes beim Diebstahl von sakralen Gegenständen hin zum Diebstahl von Gemälden und archäologischen Objekten. Zugenommen haben alle Bereiche der Fälschung. Diese sind immer professioneller geworden und schwieriger zu erkennen. Die Fälschungsobjekte richten sich nach dem, was bei den Käufern gerade gefragt ist.
- Bei der Kulturgüterkriminalität handelt es sich – mit Ausnahme des Diebstahls – um Kontrolldelikte. Nur durch Beobachtung des Markts und/oder die

Anzeige von Vorfällen wird die Kriminalität als solche registriert. Deutschland ist beim illegalen Handel mit Kulturgütern vor allem als Markt- und Transitstaat bedeutend. Der illegale Handel mit archäologischem Kulturgut ist seit dem Beginn des Irakkrieges in den 1990er Jahren verstärkt im Fokus.

F. Kunst und Kriminalität – Gesamtergebnis

Nachfolgend wird das Gesamtergebnis der Untersuchung zur Kunstkriminalität dargestellt.

I. Definition und Phänomenologie der Kunstkriminalität

Die Auseinandersetzung mit bisherigen Definitionsansätzen der Kunstkriminalität zeigt, dass die Ansätze in der Literatur unzureichend sind. Auch die spezialisierten Dienststellen verwenden mit Ausnahme der Dienststelle des LKA Berlin keine konkrete Definition der Kunstkriminalität.

Das Deliktsfeld der Kunstkriminalität kann nur über die unterschiedlichen Kunstgegenstände als Tatobjekte definiert werden. Nach der hier vertretenen Auffassung können die folgenden Objektgruppen Gegenstände von Kunstkriminalität sein:

- Werke der reinen bildenden Kunst (vgl. § 2 I Nr. 4 UrhG)
- Werke der angewandten Kunst, der Baukunst und Lichtbildwerke (vgl. § 2 I Nr. 4 u. 5 UrhG)
- Kulturgüter (vgl. § 2 I Nr. 1 u. 10 KGSG)
- Antiquitäten (vgl. § 1 III 1 Nr. 1 ProdSG und § 2 I Nr. 4 UrhG)
- Sakrale Gegenstände (vgl. §§ 243 I 2 Nr. 4 und 304 I StGB)

Aus phänomenologischer Sicht sind folgende Erscheinungsformen der Kunstkriminalität auszumachen, in denen die genannten Kunstobjekte als Tatobjekte oder Tatmittel dienen:

- Kunstfälschung
- Kunstbetrug
- Kunstdiebstahl und Anschlussdelikte
- Erpressung im Umfeld der Kunst (Artnapping)
- Kunstvandalismus
- Illegaler Handel mit Kulturgütern

Als verbindendes subjektives Element zur Definition der Kunstkriminalität dient die „Zielrichtung Kunst". Die Zielrichtung muss sich auf die Kunstobjekte als Tatmittel, Tatbeute oder Tatobjekte beziehen.

Die Kunstkriminalität ist daher wie folgt zu definieren:

Die Kunstkriminalität ist ein Deliktsfeld, das Straftaten zusammenfasst, die sich auf eines der ausgeführten (Kunst-)Objekte oder gefälschten oder verfälschten Objekte, die vorgeben, solche Objekte zu sein, beziehen. Dabei kann das Objekt als Tatobjekt, als Tatmittel oder als Tatbeute fungieren. Den Delikten muss eine Zielrichtung Kunst zukommen. Die Kunstkriminalität tritt in Form der Kunstfälschung, des Kunstbetrugs, des Kunstdiebstahls und dessen Anschlussdelikten, der Erpressung im Umfeld der Kunst (Artnapping), des Kunstvandalismus und des illegalen Handels mit Kulturgütern auf.

II. Strafbarkeit der Kunstkriminalität

Einen zentralen Teil der Untersuchung bildete die strafrechtliche Analyse der einzelnen Erscheinungsformen sowie die Auseinandersetzung mit den Rechtsfolgen der Delikte der Kunstkriminalität.

1. Die strafrechtliche Erfassung der Kunstkriminalität

Die strafrechtliche Erfassung der Kunstkriminalität richtet sich im Wesentlichen nach den strafrechtlich sehr unterschiedlich zu bewertenden Erscheinungsformen. Die zentralen Normen für die Erfassung der Kunstkriminalität finden sich im Kernstrafrecht sowie in den nebenstrafrechtlichen Regelungen des UrhG und des KGSG.

a) Die Erfassung der einzelnen Erscheinungsformen

Die unterschiedlichen Erscheinungsformen der Kunstkriminalität führen zu sehr unterschiedlichen strafrechtlichen Fragestellungen. Die einzelnen strafrechtlichen Spezifika sollen an dieser Stelle nicht erneut dargestellt werden.[1360] Insgesamt erweist sich für alle betrachteten Erscheinungsformen, dass diese von den bestehenden Normen des Kern- und Nebenstrafrechts ausreichend erfasst werden. Selbst für die komplexeren kunstspezifischen Problematiken zeigt sich, dass diese durch die bestehenden Normen ausreichend strafrechtlich erfasst werden.

b) Notwendigkeit eines Kunststrafrechts

Die vorhandenen Strafnormen sind für eine vollständige strafrechtliche Erfassung der Kunstkriminalität ausreichend. Spezifische Strafnormen sind für die Kunstkriminalität nicht erforderlich. Auch die befragten Dienststellen erachten die bestehenden Regelungen als ausreichend und zweckdienlich. Aus

---

1360 Siehe S. 127.

polizeilicher Sicht wird lediglich die praktische Umsetzung der Einziehung von Kunstfälschungen – insbesondere bei gutgläubigen Dritten – kritisiert.

2. Sanktionenrechtliche Aspekte der Kunstkriminalität

Ein hoher kultureller oder kunsthistorischer Wert kann strafschärfend bei der Strafzumessung berücksichtigt werden. Eine praktisch sehr relevante Rechtsfolge ist die Einziehung im Bereich der Kunstfälschung. Der Umgang mit der Einziehung von Kunstfälschungen wurde von sämtlichen spezialisierten Dienststellen als problematisch angeführt. Die rechtliche Betrachtung legte offen, dass eine Einziehung von erwiesenen Fälschungen nach den bestehenden Regelungen grundsätzlich möglich ist und bisweilen auch praktiziert wird. Die Kritik aus der Praxis zeigte, dass ein Automatismus der Einziehung von Kunstfälschungen ähnlich der Geldfälschung angemessener ist. Die aus der Rechtsprechung des Bundesgerichtshofs resultierenden weniger intensiven Maßnahmen zum Schutz des gutgläubigen Eigentümers, wie beispielsweise die Kennzeichnung der Objekte, sind nicht vergleichbar wirkungsvoll. Eine Änderung der gesetzlichen Regelungen ist in diesem Zusammenhang jedoch nicht erforderlich. Angemessen ist allerdings eine – ähnlich wie bei der Geldfälschung – konsequente Einziehung von erwiesenen Kunstfälschungen.

III. Empirische Erkenntnisse zur Kunstkriminalität

Neben den strafrechtlichen Aspekten widmete sich die Untersuchung den vorhandenen empirischen Erkenntnissen zur Kunstkriminalität.

Es zeigte sich, dass viele Aspekte und Teilbereiche der Kunstkriminalität statistisch nicht erfasst werden. Die umfangreichsten Daten liegen für den Bereich des Kunstdiebstahls durch die Sammelvariable der *„Antiquitäten, Kunst- und sakralen Gegenständen“* in der PKS vor. In deutlich geringerem Umfang werden die Kunstfälschung und die Delikte des KGSG erfasst. Die Polizeilichen Kriminalstatistiken der Bundesländer enthalten teilweise spezifischere oder zusätzliche Schlüsselzahlen für den Kunstdiebstahl oder die Kunstfälschung.

Das durch die vorhandenen Zahlen erschließbare Hellfeld weist für die gesamte Kunstkriminalität wie auch für die einzelnen Teilbereiche vergleichsweise niedrige Fallzahlen aus. Von den befragten Dienststellen konnte nur die Berliner Dienststelle konkrete statistische Fallzahlen nennen.

Wie auch bei der Darstellung des Hellfeldes muss für die Ausführungen zum möglichen Dunkelfeld der Kunstkriminalität zwischen den jeweiligen Erscheinungsformen unterschieden werden. Insgesamt bestehen zum Dunkelfeld der

Kunstkriminalität und für die einzelnen Erscheinungsformen in der Literatur kaum belastbare Angaben. Im Wesentlichen basieren die dortigen Aussagen auf Schätzungen. Wie gezeigt wurde, lassen sich für das Dunkelfeld der Kunstkriminalität und ihre Teilbereiche kaum verlässliche Aussagen treffen.

1. Hell- und Dunkelfeld des Kunstdiebstahls

Für das Hellfeld des Kunstdiebstahls liegen in den Polizeilichen Kriminalstatistiken die ausführlichsten Daten vor. Die Fallzahlen des Diebstahls von Antiquitäten, Kunst- und sakralen Gegenständen weisen für den betrachteten Zeitraum seit 1993 sowohl unter als auch ohne erschwerende(n) Umstände(n) einen Durchschnittswert von knapp über tausend Fällen pro Erfassungsjahr auf. In den letzten drei Berichtsjahren lag der Wert bei jeweils um siebenhundert erfassten Fällen. Insgesamt weisen die Fallzahlen vergleichsweise konstante Werte auf – diese Entwicklung deckte sich auch mit den Aussagen der befragten Experten. Für die einzelnen Formen des Kunstdiebstahls ließ sich aus den Polizeilichen Kriminalstatistiken ein vergleichsweise hoher durchschnittlicher Schadenswert ermitteln.

Die in den Polizeilichen Kriminalstatistiken der Bundesländer gegenüber der PKS des Bundes teilweise zusätzlich verwendeten Schlüssel für weitere Begehungsmodalitäten des Kunstdiebstahls zeigten, dass potentiell einschlägige Orte, wie Galerien und Museen, nur selten tatsächlich betroffen waren. Dies kann mit den Expertenaussagen in Einklang gebracht werden, dass eine Vielzahl der Kunstdiebstähle Gelegenheitstaten seien oder die Kunst lediglich als „Beifang“ gestohlen werde.

Die Aussagen aus den Polizeilichen Kriminalstatistiken zu den Tatverdächtigen weisen gegenüber den Diebstahlsdelikten im Allgemeinen keine besonderen Auffälligkeiten auf.

Für das Dunkelfeld des Kunstdiebstahls ist zu vermuten, dass dieses im Vergleich zum Hellfeld von geringerer Größe ist. So äußerten hier auch die befragten Experten die Einschätzung, dass man aufgrund potentiell vorhandenen Versicherungsschutzes und der deutlicheren Bemerkbarkeit des Taterfolges von einem eher geringen Dunkelfeld ausgehe.

2. Hell- und Dunkelfeld der Kunstfälschung

Die wenigen Daten, die zur Kunstfälschung vorliegen, stammen aus Hessen und von der Berliner Dienststelle. In Hessen wurde von 2008–2018 der Verkauf von Kunstfälschungen als separater Schlüssel in der PKS erfasst.

Die geringe Anzahl an verfügbaren Daten ließ nur eingeschränkte Aussagen über die Kunstfälschung im polizeilichen Hellfeld zu. Für Berlin ergab sich aus den zur Verfügung gestellten Zahlen, dass der Kunstfälschung eine gewisse quantitative Relevanz zukommt. Die nicht veröffentlichten Zahlen der PKS des Landes Hessen zum Schlüssel „*Verkauf von Kunstfälschungen*" weisen die Kunstfälschung als sehr kleines Deliktsfeld aus. Zumeist wird nur ein Fall pro Jahr erfasst. Demgegenüber stehen extrem hohe Schadenssummen. Hinsichtlich der Täter der Kunstfälschung liegt die Vermutung nahe, dass es sich – im Gegensatz zum Kunstdiebstahl – um professionalisierte Personen handelt. Hierfür sprechen die hohen Schadenswerte aus der PKS Hessen und die Angaben der Dienststellen.

Dem Bereich der Kunstfälschung wird innerhalb der Literatur ein teils beträchtliches Dunkelfeld bescheinigt. Seitens der befragten Experten wurden nur vage Aussagen zum Umfang des Dunkelfeldes getätigt, da Schätzungen für diesen Bereich schwierig seien. Allerdings wurde von allen Experten bestätigt, dass man von einem nicht unerheblichen Dunkelfeld ausgehe. Als Ursachen ausgemacht wurden die Nachfrage des Kunstmarktes sowie generell seine Komplexität, ebenso wie die schwierigere Erkennbarkeit des Taterfolges gegenüber dem Kunstdiebstahl.

Letztlich lässt sich aufgrund der Struktur der Kunstfälschung vermuten, dass ein größeres Dunkelfeld existiert. Aussagen zu dessen Umfang sind jedoch nicht möglich.

3. Hell- und Dunkelfeld der Delikte des KGSG

Für den im Berichtsjahr 2018 erstmals in der Polizeilichen Kriminalstatistik erfassten Bereich der Delikte des KGSG sind nur sehr wenige Taten registriert. Diese geringen Fallzahlen standen dabei in deutlichem Kontrast zu den außerordentlich hohen Schätzungen in der Literatur. Ebenfalls zeigten sich hier Abweichungen zu der Einschätzung der befragten Experten, die von einer zunehmenden Bedeutung berichteten. Die niedrigen Fallzahlen in der PKS können auf anfängliche Schwierigkeiten bei der Erfassung der Delikte zurückgeführt werden.

Ähnlich dem Bereich der Kunstfälschung finden sich auch für den Bereich des illegalen Handels mit Kulturgütern beträchtliche Schätzungen zu dessen Umfang in der Literatur. Diese stehen auch hier in einem sehr deutlichen Kontrast zu den geringen registrierten Zahlen in der PKS.

Für diesen Deliktsbereich wurde seitens der Experten geäußert, dass man ein großes Dunkelfeld vermute. Ursachen hierfür sah man in der geringen Kontrolldichte und der Komplexität der gesetzlichen Regelungen.

IV. Kunstkriminalität aus Sicht der polizeilichen Verfolgungspraxis

Den letzten großen Teil der Untersuchung bildeten die durchgeführten Befragungen der Experten der auf Kunstkriminalität spezialisierten Dienststellen der Landeskriminalämter in Baden-Württemberg, Bayern, Berlin und Hamburg sowie des Bundeskriminalamts.

1. Die polizeiliche Situation der Bekämpfung der Kunstkriminalität

Die befragten Dienststellen der Landeskriminalämter bilden die einzigen rein auf Kunstdelikte spezialisierten polizeilichen Einrichtungen. Daneben, primär mit der Funktion der Koordinierungsstelle, existiert die Fachdienststelle des BKA in Wiesbaden. Für die Fragen um die Verwaltung der einschlägigen Fahndungsdatenbanken gibt es Ansprechpartner in jedem LKA. Eine Spezialisierung auf Seiten der Staatsanwaltschaft lag nur in Ansätzen in Bayern vor. Die Zusammenarbeit mit den Staatsanwaltschaften wurde insgesamt als positiv bewertet. Der Wunsch nach einer (weiteren) Spezialisierung der Staatsanwaltschaften wurde von allen interviewten Experten geäußert.

2. Die polizeiliche Kenntniserlangung und Aufklärungsquoten im Bereich der Kunstkriminalität

Die Kenntniserlangung im Bereich der Kunstkriminalität findet auf sehr unterschiedlichen Wegen statt. Es zeichnete sich sehr deutlich ab, dass es sich bei allen Erscheinungsformen der Kunstkriminalität überwiegend um sog. Bringkriminalität handelt. Als Wege der Kenntniserlangung wurden unter anderem die Anzeigen durch Experten und Opfer wie auch die Mitteilung anderer Dienststellen angeführt.

3. Die polizeiliche Arbeit im Rahmen der Kunstkriminalität

Die Unterschiedlichkeit der einzelnen Erscheinungsformen der Kunstkriminalität spiegelte sich auch in der Ermittlungsarbeit der Polizei wider.

Insgesamt zeigte sich bei den einzelnen Dienststellen ein hoher Professionalisierungsgrad in den unterschiedlichen Bereichen der Kunstkriminalität. Die Art des Vorgehens bei Kunstfälschung und Kunstdiebstahl war bei allen Dienststellen sehr ähnlich angelegt. Für die Ermittlungen im Bereich der Kunstfälschung wurde ein engmaschiges Vorgehen beschrieben, welches sich aus technischen sowie die Provenienz betreffenden Recherchen zusammensetzte. Für den Kunstdiebstahl wurden die Tatortermittlungen von den Dienststellen hervorgehoben. Zentral für die polizeiliche Arbeit ist in allen Bereichen die Fahndungsarbeit. In diesem Zusammenhang nehmen die einschlägigen Datenbanken eine wichtige Rolle ein.

4. Täter und Opfer der Kunstkriminalität

Eindeutig trat aus der polizeilichen Sicht die generelle Dominanz der finanziellen Motivation der Täter in allen Bereichen der Kunstkriminalität hervor. Weiterhin wurde von den Polizeien hervorgehoben, dass ein deutlicher Unterschied zwischen den einzelnen Erscheinungsformen auszumachen sei. Gemeinsam sei allen Bereichen der Kunstkriminalität, dass die Täter ganz überwiegend männlich sind.

Für die Kunstfälschung wurde angegeben, dass die Täter meist fortgeschrittenen Alters seien und eine gewisse Kunstaffinität aufwiesen. Im Kontrast sehe man deutlich, dass die Täter des Kunstdiebstahls im Allgemeinen ein jüngeres Alter hätten, eine Kunstaffinität deutlich seltener sei und insbesondere auch Gelegenheitstaten sowie Beschaffungskriminalität vorkämen. Für die Täterseite des illegalen Handels mit Kulturgütern wurde die Aussage getroffen, dass man ein organisiertes und arbeitsteiliges Vorgehen der Täter beobachte.

Für die Kunstfälschung wurde ein breiter Kreis möglicher Opfer angegeben. Für den Kunstdiebstahl wurde opferseitig im Wesentlichen auf die Beschränkung des Kunstbesitzes hingewiesen, sowie auf den Umstand, dass Privathaushalte häufiger betroffen seien als Museen und Galerien.

V. Kunst und Kriminalität – ein Ausblick

Kunstkriminalität wird in ihren tradierten Formen wohl auch in Zukunft auftreten, wenngleich diese vermutlich auch um neue Formen – wie zuletzt das Artnapping – ergänzt wird. Innerhalb der neuen wie bekannten Formen werden der technische Fortschritt und der Ideenreichtum zukünftiger Täter in den unterschiedlichsten Fallkonstellationen ihren Niederschlag finden. Gleichzeitig ist aber auch mit einer stetigen technischen und strategischen Weiterentwicklung der spezialisierten Dienststellen zu rechnen.

Betrachtet man das bisherige Vorkommen der Kunstkriminalität, lässt sich vermuten, dass der Großteil ihrer Erscheinungsformen auch weiterhin aus finanziellen Gründen begangen wird. Die Täter werden sich bezüglich der Tatobjekte weiterhin am Verlangen des gegenwärtigen Marktes orientieren.

Obwohl sich für das Deliktsfeld der Kunstkriminalität nur ein kleines Hellfeld ausmachen ließ, kann es mit den Worten der Berliner PKS als „*quantitativ nicht bedeutsam, jedoch meist spektakulär und schadensträchtig*“[1361] beschrieben werden. Das Dunkelfeld der verschiedenen Ausprägungen der Kunstkriminalität wird weiterhin Platz für Spekulation sowie wissenschaftliche und polizeiliche Arbeit zur Aufhellung bieten. Insbesondere wird – so lässt sich jedenfalls vermuten – der bislang eher zurückhaltend behandelte Bereich um den illegalen Handel mit Kulturgütern eine zunehmende Bedeutung erhalten. Für die zwei zentralen Bereiche der Kunstkriminalität, nämlich die Kunstfälschung und den Kunstdiebstahl, wird sich die bereits abzeichnende zentrale Rolle der verschiedenen Datenbanken weiter verstärken.

Den spezialisierten Dienststellen der Landeskriminalämter wird auch zukünftig eine nicht unwesentliche Rolle bei der Bekämpfung von Kunstkriminalität zukommen – sowohl durch die Aufklärung von Fällen wie auch durch deren Prävention. In diesem Zusammenhang bleibt die Hoffnung bestehen, dass sich auch andere Bundesländer dem Beispiel Baden-Württembergs, Bayerns, Berlins und Hamburgs anschließen und sich dem Deliktsbereich durch spezialisierte Dienststellen widmen werden. Dies wäre sowohl der Bekämpfung wie auch der ganzheitlichen Erschließung der Kunstkriminalität zuträglich.

Solange der Kunst eine finanzielle Bedeutung zukommt, werden sich auch weiterhin Straftaten auf Kunst beziehen und hierdurch das Phänomen der Kunstkriminalität am Leben halten.

1361 PKS Berlin – Jahrbücher 2002 (S. 78), 2003 (S. 65), 2004 (S. 77), jeweils Band I Allgemeiner Teil.

Literatur- und Quellenverzeichnis

A. Literatur

Ahlberg, Hartwig/ ***Götting***, Horst-Peter [Hrsg.]: Beck´scher Online-Kommentar Urheberrecht, 30. Ed., München 2021 (zit.: Beck-OK UrhG/*Bearbeiter*).

Allonge, René: Die erfundene Kunstsammlung – der Fall Beltracchi, Der Kriminalist 2019 (1/2), S. 6–14.

Almeroth, Thomas: Kunst- und Antiquitätenfälschung. Eine strafrechtliche, kriminologische und kriminalistische Studie über Techniken der Kunstfälscher und ihrer Absatzpraxis, Frankfurt a.M. 1986.

Anton, Michael: „Echte Kunstfälschung", jM 2014, S. 178–184.

ders.: Illegaler Kulturgüterverkehr. Rechtshandbuch Kulturgüterschutz und Kunstrestitutionsrecht, Bd. 1, Berlin 2010.

Anton, Michael/ ***Klemmer***, Richard: Rechtsdogmatische Einordnung des Phänomens der Kunstfälschung anhand der Beltracchi-Rechtsprechung, in: *Keazor*, Henry/ *Öcal*, Tina [Hrsg.]: Der Fall Beltracchi und die Folgen. Interdisziplinäre Fälschungsforschung heute, Berlin 2014, S. 93–131.

Atteslander, Peter: Methoden der empirischen Sozialforschung, 13. Aufl., Berlin 2010.

Bazley, Thomas: Crimes of the Art World, Santa Barbara 2010.

Bock, Michael: Kriminologie, 5. Aufl., München 2019.

Bogner, Alexander/ ***Littig***, Beate/ ***Menz***, Wolfgang: Interviews mit Experten. Eine praxisorientierte Einführung, Wiesbaden 2014.

Buddendiek, Hans/ ***Rutkowski***, Jörg [Hrsg.]: Strafrechtliche Nebengesetze. Lexikon des Nebenstrafrechts, 42. Aufl., München 2019.

Bullinger, Winfried: Kunstwerkfälschung und Urheberpersönlichkeitsrecht. Der Schutz des bildenden Künstlers gegenüber der Fälschung seiner Werke, Berlin 1997.

Bullinger, Winfried/ ***Terker***, Sophie: Koloniales Erbe, Verantwortung und Provenienz. Eine Gegenüberstellung der Rechtslage mit dem aktuellen gesellschaftlichen Diskurs, NJW 2019, S. 731–736.

Burg, Tobias: Die Signatur. Formen und Funktion vom Mittelalter bis zum 17. Jahrhundert, Dresden 2003.

Büscher/ Wolfgang, ***Dittmer***/ Stefan, ***Schiwy***/ Peter [Hrsg.]: Gewerblicher Rechtsschutz Urheberrecht Medienrecht, 3. Aufl., Köln 2015.

Butin, Hubertus: Kunstfälschung. Das betrügliche Objekt der Begierde, Berlin 2020.

Büttner, Nils: Herr P. P. Rubens. Von der Kunst, berühmt zu werden, Göttingen 2006.

Charney, Noah [Hrsg.]: Art and Crime. Exploring the Dark Side of the Art World, Santa Barbara 2009.

Conklin, John: Art Crime, Westport 1994.

Cordess, Christopher/ ***Turgan***, Maja: Art Vandalism, The British Journal of Criminology 1993, S. 95–102.

Cube, Nicolai von: Ist das Kunst oder kann das weg? Die Ratlosigkeit des Rechtsanwenders nach gut gemeinter Gesetzgebung, NJW 2017, S. 787–792.

De Sanctis; Fausto Martin: Money laundering through art. A criminal justice perspective, Heidelberg 2013.

Dehne-Niemann, Jan: Zur Konstruktion eines Vermögensschadens beim erzwungenen Rückkauf entwendeten Gutes durch den Eigentümer, ZStW 2011, S. 485–516.

Detter, Klaus: Zum Strafzumessungs- und Maßregelrecht, NStZ 2000, S. 578–582.

Diggelmann, Jakob: Die Fälschung von Sammlungsobjekten und die strafrechtliche Bekämpfung derselben, Zürich 1916.

Dreier, Horst **et al.** [Hrsg.]: Grundgesetzkommentar, Bd. 1, Art. 1–19, 3. Aufl., Tübingen 2013.

Dreier, Thomas/ ***Schulze***, Gernot: Urheberrechtsgesetz. Kommentar, 6. Aufl., München 2018.

Döpfner, Konrad: Der Restaurierungsbetrug, Lübeck 1989.

Dölling, Dieter/ ***Duttge***, Gunnar/ ***König***, Stefan/ ***et al.*** [Hrsg.]: Gesamtes Strafrecht. StGB, StPO, Nebengesetze. Handkommentar, 4. Aufl., Baden-Baden 2017 (zit.: HK/*Bearbei- ter*).

Durney, Mark/ ***Proulx***, Blythe: Art crime: a brief introduction, Crime, Law and Social Change 2011, S. 115–132.

Ebling, Klaus/ ***Bullinger***, Winfried [Hrsg.]: Praxishandbuch Recht der Kunst, München 2019.

Eisenberg, Ulrich/ ***Kölbel***, Ralf: Kriminologie, 7. Aufl., Tübingen 2017.

Elmenhorst, Lucas/ ***Heimann***, Lisa: Die Neuregelung des Kulturgutschutzrechts. Überblick über die Grundstrukturen des KGSG, NJW 2016, 3398–3404.

Elmenhorst, Lucas/ ***Wiese***, Volker [Hrsg.]: Kulturgutschutzgesetz. Kommentar, München 2018.

Engels, Rainer: Patent-, Marken- und Urheberrecht, 10. Aufl., München 2018.

Epping, Volker/ ***Hillgruber***, Christian [Hrsg.]: Beck´scher Online-Kommentar Grundgesetz, 46. Ed., München 2021 (zit.: Beck-OK GG/*Bearbeiter*).

Feldmann, Mirja: Probleme im Zusammenhang mit der Sicherungseinziehung von gefälschten Kunstwerken am Beispiel des Giacometti-Verfahrens, GA 2014, S. 333- 348.

Finkenauer, Thomas: Die Verjährung bei Kulturgütern – zur geplanten „lex Gurlitt“, JZ 2014, S. 479–488.

Fischer, Thomas: Strafgesetzbuch mit Nebengesetzen. Kommentar, 68. Aufl., München 2021.

Flick, Uwe: Qualitative Sozialforschung. Eine Einführung, 9. Aufl., Hamburg 2007.

Fried, Marie-Eugenie: Die Mechanismen der Kunstfälschung, Hamburg 2020.

Gamboni, Dario: *Zerstörte Kunst.* Bildersturm und Vandalismus im 20. Jahrhundert, Köln 1998.

Ganter, Alexander: Strafrechtliche Probleme im Urheberrecht, NJW 1986, S. 1479–1480.

Geerds, Friedrich: Kunst und Kriminalität. Über kriminelle Machenschaften in Bezug auf Kunstwerke und Antiquitäten, in: *Kerner*, Hans-Jürgen/ *Kaiser*, Günther [Hrsg.]: Festschrift für Hans Göppinger, Heidelberg 1990, S. 313–332.

ders. Kunstvandalismus. Kriminologische und kriminalistische Gedanken über ein bisher vernachlässigtes Phänomen im Bereich von Kunst und Kriminalität, Archiv für Kriminologie 1979, S. 129–144.

Gläser, Jochen/ ***Laudel***, Grit: Experteninterviews und qualitative Inhaltsanalyse, 4. Aufl., Wiesbaden 2010.

Göppinger, Hans: Kriminologie, 6. Aufl., München 2008.

Gössel, Karl Heinz: Anm. z. BGH U. v. 18.5.1976 – 1 StR 146/76, JR 1977, S. 32–35.

Graf, Jürgen-Peter [Hrsg.]: Beck´scher Online-Kommentar StPO mit RiSt-BV und MiStra, 38. Ed., München 2020 (zit.: Beck-OK StPO/*Bearbeiter*).

Graf, Jürgen-Peter/ ***Jäger***, Markus/ ***Wittig***, Petra [Hrsg.]: Wirtschafts- und Steuerstrafrecht, 2. Aufl., München 2017.

Graul, Eva: Die kriminelle Auswertung eines wertvollen Gemäldes, JuS 1999, S. 562–569.

Gravenreuth, Günter Frhr. von: Strafverfahren wegen Verletzung von Patenten, Gebrauchsmustern, Warenzeichen oder Urheberrechten, GRUR 1983, S. 349–357.

Gropp, Walter: Anm. z. BGH U. v. 26.9.1984 – 3 StR 367/84, JR 1985, S. 517–521.

Gross, Hanns: Der Raritätenbetrug, Berlin 1901.

Grüning, Kristian: Kunstfälschung – mit modernen Ermittlungsmethoden gegen ein altes Phänomen, Kriminalistik 2013, S. 281–287.

Häberle, Peter [Hrsg.]: Erbs/Kohlhaas Strafrechtliche Nebengesetze. Kommentar, 233. EL, München 2020 (zit.: Erbs/Kohlhaas/*Bearbeiter*).

Hartung, Hannes: Kunstraub in Krieg und Verfolgung. Die Restitution der Beute- und Kriegskunst im Kollisions- und Völkerrecht, Berlin 2005.

Heintschel-Heinegg, Bernd von [Hrsg.]: Beck´scher Online-Kommentar StGB, 49. Ed., München 2021 (zit.: Beck-OK StGB/*Bearbeiter*).

Heuer, Carl-Heinz: Die Bewertung von Kunstgegenständen, NJW 2008, S. 689–697.

ders.: Die Kunstraubzüge der Nationalsozialisten und ihre Rückabwicklung, NJW 1999, S. 2558–2564.

Hoffmann, Josef: Kunstfreiheit und Sacheigentum – Bemerkungen zum „Sprayer" Beschluß des BVerfG, NJW 1985, S. 237–246.

Hofmann, Hans/ ***Henneke***, Hans-Günter [Hrsg.]: Grundgesetz. Kommentar, 14. Aufl., Köln 2017 (zit.: Schmidt-Bleibtreu/Hofmann/Henneke/*Bearbeiter*).

Jackson, Sarah: The Art Loss Register – A Tool for Due Diligence, KUR 2006, S. 123–126.

Jakobs, Günther: Urkundenfälschung: Revision eines Täuschungsdelikts, Bonn 2000.

ders.: Anm. z. OLG Hamburg U. v. 7.12.1973 – 2 Ss 209/73, JR 1974, S. 473–475.

Jarass, Hans/ ***Pieroth***, Bodo: Grundgesetz für die Bundesrepublik Deutschland. Kommentar, 16. Aufl., München 2020.

Jayme, Erik: Der Gurlitt-Fall – Grundfragen des Kunstrechts, in: *Mosimann*, Peter/ *Schönenberger*, Beat [Hrsg.] Kunst & Recht 2014 – Referate zu der gleichnamigen Veranstaltung der Juristischen Fakultät der Universität Basel, Bern 2014, S. 127–156.

Joecks, Wolfgang/ ***Miebach***, Klaus [Hrsg.]: Münchener Kommentar zum Strafgesetzbuch, Bd. 1 (§§ 1-37), 4. Aufl., München 2020 (zit.: MK-StGB/*Bearbeiter*).

dies. [Hrsg.]: Münchener Kommentar zum Strafgesetzbuch, Bd. 2 (§§ 38-79b), 4. Aufl., München 2020 (zit.: MK-StGB/*Bearbeiter*).

dies. [Hrsg.]: Münchener Kommentar zum Strafgesetzbuch, Bd. 4 (§§ 185-262), 4. Aufl., München 2020 (zit.: MK-StGB/*Bearbeiter*).

dies. [Hrsg.]: Münchener Kommentar zum Strafgesetzbuch, Bd. 5 (§§ 263-358), 3. Aufl., München 2019 (zit.: MK-StGB/*Bearbeiter*).

dies. [Hrsg.]: Münchener Kommentar zum Strafgesetzbuch, Bd. 7 (Nebenstrafrecht II), 3. Aufl., München 2019 (zit.: MK-StGB/*Bearbeiter*).

Katzenberger, Paul: Der Schutz von Werken der bildenden Künste durch das Urheberstrafrecht und die Praxis der Strafverfolgung in der Bundesrepublik Deutschland, GRUR 1982, S. 715–721.

Keazor, Henry: Täuschend echt! Eine Geschichte der Kunstfälschung, Darmstadt 2015.

Kienapfel, Diethelm: Urkunden und Beweiszeichen, in: *Herren*, Rüdiger/ *Kienapfel*, Diethelm/ *Müller-Dietz*, Heinz [Hrsg.]: Festschrift für Thomas Würtenberger, 1977 Berlin, S. 187–218.

Kind, Karl-Heinz: Die Tätigkeit von INTERPOL im Kampf gegen den illegalen Kulturgütertransfer, KUR 2010, S. 166--69.

Kindhäuser, Urs/ ***Neumann***, Ulfrid/ ***Paeffgen***, Hans-Ullrich [Hrsg.]: Strafgesetzbuch. Kommentar, Bd. 1, (§§ 1-79b), 5. Aufl., Baden-Baden 2017 (zit.: NK-StGB/*Bearbei- ter*).

dies. [Hrsg.]: Strafgesetzbuch. Kommentar, Bd. 2, (§§ 80-231), 5. Aufl., Baden-Baden 2017 (zit.: NK-StGB/*Bearbeiter*).

dies. [Hrsg.]: Strafgesetzbuch. Kommentar, Bd. 3, (§§ 232-358), 5. Aufl., Baden-Baden 2017 (zit.: NK-StGB/*Bearbeiter*).

Kinzig, Jörg: Kunstfälschung – eine Skizze anhand des Falles „Sammlung *Werner Jägers*", in: *Hilgendorf*, Eric/ *Rengier*, Rudolf [Hrsg.]: Festschrift für Wolfgang Heinz, Baden-Baden 2012, S. 124–140.

Kistenmacher, Tim: Art-Napping in der aktuellen Rechtsprechung, KUR 2006, S. 85–88.

Klindt, Thomas [Hrsg.]: Produktsicherheitsgesetz. Kommentar, 2. Aufl., München 2015 (zit.: Klindt/*Bearbeiter*).

Knickmeier, Susanne: Der unerlaubte Kunsthandel in der EU – Strukturen, Umfang, Maßnahmen, in: *Niggli*, Marcel/ *Marty*, Lukas [Hrsg.]: Risiken der Sicherheitsgesell- schaft Sicherheit, Risiko & Kriminalpolitik, Godesberg 2014, S. 358–368.

Koch, Arnd: Schatzsuche, Archäologie und Strafrecht – Strafrechtliche Aspekte sogenannter „Raubgräberei", NJW 2006, S. 557–560.

Köhler, Marcus: Die Reform der strafrechtlichen Vermögensabschöpfung – Teil 1/2, NStZ 2017, S. 497–512.

Köhler, Marcus/ ***Burkhard***, Christiane: Die Reform der strafrechtlichen Vermögensabschöpfung – Teil 2/2, NStZ 2017, S. 665–682.

Koldenhoff, Stefan/ ***Koldenhoff***, Nora: Aktenzeichen Kunst. Die spektakulärsten Kunstdiebstähle der Welt, Köln 2005.

Kulczak, Andreas: Strafrechtliche Einbruchstellen in den Lebensbereich „bildende Kunst“. Spezifische Probleme der Strafbarkeit der Schaffung, Verbreitung, Fälschung und Kritisierung von Kunstwerken unter besonderer Berücksichtigung der Kunstfreiheit, Aachen 1993.

Kunth, Felicitas: Fälschungen im Kunsthandel – Vorkommen, Handhabe und Käuferschutz, in: *Reichelt*, Gert [Hrsg.]: Original und Fälschung im Spannungsfeld von Persönlich- keitsschutz, Urheber-, Marken-, und Wettbewerbsrecht, Wien 2007, S. 129–136.

Kunz, Karl-Ludwig/***Singelnstein***, Tobias: Kriminologie, 7. Aufl., Bern 2016.

Lackner, Karl/ ***Kühl***, Kristian: Strafgesetzbuch. Kommentar, 29. Aufl., München 2018.

Laufhütte, Heinrich Wilhelm/ ***Tiedemann***, Klaus/ ***Rissing-van Saan***, Ruth [Hrsg.]: Leipziger Kommentar Strafgesetzbuch, Bd. 3, (§§ 56-79b), 12. Aufl., Berlin 2008 (zit.: LK/*Bearbeiter*).

dies. [Hrsg.]: Leipziger Kommentar Strafgesetzbuch, Bd. 8, (§§ 242-262), 12. Aufl., Berlin 2010 (zit.: LK/*Bearbeiter*).

dies. [Hrsg.]: Leipziger Kommentar Strafgesetzbuch, Bd. 9/1, (§§ 263-266b), 12. Aufl., Berlin 2012 (zit.: LK/*Bearbeiter*).

dies. [Hrsg.]: Leipziger Kommentar Strafgesetzbuch, Bd. 9/2, (§§ 267-283d), 12.Aufl., Berlin 2009 (zit.: LK/*Bearbeiter*).

dies. [Hrsg.]: Leipziger Kommentar Strafgesetzbuch, Bd. 10, (§§ 284-305a), 12. Aufl., Berlin 2011 (zit.: LK/*Bearbeiter*).

Locher, Horst: Das Recht der bildenden Kunst, München 1970.

Löffler, Joachim: Künstlersignatur und Kunstfälschung. Zugleich ein Beitrag zur Funktion des § 107 UrhG, NJW 1993, S. 1421–1429.

Martinek, Michael/ ***Semler***, Franz-Jörg/ ***Flohr***, Eckhard [Hrsg.]: Handbuch des Vertriebsrechts, 4. Aufl., München 2016.

Mayring, Philipp: Qualitative Inhaltsanalyse. Grundlagen und Techniken, 12. Aufl., Bern 2015.

Meier, Bernd-Dieter: Kriminologie, 6. Aufl., München 2021.

Michalski, Sergiusz: Einführung in die Kunstgeschichte, Darmstadt 2015.

Mitsch, Wolfgang: Strafrecht. Besonderer Teil 2. Vermögensdelikte, 3. Aufl., Berlin/ Heidelberg 2015.

Mohrbotter, Kurt: Anm. z. OLG Hamburg U. v. 7.12.1973 – 2 Ss 209/73, JZ 1975, S. 101- 102.

Möllers, Martin [Hrsg.]: Wörterbuch der Polizei, 3. Aufl., München 2018.

Müller-Chen, Markus: Grundlagen und ausgewählte Fragen des Kunstrechts, Zeitschrift für Schweizerisches Recht (ZSR), 129 (II) 2010, S. 5–135.

Müller-Katzenburg, Astrid: Besitz- und Eigentumssituation bei gestohlenen und sonst abhanden gekommenen Kunstwerken, NJW 1999, S. 2551–2558.

Nairne, Sandy: Die leere Wand. Museumsdiebstahl. Der Fall der zwei Turner Bilder, Bern 2012.

Park, Tido: Durchsuchung und Beschlagnahme, 4. Aufl., München 2018.

Passas, Nikos/ ***Proulx***, Blythe: Overview of Crime and Antiquities, in: *Manacorda*, Stefano/ *Chappell*, Duncan [Hrsg.]: Crime in the Art and Antiquities World. Illegal Trafficking in Cultural Property, 2010, S. 51–67.

Peifer, Karl-Nikolaus: Appropriation und Fan Art – geknebelte Kreativität oder klare Urheberrechtsverletzung?, in: *Wöhrn*, Kirsten-Inger/ *Bullinger*, Winfried/ *Grunert*, Eike/ et al. [Hrsg.]: Festschrift für Artur-Axel Wandtke, Berlin 2013, S. 99–109.

Picker, Günther: Fälscher Diebe und Betrüger. Die Kehrseite des Kunst- und Antiquitätenmarkts, München 1994.

Pickshaus, Peter Moritz: Kunstzerstörer. Fallstudien: Tatmotive und Psychogramme, Reinbek 1988.

Raue, Peter: Ready-Mades und Appropriation Art – "Werke" im Sinne des Urhebergesetzes?, in: *Schierholz*, Anke/ *Melichar*, Ferdinand [Hrsg.]: Festschrift für Gerhard Pfennig, München 2012, S. 199–205.

Rehbinder, Manfred/ ***Peukert***, Alexander: Urheberrecht und verwandte Schutzrechte, 18. Aufl., München 2018.

Remy, Maurice Philip: Der Fall Gurlitt. Die wahre Geschichte über Deutschlands größten Kunstskandal, Berlin 2017.

Roth, Monika: Geldwäscherei im Kunsthandel, in: *Mosimann*, Peter/ *Schönenberger*, Beat [Hrsg.] Kunst & Recht 2014 – Referate zu der gleichnamigen Veranstaltung der Juristischen Fakultät der Universität Basel, Bern 2014, S. 43–94.

Roth, Monika: Wir betreten den Kunstmarkt, Zürich/St. Gallen 2015.

Säcker, Franz Jürgen/ ***Rixecker***, Roland/ ***Oetker***, Hartmut **et al.** [Hrsg.]: Münchener Kommentar zum Bürgerlichen Gesetzbuch, Bd. 7 (§§ 854-1296), 8. Aufl., München 2020 (zit.: MK-BGB/*Bearbeiter*).

Samson, Erich: Grundprobleme des Diebstahls (§ 242), JA 1980, S. 285–292.

Satzger, Helmut/ ***Schluckebier***, Wilhelm/ ***Widmaier***, Gunter: Strafgesetzbuch. Kommentar, 5. Aufl., Köln 2020 (zit.: SSW/*Bearbeiter*).

Sandmann, Melanie: Die Strafbarkeit der Kunstfälschung, Baden-Baden 2004.

Satzger, Helmut: Der Tatbestand der Sachbeschädigung (§ 303 StGB) nach der Reform durch das Graffiti-Bekämpfungsgesetz, JURA 2006, S. 428–436.

Schack, Haimo: Kunst und Recht, 3. Aufl., Tübingen 2017 (zit.: *Schack* 2017).

ders.: Urheber- und Urhebervertragsrecht, 9. Aufl., Tübingen 2019 (zit.: *Schack* UrhG 2019).

ders.: Die Bekämpfung von Kunstfälschung mit rechtlichen Mitteln, KUR 2015, S. 159–165.

Scheffler, Uwe: Das Verteilerkasten-Urteil (BGHSt 29, 129) – eine falsch interpretierte Entscheidung?, NStZ 2001, S. 290–292.

Schick, Martin: Kunstwerkgarantie und Strafrecht. Dargestellt am Beispiel der Gotteslästerung und Religionsbeschimpfung, Tübingen 1968.

Schönke, Adolf/ ***Schröder***, Horst [Begr.]: Strafgesetzbuch. Kommentar, 30. Aufl., München 2019 (zit.: Sch/Sch/*Bearbeiter*).

Schöller, Ernst: Kunstfälschungen. Versuch eines Überblicks, Kriminalistik 1993, S. 674- 678.

Schwind, Hans-Dieter: Kriminologie und Kriminalpolitik, 23. Aufl., Heidelberg 2016.

Seegers, Ulli: The Lost Art Register und die internationale Kunstkriminalität, KUR 1999, S. 289–294.

Spindler; Gerald/ ***Schuster***, Fabian [Hrsg.]: Recht der elektronischen Medien. Kommentar, 4. Aufl., München 2019.

Sprenger, Malte/ ***Gerhardt***, Rudolf: Beutekunst und Raubkunst – eine unendliche Geschichte, ZRP 2014, S. 185–186.

Stoffers, Kristian: Die entgeltliche Rückveräußerung einer gestohlenen Sache an deren Eigentümer durch einen Dritten, JURA 1995, S. 113–124.

Straus, Dorit: Implication of Art Theft in the Fine Art Insurance, in: *Charney*, Noah [Hrsg.]: Art and Crime. Exploring the Dark Side of the Art World, 2009 Santa Barbara CA, S. 87–106.

Sutherland, Edwin: White-Collar Criminality, American Sociological Review 1940, Vol. 5, Nr. 1, S. 1–12.

Tegel, Heinrich: Kunstvandalen, Kriminalistik 1968, S. 103–105.

Tijhuis, A. J. G.: Who Is Stealing All Those Paintings?, in: *Charney*, Noah [Hrsg.]: Art and Crime. Exploring the Dark Side of the Art World, 2009 Santa Barbara CA, S. 41–51.

Trunk, Stefan: Der Vermögensschaden nach § 253 StGB beim Rückverkauf des gestohlenen Gutes an den Eigentümer – BGHSt 26, 346, JuS 1985, S. 944–947.

Venier, Andreas: „Kunsterpressung" – ein vermögensstrafrechtliches Paradoxon?, JSt 2004, S. 73–78.

Vogel, Joachim: Kunstraub und internationales Strafrecht, JZ 2010, S. 1143–1150.

Walser, Joachim: Gesetz zur Neuregelung des Kulturgutschutzrechts – kein Kunstwerk, KUR 2016, S. 139–149.

Wandtke, Arthur-Axel/ ***Bullinger***, Winfried [Hrsg.]: Praxiskommentar zum Urheberrecht, 5. Aufl., München 2019.

Weller, Matthias: Die Neuerungen des deutschen Kulturgutschutzgesetzes, in: *Mosimann*, Peter/ *Schönenberger*, Beat [Hrsg.]: Kunst & Recht 2018 – Referate zu der gleichnamigen Veranstaltung der Juristischen Fakultät der Universität Basel, Bern 2018, S. 47–59.

Werr, Cornelia: Illegaler Erwerb, Besitz und Handel von Kunstwerken. Eine kriminologisch-kriminalistische Studie über den Kunstdiebstahl i.w.S. und Konsequenzen für die Strafrechtspflege, Lübeck 1978.

Wessel, Günther: Das schmutzige Geschäft mit der Antike. Der globale Handel mit illegalen Kulturgütern, Berlin 2015.

Wessels, Johannes/ ***Beulke***, Werner/ ***Satzger***, Helmut: Strafrecht Allgemeiner Teil. Die Straftat und ihr Aufbau, 50. Aufl., Heidelberg 2020.

Wessels, Johannes/ ***Hettinger***, Michael/ ***Engländer***, Armin: Strafrecht Besonderer Teil 1. Straftaten gegen Persönlichkeits- und Gemeinschaftswerte, 44. Aufl., Heidelberg 2020.

Wessels, Johannes/ ***Hillenkamp***, Thomas/ ***Schuhr***: Strafrecht Besonderer Teil 2. Straftaten gegen Vermögenswerte, 43. Aufl., Heidelberg 2020.

Wolter, Jürgen [Hrsg.]: Systematischer Kommentar zum Strafgesetzbuch, Bd. 3 (§§ 80-173), 9. Aufl., Köln 2018 (zit.: SK-StGB/*Bearbeiter*).

ders. [Hrsg.]: Systematischer Kommentar zum Strafgesetzbuch, Bd. 4 (§§ 174-241a), 9. Aufl., Köln 2017 (zit.: SK-StGB/*Bearbeiter*).

ders. [Hrsg.]: Systematischer Kommentar zum Strafgesetzbuch, Bd. 5 (§§ 242-302), 9. Aufl., Köln 2018 (zit.: SK-StGB/*Bearbeiter*).

ders. [Hrsg.]: Systematischer Kommentar zum Strafgesetzbuch, Bd. 6 (§§ 303-358), 9. Aufl., Köln 2016 (zit.: SK-StGB/*Bearbeiter*).

Würtenberger, Thomas: Das Kunstfälschertum. Entstehung und Bekämpfung eines Verbrechens vom Anfang des 15. Jahrhunderts bis zum Ende des 18. Jahrhunderts, Weimar 1940.

ders.: Betrug durch Schweigen im Kunsthandel, NJW 1951, S. 176-179.

ders.: Der Kampf gegen das Kunstfälschertum in der deutschen und schweizerischen Strafrechtspflege, Wiesbaden 1951.

ders.: Zum Begriff des Kunstwerkes im Sinne des § 2 UrhG, JuS 1968, S. 320-324.

B. Internetquellen (Stand: 15. März 2021)

Auswärtiges Amt [Hrsg.]: Illegaler Kulturguthandel bedroht das Kulturerbe der Menschheit, Faltblatt 2014, online verfügbar unter www.zoll.de/SharedDocs/Downloads/DE/Publi kation/Broschuere/Reise-Post/faltblatt_illegaler_kulturguthandel.pdf?__blob=publicationFile&v=12.

Baumgartner, Fabian: Alle vier gestohlenen Bührle-Bilder zurück, Neue Zürcher Zeitung vom 27.04.2012 online verfügbar unter https://www.nzz.ch/stiftung-buehrle-jahrhundertraub-zuerich-bilder-1.16650456.

Beauftragte der Bundesregierung für Kultur und Medien [Hrsg.]: Das neue Kulturgutschutzprogramm. Handreichung für die Praxis, 2017, online verfügbar unter http://www.kulturgutschutz-deutschland.de/SharedDocs/Downloads/DE/Handreichung-KGSG.pdf?__blob=publicationFile&v=2 (zit.: Handreichung KGSG BKM 2017).

Bundeskriminalamt [Hrsg.]: Polizeiliche Kriminalstatistiken 1993 bis 2019; jeweils Jahrbücher, Tabellen und Erläuterungen, jeweils in der am 15.03.2021 abrufbaren Version, Wiesbaden 1994–2019, online verfügbar unter https://www.bka.de/DE/AktuelleInformationen/StatistikenLagebilder/PolizeilicheKriminalstatistik/pks_node.html.

Bundesregierung [Hrsg.]: Bericht der Bundesregierung zum Kulturgutschutz in Deutschland. „Bericht über die Auswirkungen des Gesetzes zur Ausführung des UNESCO-Übereinkommens vom 14. November 1970 über Maßnahmen zum Verbot und zur Verhütung der rechtswidrigen Einfuhr, Ausfuhr und Übereignung von Kulturgut (Ausführungsgesetz zum Kulturgutübereinkommen) und den Schutz von Kulturgut vor Abwanderung ins Ausland“, online verfügbar unter https://www.bundesregierung.de/re source/blob/975292/730738/b8952b73df2ac346da39788b0ba996da/2013-08-12bericht-kulturgutschutz-download-bkm-data.pdf?download=1.

Conrad, Andreas: Angriff auf die Glaspyramide, Der Tagesspiegel vom 25.07.2013, online verfügbar unter https://www.tagesspiegel.de/berlin/vandalismus-in-berlin-der-blaue-obelisk-kein-einzelfall-von-vandalismus-in-berlin/8542846-2.html.

Dreißigacker, Arne/ ***Wollinger***, Gina Rosa/ ***Blauert***, Katharina/ ***et al.***: Wohnungseinbruch: Polizeiliche Ermittlungspraxis und justizielle Entscheidungen im Erkenntnisverfahren. Ergebnisse einer Aktenanalyse in fünf Großstädten, Kriminologisches Forschungsinstitut Niedersachsen 2016, online verfügbar unter https://kfn.de/wp-content/uploads/Forschungsberichte/FB_130.pdf (zit.: *Dreißigacker et al.* 2016).

Elmenhorst, Lucas: Der Sechs-Milliarden-Dollar-Mythos: Die Diskussion über den Kulturgüterschutz und über Antiken aus Raubgrabungen beruht auf

Zahlen, die nie hinterfragt wurden, Handelsblatt vom 31.07.2015, online verfügbar unter https://www.bvdg.de/sites/default/files/Handelsblatt_Der%20 sechs-Milliarden-Dollar-Mythos.pdf.

Frank, Michael: Salzfass und Räuberpistole, SZ vom 17.05.2010, online verfügbar unter https://www.sueddeutsche.de/kultur/der-fall-saliera-salzfass-und-raeuberpistole-1.802870.

Gropp, Rose-Marie: Die Stunde der Spediteure, FAZ vom 08.07.2016, online verfügbar unter https://www.faz.net/aktuell/feuilleton/kulturgutschutzgesetz-die-stunde-der-spediteure-14331077.html.

Handel, Stephan: Kunstfälscher geben Raubkopien zu, SZ vom 22.07.2019, online verfügbar unter https://www.sueddeutsche.de/muenchen/muenchen-prozess-kunstfaelscher-1.4535287.

Härth, Gabriele: Originalität und Fälschung. Rechtsprobleme für bildende Künstler, Wien 2010, online verfügbar unter: http://othes.univie.ac.at/11576/1/2010-08-30_9800808.pdf.

Hansen, Anne: Was macht eigentlich Edgar Mrugalla, Stern vom 21.12.2008, online verfügbar unter https://www.stern.de/lifestyle/leute/was-macht-eigentlich-edgar-mrugalla-3739320.html.

Häntzschel, Jörg: Kunsthändler soll mit Richter-Fälschung betrogen haben, SZ vom 23.10.2019, online verfügbar unter https://www.sueddeutsche.de/kultur/richter-faelschung-kunsthaendler-festnahme-1.4650863.

Heider, Claudia: Illegaler Handel mit 25.000 Gegenständen aus der Antike, Bayerischer Rundfunk vom 05.07.2018, online verfügbar unter https://www.br.de/nachrichten/deutschland-welt/illegaler-handel-mit-25-000-gegenstaenden-aus-der-antike,Qwtg7bT.

Herriger, Marc: Artefakte aus Mesopotamien. Polizei beschlagnahmt uralten Schatz, Express vom 22.12.10, online verfügbar unter https://www.express.de/duesseldorf/artefakte-aus-mesopotamien-polizei-beschlagnahmt-uralten-schatz-18338218.

Kanies, Manuela: Borghorster Stiftskreuz aus Kirche gestohlen, Neue Osnabrücker Zeitung vom 29.10.2013, online verfügbar unter https://www.noz.de/deutschland-welt/nordrhein-westfalen/artikel/424167/borghorster-stiftskreuz-aus-kirche-gestohlen-1.

Kipphoff, Petra: Die Macht der Opfer, Zeit online vom 29.04.1988, online verfügbar unter https://www.zeit.de/1988/18/die-macht-der-opfer.

Koldenhoff, Stefan: Avantgarde unter Verdacht, Zeit online vom 21.03.2018, online verfügbar unter https://www.zeit.de/2018/13/kunstbetrug-faelschungen-verkauf-landgericht-wiesbaden.

Konferenz der Kultusminister der Länder in der Bundesrepublik Deutschland [Hrsg.]: Empfehlung der Kultusministerkonferenz für Eintragungen in das Verzeichnis national wertvollen Kulturgutes und das Verzeichnis national wertvoller Archive nach dem Gesetz zum Schutz deutschen Kulturgutes gegen Abwanderung, 2010, online verfügbar unter http://www.kmk.org/fileadmin/Dateien/veroeffentlichungen_beschluesse/2010/2010_04_29-Verzeichnis-Kulturgut-Archive.pdf.

Landeskriminalamt Baden-Württemberg [Hrsg.]: Wirtschaftskriminalität Jahresbericht 2011 Baden-Württemberg, online verfügbar unter https://publikationen.uni-tuebingen.de/xmlui/bitstream/handle/10900/80075/2011_Wirtschaftskriminalitaet.pdf?sequence=1&isAllowed=y (zit.: Wirtschaftskriminalität BW 2011).

dass. [Hrsg.]: Wirtschaftskriminalität Jahresbericht 2012 Baden-Württemberg, online verfügbar unter https://www.baden-wuerttemberg.de/fileadmin/redaktion/dateien/Remote/im/wirtschaftskriminalitaet_2012.pdf (zit.: Wirtschaftskriminalität BW 2012).

dass. [Hrsg.]: Wirtschaftskriminalität Jahresbericht 2013 Baden-Württemberg, online verfügbar unter https://publikationen.uni-tuebingen.de/xmlui/bit stream/handle/10900/80078/2013_Wirtschaftskriminalitaet.pdf? sequence=1&isAllowed=y (zit.: Wirtschaftskriminalität BW 2013).

dass. [Hrsg.]: Wirtschaftskriminalität Jahresbericht 2014 Baden-Württemberg, online verfügbar unter https://publikationen.uni-tuebingen.de/xmlui/bitstream/handle/10900/80079/2014_Wirtschaftskriminalitaet.pdf?sequence=1&isAllowed=y (zit.: Wirtschaftskriminalität BW 2014).

dass. [Hrsg.]: Wirtschaftskriminalität Jahresbericht 2015 Baden-Württemberg, online verfügbar unter https://lka.polizei-bw.de/wp-content/uploads/sites/14/2019/03/2015_Wirtschaftskriminalitaet.pdf (zit.: Wirtschaftskriminalität BW 2015).

dass. [Hrsg.]: Wirtschaftskriminalität Jahresbericht 2016 Baden-Württemberg, online verfügbar unter https://lka.polizei-bw.de/wp-content/uploads/sites/14/2017/06/Wirtschaftskriminalitaet.pdf (zit.: Wirtschaftskriminalität BW 2016).

Landeskriminalamt Bayern [Hrsg.]: Polizeiliche Kriminalstatistiken Bayern 2009 bis 2019, jeweils Tabellen in der am 15.03.2021 abrufbaren Version, online verfügbar unter https://www.polizei.bayern.de/kriminalitaet/statistik/index.html/649 (zit.: PKS Bay- ern).

Landeskriminalamt Berlin [Hrsg.]: Polizeiliche Kriminalstatistik Berlin 2002 bis 2018, jeweils Jahrbücher Bd. 1, sowie 2014-2018 in der am 15.03.2021 abrufbaren Version, online verfügbar unter https://www.berlin.de/polizei/verschiedenes/polizeiliche-kriminalstatistik/ (zit.: PKS Berlin).

Landeskriminalamt Hessen [Hrsg.]: Polizeiliche Kriminalstatistik Hessen 2008 bis 2018 (teilweise unveröffentlichte Daten) in der am 15.03.2021 abrufbaren Version, online verfügbar unter https://www.polizei.hessen.de/icc/internetzentral/nav/455/broker.jsp?uCon=13938256-ebc0-af33-62d6-1611142c388e&uTem=bff71055-bb1d-50f1-2860-72700266cb59&uMen=45570ee1-825a-f6f8-6373-a91bbcb63046 (zit.: PKS Hessen).

Landeskriminalamt Rheinland-Pfalz [Hrsg.]: Polizeiliche Kriminalstatistik Rheinland-Pfalz 2014 bis 2019, jeweils die angeführten Tabellen, in der am 15.03.2021 abrufbaren Version, online verfügbar unter https://www.polizei.rlp.de/de/service/statistiken/kriminalstatistik/ (zit.: PKS Rheinland-Pfalz).

Landeskriminalamt Saarland [Hrsg.]: Polizeiliche Kriminalstatistik Saarland 2018, in der am 15.03.2021 abrufbaren Version, online verfügbar unter https://www.saarland.de/dokumente/thema_polizei/PKS_Jahrbuch_2016.pdf (zit.: PKS Saarland).

Locke, Stefan: Einbrecher stehlen kostbare Juwelen in Dresden, FAZ vom 25.11.2019, online verfügbar unter https://www.faz.net/aktuell/gesellschaft/kriminalitaet/gruenes-gewoelbe-in-dresden-einbrecher-stehlen-kostbare-juwelen-16502883.html.

Ludwig, Bastian: Rembrandt-Schau im Schloss Wilhelmshöhe weckt Erinnerungen an Säure-Anschlag, Hessische/Niedersächsische Allgemeine vom 13.07.2019, online verfügbar unter https://www.hna.de/kassel/rembrandt-schau-kassel-weckt-erinnerungen-saeure-anschlag-12252294.html.

Maak, Niklas: Die Gangster von Mainz, FAZ vom 21.08.2009, online verfügbar unter https://www.faz.net/aktuell/feuilleton/kunst/kunstfaelschung-die-gangster-von-mainz-1624101.html.

Obermueller, Nele: Fast jedes dritte Kunstwerk auf dem Markt ist gefälscht, Berliner Morgenpost vom 13.12.2015, online verfügbar unter https://www.morgenpost.de/berlin/article206817749/Fast-jedes-dritte-Kunstwerk-auf-dem-Markt-ist-gefaelscht.html.

Prantl, Heribert: Wenn Bilder reden, SZ vom 27.03.2014, online verfügbar unter https://www.sueddeutsche.de/kultur/fall-gurlitt-wenn-bilder-reden-1.1923490.

Rieble, Volker: Politische Strafjustiz, FAZ vom 25.11.2013, online verfügbar unter https://www.faz.net/aktuell/feuilleton/kunst/der-fall-gurlitt/schwabinger-kunstfund-politische-strafjustiz-12678004.html.

Roll, Axel: Das Borghorster Stiftskreuz ist wieder da, Westfälische Nachrichten vom 16.02.2017, online verfügbar unter https://www.wn.de/Muensterland/Kreis-Steinfurt/Steinfurt/2017/02/2699113-Video-Millionenschwerer-Kirchenschatz-Das-Borghorster-Stiftskreuz-ist-wieder-da.

ders.: Borghorster Stiftskreuz-Deal „Von Zahlung nichts gewusst", Westfälische Nachrichten vom 23.03.2017, online verfügbar unter https://www.wn.de/Muensterland/2017/03/2747662-Borghorster-Stiftskreuz-Deal-Von-Zahlung-nichts-gewusst.

Schoepp, Sebastian: Der Schatz der Olmeken kehrt endlich heim nach Mexiko, SZ vom 22.03.2018, online verfügbar unter https://www.sueddeutsche.de/muenchen/3000-jahre-alte-holzfiguren-der-schatz-der-olmeken-kehrt-endlich-heim-nach-mexiko-1.3914036.

Schöller, Ernst: Wa[h]re Lügen – Fälschungen in der Kunst, art info Kunstmagazin für Stuttgart und die Region Januar/Februar 2008, online verfügbar unter http://www.artinfo-magaz in.de/hefte/AI_S_0801.pdf.

Schröder, Rachel: "Man nennt mich den jungen Pablo", ARD vom 16.11.2010, online verfügbar unter http://www.ard.de/home/kultur/_Man_nennt_mich_den_jungen_Pablo/64058/index.html.

Schulz, Bernhard: Was ist der Wert von kulturellem Erbe?, Der Tagesspiegel vom 26.11.2020, online verfügbar unter https://www.tagesspiegel.de/kultur/juwelenraub-im-gruenen-gewoelbe-was-ist-der-wert-von-kulturellem-erbe/25271442.html.

Trinks, Stefan: Fünf Meisterwerke wieder aufgetaucht, FAZ vom 06.12.2019 online, verfügbar unter https://www.faz.net/aktuell/feuilleton/kunst/groesster-kunstraub-der-ddr-gemaelde-wieder-aufgetaucht-16522121.html.

Unbekannt: Baselitz zieht Leihgaben aus Museen ab, FAZ vom 13.07.2015, online verfügbar unter https://www.faz.net/aktuell/feuilleton/kunst/kulturgutschutzgesetz-baselitz-zieht-leihgaben-aus-museen-ab-13700326.html.

Unbekannt: Der König der Fälscher ist tot, Der Spiegel vom 18.10.2016, online verfügbar unter https://www.spiegel.de/kultur/gesellschaft/edgar-mrugalla-der-koenig-der-kunstfaelscher-ist-tot-a-1117199.html.

Unbekannt: Die Nacht der langen Finger, FAZ vom 12.05.2003, online verfügbar unter https://www.faz.net/aktuell/feuilleton/kunstraub-die-nacht-der-langen-finger-1103952.html.

Unbekannt: Gerhard Richter wirft Bundesregierung unzulässigen Eingriff vor, Zeit online vom 14.07.2015, online verfügbar unter https://www.zeit.de/kultur/kunst/2015-07/reform-gerhard-richter-kulturgutschutzgesetz.

Unbekannt: Gerhard Richter zum Kulturgutschutzgesetz "Ich würde die Bilder schnellstens verkloppen", Der Spiegel vom 14.07.2015, online verfügbar unter https://www.spieg el.de/kultur/gesellschaft/gerhard-richter-kritik-am-kulturgutschutzgesetz-a-1043563.html.

Unbekannt: Helge Achenbach: Alle Nachrichten und Informationen der F.A.Z. zum Thema, FAZ, online verfügbar unter https://www.faz.net/aktuell/feuilleton/thema/helge-achenbach.

Unbekannt: Kunstmaler und Meisterfälscher gestorben, Stuttgarter Zeitung vom 01.03.2019, online verfügbar unter https://www.abendblatt.de/kultur-live/kunst/article216564225/Kunstmaler-und-Meisterfaelscher-Wolfgang-Laemmle-gestorben.html.

Unbekannt: "Saliera"-Diebstahl und die Folgen, Der Standard vom 15.03.2007, online verfügbar unter https://www.derstandard.at/story/2794388/saliera-diebstahl-und-die-folgen.

Unbekannt: Säure als Hilferuf, Der Spiegel vom 25.04.1988, online verfügbar unter https://www.spiegel.de/spiegel/print/d-13529533.html.

Unbekannt: Tom Sack: Kunstbetrug in 200 Fällen?, Schaumburger Nachrichten vom 29.05.2009, online verfügbar unter https://www.sn-online.de/Schaumburg/Rinteln/Rinteln-Stadt/Tom-Sack-Kunstbetrug-in-200-Faellen.

Wissenschaftlicher Dienst des Deutschen Bundestages [Hrsg.]: Ausarbeitung WD 10- 3000 - 084/13 Raubkunst und Restitution. Der Fall Gurlitt und die Aufarbeitung des NS-Kunst politik, 2013, online verfügbar unter: https://www.bundestag.de/resource/blob/414086/516ad71cceaf27b774bfaccebb222258/WD-10-084-13-pdf-data.pdf.

Zick, Michael: Das Milliardengeschäft der Raubgräber, Der Tagesspiegel vom 06.07.2011, online verfügbar unter https://www.tagesspiegel.de/wissen/handel-mit-kunstschaetzen-das-milliardengeschaeft-der-raubgraeber/4365476.html.

www.ingramcontent.com/pod-product-compliance
Ingram Content Group UK Ltd.
Pitfield, Milton Keynes, MK11 3LW, UK
UKHW020715041026
15590UKWH00002B/675

9 783631 853535